KB034393

대륙의 큰언니

등영초

• 중국어 인명과 지명을 비롯한 고유명사의 외국어 표기는 원칙적으로 '국립국어원 외래어 표기법'을 따랐다. 다만 표지의 등영초(덩잉차오), 주은래(저우언라이)는 우리에게 익숙한 한국식 발음으로 표기했다.

• 이 책의 본문 각주는 모두 역자 주이다.

대륙의 큰언니

등영초

저우언라이·덩잉차오 연구센터 · 저우언라이 사상·생애 연구회 **편찬**

한수희 역

선

1926년 광둥에서 덩잉차오와 저우언라이(좌) / 1955년 바다링八達嶺에서 덩잉차오와 저우언라이(우)

대륙의 큰언니

등영초

중화인민공화국 수립까지

(1904-1949)

중화인민공화국 시절
(1949-1992)

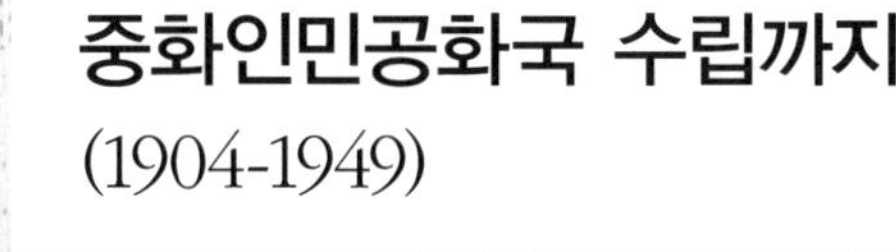

중화인민공화국 수립까지
(1904-1949)

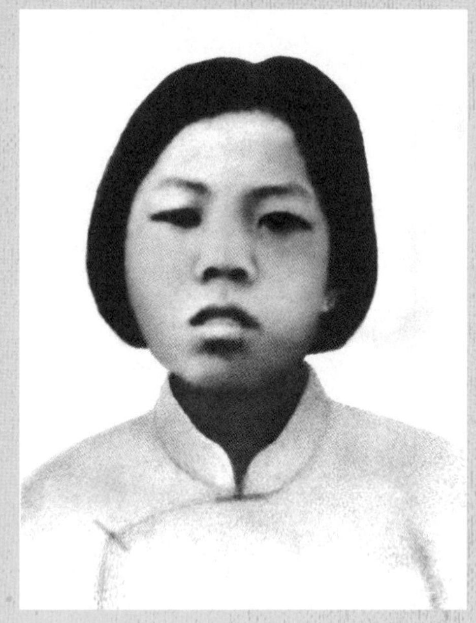

소녀 시절의 덩잉차오

생활이 어려워 도처를 떠돌았던 유년 시절

덩잉차오, 본적은 허난河南 광산光山, 1904년 2월 4일(청나라 광서제光緒帝 29년 12월 19일)에 광시廣西 난닝南寧에서 태어났다. 아명은 위아이玉愛, 학교에 입학할 때 쓴 정식 이름은 원수文淑다.

덩잉차오의 아버지 덩팅중鄧庭忠은 군인 집안 출신으로 집에서 넷째였고, 어릴 때부터 무예 연마하기를 좋아했다. 커서 무과에 합격했고 청나라 조정에서 남서부 지역 변경으로 파견함에 따라 광시난닝진대鎭台를 맡아 병사를 통솔하고 변경 관문을 지켰다.

덩잉차오의 어머니 양전더楊振德는 후난湖南 창사長沙의 관리 집안에서 태어났다. 양전더의 아버지는 생각이 트인 사람이어서 딸의 조혼早婚을 강요하지 않았고, 전족 등 구습에 반대했으며 딸에게 공부를 시켰다. 양전더는 봉건에 반대하고 민주를 추구하는 아버지의 사상에 큰 영향을 받아 어릴 때부터 자유와 해방을 추구하는 열망을 키웠다. 양전더의 할아버지가 세상을 떠난 후, 양씨 집안의 형제들은 경영에 소질이 없어서 집안이 파산하기에 이르렀다. 양전더는 부모님을 따라 광시 난닝으로 갔고, 아버지는 정부에서 말단 관리 자리를 얻어 겨우 전가족의 생계를 유

덩잉차오의 어머니 양전더

지했다. 불행하게도 양전더의 부모님은 양전더가 14세 때 차례로 세상을 떠났다. 양전더는 홀로 남겨져 의지할 곳이 없었다.

양전더는 어릴 때부터 공부를 좋아했다. 할아버지가 약을 잘못 먹어 병을 고치지 못하고 사망하자 아버지는 중의학을 가르치는 곳에 양전더를 보냈다. 자신도 치료하고 다른 사람들도 구하라는 뜻에서였다. 양친이 세상을 떠난 후 양전더는 열심히 중의학 공부에 매진했고 차츰차츰 사람들을 진료하기 시작했다. 그 후 의술은 양전더의 생계 수단이 되었고, 자신의 힘으로 생활을 꾸려갈 수 있었다.

양전더는 29세에 난닝의 진대를 지키던 덩팅중과 결혼을 해서 진대부인이 되었다. 보통 사람이라면 편히 앉아서 부귀영화를 누릴 수 있을 거라고 생각했겠지만, 양전더는 생각이 달랐다. 양전더는 스스로 부지런히 일해야 진정으로 행복한 삶을 살 수 있다고 생각했다. 양전더는 결혼을 한 뒤에도 계속 중의학 공부에 심혈을 기울여 동네 사람들을 진료했다. 양전더는 의술도 훌륭했지만 사람들을 겸손하고 온화하게 대해서 현지 주민들에게 입소문과 명성이 자자했고, 매일 치료를 받으러 오는 사람들이 끊이질 않았다.

1904년 2월 4일에 덩잉차오가 태어났다. 아버지 덩팅중은 남존여비 사상이 강했던 터라, 딸이 태어나도 애정은 눈곱만치도 없었고 오히려 짐이 된다면서 다른 집에 보내자고 고집을 피웠다. 여성해방, 남녀평등을 주장하는 양전더로서는 받아들일 수 없는 일이었다. 양전더는 남편에게 말했다.

"딸을 남의 집에 보내려면 나부터 죽여요!"

아내가 목숨을 걸고 맞서자 덩팅중은 하는 수 없이 딸을 남의 집에 보내겠다는 생각을 접었다. 양전더는 필사적으로 사랑하는 딸을 지켰고 딸에게 '위아이'라는 이름을 지어주었다. 위아이는 두세 살 때부터 어머니의 가르침을 따라 글을 배우고 시를 외웠다. 어머니는 덩잉차오를 계몽의 길로 이끈 첫 번째 스승이었다.

위아이가 세 살 때, 상사와 불화를 겪던 덩팅중은 성묘를 하러 고향인 허난에 가야 한다는 핑계를 대고 무단으로 윈난雲南에 가서 다른 직업을 찾으려다 조정에 고발을 당했다. 덩팅중은 신장新疆으로 유배를 가서 3년 동안 군역에 종사했다. 양전더는 모든 가산을 팔아 덩팅중의 여비를 마련했다. 덩팅중이 떠난 후 어머니는 고된 처지에서도 정성껏 위아이를 길렀다.

덩팅중은 3년 군역의 만기를 앞두고 급작스럽게 병에 걸려 사망했다. 이 불행한 소식은 양전더 모녀에게 엄청난 충격을 안겨주었다. 그러나 강인한 성격의 양전더는 무너지지 않았고, 다른 사람들에게 연민이나 구제를 바라지도 않았다. 잔혹한 현실은 양전더를 더 강하게 만들었다. 생존을 위해, 또한 성년이 될 때까지 딸을 부양하기 위해 양전더는 어린 딸을 데리고 난닝을 떠나 광저우广州로 갔고, 다시 상하이上海로 갔다가 톈진天津으로 가는 등 이곳저곳을 떠돌아다니며 어렵게 생활했다. 위아이는 어머니를 따라 중국의 반쪽을 돌아다니다시피했다. 위아이는 고층 건물을 처음 보았고, 항구에 정박해 있는 외국 군함과 상선을 처음 보았으며, 우쭐거리는 서양인들과 땀으로 등이 젖은 중노동자도 처음으로 보았다. 이 모든 장면은 어린 위아이의 마음에 깊은 인상으로 남았다.

1910년에 위아이는 어머니를 따라 톈진으로 갔다. 양전더는 한 동향 사람의 소개로 창루육영당長蘆育嬰堂의 의사를 맡게 되었고, 양전더와 딸은 잠시나마 정착할 수 있었다.

청나라 건륭연간乾隆年間에 지어진 창루육영당育嬰堂은 버려진 아이를 수용하는 톈진 최초의 기관이었다. 육영당은 모녀에게 숙식뿐만 아니라 매달 10위안의 생활비도 제공했다. 위아이는 소학교를 다니기 시작했고, 양전더는 위아이를 방과 후에 육영당의 편직소編織所에 보내 고아들과 함께 뜨개질을 배우도록 했다. 그렇게 버는 약간의 생활비로 어머니는

톈진 창루 염업국鹽業局 육영당

근심을 덜 수 있고, 기술을 익혀두면 위아이는 커서 자립할 능력을 갖출 수 있었다. 그곳에서 두 모녀는 생활은 어려웠어도 즐거움이 충만했다. 위아이에게 육영당에서의 생활은 특별한 의미가 있었다. 어머니의 성격을 물려받은 위아이는 여성이 스스로 강해져 자립하고 자신을 존중하여 아낄 줄 알아야 한다는 점과 자신의 노력으로 사회에서 기반을 잡아야 한다는 것을 차츰 인식하기 시작했다. 위아이에게 어머니는 훌륭한 본보기였다.

덩잉차오는 노년에 육영당에서의 경험을 이렇게 회상했다.
"어머니는 톈진에서 만난 동향 사람의 도움으로 창루 염업국 육영당에서 의사 자리를 구하셨다. 육영당은 우리 모녀에게 숙식을 제공했고 매달 생활비로 10위안을 주었다. 육영당은 고아가 된 여자아이들을 입양했고 편직소를 차렸다. 7~10세의 고아들은 뜨개질을 배워 살 길을 찾았다."

1913년 덩잉차오는 베이핑北平평민의무학교에 들어가 공부했다. 이 학교 초등반 1차 학부형회의 전교 교사와 학생의 단체사진이다. 학생 중 여섯 번째 줄 오른쪽에서 첫 번째가 덩잉차오다.

베이핑 평민의무학교에 들어가 공부하다

1913년 초 창루육영당 운영이 중단되면서 양전더는 일자리를 잃었고, 두 모녀의 생활은 다시 궁지에 몰렸다. 막다른 길에 몰렸을 때, 양전더가 톈진에서 사귀었던 중국동맹회 회원이자 중국사회당 회원인 장싱화張星華가 양전더를 베이징의 평민학교로 초청해 교편을 잡을 기회를 주었다. 이 평민학교는 교사직을 감당하는 것이 순전히 의무에 해당해 월급은 없었지만, 양전더 모녀는 숙식 문제를 해결할 수 있었고 위아이도 계속 학교에 다닐 수 있었다. 양전더는 초청을 수락했다. 아홉 살의 위아이는 어머니를 따라 베이징 평민의무학교에 갔고, 초등반 3학년에 들어가 공부했다. 양전더는 딸에게 덩원수鄧文淑라는 이름을 지어주었다.

베이핑 평민의무학교는 중국사회당 베이징 지부의 책임자인 천이룽陳翼龍이 세웠다. 후베이湖北 뤄톈羅田 출신인 천이룽은 젊은 시절 쑹자오런宋教仁의 소개로 쑨중산孫中山, 황싱黃興을 만났고 봉건제와 군주제에 반대하는 혁명 사업에 투신, 중국사회당을 창건하고 자유, 평등, 박애와 사회주의를 선전했다. 1912년 천이룽은 베이징에 중국사회당 베이징 지부를 세웠다. 1913년 초에는 사회당이 주장하는 바를 이루고 사회당의 활동을 엄호하기 위해 베이핑 평민의무학교를 세웠다. '남녀평등'을 건학

—

옛날 베이징 거리 정경

원칙으로 삼아 남학생과 여학생을 모두 받아들였다. 이러한 건학 이념은 민국民國 초기 최초의 시도였다. 학생들은 모두 무료로 입학했고, 가정 형편이 어려운 학생들에게는 책과 필기구 비용도 지원해 가난한 집 아이들에게 지식을 얻을 기회를 주었다. 학교에는 네 개 학년 120명의 학생이 있었다. 교직원은 20여 명이었고, 대부분 중국동맹회 회원이나 중국사회당 당원 또는 진보 인사였다. 모두 학교에서 의무를 다했고 아무런 보수도 받지 않았다. 학교는 교직원에게 무료 숙식을 제공했다.

천이룽 교장은 학생들에게 종종 중국이 열강에게 괴롭힘을 당하는 이유, 아편전쟁, 불평등조약, 신해혁명, 혁명의 성과를 빼앗은 위안스카이袁世凱, 중국사회의 어둡고 불평등한 일면, 각자가 스스로 필요한 것을 갖출 수 있는 대동사회 실현의 당위성 등을 이야기 식으로 들려주었다.

그 전까지 양전더는 시간이 나면 항상 의서를 공부하는 데 매진하거나 문학, 역사, 지리, 주산 등과 같은 학과의 책을 혼자 공부했다. 하지만 평민학교에선 진보사상이 시시각각으로 그녀에게 영향을 주었다. 양전더는 매일 굶주리듯 각종 진보 서적과 간행물을 읽으며 신사상에 흠뻑 빠졌고, 동료들과 시국 변화에 대해 자주 열띤 토론을 벌이며 혁명적인 성향으로 기울기 시작했다. 덩원수는 어른들이 식탁에서 이상과 희망에 대해 이야기 하는 것을 듣기도 했다. 대동 세계를 이루기 위해서는 어떻게 살고 일해야 하는지, 또한 어떻게 헌신해야 하는지 등을.

덩원수는 평민학교에서 천 교장의 수업을 듣는 한편, 시국에 대한 어른들의 얘기를 들으면서 계몽교육을 받았다. 국가의 위태로움은 덩원수의 애국의식을 강하게 자극했다.

천이룽은 위안스카이의 전제 통치에 결연히 반대하여 신문, 간행물에 위안스카이의 반동 통치를 들춰내는 글을 공개적으로 게재하곤 했으며, 군중 속에서 위안스카이에 반대하는 운동을 적극적으로 펼쳤다. 동시에 교육을 통해 혁명운동을 지원하는 한편, 무장투쟁도 계속 이어갔다. 1913년 여름에는 비밀리에 무장봉기를 계획했으나 성공하지 못하고 위안스카이 당국에 체포됐다. 학교 교직원들이 다방면으로 구제에 나섰지만 결국 풀려나지 못하고 비참하게 살해됐다. 양전더와 다른 교직원들은 개인의 안위를 뒤로 하고 함께 천 교장을 묻었다. 그 후로 베이핑 평민의무학교는 폐쇄되었다.

천이룽은 덩잉차오에게 영원히 잊히지 않는 인상을 남겼다.
덩잉차오는 훗날 이렇게 회상했다.

"천 선생님은 혁명을 위해 충성을 바친 분이셨다. 편하게 다가갈 수 있는 분이셨고 소박하고 검소하게 사셨다. 사람들에게 진실하고 상냥하게 대하셨고, 책임감과 성실함으로 인해 전교 교직원들의 존경을 받으셨으며 내게도 매우 깊은 인상을 남기셨다. 민주혁명 초기 이른 죽음으로 잠깐 나타났다 사라지는 우담바라처럼, 활동 기간이 짧고 업적이 많지 않지만 진정한 혁명의 선구자요, 열사셨다. 중국 혁명사는 그분을 기림으로써 후손들도 그분에 대해 알 수 있게 해야 한다."

톈진 즈리제일여자사범학교에서 공부하던 시절의 덩잉차오

즈리여자사범학교에서 학업을 잇다

1913년 여름, 덩원수는 어머니를 따라 베이징에서 톈진으로 돌아왔다. 이때부터 톈진을 떠난 1925년 7월까지, 중간에 즈리直隸제일여자사범학교를 졸업하고 베이징에 가서 1년 정도 교편을 잡은 기간을 제외하고 줄곧 톈진에서 공부하고 일하며 반제국·반봉건 투쟁 활동을 했다. 이 때문에 '톈진은 제2의 고향'이라고 할 만큼 톈진과 톈진 사람들에게 정이 깊었다. 덩원수는 이렇게 말했다.

"나는 여섯 살 때 톈진에 가서 10여 년을 살았으니, 절반은 톈진 사람인 셈이다!"

톈진에 돌아온 후 양전더는 한 번에 네 집에서 가정교사로 일했다. 그럼에도 수입은 형편없어 삶이 매우 고단했다. 첫 여름방학 때 양전더는 전 재산 30위안으로 베틀을 사서 딸과 함께 수건 짜는 법을 배웠다. 그렇게 해서 수입도 늘리고 딸에게 자립 능력을 키워줄 수 있었다. 여름방학이 끝난 후 덩원수는 집에서 가까운 여자사범부속 소학교의 초등부 4학년에 들어가 공부했다. 당시 학제는 초등소학初小 4년, 고등소학高小 3년이었다. 덩원수는 초등소학 과정을 마치고 1년간 고등소학에서 공부했다. 이때 양전더는 또 일자리를 잃어서 모녀의 기본 생계만 간신히 유지할 수 있는 형편이었고, 학비를 댈 수 없었다. 덩윈수는 학교를 그만두고 집에서 어머니를 도와 수건을 만들었다. 교사인 양전더는 딸의 공부를 봐주면서 딸이 남은 소학교 과정을 무사히 마치도록 했다. 어머니가 차근차근 인내심 있게 가르친 덕분에 학교를 그만두었어도 공부는 뒤처지지 않았다.

1915년, 중학교에 진학할 때가 되어도 양전더는 학비를 낼 수가 없어 근심하고 있었다. 그러던 차에 한 친구가 덩윈수에게 즈리여자사범학교(지금의 톈진미술학원)에 지원해 보라고 권했다. 이 사범학교는 5년제였는데 첫해는 예과로 학비가 없었고 숙식은 자비 부담이었다. 시험에 합격하면 본과로 진급할 수 있었다. 본과는 4년이었고 학비와 숙식비를 모두 학교에서 부담했다. 양전더는 이 좋은 소식을 듣자마자 바로 덩윈수를 데려가 이 사범학교에 지원했다. 하지만 사범학교에 지원하려면 몇 가지 조건이 있었다. 만 14세 이상 18세 이하여야 했고 '여자고등소학을 졸업하거나 그에 상당하는 학력을 소지한 자'만 지원할 수 있었다. 덩윈수는 당시 겨우 만 11세였고 햇수로 쳐도 12세였다. 게다가 고등소학을 졸업하지도 못했다. 그럼에도 학력은 동등 학력자에 해당됐다. 지원할 때 두 살을 속였던 덩윈수는 소학교 과정 기초 실력이 탄탄해 입학시험에서 합격 성적을 받았던 것이다. 마침내 학교에 합격했다.

1915년 여름 덩윈수는 즈리여자사범학교 예과에 입학했다.

1906년(청 광서제 32년)에 세워진 즈리여자사범학교의 처음 이름은 베이양北洋사범학당이다. 중국 근대 교육가로서 톈진의 여성 사무를 총괄한 부증상傅增湘이 '새로운 정치新政'를 추진하고 유럽·미국 자본주의 교육제도를 모방하여 여교사 양성을 위해 설립했다. 중국 최초 공립 여자사범학교다. 서구 자본계급의 사상을 보급하긴 했지만, 교육 방침은 여전히 지식을 갖춘 현모양처를 양성하는 것이었고 봉건제의 예법인 '삼강三綱'

즈리제일여자사범학교 옛터

과 '오륜五倫'을 근본으로 삼았다. 나중에는 학원부, 여중부, 사범부속 소학부, 유아교사부도 설립해서 온전한 교육 체계를 갖추었다.

1916년 즈리제일여자사범학교라고 이름을 바꿨고, 많은 인재를 배출해 사회에서 명성이 높았다. 1916년 여름 덩원수는 열심히 공부해 우수 성적으로 본과에 진급, 10학년이 되었고, 즈리제일여자사범학교에서 4년간의 공부와 생활이 시작되었다. 이곳에서 엄격한 사범교육을 받았던 덩원수는 노년에 이르러 그 시절 공부와 생활을 이렇게 회상했다.

"여자사범부속 소학교에서 2년을 공부했다. 당시 학제는 초등소학 4년, 고등소학 3년이었다. 초등소학 4학년에 편입해 고등소학도 1년 다녔다. 어머니가 실직하시는 바람에, 집에서 어머니를 도와 수건을 짜면서 공부를 했다. 1915년 여름 두 살을 속여 2학년을 뛰어넘어, 열한 살에 학비를 받지 않는 즈리여자사범학교 예과에 들어갔다. 열두 살인 1916년

덩잉차오(왼쪽에서 두 번째)가 즈리제일여자사범학교 학생들과 함께

본과로 진급했다."

1916년에 '교사와 학생의 화목 도모, 본교 교육의 발전을 지원'의 목적으로 즈리제일여자사범학교 교우회가 만들어졌고, 교우회는 〈즈리제일여자사범학교 교우회 회보〉를 발간했다. 같은 해 11월, 호국운동의 주요 조직자이자 지도자인 차이어(蔡鍔, 채악) 장군이 병환으로 불행히 일본에서 사망했다. 학교 교우회는 250명의 학생을 조직해 〈채송파蔡松坡[1] 선생 서거에 대한 소감〉이라는 주제로 작문대회를 열었고, 우수작 네 편을 선정해 〈즈리제일여자사범학교 교우회 회보〉 제2기에 실었다. 덩원수의 글도 뽑혔다. 덩원수는 간결한 문체에 깊은 정을 담아서 채악 장군 평생의 혁명 여정을 써내려갔고, 호국운동에서 장군이 세운 위대한 업적을 높이 칭송했다.

"정의를 널리 펼치시고 백성의 독을 토벌하는 데 힘쓰셔서 마침내 그 뜻을 이루시어 큰 원한을 물리치고 민국을 재건하셨다."

글 마지막에서는 "우리나라 동포들이 이제부터 한마음으로 정신을 진작하여 국가의 진보를 도모하길 바란다."고 호소했고 "세상사는 변화무쌍하니 어찌 일정할 수 있겠는가, 우리나라가 장래에 만국의 위에 서지 않을 것을 어찌 알겠는가!"라며 소녀 덩원수의 강한 애국심과 나라를 구하겠다는 원대한 꿈을 확실히 밝혔다.

학창 시절에 덩원수는 문화 지식을 열심히 공부하는 한편, 글씨 연습 과목에 진지하게 임했다. 안체顔體[2]와 해서楷書를 아름답게 써 반에서 서예 성적이 가장 우수한 학생 중 하나였다. 덩원수가 쓴 '보사甫事' 두 글자는 선생님에게 뽑혀 학생들이 감상하고 배우도록 교우회 회보 제2기에 수록되었다. 이것은 지금까지 발견된 덩잉차오의 가장 오래된 서예작품이다.

---

1. 채악의 자(字)
2. 당나라 서예가 안진경(顔眞卿)의 서체

덩원수의 지리 선생님 바이메이추白眉初는 수업 때 조국의 아름다운 강산을 소개하며 학생들의 애국심을 고양하곤 했다. 바이 선생님은 총명하고 똘똘한 덩원수를 굉장히 아껴 졸업할 때 이름을 '잉빈穎斌'으로 바꿔주었는데, '빈'자가 마음에 들지 않았던 덩원수는 스스로 '잉차오穎超'로 이름을 바꿔 1922년 톈진 다런여학교로 돌아간 후부터 덩잉차오라는 이름을 쓰기 시작했다.

덩잉차오의 서예 작품 〈보사甫事〉

덩원수는 즈리제일여자사범학교에서 단체생활을 하면서 차츰 숨길 수 없는 총기와 재능을 드러냈다. 사회 활동에 열정적이어서 궈룽전郭隆眞, 장뤄밍張若名 등과 함께 학생악군회樂群會, 학생자치회, 청년회 등의 단체를 조직하는 등 진보학생단체조직 활동에 참여하며 다방면에서 훈련 받고 애국사상을 키웠다. 이를 통해 사상과 심신이 빠른 속도로 성장하기 시작했다.

수십 년 후에 덩잉차오는 여자사범학교에서 공부한 경험을 회고하면서 감정이 북받쳐 말했다.

"여자사범학교를 잊을 수가 없다. 사범학교 동창들을 잊을 수가 없다. 사범학교에 정이 깊어서 교가도 아직 드문드문 기억한다……. 사범학교는 세워진 지 수십 년밖에 안 됐지만 큰 업적을 냈다. 애국운동에 굳건하게 힘을 보탰고, 오랫동안 중학 교육 사업에서 큰 업적을 거뒀다."

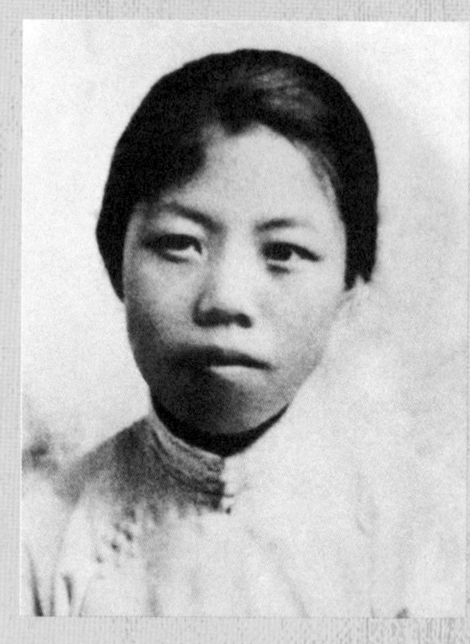

5·4운동 시기의 덩잉차오

15세의 강연대장

1919년 1차 세계대전에서 승리한 미국, 영국, 프랑스 등의 국가가 '파리강화회의'를 열었다. 전승국 일원으로서 중국은 중국 내 열강의 특권을 명시한 '21개조' 등과 같은 문서의 폐지를 요구했지만 파리강화회의는 이를 거부하고, 산둥山東에서 독일이 지녔던 모든 특권을 일본이 승계한다고 규정했다. 이 소식이 국내에 퍼지자 중국 국민, 특히 청년과 학생들의 분노가 촉발되었고, 베이징에서 5·4운동이 기세 높게 발발했다. 5·4 애국운동의 물결은 곧바로 전국을 휩쓸었고 톈진까지 확산되어 톈진 각 학교의 학생들은 시위를 벌였다. 열다섯 살의 덩원수는 이 위대한 애국운동에 적극적으로 참여해 톈진이 주목하는 학생운동 리더가 되었다.

5월 5일, 즈리제일여자사범학교 학생 궈룽전이 힘차게 일어나 호소하며 부녀애국단체 조직을 제안하고 베이징 학생의 애국운동에 성원을 보냈다. 애국에 대한 열정에 감화를 받은 덩원수 등은 앞장서서 호응했다. 이들은 각 반의 대표를 구성해 6일 오후에 회의를 열고 부녀애국단체를 조직했다. 집 밖으로, 학교 밖으로, 사회로 나오도록 많은 여성들을 동원해 5·4 애국운동의 행렬에 참여하도록 했다. 덩잉차오는 훗날 이렇게 회상했다.

"당시 우리 청년들은 다들 나라를 사랑했고 열정이 드높았다. 앞뒤 가리지 않고 정부가 〈베르사유조약〉에 서명하는 것을 반대했다. 중국을 개조하기 위해 피를 흘리며 희생하고 체포되어 감옥살이를 했으며, 목숨을 내놓는 것도 불사했다."

5월 24일에 톈진 《대공보大公報》는 〈톈진여계女界애국동지회 요강〉을 게재했다.

20일간의 긴박한 준비 작업을 거쳐 25일 즈리제일여자사범학교 학생을 위주로 한 톈진여계애국동지회는 장쑤江蘇회관에서 창립대회를 열었고, 600여 명이 모였다. 톈진 여성들의 성대한 행사였다. 대회에서 류칭양劉淸揚이 회장으로, 리이타오李毅韜가 부회장으로 선출되었다. 덩원수는 설립대회에서 심금을 울리는 연설을 하여 강연대장으로 추천을 받았다. 톈진여계애국동지회는 '국산품 사용 제창, 여성계의 애국심 환기'를 목적으로 했고 총무팀, 조사팀, 강연팀을 마련했다. 회원 자격은 '여학교 학생 및 교직원, 외부인의 경우 동지회 목적에 찬성하고 2인 이상이 소개해 직원부의 인가를 받은 자'였다. 동지회 설립은 톈진 여성 애국운동이 새로운 단계에 접어들었음을 상징했다.

톈진여계애국동지회는 설립 초기부터 나라를 구하려면 학생의 틀을 벗어나야 하고, 학생의 힘만으로는 불가능하므로 '동포를 일깨워야 한다'는 점을 분명히 인식했다. 여자사범학교는 실질적인 교육을 매우 중시하여 학생의 연설 능력을 길러주었고, 이 능력은 선전을 비롯해 군중조직, 애국투쟁을 벌이는 과정에서 두각이 드러났다. 덩원수는 나이는 어렸지만 조직 능력과 강연 능력이 출중했다. 덩원수가 통솔하는 가운데 강연팀은 활기차게 강연 활동을 벌였다. 활동 초기에 덩원수는 강연팀원들을 이끌고 시내의 각 강연장, 민중교육관 등지에서 강연하며 항일 구국, 일제품 불매 주장과 조선 국민들이 당한 망국의 고통 등을 알

● 一得之愚

咳咳國家的事　現在更是緊急了　山東的青島行將歸于日本了　青島一失　國家眼看就要滅亡了　吾們的生命財產　全仗着國家的保護　國家亡了　亦就無有生命財產了

同胞乎　吾們爲保護生命財產　亦應該保護國家　况且國是吾們大家的國　死亦不能讓的別人　但是救國有什麽法子呢　想來道是不難

就是專買國貨　使國家實業發達　財源增進　一則可以保存我們國的金錢　二則可以教外國知道我們的志願　三則欺負我的人　離了吾們的賣買不能活動　借此可以加以抵制

古人說的人民者盍然大物也　苟其步武齊一　無事不可以成功　同胞乎　步武齊一

上下一致　舉國同心的維持國貨　不但國家可以保持　眼看着五色旗飄揚于大地矣　到後來五色旗飄揚于大地之上　後來的人見之　將莫不贊美於吾們之功業能力

須知贊美吾們之功業能力者　非他就是吾們的子子孫孫

同胞乎　吾們見着那亡國的韓國人　不住的教我傷心落淚　吾們的國家要是亡了豈不是亦成了那個樣子了　維持國貨國家發達　子孫可以享福　不維持國貨國家衰敗　子孫就得受罪　同胞乎　願意教其子孫受罪乎　抑使其子孫享福乎　如願意教子孫享福　千萬千萬維持國貨　更要不買那欺負我們的貨物

最親最愛可敬可畏之同胞乎　大難將臨　以上的話都是免難的法子　千萬莫忘　千萬莫忘　並希望見了這個傳單之後　閱畢就交給別人去看

李孟氏典衣刊布

—

전단지 〈일득지우一得之愚〉

렸다. 후기에는 '민족의 독립, 자유 쟁취', '여성해방 요구', '여성의 자유권과 평등권 쟁취' 등 반제국·반봉건 주장을 펼쳐 강연의 내용을 알차게 채우고, 취지를 분명하게 드러냈다.

덩원수의 강연은 매우 훌륭했다. 열정적이고 선동력이 강했으며 논리가 명확하고 치밀했다. 또한 심오한 내용을 알기 쉽게 표현해 대중들에게 환영을 받았다. 한번은 한 인력거꾼이 강연을 듣고 심히 감동을 받아, 전단지를 추가 인쇄해서 더 많은 사람들이 애국의 이치를 깨달을 수 있게 해 달라는 뜻으로, 그 자리에서 그날 번 3자오角[1]를 강연팀에 기부했다. 또 리멍李孟이라는 여성은 덩원수의 강연을 듣고 깊은 감동을 받아, 옷을 전당잡힌 돈으로 〈일득지우一得之愚〉라는 제목의 전단지를 인쇄해, 모두 일어나 나라를 구하자고 호소했다.

대중의 옹호 속에 강연팀은 더욱 분발해 고생도 마다하지 않고 선전을 진행했다. 7월 말에 덩원수는 강연팀 30여 명을 통솔해 남문대가 서쪽의 자오가趙家 후퉁胡同, 황가黃家 후퉁 등에 가서 강연을 했다. 강연팀이 신나게 강연하고 대중이 몰입해 듣고 있던 중 갑자기 먹구름이 사방을 덮으며 비가 오기 시작했다. 그럼에도 청중이 자리를 뜰 생각을 않자 강연팀은 비를 맞으며 강연을 이어갔다. 얼마 후 장대비가 억수로 쏟아지자 강연팀은 서둘러 전차역으로 뛰어갔는데, 바닥에 물이 반 척尺이나 차올라 한 발짝 옮길 때마다 미끄러지기 일쑤였다. 전차에 오른 팀원들은 옷에서 물이 뚝뚝 떨어지는데도 기쁨이 가시지 않은 채 말했다.

"이게 무슨 고생이냐고? 망국노가 되는 고초에 비하면 훨씬 낫지!"

강연팀은 강연이 거듭되는 과정에서 더욱 단련됐다. 강연의 효과로 차츰 봉건사상의 속박에서 벗어나는 이들을 목도하게 되자 강연의 범위를 확대해 여성 대중 속으로 파고들어 애국선전 활동을 전개했다. 가정 강연 활동과 가정에 다가가는 방문 선전 활동을 실시했다. 주민들 가정에 들어가 강연을 할 때면 많은 이들이 강연팀을 친절히 맞아주었고, 차까지 준비해 열렬한 환영의 뜻을 표하는 사람도 있었다. 하지만 문을 꼭 닫아걸고 문전박대하는 집도 있었다. 적잖은 난관에 부딪혔지만 팀원들은 낙담하지 않고 인내하며 방문을 두드렸다. 강연 활동은 큰 효과를 거두었다. 여성들은 강연을 들은 후 저마다 "우리가 협력해 한마음으로 일제품은 사지 않겠다. 죽더라도 중국의 멸망을 보고 싶지 않다. 앞으로

---

1. 1위안의 10분의 1

우리나라를 사랑하고 일제품은 하나도 사지 않겠다."고 전했다.

덩원수가 조직한 톈진여계애국동지회의 강연 활동은 톈진 여성들에게 일제품은 사지 않아야 한다는 자각심을 불러일으켰고, 여성들의 애국의식을 강화했다.

덩잉차오는 훗날 회상하며 말했다.

"매번 강연을 듣는 사람이 아주 많았다. 우리에겐 나라를 구하고 매국노를 처벌해야 할 목적이 있다고 강연했다. 나라 잃고 망국노가 된 조선의 비통한 상태, 집회 자유의 보장, 당시 북양 정부의 학생 박해에 대한 항의 등이 강연내용을 채웠다. 주 강연자는 때때로 눈물 흘리며 하소연했고, 듣는 사람들도 큰 감동을 받았다."

덩잉차오가 각오사 친구 궈웨이팅郭蔚庭과 함께

각오사(覺悟社)의 사원

5·4운동이 본격적으로 추진되면서 많은 청년들은 애국 열정을 불태우고 구국의 진리를 적극적으로 탐구하기 시작했다. 전국적으로 많은 청년 진보단체가 생겼고, 이런 시류에 맞춰 톈진에도 각오사覺悟社가 생겼다.

각오사는 5·4운동 과정에서 톈진에 가장 광범위한 영향을 끼치고 가장 독보적인 역할을 한 진보학생 조직이다. 톈진학생연합회와 톈진여계애국동지회의 핵심 멤버들로 구성됐다. 1919년 9월 16일 덩원수는 톈진 둥난자오東南角 차오창안草廠庵에서 열린 각오사 창립회의에 참여했다. 덩잉차오는 당시를 회상하며 말한다.

"처음에는 봉건사상의 영향으로 남녀 학생을 분리해서 조직했다. 그러다보니 투쟁 역량이 약화되었다. 차츰 봉건사상에서 해방되면서 우리는 교제의 자유를 요구했다."

남녀평등 실현을 위해 각 회에서 10명씩 추천했고, 이들이 각오사 최초 회원이 되었다. 여자 회원은 덩원수, 류칭양, 궈룽전, 장뤄밍張若名 등이었고 남자 회원은 저우언라이周恩來, 천즈두諶志篤, 마쥔馬駿, 리전잉李震瀛 등이었다.

1919년 9월 16일, 덩잉차오는 톈진에서 창립한 진보청년 단체인 각오사의 창립에 참여했다.
각오사 일부 회원들의 단체사진(앞줄 오른쪽에서 세 번째가 덩잉차오, 두 번째가 류칭양, 뒷줄 오른쪽에서 첫 번째가 저우언라이, 다섯 번째가 마쥔)

각오사는 설립 후 '군국주의, 자본계급, 당벌, 관료, 남녀불평등의 한계, 수구사상, 구도덕舊道德, 케케묵은 삼강오륜'에 바로 창끝을 겨누며, 이 '현대 진화에 맞지 않는' 것들은 모두 '뿌리 뽑고 개혁해야 한다'고 생각했다. 각오사는 이 목적을 위해 사회를 인도하는 선봉이 되고, '희생'과 '분투'를 예비하는 조직이 되어 적과 싸우는 '최고 사령부'가 되기로 뜻을 세웠다. 각오사는 설립된 후 사회의 주목을 받았다. 베이징 《신보晨報》는 각오사를 '톈진 학계에서 가장 우수하고 순결하며, 치열하고 깨어 있는 청년들이 결합한 단체', '톈진의 샛별'이라고 평가했다.

각오사는 '혁심革心', '혁신革新' 정신에 입각하고 '자각自覺', '자결自決'을 중심 사상으로 삼아 공동 연구를 통해 주장을 발표하고 사회생활을 비판했으며, 명사들의 의견을 소개하고 세계의 새로운 사조를 불어넣었다. 9월 21일, 즉 각오사가 설립된 지 닷새째 되는 날, 중국의 초기 마르크스주의자인 베이징대학의 리다자오李大釗 교수가 요청에 응해 각오사에 와서 강연을 했다. 리 교수는 '봉건의 구습을 타파하고 남녀 학생으로 함께 단체를 구성하자'는 각오사의 주장을 몹시 칭찬하면서, 세계 혁명의 새로운 사조를 주의 깊게 연구하고 《신청년新青年》 등 간행물에 발표된 진보적인 글을 읽으며 혁명의 진리를 탐구해 중국 개조를 위해 싸우라고 독려했다. 회원들은 문제를 더 깊이 연구하기 위해서 쉬지룽徐季龍, 바오스제包世傑, 류반눙劉半農, 첸쉬안퉁錢玄同, 저우쭤런周作人 등 5·4 운동 시기의 풍운아들과 시대의 엘리트들을 각오사로 초청해 강연을 했고, 사회사조에 대한 강해를 들었다. 덩원수는 깊은 깨우침을 얻었다.

톈진 거리에서 덩잉차오(오른쪽에서 두 번째)와 각오사 회원

1919년 12월 21일 회원 회의에서 누군가가 '제비뽑기로 개인을 대표하는 숫자를 정해 개인이 대외적으로 사용하는 이름을 대신하자'고 제안했다. 당시에 50개의 번호를 만들었고, 20명이 50개의 번호에서(1에서 50까지) 임의로 골랐기 때문에 20명의 대표 번호는 비연속적이었다. 덩원수는 1을 뽑아서 별명이 '일壹', '일호逸豪'였고 저우언라이는 5호를 뽑아서 별명이 '오호伍豪'였다. 덩원수는 《각오》 제1기에 '일'이라는 서명과 함께 〈왜……?〉라는 글을 발표해서 사회에 나타나는 악습에 대해 질문을 던지고, 청년들에게 존재하는 낡은 사상과 바람직하지 않은 행동을 비판했으며, 겸허한 태도, 민주적인 기풍과 학구 정신을 힘써 실천할 것을 제창했다.

회원들은 학술연구, 사상 개조와 함께 현실에 대한 투쟁에도 각별히 신경을 썼다. 회원들은 투쟁을 벌이는 과정에서 선진단체 하나 가지고는 혁명을 추진할 수가 없으며, 대중들이 함께 전진하도록 이끌어 혁명 구호를 대중의 행동으로 바꿔야 함을 점차 의식했다. 각오사가 설립되면서 톈진의 반제국·반봉건 애국운동은 다시 고조되었다. 10월 10일에 덩원수는 톈진 각 중·고·대학교 학생과 수만 명의 대중이 난카이南開 운동장에서 진행한 국경절 경축대회에 참여했고, 행렬의 선두에 섰다.

대회 후에는 기세가 드높은 시위행진을 벌였다. 시위행렬은 경찰의 총과 방망이에 맞서서 겹겹의 포위망을 뚫고 나갔고, 많은 남녀 학생들이 부상을 당했다. 덩원수는 '부상을 당해 피를 토하면서도' 꿋꿋이 강연팀을 이끌며 길을 따라가 연설을 하는 한편, 전단지를 나눠줌으로써 투쟁 활동을 성공적으로 마무리했다. '쌍십절雙十節'[1] 사건 이후, 일제품 불매 투쟁에서 덩원수는 톈진 중등 이상 학교 학생연합회 교육 및 강연 두 위원회의 준비위원으로 뽑혔고, 이어서 강연위원회 위원장으로 당선됐다. 12월 20일과 27일에 톈진에서 두 차례의 국민대회가 열리면서 학생운동은 각계 인사들과 연계하기 시작했고, 각계 민중의 지지를 얻었다.

애국운동의 드높은 기세에 대응해 반동 당국은 잔혹한 진압을 실시하기로 결정했다. 톈진학생연합회, 톈진 각계 연합회가 모두 봉쇄되었고 애국 학생들은 체포되었다. 저우언라이, 덩원수 등 각오사 회원들은 어쩔 수 없이 지하투쟁을 벌이기 시작했다. 1920년 1월 29일에 이들은 더 큰 규모의 청원 투쟁을 벌였고, 청원 대표 저우언라이, 궈룽전, 위팡단於方丹, 장뤄밍 등 네 명이 체포되었다. 4월 2일에는 체포된 대표들이 금식투쟁을 시작했다. 4월 5일 덩원수 등 24명은 경찰청에 가 항의하며 체포되어 금식하고 있던 대표들과 교체해 달라고 요구했다. 덩원수 등은 팀을 나누어 문인, 상인 등 각계에 연락을 취하고 구제 활동을 적극적으로 펼쳤다. 체포된 대표들의 끊임없는 투쟁과 사회 각계의 성원에 힘입어 그해 7월 대표들은 마침내 석방됐다.

---

1. 1911년 10월 10일에 발생한 우창봉기(武昌起義)를 기념하는 날

오랫동안 투쟁을 벌이면서 각오사 회원들은 5·4운동 중 전국 각지에서 만들어진 크고 작은 진보단체가 연합해 공동행동에 나서야 낡은 중국을 개조하고 민족을 멸망에서 구제할 수 있다는 점을 인식했다. 8월 16일 각오사는 소년중국학회 등 네 단체와 베이징 타오란팅陶然亭에서 집회를 열었다. 덩원수는 이 집회에서 각오사를 조직한 과정과 1년간의 활동 현황을 보고해 칭찬을 받았다. 회의에서 〈개조연합선언改造聯合宣言〉과 〈약장約章〉이 통과되었고, '각지의 혁신 단체를 연합하고, 분업 및 상부상조의 정신으로 사회 개조를 실행하자'고 선포했으며 '민간으로 가자', '실질적으로 착실히 행동하자'는 구호를 제기하면서 운동이 더 깊이 있는 방향으로 나아가도록 인도했다. 이때 덩원수도 즈리제일여자사범학교를 졸업하고 사회에 진출해서 노동자, 농민과 연합하는 길을 걷기 시작했다.

덩잉차오는 노년에 회상하며 말했다.

"이때 몇몇 졸업생은 학교를 떠나 사회로 갔고, 나는 소학교 교사가 되었다. 5·4운동은 전국의 뜻있는 청년, 지식인과 나 자신이 오랜 혁명을 시작하는 계기가 되었다."

베이징고등사범학교부속소학교(현재 베이징제일실험소학교) 교원 시절의 덩잉차오

소학교 교사로 지원하다

1920년 여름, 16세의 덩원수는 같은 반 친구 왕전루王貞儒와 함께 베이징고등사범학교부속소학교(현재 베이징제일실험소학교) 교사로 지원해 교편을 잡았다. 난생 처음 독립적으로 사회에 나와 일자리를 찾은 경험이었다. 당시 교육계는 남자와 여자를 차별하는 태도를 고수하고 있었다. 여자는 진지하게 일하지 않을 것이고, 할 줄도 모를 것이라 여겨 여교사의 지원을 꺼렸다. 베이징고등사범학교부속소학교도 그전까지는 모두 남교사만 채용했다.

덩원수와 동창이 부임함으로써 이 학교는 '교육계에서 선례를 열었고' '여성이 교육계에 진출해 근무하는 길을 닦는' 등 큰 영향을 끼쳤다.

개학을 하면 학생들이 체조를 할 수 있도록 학교는 매일 인솔교사 한 명을 배정했다. 갓 부임한 덩원수에게 학교는 학생들의 아침 체조를 맡겼다. 앳되고 어린 여교사가 학생들 앞에 나타나자, 어떤 학생들은 키득거리고 떠들며 덩원수를 완전히 무시했고, 한 쪽에 서 있는 남교사들도

덩잉차오가 여자사범학교 동창 장수원張淑文과 함께

인정하지 않는 듯 수군거리며 운동장이 일순간 어수선해졌다. 정작 덩원수는 아주 차분했다. 학생들 앞에 서서 한 마디도 하지 않고, 미소를 띠고 학생들을 바라보기만 했다. 차츰차츰 덩원수의 시선에 불안해진 학생들은 장난치며 낄낄거리던 소리를 낮추었다. 덩원수는 낭랑하고 친근한 목소리로 물었다.

"얘기 다 했어요? 다 웃었어요?"

운동장은 바로 쥐 죽은 듯이 조용해졌다. 학생들은 덩원수의 구령에 맞춰서 체조를 하기 시작했다.

이날부터 전교의 교사와 학생들은 학교에 범상치 않은 여선생이 왔다는 사실을 알았다. 덩원수는 교사라는 직업을 굉장히 좋아해서, 모든 에너지를 가르치는 데 쏟아 부었다. 덩원수는 1학년 과정을 담당했고 학년 주임도 맡았다. 덩원수는 자신만의 교육 방법으로 융통성 있게 수

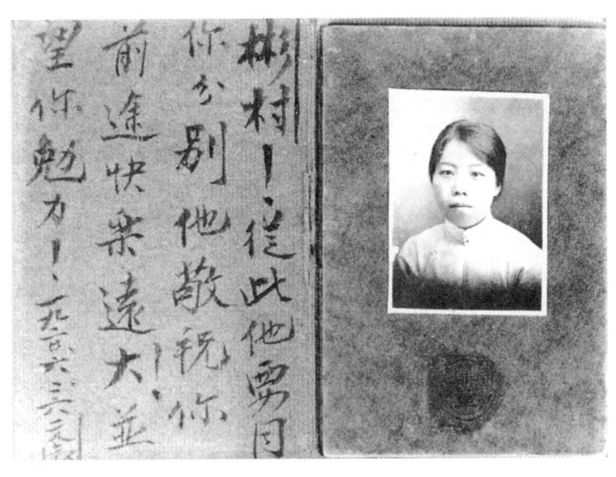

덩잉차오가 여자사범학교 동창 장수원과 이별할 때 보낸 격려의 글

업을 진행했다. 책에 쓰인 대로 읽는 것이 아니라 이야기를 들려주는 방식으로 어려운 지식들을 쉽게 설명해서 아이들이 잘 받아들일 수 있도록 했다. 학생들은 덩원수를 좋아했고 친해지고 싶어서 방과 후에도 집에 가려고 하지 않고 계속 덩원수를 둘러싸고 질문을 했다. 덩원수의 학생 중에 훗날 국내외에 이름을 떨친 훌륭한 과학자가 있는데, 바로 중국 우주항공 사업의 기초를 닦은 첸쉐썬錢學森이다. 1964년 교사와 학생은 베이징에서 만나 옛날 얘기를 하며 즐거운 시간을 보냈는데, 첸쉐썬은 덩잉차오를 친근하게 '덩 선생님'이라고 불렀다.

승부욕이 강한 덩원수는 남자 동료들과 견주어 전혀 손색이 없을 정도로 열심히 일했다. 교육연구와 국어 수업 개선의 일환으로 학교 자체적으로 교과서를 편찬하는데 교육 방법에 대한 내용이 빠져 있었다. 이에 덩원수는 1, 2권 강의안을 썼고, 학교에서 이를 인쇄해 발행했는데

1921년에 덩잉차오는 베이징고등사범학교부속소학교 교사로 부임했다.
덩잉차오(오른쪽 첫 번째)가 아침 조회 때 학생들을 인솔하는 사진

큰 호응을 얻었다. '열심히 일하고 능숙하게 일처리를 하는' 덩원수의 모습은 남녀평등을 실천하고 금녀의 구역을 개방하는 데 모범이 되었다. 게다가 동료 교사 및 학생들과 깊은 정을 쌓으며 좋은 인상을 남겼다.

베이징에서 교사로 있는 동안 덩원수는 과외 시간을 이용해 많은 책을 두루 읽으며 시야를 넓히고 의식 수준을 높였다. 《신청년》, 《신조新潮》 등 진보 잡지와 루쉰魯迅 선생의 《아Q정전》, 《광인일기》 등 진보적 소설을 읽으면서 마르크스주의의 영향을 받아들였다. 인생에서 사상적으로 중대한 변화가 일어난 이 시기는 이후 혁명의 길을 걷는 데 깊은 영향을 끼친다.

덩잉차오는 처음 부임했던 학교, 즉 지금의 베이징제일실험소학교에 남다른 정을 가지고 있다. 베이징제일실험소학교가 개교 80주년을 맞은 1992년에 덩잉차오는 중병을 앓는 와중에도 기어코 학교를 위해 뭔가를 해야겠다면서, 최초의 여교사로서 800자가 넘는 축하 서신을 보냈다.

서신에는 이렇게 쓰여 있다.

"예전에 교사였던 나는 혁명 사업 때문에 학교에서 근무한 기간이 길지는 않지만, 전에 일했던 학교를 늘 마음에 두고 있으며, 실험소학교의 교사였던 것을 영예로 생각합니다……. 선생님들, 학생들, 여러분은 어깨에 무거운 짐을 지고 있어요! 당과 국가 각급 지도자들의 간절한 기대를 저버리지 않고 계승, 발전, 개혁, 혁신 정신을 바탕으로 사회주의 교육 사업과 더 바람직한 학교 운영을 위해 공헌해 주기를 바랍니다."

청년 시절의 덩잉차오

다런여학교에 부임하다

1922년 여름, 덩원수는 마첸리馬千里 교장의 초청으로 톈진다런여학교達仁女校로 부임했고, 이때부터 정식으로 덩잉차오로 개명했다.

덩잉차오는 다런여학교에서 3년 넘게 재직했다. 다런여학교는 톈진의 민족자본가인 웨다런樂達仁(다런 제약공장 주인)이 1921년에 출자해 자신의 이름을 따서 세운 국민여자소학교로, 학비를 받지 않았다. 개교 첫 해에는 초등 소학교 2학년 과정이 전부였으나 1923년에는 6학년을 갖춘 온전한 소학교가 되었다.

마첸리 교장이 이끄는 다런여학교는 '개화적, 민주적인 학교'였고 교사들은 대부분 각오사의 회원들과 신식 교육을 받은 청년들이었다. 이들이 추진하는 민주사상과 애국정신에 힘입어 학교는 생기가 넘쳤다.

덩잉차오는 다런여학교에서 1학년 수업을 담당했고 학급 담임교사를 맡아서 어문, 산수, 말하기, 노래 부르기 등의 과목을 가르쳤다. 덩잉

1922년 톈진다런여학교 개학식(앞줄 왼쪽에서 다섯 번째가 덩잉차오)

차오는 융통성 있게 수업을 진행했다. 고리타분하게 책만 보게 하지 않고 학생들이 재미를 느낄 수 있는 방식을 활용해 학생들의 사랑을 받았다. 수업 중에 애국주의 교육을 특히 중시해서 학생들에게 사회와 정치에 관심을 가지도록 강조했고, 중요한 기념일이 되면 기념일의 유래와 의미를 쉽게 설명해서 학생들의 애국 의식과 정서를 길러주었다. 덩잉차오는 다런여학교에서 맡은 일을 훌륭하게 해냄으로써 교장의 신임을 얻었다. 마첸리 교장이 공무 때문에 외출할 때는 덩잉차오가 학교 사무를 대신하기도 했는데, 덩잉차오는 근면 성실하고 책임감 있는 모습으로 교사들에게 호평을 받았다.

마첸리의 딸인 마추이관馬翠官은 여섯 살 때 다런여학교에 입학했다. 당시에 겨우 스물한 살이었던 덩잉차오는 마추이관의 계몽교사이자 담임선생님이었다. 마추이관은 덩잉차오가 다런여학교에서 가르치던 모습을 회상하며 말했다.

"덩 선생님은 수업하실 때 다른 선생님과 달랐다. 교실 앞쪽에 칠판이 있었는데 우리에게 책상과 의자를 옮겨서 둥글게 앉으라고 하시고, 선생님은 제일 앞에 앉으셨다. 선생님은 수업하시는 방식도 달랐다. 교과서의 글자 그대로 가르치시지 않고 간단하지만 재미있는 짧은 이야기를 들려주시거나, 글과 그림을 보면서 글의 내용에서 배울 구절이나 계산법을 이끌어내셨다. 때로는 선생님께서 본인이 한 말을 복창하게 하셨고, 잘하면 칭찬을 아끼지 않으셨다. 그래서 우리는 아주 재미있게 공부

1923년, 덩잉차오(왼쪽에서 세 번째) 등 톈진다런여학교 전체 직원의 단체사진

를 했다. 선생님께서 무지하고 장난이 심한 우리 반 꼬마 아가씨들을 인내심 있게 가르쳐 주신 덕분에 우리는 점차 교실 예절을 지키게 되었고, 기본적인 소양을 익히게 되었다. 선생님은 우리를 좋아하셔서, 수업시간 외에 우리를 데리고 마당으로 가서 숨바꼭질, 수건돌리기 등 놀이를 하시곤 했다. 어렸을 때부터 애국주의 사상을 주입하는 것이 중요하다고 생각하셔서, 중요한 기념일에는 쉬운 말로 기념일의 유래와 의미를 얘기해 주셨다. '5·1' 국제노동절이 중시되지 않았던 당시에 선생님은 미국 노동자들이 자본가의 착취와 압박에 저항하기 위해 용감하게 투쟁해서 모든 사람들이 매일 여덟 시간씩 일하고 공부하고 휴식하는 '3·8' 제도를 얻어냈다는 이야기를 해 주셨고, '5·4' 애국운동 기념일에는 직접 투쟁에 참여했던 경험을 들려주셨다……."

덩잉차오는 여러 독특한 수업 방식으로 학생들에게 문화 지식을 전달하는 한편, 애국주의 계몽 교육도 야무지게 진행했다.

덩잉차오는 당시 톈진 교육계의 신예로 떠올라 성省교육회 위원, 톈진현 교육회 집행위원, 즈리 평민교육촉진회 이사로 당선됐다.

덩잉차오(오른쪽 첫 번째)와 톈진다런여학교 동료들

여권운동의 선봉이 되다

1922년부터 베이징, 상하이, 난징, 후베이湖北, 광둥廣東, 쓰촨四川 등 성과 시의 고등학교 여학생과 도시 지역의 지식계 여성들이 속속들이 여권운동동맹 조직을 세우고 여성이 정치에 참여해야 한다고 호소했다. 순식간에 전국에서 여권운동 붐이 일었다.

10월 28일에 덩잉차오 등은 베이징 여권운동동맹회의 위임을 받아 다런여학교에서 여권운동동맹회 즈리 지부 준비회를 열었다. 이들은 "수천 년간 중국에서는 여권이 신장되지 못해 교육, 경제 및 공법과 사법에서 여러 불평등 대우를 받았다. 가슴 아픈 일이다. 사물의 발전이 극에 달하면 반드시 반전하는 법이니, 마침 때를 맞이했다. 국회에서 헌법을 제정하는 때에 우리 여성계가 법률상 모든 평등을 얻어야 하며, 적기에 행동하지 않으면 후회 막급할 것이다."라고 판단하며 많은 여성들이 연합하여 여성해방을 위해 투쟁하자고 호소했다. 10월 말에 회의에서 통과된 〈여권운동동맹회 즈리 지부 요강〉에서 "본 지부는 여성의 법률상 권리 및 지위 확대를 목표로 한다."고 명시했다.

여권운동동맹회 즈리 지부 창립대회 현장

11월 26일에 여권운동동맹회 즈리 지부는 즈리제일여자사범학교에서 창립대회를 열었다. 여권운동동맹회 즈리 지부는 위원제를 채택하고 초창기에 평의評議위원회, 총무위원회, 선전위원회, 경제위원회 등 네 개의 위원회를 두었다. 회의에서 덩잉차오는 지부가 설립된 과정을 보고했고 평의위원회 위원에 당선됐다.

여권운동동맹회 즈리 지부가 설립된 후 덩잉차오는 여권운동에 적극적으로 가담했다. 12월 7일에는 평의위원회 회의를 열어서 국회에 청원서를 올리는 사안을 논의했다. 청원서에는 일곱 가지 요구사항을 제기했다.

첫째, 전국의 교육기관을 전부 여성에게 개방할 것, 둘째, 여자는 남자와 평등하게 헌법상 인민이 누려야 할 권리를 누릴 것, 셋째, 사법私法상의 부부 관계, 친자 관계, 상속권, 행위권 등을 일률적으로 남녀평등 원칙에 따라 대폭 수정할 것, 넷째, 남녀평등 혼인법을 제정할 것, 다섯째, 형법에 성교 동의연령同意年齡 및 첩을 두는 것을 중혼重婚죄로 간주하는 규정을 추가할 것, 여섯째, 공창公娼과 하녀 매매 및 여성의 전족을 금지할 것, 일곱째, 동일 노동 동일 임금 및 여성 보호 원칙에 따라 여성 노동자 보호법을 제정할 것.

덩잉차오, 왕전루 두 사람은 여권운동동맹회 즈리 지부 대표로 여권운동동맹총회의 도움을 받아 베이징으로 가서 청원서를 올렸다. 청원서에 남녀평등에 취지를 둔 몇 가지 요구를 명확히 제기했지만, 당시 북양군벌에 조종되던 국회에서 무시당했다.

덩잉차오 등이 계획하고 부단히 노력한 결과, 여권운동동맹회 즈리 지부는 사회에 적극적으로 융합하면서 뤼순旅順, 다롄大連을 일본으로부터 회복하기 위한 집회와 시위에 참여했고, 가정 강연팀을 활용해 많은 여성들에게 반일 애국사상을 선전했다. 또한 베이징대학교를 지지해 부패 관료인 북양北洋정부의 교육총장 펑윈이彭允彝의 폭거에 반대하고 채원배蔡元培 베이징대 총장의 사표를 만류하자는 투쟁을 벌였다. 한편 경한철로총공회京漢鐵路總工會의 설립을 축하하는 편지를 써서 "향후 투쟁에서 공회와 서로 지원하고 싶다", "2·7 파업[1]을 지지한다."는 등의 내용을 전했다. 여권운동동맹회 즈리 지부는 여성해방을 더 본격적으로 선전하여 여성들을 여권운동에 적극적으로 참여시키기 위해서 《여권운동동맹회 즈리 지부 특간特刊》(이하 《특간》)을 출간하고 《신민의보新民意報》의 부록으로 발행했다. 창간 시기는 분명하지 않으며, 현재는 제2기와 제3기의 일부분만 보존되어 있다. 《특간》은 16절 크기였고 공고, 사설, 토론, 기사 등으로 구성되었다. 덩잉차오는 《특간》에 여성을 학대하는 봉건 예교를 비난하는 글을 실었다.

장쓰징張嗣婧(1901–1923). 자는 무이穆儀, 허베이河北 안쑤安肅(현재 쉬수이徐水)현 사람. 1915년에 톈진 즈리제일여자사범학교에 입학. 1919년에 저우언라이, 덩잉차오 등이 세운 각오사에 참여한 10명의 여성 회원 중 하나며, 별명은 삼기衫棄(기棄의 중국어 발음은 숫자 칠과 같은 '치'다)였다. 여자사범학교를 졸업한 후 교사로 근무했다. 1923년에 봉건 혼인의 박해에 의해 사망했다.

1923년 3월에 덩잉차오의 동창이자 각오사 회원이었던 장쓰징이 결혼한 후에 학대를 받다가 봉건 예교의 멍에 속에서 참혹하게 죽자, 덩잉차오는 비통함에 빠졌다. 장쓰징의 사망 사건으로 인해 여성해방의 중요성을 더 뼈저리게 인식했다. 《특간》 제3기는 '장쓰징 특호'로 정해졌다. 《특간》에는 덩잉차오가 쓴 〈장쓰징전張嗣婧傳〉과 〈자매들이여, 일어나자〉라는 두 편의 글이 실렸다. '삼종사덕三從四德', '명교강상名教綱常' 등 봉건의 악습과 낡은 제도를 비판하는 내용이었다.

"과거 8천 년 동안 중국의 문화, 역사, 제도, 습관, 법률은 여자를 '인간'으로 인정하지 않고 장난감과 노예로 취급했다……. 고통을 참고 삼키

---

1. 경한철로 대파업이라고도 함. 1923년 2월에 정저우(鄭州) 경한철로총공회를 중심으로 일어났으며, 노동자의 정치적 지위 향상, 생활수준 향상, 인권과 자유 쟁취 등을 구호로 내세움

며 비인간적인 삶을 살았다. 그 결과 참지 못해 자살하는 사람이 수천, 수만 명이다."

압박에 시달리는 여성들에게 장쓰징의 죽음을 통해 "깨닫고 혁신하며, 모든 굴레와 속박을 깨고 고통의 바다에서 벗어납시다. 더 이상 케케묵은 예교에 굴복하지 말고 우롱당하지 맙시다!"라고 호소했다. 글 마지막에는 "친애하는 자매들이여! 일어납시다! 용감하게 일어나 참으로 독립된 '사람'이 됩시다!"라고 소리를 높였다.

덩잉차오 등이 조직하고 이끈 여권운동동맹회 즈리 지부는 여성 단결과 해방을 위한 투쟁에 있어서 긍정적 역할을 했다.

당시는 중국공산당이 이미 세워지고 마르크스주의가 전국적으로 전파되던 때였다. 덩잉차오는《신청년》등 진보 성향의 서적과 간행물을 읽으면서 유물주의 세계관을 받아들이고 확립하기 시작했다. 여권운동동맹회의 활동은 제한적이어서 진정으로 사회 제도를 변혁하고 남녀평등 문제를 해결하려면 조직을 견고히 하고 압박받는 계급의 해방 투쟁과 긴밀히 연결시켜야 한다는 점을 잘 알았다. 그래야만 문제를 근본적으로 해결할 수 있었다. 덩잉차오는 운동을 본격적으로 추진하기 위해서 여권운동의 신규 조직을 준비하고 계획하는 활동에 참여하기 시작했다.

1923년 초에 각지로 흩어졌던 각오사 회원들은《각우覺郵》라는 간행물을 출간하기로 논의했고, 덩잉차오 등이 기획을 맡았다.

덩잉차오는 회상하며 말했다.

"나는 한 여성으로서 여성 차별에 대해 매우 분개했다. 당시 우리는 '부녀참정회(婦女參政會)'를 조직하는 것에는 관심이 없었다. 여자가 정치에 참여하고 관리자가 되는 것은 별 의미가 없다고 생각했다. 우리는 '여권운동동맹회'를 별도로 조직했고, 동맹회의 지도 사상은 정치 참여보다 더 광범위했다."

—
여성사 총무위원회 위원장 시절의 덩잉차오

여성사(女星社) 창립에 참여하다

1923년 4월, 덩잉차오 등 선진 지식인들은 톈진에 여성 진보 조직인 여성사女星社설립을 발의했다. 목적은 '압박받는 여성을 구제하고 여성이 가져야 할 혁명 정신을 선전하며, 여성들이 무산계급 혁명운동에 합류하도록 깨닫게 하는 것'이었다.

여성사 회원은 여성해방을 무산계급 혁명운동의 일부로 보고 많은 여성들에게 '여성을 각성시켜 무산계급 혁명운동에 합류시키자'는 기치를 세웠다.

여성사는 총무부, 교육부, 출판부, 도서부를 두었다. 가입 조건은 여성사의 목적을 인정하면서 정관의 규정을 충족하고, 회원 두 명이 추천한 후 전체 회원의 승인을 거치면 남녀를 불문하고 모두 들어갈 수 있었다. 여성사는 톈진여계애국동지회, 여권운동동맹 즈리 지부에 이어 창립한 또 하나의 여성 진보단체였다. 4월 5일자 톈진 《대공보大公報》는 여성사를 '톈진 여성계의 서광曙光'이라고 칭했다.

1924년 4월에 여성사는 열흘에 한 번 출간하는 잡지 《여성女星》을 선전의 창구로 삼아서 '여성의 자구자결自救自決 사상'을 선전했다. 여성문제

—

여성사 교육위원회 위원장이자 《여성》 총편집자인 리이타오

를 논의하는 것을 목적으로 여성해방의 근본 문제를 탐색했고, 여성이 가져야 할 혁명 정신을 대대적으로 홍보하면서 여성의 정당한 권익을 옹호했다. 리이타오李毅韜가 편집장을 맡고 덩잉차오가 원고 검토를 맡았다. 《여성》은 처음에는 16절, 8페이지의 구성으로 5일, 15일, 25일 등 열흘에 한 번씩 《신민의보新民意報》의 부록으로 발행되었다. 그러다 37호에 주간지로 바뀌었고 《부녀일보婦女日報》에 붙어서 출간되었다. 1924년 10월에 반동 당국의 폐쇄 조치로 《부녀일보》의 간행이 중단되자 《여성》도 57호를 끝으로 출간을 끝냈다.

《여성》은 '여성문제를 논의하는 것'을 목적으로 사설, 토론, 연구, 비평, 사실보도, 문화예술, 통신 등의 내용으로 구성됐다. 한 호에 760부씩 발행하고 추가로 1,000부를 인쇄해서 전국의 신문사, 단체와 개인에게 발송했다. 4호부터는 베이징 등 주요 도시에 대표처를 설치했고, 《향도向導》, 《부녀평론婦女評論》, 《교육신간教育新刊》 등 전국 20여 개 신문사와 교류 관계를 맺었다.

덩잉차오는 여성사 주요 지도자 중 하나로서 총무부 서기 겸 교육부 위원, 총무위원회 위원장, 상임위원 등 직책을 역임했다. 또한 《여성》의 편집 작업에 원고 검토자로 참여했다. 수차례 글도 발표해서 여성들의 심신을 박해하는 낡은 제도와 예교의 큰 죄악을 폭로하고, 압박 받는 자매들에게 봉건주의, 자본주의에 맞서 돌격하는 행렬에 합류할 것을 호소했다. 또한 결혼의 자유를 주장하면서 남녀가 자유연애를 통해 순결한 사랑, 공통의 이상과 지향점을 기반으로 결합하는 것을 적극 칭송했다.

여성사의 일부 회원. 왼쪽부터 왕원톈王文田, 류칭양劉清揚, 천쉐룽陳學榮

덩잉차오는 《여성》 2호에 〈잘못된 연애〉, 〈잊을 수 없는 두 번의 5·7[1]〉 등 두 편의 글을 발표했다. 전자에서는 남녀 연애의 기초는 '순결한 사랑, 통하는 성격, 같은 인생관 등이며 공통의 학學과 업業을 찾아 움직이는 사랑을 유지할 것'을 논했고, 남녀간에 '진실하고 순결하며 선량하고 아름다운眞純善美' 연애는 '서로간의 이해, 조화된 사상, 같은 인생관 등의 요소 위에' 구축되어야 한다고 피력했다. 또한 청년들이 올바른 연애관을 확립해야 진정한 행복을 얻을 수 있다고 조언했다.

후자에서는 5·4운동 때 적극적으로 투쟁한 톈진여자사범학교의 불굴의 정신을 회고하면서 말했다.

1. 과거 한족의 장례 풍습. 사람이 죽으면 '7일째'에 영좌(靈座)를 설치하고 위패를 모신 후 매일 곡을 하며 아침저녁으로 제사를 지낸다. 49일까지 7일마다 한 번씩 불사(佛事)를 하고 제사를 올린다.

"당시 여자사범학교 학생들은 용맹함, 희생정신, 민첩하고 착실한 일 처리로 유명했고 이에 감탄하지 않는 이가 없었다. 그녀들은 조금도 위축되지 않았고, 항상 치열하게 하루하루를 살았으며…… 결국 승리를 얻은 후에야 쉬었다."

글에서 덩잉차오는 여자사범학교 학생들에게 계속해서 반제국·반봉건의 우수한 전통을 발전시키고 스스로 내실을 다져 새로운 투쟁을 맞이하자고 호소했다. 〈경제적 압박 속의 소녀〉와 〈시어머니에게 야단을 맞은 학생〉이라는 글에서는 불행한 일을 겪은 두 여학생에 대해 쓰면서 낡은 제도와 예교의 죄악을 비난했고, "이미 무산자들이 자본주의를 공격하기 시작했다. 압박 받는 친구들이여, 어서 일어나 경제 혁명에 합류하지 않고 뭐 하는가?"라고 호소했다. 덩잉차오 등이 편집해서 출간한 《여성》은 당시 사회에 큰 영향을 미쳤다.

《부녀일보》는 〈여성사 1주년 기념 소감〉에서 이렇게 밝혔다.

"그녀들이 출간한 《여성》은 여성을 압박하는 중국의 결혼제도, 가족제도를 가슴 아파하며 공격했다. 결혼으로 인해 고통스러워하는 많은 청년들이 그녀들의 답변을 받고 문제를 해결했다."

상하이 여성 근로자도 《여성》 편집부에 편지를 보내서 《여성》이 '여자의 스타', '여성운동의 이정표'라고 칭송했다.

덩잉차오(오른쪽 첫 번째)와 동료들

1924년의 덩잉차오

《부녀일보(婦女日報)》를 창간하다

1923년 가을, 덩잉차오는 류칭양, 리이타오 등과 전국을 대상으로 여성문제를 논하는 신문을 준비해서 낡은 제도 속 여성의 고통을 더 확실하게 들추고 여성운동을 추진하자고 상의했다. 열심히 준비하고 구성하고, 마첸리의 지원을 받아 1924년 1월 1일에 《부녀일보》를 정식으로 출간했다. 당시 중국에서 유일하게 여성문제를 논한 신문이었다. 류칭양이 총경리를 맡고 리이타오가 편집장을, 덩잉차오와 저우이周毅가 편집원을 맡았다. 이후 류칭양이 당 조직의 지시를 받아 남쪽으로 내려가서 일하게 되어, 덩잉차오가 총경리 직책을 대리했다.

《부녀일보》의 편집자는 독자와 통신할 때 신문사의 몇몇 담당자를 거론하면서 말했다.

"선생님들은 모두 톈진 여성계의 중요한 인물들로, 민국 8년(1919년) 학생애국운동의 주축이었고, 모두 교육계 분들이었다."

전국 각계, 특히 여성계는 《부녀일보》의 창간을 중시하고 환영했다. 상하이 문권文權 운동동맹회의 책임자는 추천글까지 썼다.

"국내를 돌아보면 여성 전문 일간지는 하나도 없고, 따라서 일반 여성계는 이를 한스럽게 생각한다. 북방 지역 여권운동의 유력인사인 리즈산李峙山(리이타오), 덩잉차오 여사 등은 이에 느낀 바가 있어, 곤경을 피하지 않고 톈진에서 《부녀일보》를 창간하였다……."

당시 중공중앙中共中央[1] 부녀부 샹징위向警予 부장은 〈중국 여성 선전 운동의 신기원〉이라는 글을 써서 《부녀일보》의 출간을 높이 평가했다.

"부녀일보의 기원紀元은 깊이 가라앉은 중국 여성계에 날이 밝았음을 알리는 첫 소리다……. 중국 여성에게 가장 부족한 것은 '정치적 상식'과 '사회적 관심'이다. 이제 부녀일보가 생겨서 여성들이 정치, 사회 소식과 자주 접함으로써 '정치적 상식'과 '사회적 관심'을 기를 수 있게 되었다. 부녀일보가 전국 여성 사상 개조 양성소가 되기를 바란다!"

《부녀일보》는 발간사에서 창간 취지를 밝혔다. 첫째, 전국 여성운동자들의 의견과 여성운동의 소식을 모아 체계적으로 토론하고 연구하고, 소식과 토론을 발표하는 데 편의를 기하기 위함이다. 둘째, 동지들을 연계하고 서로 소식을 교환한다. 셋째, 중국 정치경제 및 사회 상태 문제를 요약하여 체계적으로 보도함으로써 여성의 폭넓은 관심을 불러일으킨다. 넷째, 여성의 억울함을 호소하는 기관이 된다. 다섯째, 현실 사회에서 여성의 사회 활동 참여에 대한 속박을 지적한다.

---

1. 중국공산당 중앙위원회(이하 '중공중앙')

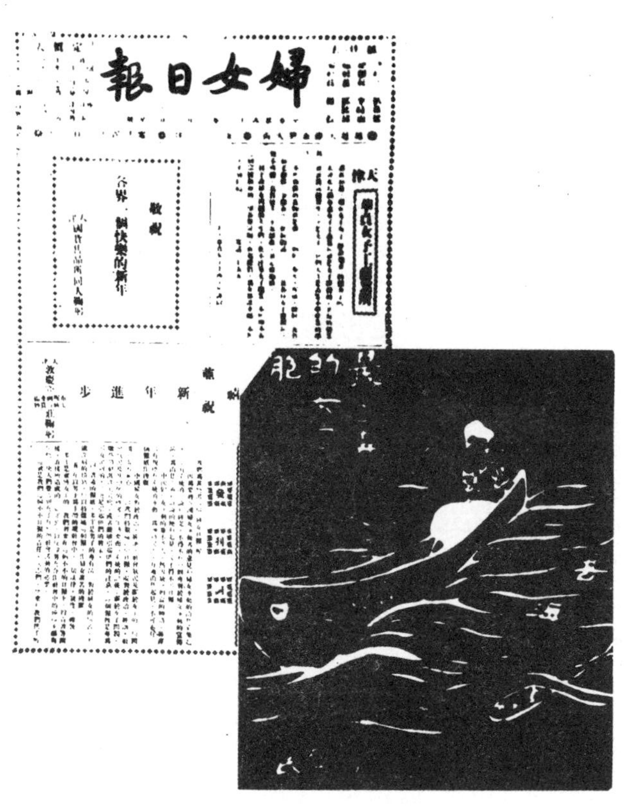

婦女日報

敬祝
各界一個快樂的新年

敬祝
新年進步

—

《부녀일보》 창간호 및 창간호에 실린 만화

《부녀일보》는 매일 4면에 다채로운 형식으로 풍성한 내용을 담았고 '자유논단', '여성문제', '조사調査', '문예', '아동화원', '통신', '잡문 및 소품문小品文' 등 일곱 개 섹션으로 구성됐다.

덩잉차오는 《부녀일보》에 여러 편의 시 작품을 발표하는 등 문예의 형식을 활용해 여성해방을 선전했으며, 혁명에 대한 자신의 심정을 토로했다. 〈제1일〉, 〈실천의 등불〉, 〈사랑과 교육〉, 〈부활〉, 〈작은 시〉, 〈승리〉 등이 그 예다. 특히 〈사랑과 교육〉은 구 혼인제도의 속박과 여성들의 고통을 반영해 악덕한 봉건제와 낡은 예교를 공격했고, 〈부활〉이란 시에서는 군벌에 살해당한 전우를 애도하면서 후임자들이 용감하게 싸워야 한다는 내면의 소리를 전했다. 〈승리〉에서는 사람들에게 좌절과 실패를 감당하는 데 그치지 않고, 승리와 시련을 감당해야 한다고 타일렀다. 〈실천의 등불〉에서는 마르크스주의 사상의 빛을 발하면서 '실천의 등불을 들고 한 발 한 발 전진하자!'고 호소했다. 덩잉차오의 시는 감성과 이성이 잘 어우러져 사람들에게 연상을 남기고 깊은 철학적 사고를 이끌어 냈다.

당시 사회에서는 황회皇會라고 해서, 신을 영접하는 미신 활동이 성행해서 큰 해악을 끼쳤는데, 특히 '여성이 능욕과 우롱을 당했다.' 덩잉차오는 이러한 현상을 겨냥해 〈황회를 위해 톈진의 여성에게 충고한다〉는 글을 써서 황회의 폐해와 본질을 들추고, 여성들에게 참여하지 말고 황회 활동을 배척하고 봉건 군벌의 우민 정책을 저지하라고 타일렀다. 덩잉차오는 《부녀일보》에 봉건의 압박에 반대하고 여성해방을 널리 알리는 시를 발표해서 여성들에게 사랑 받았고, 봉건 예교의 속박을 뚫고 혁명 투쟁에 헌신할 수 있도록 많은 여성들을 동원하는 역할을 했다.

《부녀일보》는 여성의 현황, 바람과 문제를 다각도로, 다차원적으로 반영했고 여성해방의 주장을 올바로 선전하여 '여성이 가져야 할 혁명 정신을 선전하고' '여성을 무산계급 혁명운동에 동원하는' 긍정적 역할을 하면서 당시 전국 여성운동에 큰 영향을 끼쳤다. 1924년 9월 직봉전쟁(直奉戰爭)에서 《부녀일보》는 군벌 전쟁을 비난하는 글을 실었다는 이유로 발행 금지 처분을 받았다. 반동 당국의 갖은 압력과 신문사 경비난 등의 이유로 《부녀일보》는 1924년 9월 30일 어쩔 수 없이 발간을 중단했다. 그러나 톈진 및 전국 각지에 뿌린 진리의 불씨는 압박 받는 많은 여성들 마음에 깊이 뿌리내렸다.

1923년, 여성사는 여성 보습학교의 경비를 마련하기 위해 연극 모금 활동을 했다.
덩잉차오가 연극 〈신문기자〉에서 남자 배우로 분한 모습이다.

보습학교를 세우다

덩잉차오 등은 여성해방과 계급해방을 실현하기 위해 교육을 통해 여성을 일깨우고 자주적 능력을 키우는 일부터 착수했다. 1923년 8월, 덩잉차오 등 여성사 회원은 허베이 다징로大經路(지금의 중산로中山路) 다런리達仁里에 '톈진여성제일보습학교天津女星第壹補習學校'를 세웠다. 학교는 '학업의 기회를 잃은 여성을 구제하고 적절한 지식과 쉬운 기술을 가르쳐 스스로 생계를 모색할 수 있도록 하는 것'을 목적으로 삼았으며, 사회적으로 여성 교육을 대대적으로 보급하여 '압박 받는 여성을 지원하자는 목적 달성'을 지향했다. 리이타오가 교장을 맡고 덩잉차오가 이사를 맡았으며, 여성사 회원들이 의무 교사가 되었다. 덩잉차오는 개학식에서 장문의 연설을 했다.

"중국에서는 수천 년간 여자들이 바람직하지 않은 예교, 풍속, 습관의 속박을 받았습니다. 겉으로는 아무렇지도 않지만 정신적으로는 이 바람직하지 않은 예교, 풍속, 습관의 밧줄에 꽁꽁 묶여서 자유라는 것이 전혀 없었습니다. 최단시간 내에 여러분이 갖춰야 할 지식과 적절한 기능을 배워서 압박 받는 여성들을 돕는 목적을 달성하길 바랍니다."

덩잉차오(가운데)가 톈진제일여성보습학교의 학생 저우자잉周嘉瑛 등과 함께

보습학교는 총 2기로 나눠졌고 1기당 갑, 을 두 학급으로 편성됐다. 을반은 1년반 과정이고 국어, 작문, 주산, 필산筆算, 식자識字, 기예, 음악, 서신, 여성상식, 가사 부기 등의 과목을 가르쳤다. 졸업하면 백화白話[1]로 된 책, 신문을 능숙하게 읽고 가계부를 쓸 수 있었다. 1년 과정인 갑반은 을반에서 배우는 과목에 지리, 역사, 이과 개요, 상업 부기, 간단한 교수법 등이 추가됐다. 학생은 졸업 후에 학교 교사나 상점 점원 등 여러 업무에 종사할 수 있었다.

1924년 7월 초 일곱 명의 학생이 졸업하고 졸업증서를 받았다. 졸업식에서 덩잉차오는 졸업생들에게 세 가지 바람을 전했다. 첫째는 사회를 인도하는 책임을 감당할 것, 둘째는 여성해방의 근본 문제에 늘 관심을 가질 것, 셋째는 중국의 모든 성인 여성이 학업의 기회를 얻지 못하는 곤경에서 빠져나오도록 힘써 도울 것이었다.

여성제일보습학교는 창설 후에 경비가 부족해서 신극사新劇社와 여성사 회원들에게 연합을 요청하여 베이마로北馬路 국화수품소國貨售品所에서 〈신문기자〉 등 연극을 공연했고, 티켓 판매 수익으로 학교 운영 경비를 충당했다. 창작극인 〈신문기자〉에서 덩잉차오는 남자 역할인 신문사 주간 후모胡某 역을 맡았다. 극중 여주인공은 시도 쓰고 글도 잘 써서 신문사에 종종 원고를 보낸다. 후모는 이 여자를 좋아해서 구혼을 하지만 거절당한 후에 여자를 협박하는데, 다행히 여자의 사촌오빠가 나서서 구해 준 덕분에 곤경에서 벗어난다. 몹시 감동을 받은 여자는 사촌오빠와 백년해로하기로 한다. 〈화베이신문華北新聞〉은 이 공연에 대해 이렇게 보도했다.

---

1. 중국의 구어체

1923년, 덩잉차오(앞줄 오른쪽에서 세 번째) 등이 톈진제1여성보습학교를 창설 후 개학식 날 교사, 학생들과 함께

"여성사의 여성 회원인 배우들은 3주간 리허설을 해서 매우 숙련되었고, 표정도 훌륭했다. 톈진 주민들에게 즐거움을 선사했을 것이라 생각한다."

덩잉차오의 공연은 큰 성공을 거두었다.

보습학교를 세우는 과정에서 덩잉차오 등 여성사 회원들은 하층 가정의 여성들이 종일 일하느라 보습학교에 와서 공부할 여유가 없는 어려운 형편을 목격했다. 이 여성들이 학교에 와서 공부할 수 있도록 1924년 6월 초에는 다시 '여성성기의무보습학교女星星期義務補習學校'를 세우고 미취학 성인 여성을 모집했다. 일요일마다 오후 2시에서 5시까지 세 시간 동

1924년 6월, 덩잉차오(앞줄 오른쪽에서 두 번째)가 톈진제1여성보습학교 갑종甲種 제1회 졸업생들과 함께

안 수업을 하고 학비는 받지 않았다.

덩잉차오 등 여성사 회원이 운영한 보습학교는 여성들에게 문화 지식뿐 아니라 몇 가지 기술도 가르쳐서 여성들이 졸업 후에 사회에서 스스로의 힘으로 살아갈 수 있는 능력을 키워주었고, 봉건의 족쇄에서 벗어나고 스스로 해방을 쟁취하는 등의 측면에서 큰 역할을 했다. 또한 학생들의 사상 교육을 매우 중시한 덩잉차오는 수업과 사회에서의 실전 경험을 효과적으로 엮어 학생들의 사회 인식을 강화하고 여성운동 핵심 인물을 양성했다.

1924년 12월, 덩잉차오(앞줄 왼쪽 첫 번째)가 톈진부녀국민회의촉성회의 일부 회원과 함께

국민회의 운동에 투신하다

1924년 10월, 펑위샹馮玉祥이 베이징 쿠데타를 일으키고 차오쿤曹錕, 우페이푸吳佩孚가 실각하여 새 군벌 정권이 아직 안정을 찾지 못한 상황에서 전국의 국민들은 국민회의를 열어 헌법을 제정해서 민주 공화정권을 구축하자고 강력하게 요구했다. 중국공산당은 민심에 순응해서 11월에 제4차 국민회의를 열어 시국에 대처하자는 주장을 발표했다. 베이징에서 조속히 국민회의를 개최하기 위해 쑨중산은 11월 12일에 광저우에서 북쪽으로 올라왔다. 이때 각지의 민중단체들이 저마다 전보를 치고 선언을 발표해 국민회의를 개최하자는 주장을 옹호하면서 국민회의 촉성운동이 전국으로 퍼졌다.

활기차게 전개되는 국민회의 운동과 맞물려, 중압에 시달리며 사회의 변혁을 갈망하는 톈진 여성들 사이에서 혁명에 대한 열망이 솟기 시작했다. 이들은 여성 단체가 조직돼 국민회의에 참석하길 간절히 원하면서, 커다란 열정으로 전국 각 시의 민중들과 함께 북쪽으로 오는 쑨중산을 맞이했다.

1924년 11월 23일 톈진여성제일보습학교 리이타오 교장, 《신민의보新民意報》의 마첸리 주간 등이 먼저 공고를 내고 '톈진시민 쑨중산 선생 환영 준비처'를 마련했다. 다음 날 톈진의 41개 단체의 대표가 쑨중산 환영 준비회를 열고, 각계 단체와 연락해 쑨중산을 함께 환영하도록 덩잉차오 등 8인을 공동 추천했다. 29일 '준비회'는 학계 클럽에서 회의를 열었고 여성 단체 대표로 덩잉차오, 리이타오 등이 참여했다. 덩잉차오는 각 부녀단체들과의 연락 상황을 보고했고, 회의에서는 덩잉차오 등 11인을 쑨중산 접견 대표로 추천했다.

12월 2일, 톈진시민 쑨중산 환영 준비회가 추천한 11명의 대표는 국화수품소에서 덩잉차오의 진행으로 회의를 열어 쑨중산에게 보내는 〈의견서〉를 통과시켰으며, 쑨중산을 접견할 때 덩잉차오, 쑹저주宋則久가 먼저 발언을 하고 나머지 사람들이 보충하기로 결정했다. 6일에 덩잉차오, 마첸리 등은 쑨중산이 머무는 장위안張園으로 가서 쑨중산과 부인 쑹칭링宋慶齡을 만났다. 이들은 쑨중산에게 남북 정부의 차이점, 상단사건商團事件[1]의 진상과 쑨 선생이 일본을 거쳐 온 상황에 대해 가르쳐달라고 청했다. 덩잉차오는 톈진 인민을 대표해서 당시 병중에 있었던 쑨중산에게 위로의 말과 함께, 빨리 건강을 회복해서 어려운 나라를 지켜달라는 바람을 전했다.

덩잉차오, 장윈칭 등은 당의 지시에 따라 톈진부녀국민회의촉성회를 발기하여 조직하고 12일 오후 2시에 난카이여중에서 제1차 준비회를 열었다. 회의에서는 '동지 자매'들에게 국민 혁명운동에 집중하여 '국가의 대사를 함께 연구하고 토의하자'고 호소했다. 14일에는 난카이여중에서

---

1. 1924년에 중국 광저우(廣州)에서 일어난 반혁명 사건. 8월에 쑨중산의 혁명 정책에 불만을 품은 사설 군대 상단이 수입한 무기를 정부가 압류하자 반정부 동맹 파업을 일으켰으나 10월 14일에 쑨원의 군대에 의하여 진압되었다.

장원칭江韻清

제2차 준비회를 열고 덩잉차오가 회의를 주재했다. 덩잉차오는 여러 여성들에게 '연합해서 대규모 군중운동을 진행하고' 국민혁명에 집중하자고 다시 호소했다. 모두 덩잉차오, 천쉐룽陳學榮을 선언문 작성 위원으로 공동 추천했다. 18일에 덩잉차오, 장원칭은 여성계 대표로 톈진 21개 단체가 공동 발기한 톈진국민회의촉성회 준비회에 참석했다.

22일 오후 3시, 톈진부녀국민회의촉성회는 난카이여중 강당에서 창립대회를 열었고, 각계 여성 대표 70여 명이 참석했다. 대회에서는 토론을 거쳐 정관과 선언을 통과시키고 대내, 대외적 사안의 관리를 맡을 위원 15명을 세웠으며 총무, 교제, 문서, 선전, 조직 등 다섯 계를 두었다. 선거를 통해 덩잉차오, 장원칭 등 15명이 위원이 되었고, 덩잉차오는 총무계 계장을 맡았다. 톈진부녀국민회의촉성회는 '국민회의의 조속한 실현을 촉성하고, 여성의 이익을 대표해 분투한다'는 취지로, 새로운 정세에서 여성해방운동을 추진하자는 주장을 분명히 밝혔다.

톈진부녀국민회의촉성회가 설립된 후 덩잉차오 등은 사람들을 이끌고 충만한 열정으로 국민회의 개최를 촉구하기 위한 조직, 선전, 선동 활동에 힘썼다. 이들은 각계 여성들로 구성된 강연대를 편성해서 국민회의의 주장을 널리 선전하고, 제국주의와 반동 군벌에 반대하면서 국민회의 개최를 촉구했다. 또한 톈진국민회의촉성회 발기에 참여했다.

12월 18일 톈진국민회의촉성회 준비회가 발족했다. 27일에 열린 제2차 준비회에서 덩잉차오가 먼저 창립대회 개최에 관한 사항을 논의하자고 제안해 참석자들의 찬성을 얻었다. 회의에서 마첸리, 덩잉차오, 위팡저우於方舟 등 다섯 명이 초안 작성 위원으로 추천받았다. 1925년 1월 3일 톈진국민회의촉성회는 현縣 교육회 사무소에서 창립대회를 열고 '국민을 독려하고 정부를 독촉하여 국민회의를 조속히 실현하자'는 취지를 내걸었으며, 덩잉차오가 총무위원회 위원으로 당선됐다.

덩잉차오는 톈진부녀국민회의촉성회와 톈진국민회의촉성회의 지도자 회원으로서 탁월한 지도력으로 국민회의 운동을 추진해 많은 여성, 사회 민중의 공감과 옹호를 얻었다.

> 덩잉차오는 1981년에 발표한 〈쑹칭링 동지에게 숭고한 경의를 보냄〉이라는 글에서 처음 쑨중산과 쑹칭링을 보고 환영 인파와 만났던 상황을 적었다.
>
> "나는 환영 행렬 속에서 청나라 군주제를 뒤엎고 중국의 독립, 자유, 민주를 위해 끊임없이 싸운 위대한 혁명의 선구자인 쑨중산 선생을 보았다. 결연하고 침착하셨다. 연로해 보이셨고 얼굴에 병색이 있었지만, 여전히 열정적으로 환영 인파에게 모자를 흔들며 인사하셨다. 또한 쑨 선생 오른쪽에는 당당하고 곧은 자세로 쑹칭링 여사가 서 있었다. 젊고 아름답고 단정하고 차분하면서도 혁명에 대한 확고한 신념이 엿보였다."

덩잉차오(왼쪽 세 번째)가 다런여학교 동료들과 함께

사회주의 청년단에 참여하다

톈진 사회주의 청년단은 1920년 10월 정식으로 창립하고 정관을 작성했다. 정관은 청년단의 목적을 '사회주의를 연구하고 실현하는 것'으로 명확히 규정했다. 이 정관은 중국 초기 청년단 조직들 중에서 비교적 명확하고 완벽한 정관의 모습을 갖춰서 전국에 중요한 영향을 끼쳤다. 1921년 1월 청년단의 책임자가 공산당 국제 업무를 하러 가면서, 톈진청년단의 활동도 중단되었다. 1922년 초 당 조직은 톈진에 사회주의 청년단을 재조직하는 작업에 착수했고, 3월 12일 사회주의 청년단 톈진 집행위원회를 정식으로 세웠다.

1924년 1월 덩잉차오는 톈진에서 사회주의 청년단에 참여했다. 덩잉차오는 이렇게 회상한다.

"1924년 톈진에 사회주의 청년단이 설립됐고, 그 후에 또 당 조직이 설립되었다. 그때 우리는 무산계급이 무엇인지와 무산계급과 노동인민의 이익을 위해 싸워야 함을 이미 명확히 알고 있었고, 우리의 신념과 분투의 목표를 공산주의로 확정했다."

중국공산당 3기 1중전회(중국공산당 전국대표대회 제1차 전체회의) 회의 장소(현재 광저우 신허푸新河浦 24호)

1925년 톈진 사회주의 청년단 지역위원회의 '톈진 지역 단원 조사표'에 덩잉차오는 이렇게 적었다. '연령: 22세(햇수 나이), 출생지: 광시, 현재 직업: 교사, 청년단 가입 시기: (민국)13년, 국민당 가입 시기: (적지 않음).' 덩잉차오는 당시를 회상하며 말했다.

"그때 우리는 읽은 이론서가 얼마 없어서, 아는 것이라곤 마르크스주의와 공산주의가 계급이 없고, 사람이 사람을 압박하거나 사람이 사람을 착취하지 않음을 이상으로 삼는다는 것이었다. 각자가 능력껏 최선을 다하고 각자 필요한 것을 얻는 사회를 만든다는 목표를 이루기 위해 평생 싸우기로 결심했다."

중국공산당의 3대 결의를 근거로 공산당은 국민당과 협력했고, 공산당원과 청년단원은 개인 명의로 국민당에 가입했다. 스무 살인 덩잉차오는 톈진에서 개인 명의로 국민당에 가입해 국민당 직속 성省 당 부·위원, 부녀부 부장을 맡았고, 이때부터 더욱 여성해방 사업을 소임으로 여겼다. 덩잉차오가 사회주의 청년단에 가입한 것은 애국에서 사회주의로 나아가고, 사회주의만이 중국을 구할 수 있음을 인식하여 중국에서 사회주의를 실현하기 위해 열심히 노력했음을 상징한다.

1924년 3월 9일, 사회주의 청년단 톈진 지역 집행위원회는 창립대회를 열고 톈진단 지역위원회의 설립을 선포했다. 당시 톈진에는 이미 45명

국민당 직속 성 당부黨部 기관 소재지였던 톈진 이칭리義慶里 40호

의 단원이 있었고, 그중 여단원은 덩잉차오, 왕전루 둘뿐이었다. 두 사람은 지역 집행위원회 집행위원 후보로 당선됐다. 지역위원회 밑에는 여섯 개의 지부가 있었고, 다런여학교가 제6지부였으며 덩잉차오가 다런여학교단 지부의 서기를 겸임했다. 10월 19일 톈진당 지역위원회는 조직을 개편했고, 덩잉차오는 청년단 지역위원회 위원으로 당선됐다. 청년단 지역위원회 조직 개편 후 선전 활동과 반제국·애국 단체에서의 활동이 확연하게 강화되었고, 톈진단 조직은 안정적으로 발전하는 궤도에 올라섰다.

덩잉차오는 회상하며 말한다.

"나는 당시에 국민당에 불만이었고, 국민당이 산만하고 혁명적이지 않다고 생각해서 국민당에 들어가고 싶지가 않았다. 하지만 후에 당 조직에서 나를 국민당 순즈성順直省 당부 업무에 참여시켜 부녀부 부장을 맡기기로 결정했고, 나는 결정에 따랐다. 실제로 당의 결정은 당시 혁명의 필요성과 과정에 부합했음이 입증됐다."

1925년의 덩잉차오

톈진 지역위원회 부녀부 부장을 맡다

1925년 3월, 덩잉차오는 사회주의 청년단 단원에서 공산당원으로 바뀌었고, 애국 청년에서 확고부동한 공산주의 전사로 성장했다. 입당 때의 상황을 회상하면서 덩잉차오는 이런 말을 한 적이 있다.

"그때 중국 북방에서 당은 아직 지하에 있었고, 따라서 입당 절차는 아주 간단했다. 당기를 걸지도 않았고 선서도 하지 않았다. 하지만 다른 동지들과 마찬가지로 우리의 신념은 매우 확고했다. 우리가 공산당에 들어가려고 했던 이유는 첫째로 나라를 사랑했기 때문이었고, 둘째는 인민을 사랑하기 때문이었으며, 셋째는 반동 세력에 반대하고 어둠에 반대하고 광명을 추구했기 때문이다. 부강한 신중국을 건설해, 세계 대국으로 나아간다는 관념이 뇌리에 깊숙이 박혀 있었다."

입당 후 덩잉차오는 중국공산당 톈진 지역위원회 부녀부 부장과 여성운동위원회 서기를 겸임했다. 톈진 여성운동을 지도하는 과정에서 덩잉차오는 '3·8' 세계 여성의 날에 압박과 차별에 반대하고 여성의 권리를

1925년 3월, 톈진부녀국민회의촉성회 대표로 베이징에서 열린
쑨중산 추도 행사에 참여한 덩잉차오(오른쪽에서 두 번째)

쟁취하자는 기치를 높이고 공개적으로 기념 활동을 열었다. 난카이여중에서 진행된 톈진 최초의 '3·8' 세계 여성의 날 기념행사에 여교사, 여학생, 여성 근로자와 가정주부 등 50여 명이 참여했다. 덩잉차오는 '3·8' 세계 여성의 날의 기원을 보고했고, 여성들이 일을 하기를 바란다는 말을 하면서 다음과 같이 전했다.

첫째, 신·구 조류의 과도기에 여 동포들은 업무 중에 감정으로 일 처리를 할 것이 아니라, 이성으로 사물을 대해야 한다. 그렇지 않으면 운동을 실패로 몰고 갈 수 있다. 둘째, 책임감 없는 비판에 대해서는 타협하지 마라. 셋째, 우리가 한 일이 마땅한 실적을 올리지 못했다는 것은 우리의 책임이 끝나지 않았으니 계속 꾸준히 해 나가야 함을 의미한다.

넷째, 여성을 선전하고 조직하여 우리의 적은 제국주의와 봉건 군벌임을 인식시키고 국민혁명운동에 참여시킴으로써, 사회의 변화와 여성의 해방을 근본적으로 도모하자. 덩잉차오의 이러한 날카로운 견해는 여성의 인식을 제고하고 톈진 여성운동이 건전하게 추진되는 데 긍정적인 촉진 작용을 했다.

덩잉차오는 당의 양성을 받으며 끊임없이 나아갔고, 자신의 청춘을 민족해방과 여성해방 사업에 오롯이 바치기로 결심했다.

1925년 3월 12일, 쑨중산이 병마에 생명을 잃었다. 덩잉차오는 전국 인민과 마찬가지로 극도의 비통함에 빠졌다. 국민회의촉성회 전국대표대회에서 마련한 장례위원회에서 후보위원을 맡아서 접대 업무를 담당하고 경야經夜에 참여했다. 쑨중산의 장의행렬에서 덩잉차오는 쑹칭링의 강하고 의연한 얼굴을 보고 마음이 존경심으로 가득 찼다.

쑨중산이 세상을 떠나고 국민회의 운동이 좌절되었어도 덩잉차오는 비관하거나 풀이 죽지 않았다. 전과 다름없이 여성이 국민혁명에 참여하도록 적극 선전하고 계획했으며 여성운동을 국가의 독립, 정치민주 투쟁에 연계해 톈진 여성운동이 폭넓고 깊이 있게 추진되도록 힘썼다.

5월 30일 상하이에서 중국 국내외를 충격에 빠뜨린 5·30 참사五卅慘案가 일어났다. 중국공산당의 호소와 영도 속에 전국 각지에서 반제국·애국운동이 활기차게 전개됐다. '5·30 참사'의 소식이 톈진에 전해지자 덩잉차오는 톈진의 각계 여성을 이끌고 벅찬 열정을 안고 즉시 이 위대한 투쟁에 뛰어들었다. 톈진부녀연합회는 각계 여성을 더 효율적으로 반제국·애국 투쟁에 참여시키기 위해서 긴급회의를 열었고, 덩잉차오는 이렇게 밝혔다.

1925년 덩잉차오가 톈진을 떠나며 어머니 양전더와 함께

“5·30 참사는 실로 국민운동 역사상 전대미문의 참극입니다. 흉악한 제국주의가 우리 동포를 직접 참살하는 것은 도저히 참을 수 없습니다!”

이들은 상하이에 전보를 쳐서 부상당한 동포에게 위로와 성원을 보냈다.

“제군들이 끝까지 싸워서 민족 해방의 목적을 달성하길 바랍니다.”

회의에서는 ‘5·30 참사’의 최대 원흉을 성토하기 위한 구체적인 조치도 논의됐다.

정세의 추이를 볼 때 각계 연합회를 세워 톈진의 반제국·애국 투쟁을 지도해야 할 필요가 시급했다. 덩잉차오는 각계 연합회의 구체적인 준비 작업에 적극적으로 가담하고 정관, 선언, 전보 작성에 참여했다. 6월 10일에 시 전체 80여 명의 반제국·애국 통일전선 조직을 대표하는 톈진각계연합회가 ‘상하이 사건을 지원해 민족해방운동을 펼친다’는 취지로 정식으로 설립되었다. 주석단을 세웠고 덩잉차오는 주석단의 다섯 주석 중 하나로 당선됐다.

회의에서 덩잉차오는 영국, 일본 제국주의가 상하이에서 중국 인민을 참살한 잔인한 죄상을 보고하고, 시 전체 인민을 대표해 다섯 가지 요구를 제기했다. 영국 조계租界 회수, 영사領事 재판권 취소, 영·일 불평등 조약 폐지, 영·일 정부가 사건을 일으킨 주상하이 영사를 처벌할 것, 살인범을 처벌하고 구휼금을 부담할 것 등이었다. 톈진각계연합회는 전체 시에 통지문을 보내 '학생 휴교, 상인 휴업, 근로자 파업'을 호소했고, '민중의 역량을 전부 톈진각계연합회에 집중하여 반제국주의 투쟁을 벌이자'고 전했다. 회의 후에 덩잉차오는 시위대를 인솔해 성의 관공서에 대한 청원 활동을 벌였고, 이어서 영·일 제품 불매 투쟁을 벌이자고 호소했다.

6월 30일, 톈진에서 열린 제3차 국민대회에서 덩잉차오는 제국주의의 폭행을 하나하나 열거하면서 눈물을 흘리며 하소연해서 현장에 있는 모두의 심금을 울렸다. 회의 후에 시위가 대대적으로 전개되었고 노랫소리, 구호소리가 톈진 시내를 울렸다. 10여 리나 길게 이어진 시위대 행렬이 지나는 곳마다 뜨겁고 격앙된 분위기가 이어져, 톈진 각계에 강렬한 영향을 끼쳤다. 덩잉차오 등이 지도하는 가운데 각계연합회는 급속히 발전하여 처음에 39개 단체에서 수백 개의 단체로 늘어났고, 40만 군중을 보유하는 조직으로 성장했다. 군중을 선전, 조직해 반제국·애국운동에 가담시키는 측면에서 덩잉차오는 중요한 역할을 발휘했다.

덩잉차오의 애국 행동과 호소력은 톈진에 큰 영향을 끼쳤고, 톈진 당국의 주의를 끌었다. 덩잉차오는 언제라도 체포될 가능성이 있는 매우 위험한 처지여서, 톈진은 더 이상 기다릴 수가 없었다. 7월 13일에 덩잉차오는 당의 지시에 따라 광저우로 내려갔다. 전우들, 어머니와 이별하고 청년 시절 전투했던 곳을 떠나 상하이를 경유해 광저우에 가서, 새로운 투쟁과 생활을 맞이했다.

덩잉차오는 1984년에 입당했던 때의 상황을 다시 떠올렸다.

"60년 전에 나는 톈진에서 입당했고, 무산계급 혁명 사업과 인류 해방을 위해 끝까지 싸울 것, 이 입장을 굳게 지키며 시종일관 변하지 않을 것, 당의 기율을 준수할 것, 당의 임무를 받아들여 일할 것, 당의 비밀을 엄수할 것을 맹세했다. 나는 입당 후 내 모든 것을 당에 바치기로 결심했다. 당시 우리는 개인의 득실 따위는 따지지 않았고, 언제라도 혁명을 위해 자신의 생명을 희생할 준비가 되어 있었다."

1925년 8월, 덩잉차오가 저우언라이와 광저우에서 결혼하며

저우언라이와 결혼하다

덩잉차오는 광저우로 남하하라는 당 조직의 지시를 받고 매우 흥분했다. 약혼자인 저우언라이가 유럽에서 귀국한 후 광저우에서 당의 업무와 황푸黃埔군관학교의 정치부 업무를 맡고 있었기 때문이다.

저우언라이는 자가 샹위翔宇이고, 호는 페이페이飛飛다. 본은 저장浙江 사오싱紹興이며 1898년에 장쑤江蘇 화이안淮安에서 출생했다. 1913년에 저우언라이는 아버지를 따라 톈진에 가서 난카이학교에 입학했다. 그리고 1917년 졸업 후 일본으로 유학을 갔다. 1919년에 톈진으로 돌아와 5·4운동 과정에서 덩잉차오와 알게 되었다. 당시 저우언라이는 21세, 덩잉차오는 겨우 15세였다. 수십 년이 지난 후, 덩잉차오는 당시를 회상하며 말했다.

"우리는 그 운동(5·4운동)이 절정에 달했을 때 만났고, 막연하게나마 서로 호감이 있었다. 운동 과정에서 비교적 진보적이었던 우리 학생들은 '각오사'를 조직했고, 그때 우리는 만날 일이 더 잦아졌다. 하지만 당시 우리 둘 다 리더 역할을 해야 했다. 우리 각오사 회원들은 운동 기간 동안에는 연애를 하지 않기로 약속했고, 결혼은 말할 것도 없었다."

황푸군관학교 정치부 주임 시절의 저우언라이

1920년 가을부터 1924년까지 저우언라이는 프랑스에 가서 일하며 공부하는 학교에 다녔고 덩잉차오는 베이징과 톈진에서 교사 일을 했지만, 두 사람은 계속 편지로 연락을 주고받았다. 두 사람은 동일한 신념 덕분에 지역이라는 장애물을 초월하고 함께 할 수 있었고, 저우언라이는 유럽에서 덩잉차오에게 사랑의 메시지를 보냈다.

훗날 덩잉차오는 이렇게 회상했다.

"편지를 주고받으면서 우리는 서로를 더 이해하게 되었고 감정을 키웠죠. 특히 우리는 둘 다 공산주의를 위해 싸우겠다는, 혁명에 대한 같은 이상을 품었어요. 3년이 지나자 당신은 그전보다 더 열심히 편지를 보냈지만, 나는 편지 내용을 딱히 마음에 담지 않았어요. 그런데 한번은 당신이 편지에 우정을 사랑으로 키워보자는 뜻을 분명히 전했고, 그때부터 나는 마음에 두고 고민하기 시작했어요. 고민 끝에 우리는 약속을 했죠. 1923년부터 우리의 관계와 사랑은 이미 평범한 동지, 친구 관계가 아니었고 서로 사랑하는 사이었어요. 하지만 우리는 약속을 한 후에도 혁명 활동, 서로 본받아야 할 것들, 혁명의 도리, 앞으로의 사업 등이 편지의 주된 내용이었고 '나는 널 사랑한다, 너도 날 사랑하지' 같은 글은 눈을 씻고 찾아도 없어요."

1924년 당의 지시를 받고 귀국한 저우언라이는 줄곧 광저우에서 바쁘게 일하느라 톈진에 가서 덩잉차오를 만날 시간이 없었다. 상하이에서 열린 중국공산당 제4차 전국대표대회에서 저우언라이는 중국공산당 베이징지역위원회의 가오쥔위高君宇 위원을 만나서 덩잉차오와 연애 중이라는 사실을 알리고 덩잉차오에게 편지를 전해 달라고 부탁했다. 1982년에 덩잉차오는 이렇게 회상했다.

저우언라이와 덩잉차오가 결혼한 후 살았던 광저우 집, 원더루文德樓

"1925년 1월이었어요. 가오쥔위 동지가 상하이에서 당의 제4차 전국대표대회에 참석한 후 베이징으로 돌아가는 길에 일부러 톈진에 내려서 내가 재직하고 있는 학교에 와서 나를 만나고 싶어 했습니다. 저우언라이 동지의 부탁을 받고 날 만나러 와서 편지를 전해 주려는 것이었죠. 그렇게 우리는 인연이 닿았고, 처음 봤지만 오랜 친구처럼 정답게 얘기를 나눴어요. 가오쥔위 동지와 저우언라이 동지는 당의 제4차 전국대표대회 기간에 알게 되었는데 즐겁게 얘기를 나누면서 개인의 연애 정보까지 서로 나누었어요. 이렇게 해서 가오쥔위 동지는 나와 저우언라이 동지 사이에서 열성적인 '중매쟁이'가 되었고, 또 저우언라이 동지는 내게 가오쥔위 동지를 소개해 주었습니다."

덩잉차오는 광저우로 내려가는 길에 상하이에 들러서 며칠을 머물렀다. 1925년 7월 19일, 덩잉차오는 상하이 각계 부녀연합회에서 연 제10회 대표회의에 참석해 달라는 초청을 받고 연설을 했다. 회의에서 덩잉차오는 여성운동의 지향점을 밝혔다. 첫째, 직업, 정치 참여, 결혼 등 기존의 국부적인 운동에서 벗어날 것, 둘째, 민족독립운동에 참여할 것, 셋째, 공업, 농업에 종사하는 여성들에게 단결하자고 열심히 선전할 것, 넷째, 전국 여성들을 아우르는 촘촘한 조직을 마련할 것.

덩잉차오는 향후 여성운동은 여권운동과 여성의 참정운동이라는 단편적인 영역에 한정되어서는 안 되며, 여성해방운동을 민족해방운동의 일부로 삼아야 한다고 강조했다. 덩잉차오는 상하이 연설에서 당시 여성운동의 방향을 제시함으로써 현지 여성운동의 사기를 북돋았다.

8월 7일에 덩잉차오는 광저우에 도착했다. 당시 광저우는 마침 혁명의 절정을 맞고 있었고, 저우언라이는 본부에서 홍콩 내 영국 당국에 반대하는 광저우·홍콩 대파업을 지휘하고 있는 중이라서 직접 부두로 마중을 갈 수가 없었다. 그래서 천겅陳賡에게 수년 전에 찍은 덩잉차오의 사진 한 장을 들려서 덩잉차오를 마중하라고 보냈다. 하지만 천겅은 덩잉차오를 만나지 못하고 돌아와서 저우언라이에게 사과했다. 덩잉차오는 저우언라이의 계획을 알 턱이 없었다. 배에서 내렸는데 인파 속에서 오랫동안 그리워 한 저우언라이가 보이지 않자, 연락하던 주소를 보고 혼자 저우언라이의 거처로 찾아갈 수밖에 없었다.

1925년 8월 8일, 약 5년 동안 떨어져 있었던 혁명 전우, 덩잉차오와 저우언라이는 광저우 중국공산당 광둥廣東지역위원회 소재지에서 결혼했다. 덩잉차오는 21세 저우언라이는 27세였다. 격식을 갖춘 혼례를 올리지는 못했지만 가까운 몇몇 친구들과 조촐하게 식사를 함께 하며 상호간에 지킬 8가지(서로 사랑하기, 존경하기, 돕기, 격려하기, 의논하기, 용서하기, 신뢰하기, 이해하기)를 약속 했다.

그 후로 두 사람은 반세기 동안 함께 살며 두 사람이 죽을 때까지 이 8호 정신을 지키며 어려울 때 서로 돕고 늘 서로 사랑했다.

덩잉차오와 저우언라이의 결혼생활은 행복하고 화목했다. 덩잉차오는 일이 너무 바쁜 저우언라이의 의, 식, 주를 꼼꼼히 챙기며 요리도 직접했다. 이때 덩잉차오는 이미 중국공산당 광둥지역위원회 부녀부 부장으로 임명되었고, 광둥 국민당 성당부省黨部 부녀부 비서도 겸직했다. 결혼하고 얼마 지나지 않아 저우언라이는 다시 전방으로 돌아가서 2차 동정東征을 준비했고, 덩잉차오도 광저우의 여성운동에 가담했다. 덩잉차오는 매일 광둥 국민당 성당부 부녀부에 가서 허샹닝何香凝의 업무를 지원했다. 허샹닝을 도와 광둥 여성운동 계획을 세우고 보고서 작성, 전보문 교신, 방문객 접대를 담당하며 여성회의를 주관했다. 때로는 허샹닝 대신 각종 회의에 참석하기도 하는 등 출중한 실력을 발휘해서 허샹닝의 신임을 얻고 높은 평가를 받았다.

광저우에서의 생활은 덩잉차오에게 잊지 못할 추억으로 남았다. 약 30년이 지난 1954년에 저우언라이가 광저우로 돌아갔을 때, 덩잉차오는 저우언라이에게 보낸 편지에 벅찬 마음으로 이렇게 썼다.

"양성羊城[1]은 기념할 만하고 추억에 빠져들게 만드는 곳이지요! 우리가 여러 전우들, 열사들과 함께 싸웠던 곳이고 당신과 내가 함께 인생을 시작한 곳이기도 해요. 삼십 년 전에 당신과 나는 멀리 떨어져서 서로 그리워했는데, 이번에 또 먼 곳에서 서로를 생각하네요. 30년이라는 세월 동안 둘이 함께 살면서 고난을 함께 겪고 힘겹게 싸울 일이 많았는데, 긴박한 업무 속에서 잘 지내왔네요."

---

1. 광저우의 별칭

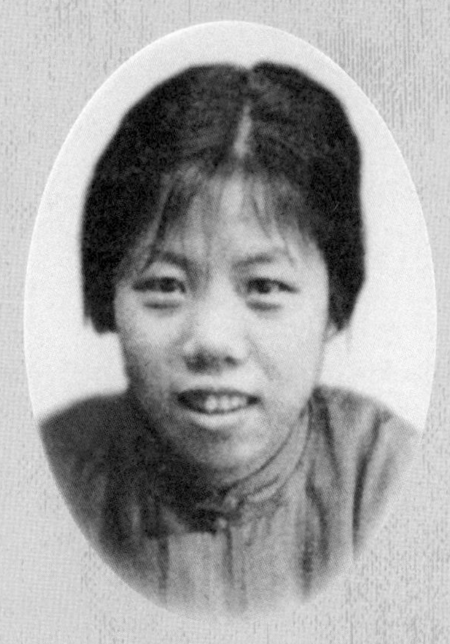

1926년 산터우汕頭 시절의 덩잉차오

차오산(潮汕)에서 전투하다

1925년 10월 5일, 국민혁명당이 제2차 동정을 개시했다. 이번 동정에서 광둥 국민정부의 목적은 둥장東江을 불법 점거하고 광저우를 공격하려고 하는 군벌 천중밍陳炯明을 평정하는 것이었다. 군대를 따라 동정에 나선 저우언라이는 동정군 총정치부 총주임 겸 국민혁명군 제1군 당대표를 맡았다. 11월 중순에 2차 동정이 승리로 끝났고, 둥장 지역에 혁명 정권을 세워야 할 필요성이 생겼다.

국민정부는 저우언라이를 둥장 소속 각 행정구역의 행정위원으로 임명하고 후이惠, 차오潮, 메이梅, 하이루펑海陸豐 등 25개 현의 행정업무를 맡겼다. 광둥 국민당 성당부는 덩잉차오를 차오메이潮梅 특파원으로 임명하고 당의 사무와 여성 사업을 맡겼다. 각 현의 국민당 기관이 전개하는 연합전선 활동을 일관성 있게 지도하기 위해, 저우언라이의 지도로 국민당 차오메이 특별위원회가 조직되었고, 공산당원인 라이셴성賴先聲, 펑파이彭湃, 덩잉차오 등이 집행위원으로 당선되었으며 산터우에 사무소가 마련됐다.

차오저우에서 여성 업무를 실시하던 곳, 차오저우시 리춰츠李厝祠

11월 20일에 덩잉차오는 광둥 국민당 성당부 차오메이 특파원의 신분으로 차오산에 가서 차오메이 지역의 여성운동을 지도하고, 곧이어 차오산 여성운동의 새로운 국면을 열었다. 이 지역은 여성운동이 광저우보다 뒤떨어진 상태여서 덩잉차오는 차오산에 가자마자 국민당 산터우시 당부 부녀운동위원회를 세우고 여성 사업을 지도함으로써 차오산 지역의 여성운동을 개시하고 조직하며 지도하는 인물이 되었다.

11월 22일에 덩잉차오는 산터우시 부녀연합회에 참석했다. 회의에서 덩잉차오는 〈향후 여성운동과 산터우 여성계에 대한 희망〉이란 제목으로 보고를 했는데, 중국 여성운동 발생의 원인을 중점적으로 분석하며 중국 여성운동 발전 개요를 소개하고, 여성운동의 경험을 통해 얻은 교훈을 정리하면서 향후 여성운동의 전략 문제를 명확히 제기했다.

덩잉차오는 이렇게 밝혔다.

"신해辛亥부터 지금까지를 돌아보면 십 수 년간 끊임없이 노력했음에도 실적은 이토록 미약합니다. 잘못된 길에서 올바른 길을 찾으면서 매우 명백한 공식을 얻었습니다. 즉 지난날 오류는 전적으로 조직이 없다는 데 있습니다. 소수의 사람이 교육, 경제, 직업에서 늘 우월한 지위를 얻었지만, 현실적으로 보면 가장 큰 힘을 지닌 공·농 계급과 여성 공·농 계급에 주의를 기울이지 않고 몇몇 지식계 여성의 활동만 가지고는 역부족임을 알아야 합니다. 무엇보다 자체적으로 아무런 조직이 없으면 발전이 영세하고 공격 전략에 일관성이 없습니다. 즉 지휘할 주축부가 없으면 전선이 느슨해지고 뚜렷한 실적을 거둘 수 없습니다. 따라서 앞으로 여성운동은 몇몇 개인에게 기반을 둘 것이 아니라 광활한 공·농 여성을 포괄해야 합니다. 베이징 자매들의 뜻을 계승하여 전국 각계 부녀연합회의 기반을 더욱 공고히 합시다. 본 지역에서 광둥, 나아가 전국 각계의 조직을 통일하는 동시에 이전에 국회에 애원 식으로 청원한 것이 오산이었음을 깨닫고, 아울러 여성문제가 중국 국민혁명의 일부임도 알아야 합니다. 여성문제는 국민혁명에서 중요한 위치를 차지하며 일체의 압박을 없애려면 국민혁명의 길을 걸어야 하고, 모든 여성이 국민혁명의 대열에 참여하도록 인도할 수밖에 없습니다."

덩잉차오는 각 계층의 여성 조직이 일어나 국민혁명에 투신하여 스스로 해방을 얻어야 한다고 호소했다. 덩잉차오의 산터우 보고는 중국 여성운동의 발전에 중요한 지도적 의미를 지닌다. 덩잉차오의 과감하고 힘있는 지도로 차오산 지역의 여성해방운동이 막강한 기세로 급속히 진행됐고 여러 현에서 여성해방협회가 설립되었으며, 많은 공·농 여성들이 국민혁명 투쟁에 합류했다.

12월 광둥성 부녀해방협회 차오산 분회가 창립을 선언했다. 덩잉차오, 우원란吳文蘭이 회장, 부회장으로 추대되었다. 덩잉차오는 국민혁명에서 여성문제가 중요한 위치를 차지하므로, 여성의 모든 압박을 없애려면 국민혁명의 길을 걷고 모든 여성이 국민혁명의 대열에 적극 가담하도록 인도해야 한다고 판단했다.

1926년 1월 차오안현潮安縣 부녀해방협회가 창립됐고, 덩잉차오는 참석해 축하했다. 덩잉차오는 조금 먼저 차오안에 가서 여성 활동원 좌담회를 열어 여성해방운동의 방침을 설명하고, 여성 조직이 일어나야 한다고 호소했다. 또한 현재 부녀해방협회 창립은 한 지역의 여성이 연합하기 시작했음을 의미한다고 밝혔다. 그 후 상푸上浦, 둥푸東浦 등 몇몇 지역과 수십 개의 향鄕에서 잇따라 부녀해방협회가 세워졌다. 덩잉차오의 지도 속에 차오산 지역에서 여성해방운동이 맹렬한 기세로 추진되었고, 각 현의 부녀협회 회원이 수백 명에서 수천 명으로 불어났다. 이중 약 3분의 2가 공·농 여성이었다.

1926년 3월 8일, 차오산의 각계 여성이 산터우 명성극원明星戲院(지금의 신관영화관新觀電影院)에 운집해서 '3·8' 세계 여성의 날을 축하했다. 각 계에서 모인 수십 개의 단체, 천여 명의 여성이 참석해서 전에 없는 성황을 이뤘다. 저우언라이, 덩잉차오도 회의에 참석했다. 덩잉차오는 첫째, '3·8' 기념의 유래와 의의, 둘째, 세계 각국의 여성 및 중국 여성의 '3·8' 기념 상황, 셋째, 향후 여성운동의 희망 등 세 부분으로 나눠서 '3·8'의 역사를 간략히 보고했다.

덩잉차오는 여성해방운동이 세계적인 대중운동이며, 압박 받는 세상의 모든 여성과 계급을 연합해 함께 싸워야만 여성이 완벽히 해방될 수 있다고 강조했다. 회의 후에는 시위를 하며 〈광둥부녀협회 차오산 분회 세계 여성의 날 선언〉과 '3·8' 특집 간행물 및 각종 전단지를 배포했고, 저녁에는 명성극원에서 문예회를 열었다. 이런 활동은 차오산 여성 조직의 영향력과 역량을 충분히 드러내어 차오메이 지역 여성해방운동이 절정기로 치닫는 발단이 되었다.

덩잉차오는 행정, 입법을 통한 여성, 아동의 권익 보호를 매우 중시했다. 둥장 행정공서公署가 설립되고 얼마 후 덩잉차오 주재로 국민당 산터우시 당부 부녀운동위원회 제9차 대회가 열렸고 여성의 취업, 생활, 교육 등의 측면에 대한 광범위한 조사를 기초로 둥장 행정공서 회의에 제출된 여성·아동 권익 보장 제안서도 작성됐다. 여성 사업을 매우 중시한 저우언라이의 주재로 열린 둥장 행정공서 회의에서 산터우시 당부 부녀운동위원회의 제안이 통과되어 즉시 실시되었다.

'3·8' 세계 여성의 날이 지난 후 저우언라이는 발령을 받아 차오산에서 광저우로 갔고, 덩잉차오도 함께 광저우로 발령을 받았다. 덩잉차오가 차오산 지역에서 일한 것은 불과 몇 개월이었지만, 차오산 지역 여성운동이 활기차게 발전하도록 적극적으로 힘썼고, 많은 여성들이 국민혁명과 여성해방운동에 적극 가담하도록 하는 데 큰 역할을 했다.

—
덩잉차오

광둥 여성운동을 지도하다

덩잉차오는 차오산 지역 여성운동을 추진하는 한편, 종종 광저우로 돌아가 중요한 행사들에 참석했다. 1925년 12월 5일, 덩잉차오는 광저우에 가서 광둥부녀해방협회 제2차 재선거 대회에 참석해, 광둥부녀해방협회 출판위원회 위원으로 뽑혔다. 1926년 1월, 덩잉차오는 국민당 중앙 부녀부와 광둥성 당부가 공동 운영한 간행물 《여성의 소리婦女之聲》에 〈민국 14년의 광둥 여성운동〉이라는 제목의 글을 발표해서 1년간 진행한 광둥 여성운동의 경험을 정리하고 광둥 여성혁명운동의 실적을 인정했으며, 향후의 임무와 노력해야 할 방향 및 존재의 문제를 중점적으로 강조했다.

덩잉차오는 이렇게 밝혔다.

"광둥 여성은 이미 반제국주의 전선에 도달했을 뿐 아니라 대외 투쟁에 주목하고 있으며, 특히 체계적인 대오와 조직의 통일에 주목하고 있다. 1년간의 여성운동은 상당한 발전을 이루었고 나날이 혁명을 향하고 있지만, 성공의 날은 아직 멀었다. 전국의 진정한 연합은 아직 실현되지 않았다."

덩잉차오는 광둥을 국민혁명의 발원지로 삼아야 함을 절감했다. 광둥은 여성운동과 여성 단체가 다른 지역에 비해 활발했지만, 단체들 간의 연계가 부족했고 여러 파벌로 다툼이 있어 단합할 수가 없어서 여성운동 발전을 상당히 제한했다. 계속 이렇게 가다가는 순조로운 국민혁명의 전개에 지장을 줄 터였다. 따라서 덩잉차오가 제기한 관점은 광둥 여성운동 발전에 건설적인 의미를 부여했다.

허샹닝, 차이창蔡暢도 이 문제에 주목했다. 두 사람이 함께 관심을 두고 추진한 덕분에 1926년 광저우시에서 만인대회萬人大會가 열렸고, 광둥 여성운동을 통일하자는 결의안이 통과되었다. 〈결의〉는 "광둥 각 여성 단체의 연합을 도모하고, 광둥 여성운동을 통일하여 전국 여성운동을 통일하는 선례가 되자"고 밝혔다. 회의가 끝난 후에 광둥성 부녀연합회 준비회를 설립할 것이 제창되었다.

1926년 1월, 국민당 제2차 전국대표대회에서 덩잉차오는 광둥 지역에서 발휘했던 탁월한 실적과 공산당원이라는 신분을 바탕으로 국민당 후보 중앙집행위원으로 당선됐다. 쑹칭링, 허샹닝, 덩잉차오 세 명으로 구성된 부녀운동보고심사위원회에서 심사를 거친 부녀운동결의안이 대회에서 통과되었다. 결의안은 5·30운동 이후 여성운동의 새로운 정세를 정확히 예측하고 '여성 대중이 국민혁명에 참여하도록 지도하는 데 주의를 기울이는 한편, 특히 여성 자체의 해방에 주목해야 한다.'는 여성운동의 방침을 확정했다. 1월 22일, 허샹닝은 다시 국민당 중앙 부녀부 부장

1926년 1월 1일~19일, 광저우에서 열린 중국 국민당 제2차 전국대표대회에 참석한 회의 대표들의 단체사진. 둘째 줄 오른쪽에서 열 번째가 덩잉차오.

으로 뽑혀서 광둥 여성 업무를 겸임했다. 덩잉차오는 중앙 당부 부녀부 비서로서 계속 허샹닝을 도와 많은 활동을 마련하여 여성들을 대대적으로 동원하고 북벌北伐 전쟁을 적극 지원했다.

덩잉차오는 허샹닝과 함께 일하던 시절을 회상하며 말했다.

"나와 차이창, 취멍줴區夢覺, 가오톈보高恬波(1930년대에 희생된 영웅) 등의 동지는 허샹닝의 지도를 받는 행운으로 광둥혁명의 발원지인 광저우 여성해방운동에 참여해 업무상 친밀한 관계를 맺고 혁명의 우정을 쌓았다."

덩잉차오는 차오산에서 광저우로 돌아온 후 허샹닝으로부터 중임을 부탁받고 광둥성 여성운동과 여성조직을 통일하는 작업에 착수했다. 국

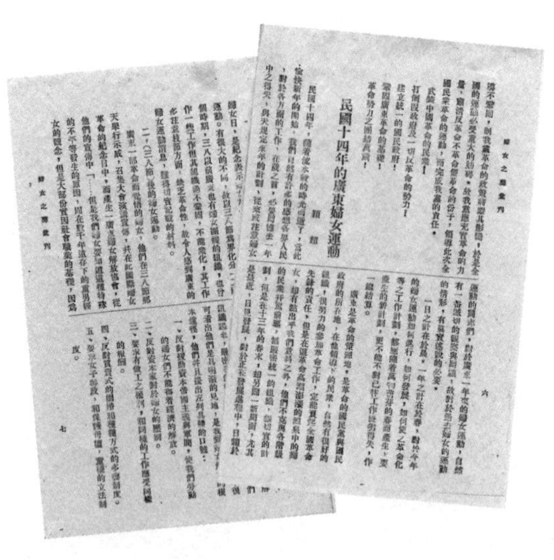

民國十四年的廣東婦女運動

鄧穎超

덩잉차오가 쓴 〈민국 14년의 광둥 여성운동〉

민당 중앙 부녀부, 광둥성 당부 부녀부를 연합하고 여성 단체, 여학교 학생과 여공당부女工黨部를 포함한 각급 조직, 대중을 한 데 소집해 회의를 열었다. 수개월 간 긴박하게 업무를 추진한 끝에 1926년 8월 6일 광둥부녀연합회가 정식으로 창립됐다. 이때부터 광둥성 여성운동은 새로운 단계로 접어들었다.

여성운동이 신속히 발전하려면 많은 여성 간부가 필요했고, 여성 간부의 소양은 여성운동 추진 수준과 불가분의 관계였다. 국·공 양 당 모두 간부 양성을 상당히 중시했고, 여성 간부의 양성과 훈련을 강화하기 위해 덩잉차오, 허샹닝, 차이창은 국민당 중앙 부녀부 명의로 광저우에 여성운동 강습소를 세워 여성 간부를 중점적으로 양성하기로 의견을 모았다. 9월 15일 광저우 다둥로大東路 국민당 중앙당부 대강당 뒷 건물에서 여성운동 강습소가 정식으로 개강을 했고, 덩잉차오가 중국 여성운동에 대해 설명했다.

또한 광둥에서 여성운동이 발전해야 할 필요성에 따라, 국민당 광둥성 당부와 중산中山대학 특별 당부가 여성운동 인력 훈련반 강습소를 공동 운영해 광둥 각지에서 여성운동을 위해 일할 핵심 인재들을 양성할 것을 건의했다. 덩잉차오가 강습소 소장을 맡았고 천톄쥔陳鐵軍이 일상 업무를 주관했다. 여성 간부를 양성하는 이 두 학교는 존재한 시간은 짧았지만 교육 받은 여성 간부의 소양을 크게 향상시켜 각지 여성운동 업무에서 핵심 역할을 발휘하도록 했다.

덩잉차오는 12월 8일에 허샹닝 대신 국민당 광둥성 제2차 당원 대표대회에서 〈여성운동에 관한 보고〉를 하며 2년간 여성운동을 진행한 경험을 정리했다. 여성운동 방침은 각계 여성을 지도해 하나로 단결시키고 역량을 모아 국민혁명에 적극 참여하고 지원하게 하는 것이라고 밝혔다. 또한 여성 자신의 해방에 힘써야 한다는 점도 강조했다. 덩잉차오의 보고는 광둥 여성운동이 장차 나아가야 할 방향을 한층 명확히 했다.

허샹닝, 덩잉차오의 지도 속에 광둥에서 여성 사업이 신속히 전개되었다. 부녀부는 월간지 《여성의 소리》를 출간하고 자금을 모아 여공女工학교, 빈민의원을 세우는 등 문화, 교육, 복지 사업을 실시했으며, 여성대중운동을 벌여 반제국·반봉건 선전을 강화했다. 또한 혁명에 뜻을 둔 청년 여학생들이 혁명 대열에 참여하도록 연계하는 데 힘썼다.

덩잉차오는 출중한 업무 성과로 큰 호평을 얻었다. 쑹칭링은 〈자유를 얻기 위한 중국 여성의 투쟁〉이라는 글에 "덩잉차오는 내전 시기에 어쩔 수 없이 지하로 넘어갔고, 지명수배까지 당한 매우 능력 있는 여성이며 1925년부터 1927년까지 활약한 리더"라고 썼다. 덩잉차오와 허샹닝이 긴밀히 협력하고 함께 지도 활동을 펼치는 가운데 광둥 여성운동이 활발하게 추진되었고, 중국 여성운동은 1차 절정기를 맞았다.

광둥에서 덩잉차오와 저우언라이

중국공산당 중앙 부녀위원회 서기를 맡다

1925년부터 1927년까지 대혁명이 전국을 달구며 북양 군벌을 소탕하고 중국의 대부분을 통일했다. 하지만 제국주의와 중국의 봉건세력이 서로 결탁하자 적의 강세에 눌린 국민당 우파가 배신을 하고 중국공산당을 급습했다. 또한 천두슈陳獨秀를 필두로 한 중공중앙이 우경화 기회주의라는 착오를 범했다. 이렇게 복잡다단한 요소들로 인해 결국 대혁명은 승리에서 실패로 기울었다.

1927년 4월 12일, 장제스가 상하이에서 4·12 반혁명 쿠데타를 일으켜 공산당원과 일반 공·농 대중들을 미친 듯이 학살했다. 당시 덩잉차오는 막 광저우의 한 병원에서 아이를 낳았고, 태아가 너무 커서 난산을 겪었다. 제왕절개 수술이라는 게 없었던 상황에서 의사는 산모의 생명을 지키기 위해 아기를 겸자로 끄집어낼 수밖에 없었다. 덩잉차오는 고비를 넘겼지만, 아기는 뇌 손상으로 죽었다.

덩잉차오는 사랑하는 아이를 잃은 고통에 빠졌다. 이때 광저우에서 '4·15' 청당清黨 사건이 일어나 공산당원을 대규모로 체포하고 학살하기 시작했다. 광둥지역위원회 군사위원회 기관도 수사를 당했다. 위급한 상황에서 당 조직이 파견한 천테쥔陳鐵軍은 위험을 무릅쓰고 덩잉차오에게 서둘러 광저우를 떠나라고 알렸다. 의사 왕더신王德馨과 간호사 한르슈韓日修의 도움으로 덩잉차오와 어머니는 각각 병원의 간호사와 잡부로 변장한 후 독일영사관의 모터보트를 타고 사멘沙面 부두에서 광저우를 빠져나갔다.

고생스런 긴 여정을 거쳐 덩잉차오와 어머니는 5월 1일 상하이에 도착했다. 양더전은 장모의 신분으로 신문에 '오호'(각오사 시절 저우언라이의 번호)를 찾는 광고를 실었다. 저우언라이는 '사람 찾는 광고'를 보고 바로 두 모녀를 데리고 왔고, 5개월간 생이별을 한 가정이 다시 한 곳에 모이게 되었다. 출산 후 계속 긴장되고 혼란스런 환경에서 지낸 덩잉차오는 조리를 잘 하지 못해서 몸이 제대로 회복되지 못했고, 검진을 한 의사는 앞으로 아이를 낳을 수 없다고 진단했다.

7월 15일, 장제스가 혁명을 배반한 것에 이어서 왕징웨이汪精衛도 우한武漢에서 반혁명 쿠데타를 일으켰다. 전국이 백색테러로 휩싸인 가운데 상하이의 정세는 더 심각해졌다. 투쟁의 필요에 따라 중앙위원회는 저우언라이를 우한으로 보내기로 결정했다. 얼마 후 덩잉차오도 명령을 받고 우한으로 갔다. 국민당 반동파의 뻔뻔한 배반과 피비린내 나는 학살에 반격하기 위해 저우언라이는 7월에 다시 난창南昌으로 서둘러 가서 무장봉기를 조직했다. 출발하기 전까지, 기율 준수에 철저했던 저우언라이는 덩잉차오에게도 비밀을 지켰다.

덩잉차오가 회상하며 말했다.

"7월 19일 우한을 떠날 것이면서, 저녁식사 즈음에야 그날 밤에 주장九江으로 간다고 말해 주었다. 왜 가는지, 얼마나 머물 것인지 등 아무것도 얘기하지 않았다. 비밀을 지키는 데 이력이 난 나도 아무것도 묻지 않았다. 당시 강적을 앞에 두고 다들 적개심으로 가득 차 있었다. 우리는 말없이 꽉 악수를 하며 작별했다. 그렇게 헤어지면 언제 만날지 알 수 없었다. 백색테러로 가득한 시절엔 동지, 부부 할 것 없이 매번의 이별은 사실 사별을 뜻했으니까! 나중에 국민당 신문을 보고서야 난창봉기南昌起義가 일어났음을 알았다."

7월 말에 덩잉차오는 중국공산당 중앙위원회 기관을 따라 비밀리에 상하이로 갔다. 난창봉기가 실패한 후 11월에 저우언라이도 홍콩에서 배를 타고 상하이로 갔고, 부부는 함께할 수 있었다.

덩잉차오는 당시의 역사를 회상하며 말했다.

"중국 혁명은 그런 식이었다. 침체기에서 절정기로 향했다가 다시 침체기로 돌아섰다. 그렇게 반복해서 엎치락뒤치락하며 나아갔다."

양즈화楊之華(1900-1973). 저장 샤오산蕭山 출신, 여성운동의 선구자. 항저우杭州여자사범학교에서 공부하던 시절 5·4운동에 참여했고, 이후 상하이 〈성기평론星期評論〉사에서 근무했다. 1925년 10월 샹징위向警予 후임으로 중공중앙 부녀부 부장 대리를 맡았고 중국공산당 상하이 지역위원회 부녀부 부장을 겸임했으며, 상하이 각계 부녀연합회 주임에 당선됐다. 신중국이 건립된 후, 전국부녀연합회 제3기 부주석을 맡았다. '문화대혁명' 때 박해를 받아 사망했다.

상하이에서 덩잉차오는 백색 지구[1]에서 투쟁의 경험이 부족해 어려움을 겪었다. 하지만 새로운 업무 환경에 금방 적응했고, 점차 지하공작의 노하우를 모색해냈다. 이때 덩잉차오는 중공중앙 부녀위원회 서기를 맡았다. 백색테러라는 상황에서 적극적이고 효과적으로 지하 여성 사업을 전개했다. 덩잉차오는 자신의 집에서 제1차 부녀위원회를 열었다. 지하공작의 수요에 적응하기 위해서 모두에게 상하이 여공 및 시민들과 의자매를 맺는 방식으로 사업을 진행하자고 제의했다. 나이 순서에 따라 양즈

1. 제2차 중국 국내 혁명전쟁 당시 국민당의 통치를 받은 지구

화가 큰언니, 차이창이 둘째, 리원이李文宜가 셋째, 허즈화賀稚華(후에 배신함)가 넷째, 덩잉차오가 다섯째였다. 여공인 주우루朱五如와 왕건잉王根英이 여섯째와 일곱째, 좡둥샤오莊東曉가 여덟째로, 후에 '부녀위원회 8자매'로 불렸다.

회의를 할 때 사건이 벌어진 듯 누군가가 취조를 시작하면, 자매들에게 모이라고 해서 함께 카드놀이를 하자는 덩잉차오의 아이디어에 모두가 만장일치로 찬성했다. 대책을 잘 세운 후 다함께 각급 부녀위원회 조직을 어떻게 정상화할 것인지, 여공들이 집중된 상하이에서 여공 공작과 선전 공작을 어떻게 진행할 것인지 등을 논의했다.

덩잉차오는 대혁명의 실패로 당과 공·농 대중운동이 큰 타격을 입어 혁명의 앞날을 비관하는 사람도 더러 있고 대중 사이에서도 부정적인 정서가 존재하므로, 부녀위원회를 포함해 당의 조직을 점차 정상화하여 여성들, 특히 여공 사업에 생기와 활력을 불어넣어야 한다고 생각했다. 또한 반제국·반봉건의 임무를 완수하려면 아직 갈 길이 멀고, 국내에 아직 여러 갈등이 존재한다고 생각했다. 국민당의 고압적인 정책 때문에 대중들은 불만이 이만저만 아니니 만큼, 인내심을 가지고 꾸준히 공작을 하면 대중의 지지를 얻을 것이라는 판단이었다.

투쟁 환경이 험악했고 적의 정찰과 체포를 피하려면 두세 달에 한 번씩 거처를 옮겨야 했다. 덩잉차오는 이 일에 많은 에너지와 시간을 빼앗겼다. 덩잉차오는 일을 할 때 굉장히 신중을 기해 조심스럽게 행동하는 한편, 또 매우 용감하고 낙관적이어서 언제든 붙잡히면 목을 내놓을 준비가 되어 있었다. 매일 문을 나설 때면 자신이 돌아올 수 있을지 여부를 알 수가 없었다. 한 번은 경찰이 외국 조계에 있는 덩잉차오의 집을 수색했다. 덩잉차오가 워낙 교묘하게 위장을 해놓아서, 적군은 허점을 찾지 못하고 빈손으로 돌아갔다. 한 외국인이 덩잉차오를 이렇게 평가했다.

“예민한 정치적 두뇌를 지녀 자기 생각을 객관적으로 표현하는 능력을 지녔다. 행동에 품위가 있고 기지가 넘치며 붙임성이 좋다.”

상하이에서의 비밀공작을 얘기하면서 덩잉차오는 이렇게 회상했다.

“딱히 비결이랄 건 없었고, 나는 일반 동지들보다 좀 더 조심했다. 그 몇 년 동안 나는 굉장히 무미건조하게 생활했다. 영화관에도 한 번 안 갔고 큰 식당에도 안 갔고, 큰 회사에 들어가 본 적도 없다. 그런 장소에서는 사람들 눈에 잘 띄기 마련이다. 혁명에선 스스로를 지켜야 했고, 당 중앙과 중앙 지도 동지의 안전이 자신의 생명보다 더 중요했다.”

광둥에서 덩잉차오와 저우언라이

위험한 여정

대혁명 실패로 얻은 경험과 교훈을 정리하고 새로운 시기 당의 정치 노선과 전략 방침을 정하기 위해 중공중앙은 중국공산당 제6차 전국대표대회를 열기로 결정했다. 대회는 공산당 코민테른 조치에 따라 모스크바를 개최지로 선정했다. 저우언라이는 6대 대표였고, 덩잉차오는 대회에 발언권은 있지만 표결권은 없는 열석자의 신분으로 참석했다. 회의의 대표는 요구사항에 맞춰 몇 팀으로 나눠 출발했고 다롄, 하얼빈을 거쳐 소련으로 갔다.

1928년 5월 초, 상하이를 떠나려고 준비하던 저우언라이와 덩잉차오는 중국공산당 중앙 특별행동과의 통지를 받았다. 그들의 거처가 안전하지 않으니 즉시 옮겨야 한다는 내용이었다. 저우언라이, 덩잉차오는 바로 모든 문서를 소각하고 거처를 떠났다. 골동품점의 부부로 변장하고 먼저 상하이에서 일본 증기선을 타고 다롄에 갔다가, 다시 하얼빈을 거쳐 모스크바로 갔다.

조직에서는 안전을 확보하기 위해 이들에게 일등 선실 표를 끊어주었다. 너무 다급히 떠나는 바람에 준비해 둔 옷을 가지고 올 여유가 없어서, 입고 나온 옷이 전부였다. 저우언라이와 덩잉차오의 옷차림새는 일등 선실에 묵는 신분에 영 맞지 않아서 다른 사람들의 주의를 끌 수밖에 없었다. 식사를 할 때 승객 둘이 이들을 주시하자, 눈치가 빠르면서도 침착한 저우언라이와 태연한 표정의 덩잉차오는 여행길에 나선 상인 부부처럼 웃고 얘기하며 식사를 해서, 조금의 빈틈도 보이지 않았다.

배가 칭다오靑島에 도착했고 승객들은 배에서 내려 활동하는 것이 허용되었다. 저우언라이와 덩잉차오는 부둣가에서 칭다오의 각종 신문을 샀는데, 이런 행동 때문에 금세 일본 정탐꾼의 주의를 사서 검문을 받았다. 훗날 덩잉차오는 그때의 경험을 이렇게 회상했다.

"배가 막 다롄 부두에 정박해서 우리가 내릴 준비를 하고 있는데, 다롄에 주재하는 일본 수상경찰청에서 몇 사람이 오더니 우리를 검문했다. 먼저 언라이 동지에게 뭐 하는 사람이냐고 물었다. 동지는 골동품 장사를 한다고 대답했다(사실 우리가 휴대한 상자에는 골동품이 한 점도 없었다). 또 장사를 하는 사람들이 왜 신문을 그렇게 많이 사냐고 물었다. 우리는 배에서 심심하면 보려고 한다고 대답했다. 경찰들은 또 어디로 가냐고도 물었다. 우리는 지린吉林으로 간다고 대답했다. 둥베이東北에는 왜 가냐고 묻기에 외삼촌을 뵈러 간다고 대답했다. 그들은 언라이 동지를 수상경찰청으로 데려갔다. 그곳에서 다시 언라이 동지의 출생 연월일, 학력, 직업 등을 자세히 물었다. 외삼촌의 성이 뭐냐, 무슨 일을 하느냐고 물었을 때는 성정부 재정청 직원이고 저우周 씨라고 대답했다. 외삼촌은 저우 씨인데, 당신은 왜 왕王 씨냐고 물었다. 언라이 동지가 말했다. '중국에서는 외삼촌과 삼촌이 다르고, 성씨가 같지 않습니다. 외국인들이 외삼촌과 삼촌을 다 uncle이라고 부르는 것과 다르죠. 그래서 우리 외삼촌은 저우 씨고 나는 왕 씨입니다'라고 말했다. 상대방이 또 말했다. '아무래도 당신은 왕 씨가 아니라 저우 씨인 것 같아. 골동품 장사꾼이 아니라 군인이고.' 언라이 동지가 손을 뻗으며 말했다. '제가 군인처럼 보입니까?' 그들은 언라이 동지의 손을 자세히 살펴본 후에 서랍을 열어서 카드를 보더니 언라이 동지에게 말했다. '당신 저우언라이잖아.' 언라이 동지가 반문했다. '무슨 근거로 내가 저우언라이라는 겁니까? 나는 왕씨예요. 왕 씨라고요.' 그들이 검문을 하는 동안 언라이 동지는 침착하고 태연하게 하나하나 대답했다. 그들이 저우언라이라고 의심을 한 것은 아마도 황푸군관학교의 임직 경력과 관련이 있는 것 같다."

저우언라이와 덩잉차오는 당일 오후에 다롄을 떠나 기차를 타고 창춘長春으로 갔다. 그 다음 지린현(지금의 지린시)으로 가서 저우언라이의 큰아버지를 만나러 갔다. 도착한 후에 바로 큰아버지 댁으로 갈 엄두가 나지 않아서 우선 여관에서 묵었고, 저우언라이는 편지 한 통을 써서 여관 직원에게 부탁해 큰아버지 댁으로 보냈다. 마침 셋째 남동생인 언서우恩壽가 있었고, 저우언라이의 글씨체를 단번에 알아보고 바로 두 사람을 큰아버지 집으로 데리고 왔다. 큰아버지 집에서 이틀을 머문 후 저우언라이가 덩잉차오보다 하루 먼저 하얼빈에 도착했다.

두 사람은 하얼빈에서 접선할 증명서를 이미 소각해 버려서 마중 나온 사람에게 연락을 취할 길이 없었다. 하는 수 없이 덩잉차오가 매일 기차역에 가서 모스크바 회의에 가는 뒷 조의 동지를 기다렸고, 며칠을 기다려서야 리리싼李立三을 만났다. 리리싼이 하얼빈의 동지에게 연락을 한 후에 함께 하얼빈에서 기차를 타고 만주滿洲로 갔다. 소련 국경에 진입한 뒤에는 계속 기차를 타고 모스크바로 갔다.

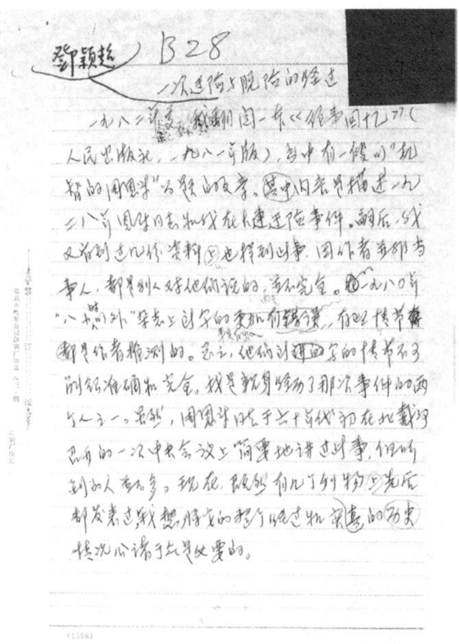
鄧穎超 B28

一次遇险与脱险的经过

덩잉차오가 쓴 글 〈위험을 겪고 벗어난 경험〉의 수기 원고

Пролетарии всех стран, соединяйтесь!

№ 749

VI-ой КОНГРЕСС КОММУНИСТИЧЕСКОГО ИНТЕРНАЦИОНАЛА

Гостевой билет

С правом входа в зал заседаний

Товарищу

Секретарь ИККИ:

Москва, июль-август, 1928.

덩잉차오의 중국공산당 6대 열석 증명서

중국공산당 6차 대회에 열석하다

약 1년간의 사전 준비를 거쳐 1928년 6월 18일에 중국공산당 제6차 전국대표대회가 모스크바주 나로포민스크의 은색별장에서 개최됐다. 회의의 주제는 대혁명의 실패로 얻은 경험과 교훈, 특히 8·7 회의 이후 당의 업무를 정리하고, 새로운 시기의 당의 노선, 방침과 정책을 제정하는 것이었다.

덩잉차오는 열석 대표로 이 역사적 의미를 지니는 회의에 참석했다. 24세였던 덩잉차오는 처음 당 대표대회에 참석해 마음이 무척 설렜다. 덩잉차오는 대회에서 총기와 재능을 제대로 발휘했다. 니콜라이 이바노비치 부하린 코민테른 의장이 보고한 〈중국혁명과 중국공산당의 업무〉와 제5기 중앙위원회 대표로 취추바이瞿秋白가 한 정치보고 〈중국혁명과 공산당〉을 열심히 들었다. 덩잉차오는 보고 내용에 동감하며 "공산당인은 혁명의 성격, 임무와 정세를 분석할 때 실제 상황에서 출발해야 하며, 주관적인 판단이나 긍정적 바람에 의지해서는 안 된다. 국민당이 이미 혁명을 배반했지만 중국 사회 특유의 현실적 갈등, 즉 인민 대중과 제국주의, 봉건주의의 갈등은 해결되지 않았으며, 현 단계 중국 혁명의 성격은 여전히 반제국·반봉건의 자산계급 민주 혁명이므로, 사회주의 혁명으로 즉시 넘어갈 수 없다."고 밝혔다.

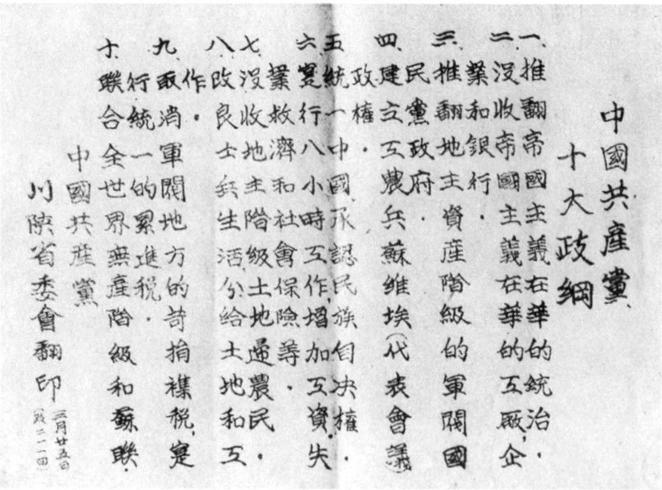

中國共產黨十大政綱

一、推翻帝國主義在華的統治·
二、沒收帝國主義在華的工廠企業和銀行·
三、推翻地主資產階級的軍閥國民黨政府·
四、建立工·農·兵蘇維埃(代表會議)政權·
五、統一中國，承認民族自決權·
六、實行八小時工作，增加工資，失業救濟和社會保險等·
七、沒收地主階級土地歸農民·
八、改良士兵生活，分給土地和工作·
九、取消軍閥地方的苛捐雜稅，實行統一的累進稅·
十、聯合全世界無產階級和蘇聯·

中國共產黨

川陝省委會翻印

三月廿五日

—

중국공산당 제6차 전국대표대회에서 통과된 〈중국공산당 10대 정강政綱〉

덩잉차오는 당시 중국 혁명의 정세를 객관적이고 전반적으로 분석하고 판단하여, 대중 노선을 견지하는 것이 왜 중요하고 긴박한지 설명하면서 이렇게 밝혔다.

"현재 중국공산당 주요 임무는 대중을 확보하고 대중을 동원하여 토지혁명을 실행하며, 조건이 되는 지역에서는 무장투쟁을 일으키는 것이다. 그렇다고 적법한 투쟁을 배제하는 것은 아니다."

덩잉차오의 말에 여러 대표가 찬성했다. 프로 여성 혁명가의 심오한 사상과 통찰력을 여실히 보여 주는 기회였다.

또한 덩잉차오는 '직원운동', '여성', '조직', '농민과 토지혁명' 등 네 위원회의 토론에도 참석했다. 회의 일정이 빠듯해서 덩잉차오는 거의 매일같이 정신없이 회의에 참석했고, 발언을 준비하고 부녀위원회 동지들과 여성운동 결의문 초안을 작성해 대회에 제출한 후 토론해서 통과시키는 등 눈코 뜰 새 없이 바빴다.

모스크바에 있는 동안 덩잉차오는 프랑스 사회민주당과 제2인터내셔널 좌파 지도자이자 세계 여성운동의 지도자인 클라라 체트킨을 만나는 행운이 따라서, 체트킨의 가르침을 경청했다. 이 만남은 덩잉차오에게 깊은 인상을 남겼다. 12년 후 덩잉차오는 체트킨에 대한 인상을 회상하며 말했다.

"체트킨은 자상하고 혁명에 대한 열정이 충만한 어른이었다. 머리는 온통 은색에 가까운 백발로 덮여 있었지만 정신만큼은 청년처럼 강건했고, 총기 어린 눈을 반짝거리며 사람을 사로잡았다. 미간의 움직임과 내면에 투쟁의 경험, 혁명에 대한 열정과 위대한 에너지가 가득 차 있었다. 그런 것들이 서로 맞물려 체트킨을 거대한 인물로 만들었다."

1928년 7월 11일, 중국공산당 제6차 전국대표대회가 폐막했다. 대회에서 수정을 거친 〈중국공산당 당장黨章〉과 항목별 결의안이 통과되었고, 선거를 통해 새로운 중앙위원회가 구성되었다. 샹중파向忠發가 중앙정치국 주석 겸 중앙정치국 상임위원회 주석, 저우언라이가 중앙정치국 상임위원회 비서장으로 선출되었다.

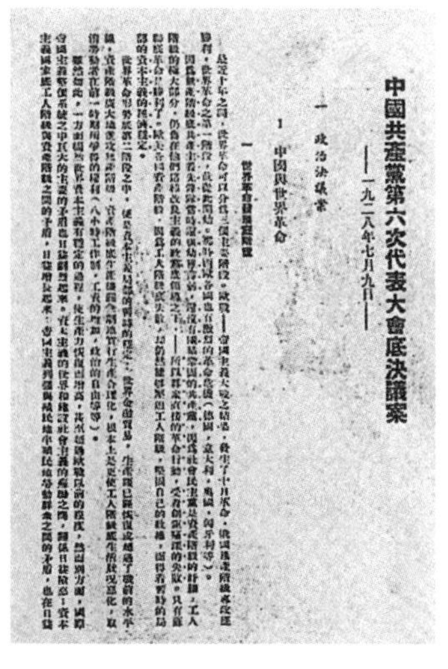
中國共產黨第六次代表大會底決議案

——一九二八年七月九日——

一 政治決議案

1 中國與世界革命

중국공산당 제6차 전국대표대회 정치결의안

중공중앙 지도 기관 선거에서는 노동자에 편중하는 경향이 나타났다. 새로 당선된 36명의 중앙위원과 후보 중앙위원 중 21명이 노동자였다. 여공 장진바오張金保는 중앙위원에 당선되고 중앙 부녀위원회 서기로 임명되었다. 덩잉차오는 더 이상 중앙 부녀위원회 업무를 담당하지 않게 되었다. 10월 초에 덩잉차오는 저우언라이와 함께 모스크바를 떠나 귀국했다.

1934년 1월 21~22일 중화소비에트공화국 제2차 전국소비에트대표대회에 참석한 덩잉차오와 일부 대표들

중앙소비에트지구로 달려가다

1928년 11월 상순, 덩잉차오는 저우언라이와 함께 상하이로 돌아와서 중공중앙 직속 기관 지부 간사회 서기를 맡았다. 덩잉차오는 굉장히 고생스럽게 비밀공작을 수행해야 하는 여건에서 직속 지부 업무를 열심히 감당하고 당원들의 건전한 조직생활 분위기를 조성했으며, 당원들을 대상으로 마르크스주의 교육을 강화하고 당원의 업무를 점검해서 백색 지구에서 당의 사업이 무사히 마무리되도록 했다. 당의 영향력을 확대하기 위해 당의 정치 주장과 혁명 구호를 선전하고, 당 하부 조직의 비밀공작을 지도했다.

또한 기간 간행물인 《지부생활支部生活》을 창간하고 직접 편집장을 맡았다. 이 간행물은 당지唐紙에 기름으로 인쇄하고 선장線裝으로 제책하여 예스러움을 살렸다. 언뜻 보면 고서적 같아서 쉽게 적의 시선을 끌지 않았다. 덩잉차오는 《지부생활》에 〈새로운 혁명의 물결 속에서 어떻게 당을 지킬 것인가〉와 〈비밀공작의 몇 가지 교훈〉 등 중요한 글 몇 편을 잇달아 발표해서 비밀공작의 중요성을 강조했다. 또한 과거 비밀공작에 존재했던 여러 단점과 실수를 열거하며, 어떻게 올바른 비밀공작을 확립해야 하는지에 대해 명확히 밝혔다.

이 기간에 덩잉차오는 여성 사업에도 큰 관심을 가졌다. 1930년에 〈금년 3·8절에 가져야 할 인식〉, 〈국민당이 또 여공을 속였다〉, 〈신기록을 세운 상하이 3·8 시위〉 등의 글을 연속으로 발표하고 상하이 여성운동 지도 활동에 참여했다.

왕밍王明의 '좌경화' 노선 영향으로 1931년 이후 백색 지구 당 조직은 거의 적에게 파괴되었다. 상하이에서 지하공작을 하는 동지들은 몸을 숨길 방도가 거의 없었다. 위급한 정세 속에서 저우언라이와 덩잉차오는 차례로 상하이를 떠나 중앙소비에트지구中央蘇區에 가서 업무를 봤다.

1932년 4월, 당 조직의 배치에 따라 덩잉차오는 상하이에서 철수하고 중앙소비에트지구로 갔다. 지하당 동지들이 호송하는 가운데 덩잉차오는 국민당이 빽빽이 분포한 방어선을 통과해서 푸젠福建 창팅長汀으로 이동했다. 5월에는 장시江西 루이진瑞金에 도착했다. 당시에 루이진은 중앙소비에트지구의 '홍색紅色 수도'였고 소비에트지구 중앙국, 중앙혁명군사위원회와 중화소비에트 임시 중앙정부가 모두 이곳에 세워졌다. 덩잉차오는 중공소비에트지구 중앙국 선전부, 조직부 간사를 맡았고 나중에는 중앙국 비서장을 맡았다. 덩잉차오는 소비에트지구에 도착하자마자 백색 지

—

중화소비에트공화국
제2차 전국소비에트대표대회 대표증

구와 확연히 다른 새로운 생활과 새로운 전투에 돌입했다.

덩잉차오의 말을 빌리면, 백색테러가 휩쓴 상하이에서 후방의 근거지 루이진에 간 것은 "큰 변화였고, 업무와 생활이 많이 바뀌었다. 비밀, 지하, 불법이란 환경이 자체 정권과 군대를 갖추고 공개 활동이 가능한 환경으로 바뀌었으며, 이때부터 백색 지구와는 확연히 다른 새로운 생활과 새로운 전투에 돌입하기 시작했다."

1934년 1월 15일~18일, 중국공산당 임시 중앙위원회는 장시 루이진에서 6기 5중전회를 열었다. 선거를 통해 새로운 중앙정치국이 출범했고 덩잉차오는 중앙정치국 비서로 자리를 옮겨 기밀공작을 맡았다. 리젠전李堅眞이 중앙 부녀위원회 서기로 임명되고 덩잉차오는 부녀위원회 위원이 되었다. 같은 해 1월 22일에는 중화소비에트공화국 제2차 전국 소비에트 대표대회가 개최되었고, 덩잉차오는 중화소비에트공화국 중앙집행위원으로 당선됐다. 덩잉차오는 루이진에서 홍군紅軍 확대, 토지조사운동과 여성 업무에 참여했고 당시 홍군에서 실행하고 레닌이 제창한 '토요일 의무노동제도'에도 참여해서 토요일마다 간부, 사병들과 함께 홍군의 가족들을 위문하고 홍군 가족의 물 긷기, 장작 베기, 편지 쓰기를 도왔으며 사상 공작을 진행했다. 덩잉차오는 경험한 내용을 정리하는 데 능숙해서 지도적인 의미가 담긴 글을 종종 썼다. 이 기간에 중국 혁명의 전망, 여성운동의 발전과 당 건설 사업의 개선에 대해 진지하게 고민하고 여러 견해를 제시했다.

1931년 9·18 사변 이후, 장제스는 민족의 이익을 고려하지 않고 '내전을 중단하고 단결하여 적에 대항하자'는 전국 인민의 요구를 거절할 채 '외세를 몰아내려면 먼저 국내를 안정시켜야 한다'는 방침을 채택했다.

—

중국공산당 중앙정치국의 임시 소재지인 장시 루이진현 예핑葉坪

대대적으로 군대를 결집해 근거지에 대규모 '위초圍剿'라고 하는 포위 소탕전을 실시했다. 장제스가 근거지에 군사 '위초'와 경제 봉쇄 조치를 취함으로써 중앙소비에트지구는 전방에선 전쟁이 벌어지고 후방에선 공급이 달리는 심각한 곤경에 직면했다.

루이진에서의 생활은 고생스러웠다. 덩잉차오는 이렇게 묘사한다.

"당시 근거지에는 20여 개의 현이 있었는데 우리는 중심 구역에 있었다. 나는 주로 당의 기관에서 일을 했다. 장제스가 대규모 군대를 보내 '위초'를 벌여 전방에선 전쟁이 있었다. 그 기간에 최대의 곤경은 전방에 대한 후방의 공급이었다. 적의 봉쇄가 삼엄해서 일용품이 들어오지 못했고, 특히 먹을 소금이 없었다. 채소도 별로 없어서 주로 죽순, 양파에 소금물을 조금 부어서 먹었다. 주식으로는 현미를 먹어 잦은 배탈로 고생하는 사람이 많았다. 후방에서 일하는 사람들은 매일 자발적으로 배급 식량을 줄였다. 원래 1근斤으로 정해진 양을 8량兩으로 줄이는 식이었다. 당시 나는 한 끼에 2량도 먹지 못했다. 처음에는 매달 급식 말미에 각자에게 약간의 돈을 주어서 마을에 가서 땅콩 같은 것을 사먹을 수 있었다. 그런데 점점 어려워져서 나중에는 한 푼도 주지 못했다. 1933년 국민당이 5차 '위초'를 벌이자 우리는 하루 세 끼를 두 끼로 줄였다. 점심에는 배가 고픈 나머지 밖에 나가 논밭을 서성이며 생각을 분산시켜 배고픔을 잊었다."

열악한 생활 여건과 헌신적인 업무로 덩잉차오는 몸이 많이 상했다. 1934년 8월에 의사에게 검사를 받고, 폐결핵에 걸렸다는 확진을 받았다.

1935년에 장정에 참여해 산베이陝北에 도착한 덩잉차오와 저우언라이

장정(長征)을 경험하다

1934년 10월, 당 내부의 '좌경화'라는 잘못된 지도 때문에 제5차 반反 '위초'가 실패했다. 국민당 반동파의 '위초'를 돌파하고 북쪽으로 올라가 일본 침략군에 반격을 가하기 위해, 중앙 홍군은 전략적 이동을 실시하여 장시성 남부와 푸젠성 서부의 중앙 혁명 근거지를 떠나기로 결정하고, 세계를 놀라게 한 2만5천 리[1]의 장정長征을 개시했다.

홍군 장정은 사상 최초의 쾌거로 꼽힌다. 적이 포위하고 추격하며 가로막는 상황에서 홍군 사병들은 이 위대한 전략적 이동을 성공적으로 완수했다. 그 동안 겪은 고생과 고통은 상상할 수 없는 수준이었다.

당시 근거지는 의료 환경이 열악하고 약품이 매우 부족한 터라, 덩잉차오는 제대로 치료 받지 못해 많은 피를 토할 정도로 병세가 점점 악화되었다. 장정은 곧 시작되니, 어떻게 했을까? 덩잉차오는 훗날 회상하며 말했다.

"나는 조직에 부담을 가중시키지 않으려고 장시 근거지에 남게 해 달

1. 12,500km

라고 부탁했다. 조직에선 장정대를 따라 가라고 결정했고, 그에 따를 수 밖에 없었다. 장정에서 나는 정식 전사라고 할 수 없었고, 휴양중대의 부상병으로 들것에 실려서 행군을 했다."

중앙은 노약자, 환자, 여성을 '특수 연대'인 간부휴양중대로 구성해 대부대를 따라 장정이 이루어졌고, 덩잉차오는 이 연대의 일원이었다.

홍1군단紅一軍團에는 약 10만 명이 속했고, 그중 여성은 30명에 불과했다. 푸젠 창팅과 장시 루이진 등지에서 출발해서 여정 내내 온갖 고난을 겪었다. 덩잉차오는 당시 상황을 회상하며 말했다.

"장시에서 후난을 거쳐 광시廣西, 구이저우貴州에 이르기까지 전방에선 적군이 가로막고 후방에선 적군이 쫓아왔다. 머리 위에서 적기가 폭격했고 울퉁불퉁한 길을 걸어야 했다. 또한 천연요새, 깎아지른 듯한 절벽, 설산과 풀밭을 통과해야 했다. 부대는 굶주림과 갈증을 견디며 주야로 행군해서 사람도 말도 지쳤고, 적군과 전쟁도 치러야 했다. 부대는 엄청나게 인원을 줄였다."

덩잉차오는 설상가상으로 몸이 극도로 약해진 상황에서 행군 중 많은 어려움을 이겨내야 했다. 그럼에도 혁명을 향한 낙관적인 마음을 유지했다. 힘겨운 난관과 의약품이 부족한 상황을 극복하기 위해, 평범한 사람은 상상할 수 없는 고난을 감내했다. 대대는 이미 야영을 하고 휴식을 취하는데 덩잉차오는 한참 후에야 야영지에 힘겹게 도착하는 일이 허다했다.

덩잉차오는 자신보다 더 많이 남을 돌봤다. 임신 중인 랴오쓰광廖似光을 배려하기 위해서 자신의 들것을 양보하며 굳은 믿음을 갖고 용기를 내라고 격려했다. 중츠빙鍾赤兵이 쭌이遵義 전투에서 다리에 중상을 입어 절단이 불가피해지자, 덩잉차오는 그에게 가서 끝까지 혁명한다는 신념으로 의사 결정에 따르라고 권고했다. 돌발사건이 일어나면 침착하게 대처했고, 허우정侯政 연대장을 도와 전쟁을 지휘해서 휴양연대가 무사히 위험에서 벗어나도록 지원했다. 덩잉차오는 모두와 함께 다두허大渡河를 건너고 자진산夾金山을 넘었다. 자진산을 넘어갔던 때를 회상하면서 덩잉차오는 그림을 그리듯 산 위의 절경을 묘사했다.

"산기슭에서 정상까지 가는데 1년 사계절을 지나는 듯했다. 산기슭 아래는 6월의 초여름이었고, 산 중턱에서는 봄에나 있을법한 진기한 화초들이 보였다. 더 위로 올라가니 갑자기 스산해지더니 나뭇잎이 떨어지면서 가을의 풍경이 나타났다. 좀 더 위로 가니 하늘이 어둑어둑한 하늘에 차가운 안개와 눈이 가득했고 날씨도 점점 추워졌다. 하지만 용감한 홍군은 뜻밖의 추위와 낮은 기압에 놀라지 않고 위풍당당하게 정상까지 올라갔다. 정상을 넘자 전사들은 걷고 구르고 미끄러지면서 내려갔다. 넘어본 자가 별로 없는 그 우뚝 솟은 설산은 마침내 홍군에 정복당했다."

덩잉차오의 감동적인 설명에는 혁명에 대한 낙관주의가 가득 실려 있었다.

덩잉차오는 대중 공작을 매우 중시했다. 홍군은 우장烏江 강 도하를 강행하고 쭌이성 함락 후 적군의 많은 군용물자를 노획하는 한편 많은 적군 장병을 포로로 잡았다. 덩잉차오는 포로병들을 설득하는 대회에서 연설을 했다. 덩잉차오의 연설을 들은 포로병들은 큰 자극을 받고 하나 둘씩 일어나 국민당 군대를 규탄했고, 마지못해 고향을 떠나 국민당의 총알받이가 된 비참한 경험을 하소연했다. 회의가 끝난 후 많은 포로들이 홍군에 합류해 국민당 군대에 반격을 가하겠다고 요청했다.

저우언라이와 덩잉차오는 각자의 부대에 편성되었다. 홍군이 마오얼가이毛兒蓋에 도착했을 때 저우언라이는 간농양에 걸렸다. 며칠 연속으로 고열이 끓고 혼수상태에서 깨어나지 못했다. 저우언라이의 병세가 심각하자, 조직은 덩잉차오가 와서 돌보도록 조치했다. 여건이 열악해서 침상이 없었기 때문에 덩잉차오는 땅에 짚을 깔아 침대를 대신했다. 삼

바오안현寶安縣에서 덩잉차오와 리커눙李克農(가운데 앉아 있는 사람) 등

일 밤낮을 한 발짝도 떠나지 않고 혼수상태에 빠진 남편 옆을 지켰다.

덩잉차오는 저우언라이가 벗어둔 회색 양털 조끼를 들고 뒤집어 보니, 안쪽에 이가 들끓었다. 이가 눌리며 나온 피로 두 손가락이 붉게 물들었다. 장정 길에는 의사와 약품이 부족해 저우언라이의 병을 치료할 좋은 방법이 없었다. 의사는 얼음으로 국부를 냉찜질하는 방법으로 치료할 수밖에 없었다. 덩잉차오와 의료진의 정성스런 간호를 받으며 7~8시간 냉찜질을 하니 저우언라이는 열이 서서히 물러가기 시작하더니 기적처럼 깨어났다. 덩잉차오는 그제야 마음을 놓으며 웃었다. 그야말로 '구사일생'이었다!

풀밭을 건너는 것도 홍군 장정 길에서 맞닥뜨린 일대 위험 상황이었다. 풀밭에는 늪이 빽빽이 들어차 있어서 조금만 부주의하면 푹 빠져서 잠기고 말았다. 홍군대대는 조심스럽게 늪을 돌아서 피해갔고, 휘청거리면서 힘겹게 전진했다. 풀밭을 건너는 첫날, 덩잉차오의 말이 늪에 빠져서 놀라는 바람에, 덩잉차오는 두 다리가 진창에 빠져 머리까지 잠길 위험에 처했다. 앞쪽의 행렬은 이미 멀찌감치 가버렸고, 뒤쪽은 아직 지나가는 사람이 안 보였다. 덩잉차오는 필사적으로 몸을 받치면서 뒤에 오는 동지가 진창에서 조심스럽게 끌어내줄 때까지 버텼다. 저승사자가 살짝 스치고 갔다. 칠일 밤낮으로 풀밭을 건너면서 덩잉차오는 고열이 나는 데다 쌀 한 톨도 먹지 못했다.

결국 풀밭의 마지막 지점에 도착한 덩잉차오는 지치고 약한 몸을 이끌고 오다가 건물 밑 곳곳에 널려 있는 가축분뇨에 고꾸라졌지만, 더 이상 올라갈 기력이 없어서 그 상태로 두어 시간을 누워있었다. 그 모습을 본 차이창은 얼굴이 온통 눈물범벅이 되었다.

덩잉차오는 홍군부대를 따라 천신만고를 겪었다. 설산을 넘고 풀밭을 건너고, 험준한 라쯔커우臘子口와 류판산六盤山을 거쳐 드디어 1935년 10월에 산베이에 도착하여, 장정을 완수하는 승리를 거두었다.

덩잉차오는 이 경험을 회상하며 말했다.

"나는 장정을 하긴 했지만, 장정 시기의 홍군 여전사라고 할 수는 없었다. 캉커칭康克淸, 리젠전李堅眞 등의 동지 정도는 돼야 진정한 여전사였다. 당시 이들은 연대에서 지도원을 맡았다. 반면 나는 그때 중병을 앓고 있어서 휴양연대 소속으로 요양을 하는 사람이었다."

1937년, 베이핑 평민요양원에서 덩잉차오

베이핑 시산에서 요양하다

홍군이 장정을 통해 성공적으로 산베이에 도착한 후, 항일 구국운동의 기세가 계속 높아지면서 국내 정세에 큰 변화가 생겼다. 1935년 12월 17일~25일, 중공중앙은 산베이 와야오바오瓦窯堡에서 정치국회의를 열고 당이 직면한 정치 형세와 전략 노선 문제를 논의했다. 회의는 항일민족통일전선을 구축, 다시 국민당 및 기타 항일세력들과 연합해 국가 위기를 함께 헤쳐 나갈 준비를 했다.

덩잉차오는 병약한 몸을 끌고 기어코 업무에 나서서 중앙기밀과 과장, 중공중앙 백색 지구 공작부 비서, 중화소비에트 정부 시베이 사무처 내 정사법부 비서를 맡아 근거지 구축을 위해 바쁘게 일했다. 장정 후 휴식을 취하거나 제대로 된 치료를 받지 못한 까닭에 1936년 여름, 덩잉차오는 폐결핵이 재발했다. 산베이에는 항결핵 약품이 귀했기 때문에, 의사 마하이더馬海德는 '자연요법'을 제안했다. 즉 매일 야외에 두 시간 동안 누워 자연 햇빛과 공기로 치료하는 것이다. 당시 생활환경이 굉장히 고되어서 누울만한 침대가 없었기 때문에, 매일 굴집의 문짝을 떼어내 경사가 있는 간이침대 하나를 받치는 게 전부였다. 덩잉차오는 이 침대에 누워 요양했다. 한 달이 채 되지 않아 체온이 기적처럼 정상으로 돌아왔다.

1937년, 베이핑 평민요양원에서 덩잉차오와 장샤오메이張曉梅

1936년 12월 12일에 일어난 시안西安사변이 평화롭게 해결됨으로써 항일민족통일전선 구축에 중요한 기초를 닦았다. 여건이 호전되자 중앙은 폐결핵을 치료하기 위해 덩잉차오를 베이핑北平에 보내기로 결정했다.

1937년 5월, 덩잉차오는 쉬빙徐冰과 장샤오메이張曉梅 동지의 호송을 받아 비밀리에 베이핑에 도착해 베이핑 평민요양원에 들어갔다.

평민요양원은 중국에서 항결핵 사업 선구자인 루융춘盧永春이 세웠고, 베이징 시산西山 푸서우링福壽嶺에 위치했다. 외진 곳이라 조용하고 공기가 좋아서 요양하기에 좋은 곳이었다. 평민요양원은 부지가 약 70여 묘畝[1]였고 주 건물은 사합원四合院이었다. 남녀 병실이 사무 구역 양쪽에 나뉘어 있었다. 비용은 저렴한 편으로, 입원비와 급식비를 포함해 하루에 1.15위안이었다. 비용은 저렴해도 의료시설과 급식 수준은 다른 요양

1. 1묘는 666.7제곱미터

원에 뒤지지 않았고, 서비스도 훌륭했다. 의사인 루융춘 선생의 뛰어난 의술과 책임감 있는 태도 덕에 많은 환자들이 진찰을 받기 위해 이곳으로 몰려들었다.

덩잉차오는 요양원에서 같은 병실에 있는 칭화대학清華大學 외국어문학과 학생인 후싱펀胡杏芬을 사귀었다. 덩잉차오는 후싱펀에게 자신을 양이楊逸라고 소개했고, 남편 이름이 리즈판李知凡이니 '리즈판 부인'이라고 불러도 된다고 했다. 덩잉차오는 후싱펀에게, 2인실이지만 1인실처럼 마음껏 써도 좋다고 했다. 아무 때나 창문을 열거나 닫아도 되고 커튼을 걷는 등, 전부 후싱펀이 결정하라고 했다.

덩잉차오의 이 한 마디로 두 사람 사이의 어색함이 사라졌다. 점점 시간이 지나면서 후싱펀은 리 부인을 좋아하게 됐다. 덩잉차오와 후싱펀은 둘 다 노래 부르기를 좋아했고, 공통된 취미 덕분에 마음이 더 잘 맞았다. 후싱펀은 덩잉차오를 '우리 아줌마'라고 불렀고, 덩잉차오는 후싱펀에게 '야옹이'라는 애칭을 붙여주었다. 낙관적이고 활달한 덩잉차오의 영향을 받아서 후싱펀은 생각도 성격도 많이 변했고, 내면의 그늘에서 벗어나 살아나갈 용기를 얻었다.

또한 서서히 지난날의 젊음과 활력도 되찾았다. 요양원에서 다른 환우들은 의사의 엄격한 요구에 따라 매일 조용히 침대에 누워 책이나 신문을 보면서 하루를 보냈다. 반면 덩잉차오는 찬바람을 무릅쓰고 매일 꾸준히 산책과 운동을 하면서 병마와 싸웠다. 덩잉차오는 병세가 점점 호전됐고 몸도 차츰 튼튼해졌다. 질병 앞에서 강인한 덩잉차오의 모습은 봄바람처럼 환자들의 마음을 녹였다. 덩잉차오는 좋은 것이 있으면 꺼내놓고 모두와 나누면서 환우들을 살뜰히 보살폈다. 직원들에게도 아주 잘했다. 뭘 먹든지, 몇 개를 집어서 직원들 손에 쥐어주곤 했다. 요양원에서 다정하고 상냥하며 너그럽게 사람들을 대하는 덩잉차오를 모두들 좋아하고 존경했다.

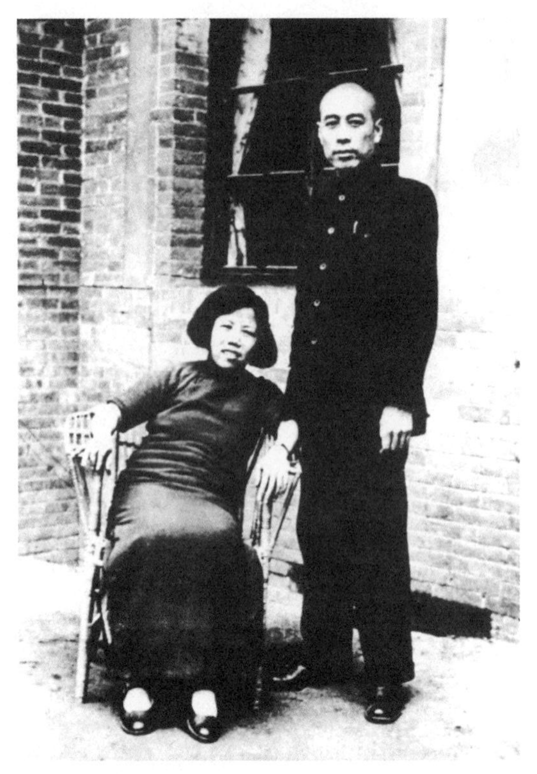

1937년, 시안 팔로군八路軍 사무실에서 덩잉차오와 저우언라이

1937년에 칠칠사변七七事變이 일어났다. 매일 우르르 쾅쾅하는 포성을 들으며, 요양원 환우들은 불안감에 떨었다. 사태의 추이를 꼼꼼하게 주시하면서 전쟁에 관한 소식에 그때그때 귀를 기울였다. 덩잉차오는 시세를 멀리 내다보는 통찰력으로 환우들에게 영향을 주었고, 환우들은 정

치와 군사의 변화를 정확하게 추측하는 덩잉차오에게 감탄을 표했다. 전방에서 막 옮겨온 부상자들의 생활 여건이 열악하다는 사실을 알고, 덩잉차오는 사람들을 이끌어 기부금을 마련해 부상자를 위문했고 생활필수품과 위문금을 전달해 곤궁한 생활을 해결해 주었다.

평민요양원에서 덩잉차오의 환우였던 후싱펀

전쟁이 계속 확대되면서 전방에서 수시로 패배의 소식이 들려왔고, 덩잉차오와 환우들은 요양원을 떠날 준비를 했다. 8월에 덩잉차오는 시산을 떠나 도시로 들어가 지하당원인 장샤오메이의 집에 묵었다. 덩잉차오는 우연히 만난 외국 친구인 에드거 스노Edgar Snow와 시안으로 같이 돌아가자고 약속했다.

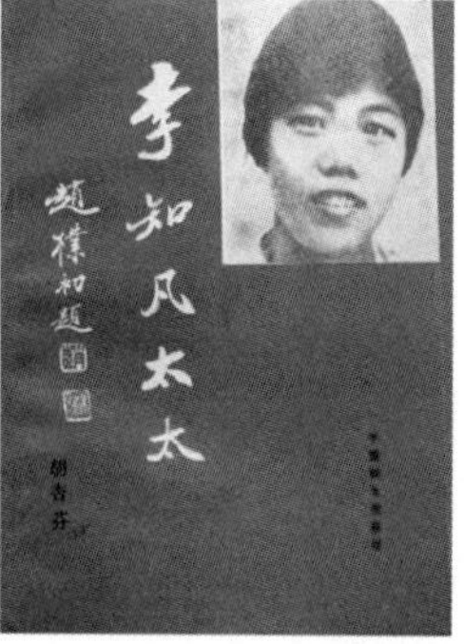

1940년대의 후싱펀(왼쪽), 후싱펀이 쓴 《리즈판 부인》(오른쪽)

1938년, 우한에서 덩잉차오

여성계를 단합해 공동 항전에 나서다

1937년 12월 13일 난징이 함락된 후 국민정부의 군정 기관은 대부분 우한으로 이전했다. 국가와 민족의 이익을 지키고 국공합작을 확고히 함과 동시에 항일민족통일전선을 전개하기 위해서, 중공중앙은 중공대표단을 우한에 보내 국민당과 항전 협력에 대해 논의하기로 결정했다. 샹잉項英, 보구博古, 둥비우董必武로 구성된 중공중앙 창장국長江局은 남방에서의 당 업무를 지도했다. 이 시기에 중공중앙은 '수천 수백만의 대중을 항일민족통일전선에 합류시키기 위해 투쟁하자'는 방침을 세웠다.

1937년 12월, 덩잉차오는 중공대표단을 따라 우한에 도착해, 국민당 통치구역에서 여성항일민족통일전선 업무를 진행했다. 이후 창장국에서 부녀위원회를 세웠고, 덩잉차오가 부녀위원회 위원을 맡았다. 당 중앙의 지시에 따라 덩잉차오는 굉장히 적극적으로 통일전선 공작을 전개하면서 각계 여성들을 단합해 항일 구국운동에 참여시켰다.

난징, 상하이가 함락된 후 각지의 애국 인사들이 당시 국민 정부의 임시 수도인 우한에 운집해, 우한은 각 파의 정치 세력이 모이는 정치의 중심이 되었다. 그래서 덩잉차오는 우한에 도착하자마자 기회를 놓치지 않고 공작을 전개했다. 여러 기회를 활용해 담화, 연설과 글을 발표해 중국공산당의 항일민족통일전선 정책을 선전했다. 〈전시부녀戰時婦女〉 기자와 얘기하면서 이렇게 말했다.

對於現階段婦女運動的意見

鄧穎超

덩잉차오가 《부녀생활婦女生活》에 발표한 〈현 단계 여성운동에 대한 의견〉

"중국의 여성운동은 중국 민족해방운동을 따라 전개됩니다. 일본에 저항하기 위해서 그리고 항일 통일전선을 위해서 여성을 동원하고 단합해 여성운동을 전개해야 합니다. 앞으로 이 방면에서 많은 노력을 해야 합니다. 전체적인 항일 통일전선 하에서 더 광범위한 여성운동 통일전선을 진행하고, 각계 여성이 끈끈하게 협력해 현재 존재하는 각종 여성 단체를 확대하는 한편 내실도 기해야 하며, 전국의 여성들과 진실하고 친밀한 대단결을 실시해야 합니다."

덩잉차오는 1938년 1월 5일에 발표한 〈현 단계 여성운동에 대한 의견〉이라는 글에서 이렇게 밝혔다.

"여성운동도 전체적인 항일 통일전선 하에서, 통일전선을 거쳐 각계 여성들을 동원하고 조직해 항일 구국운동에 참여하도록 해야 한다. 항일 통일전선을 통해 각계각층의 여성들이 한마음 한뜻으로 단결하고 친밀한 협력을 구축하며, 정신과 역량을 집중해 왜구를 공격하고 승리를 거두어야 한다."

1938년 우한에서 덩잉차오와 저우언라이

1938년 덩잉차오(앞줄 왼쪽에서 두 번째)와 각 당파, 무당파無黨派 책임자들

이 글에서 덩잉차오는 통일전선 밑에서 여성이 단결, 항전할 것을 강조함으로써, 당시 우한과 전국 여성운동의 방향을 제시했다.

당시 우한에는 스량史良, 선쯔주沈玆九, 류칭양劉淸揚, 차오멍쥔曹孟君, 리더취안李德全, 뤄수장羅叔章, 장아이전張藹眞 등 여성계의 인지도 있는 인사들이 모여 있었다. 여성 항일 구국운동을 전개해서 항일민족통일전선을 확대하고 공고히 하려면 진보 여성들의 역량을 결집하는 것이 필수적이었다. 덩잉차오는 이들과 자주 접촉하고 연락하면서 우의를 다졌다. 좌담회라는 방식으로 진보 여성 인사들에게 항일에 대한 중국공산당의 주장을 전달하고, 이들의 의견을 흡수하면서 점차 항일민족통일전선 기치 아래에서 각계 여성의 역량을 결집하고 단합했다.

1937년 12월 잡지 《부녀생활》이 우한에서 복간되었다. 덩잉차오는 이 여론의 창구가 발휘하는 거대한 역할을 매우 중시해서, 잡지 업무를 직접 지도하고 각계, 각 당파의 여성을 적극적으로 동원해 항일 구국운동에 참여시켰다.

1938년 1월 12일 《부녀생활》은 각계, 각 당파의 인지도 있는 여성 관계자들이 참여하는 '현 단계의 여성 문화 사업' 좌담회를 개최했다. 좌담회에 참석한 덩잉차오는 연설을 통해 여성 문화 사업과 정치적 정세 및 임무와의 밀접한 연계, 여성 문화와 항일 의식의 제고 그리고 여러 매국노 이론의 확실한 분별로 항일을 망치는 매국노 이론을 무력화시켜야 한다고 지적했다. 또한 현재의 문화계 종사자들은 문화 전선 활동을 통해 더 활발하게 조직으로 나아가고, 문화의 영향을 받는 모든 여성들을 적에 저항하는 투쟁으로 단합시켜야 한다고 밝혔다.

덩잉차오의 훌륭한 지도로 《부녀생활》은 우한 여성계의 본보기로 우뚝 서서, 국민당 통치구역에서 여성계 통일전선을 구축하는 데 탁월한 역할을 했다. 항일 구국운동이 계속 추진되는 가운데 각계 부녀들이 항일민족통일전선이라는 기치 아래 모였고, 한동안 여성조직이 기세를 높이면서 항일운동에서 중요한 추진력을 발휘했다.

1938년, 우한에서 덩잉차오

전시(戰時)아동보육회 건립을 추진하다

칠칠사변 후에 일본군이 대대적으로 중국 내륙을 공격하고 화베이華北, 화둥華東의 대규모 지역을 점령하면서, 무수한 가정과 학교가 전쟁으로 파괴되고 무고한 많은 어린이들이 큰 재난을 겪었다. 부모와 친척, 친구들을 잃고 돌아갈 집과 갈 곳이 없이 떠돌았다. 일본 제국주의에 직접 또는 간접적으로 살해된 어린이들이 부지기수였다. 운 좋게 살아남은 아이들도 곧 겨울이 닥치는 때라서, 언제라도 기아와 추위, 질병으로 죽을 수 있었다. 더 불행하게도 많은 어린이들이 적군의 잔혹한 폭격 속에서 팔과 다리가 잘린 장애인이 되었다.

전쟁 지역, 함락 지역이 계속 확대되면서 재난 어린이들도 급격히 늘어났다. 섬감영변구陝甘寧邊區[1] 각계 여성구국회의 우한 주재 대표단 단장, 창장국 부녀공작위원회 위원과 아동 사업을 맡은 덩잉차오는 이런 상황에서 재난 어린이 구제 사업이 긴급함을 예민하게 인식했다. 어린이는 민족해방의 예비군이며 국가의 미래이므로 어린이들을 아끼고 지켜 건강하게 지내도록 도와주고 교육을 통해 민족의식을 키워 조국 건설의 인재로 양성해야 한다는 것이 덩잉차오의 생각이었다.

---

1. 1937-1949년 산시(섬서) 북부, 간쑤(감숙) 동부, 닝샤(영하)의 일부를 포함했던 행정구역으로 중국공산당의 근거지였고, 항전 시기에는 국민당 정부 행정원의 직할 행정구역이었다. 해방전쟁이 시작된 후 장제스 정부가 불법 반란 지역으로 선포했다.

1938년 3월 10일에 전시아동보육회가 한커우漢口에 설립, 덩잉차오(뒷줄 오른쪽에서 첫 번째)가 이사로 당선됐다.
같은 해 5월에 찍은 전시아동보육회 회원의 단체사진

덩잉차오는 전쟁 지역에 재난 어린이가 매우 많다는 사실을 잘 알았고 이 사업에 막대한 재정, 인력, 물자가 필요했기 때문에 당과 진보 세력의 힘을 빌려 항일 애국인사들을 결집하고 대중을 동원해 함께 어린이 구제에 나서야 했다. 덩잉차오가 지도하고 추진하는 가운데, 우한에서는 전시 아동보육회 발기인 서명운동이 진행됐다. 처음에는 구국회의 리더인 선쥔루沈鈞儒, 사회 저명인사인 궈모뤄郭沫若 등이 앞장서서 서명을 했고, 곧 이어 사회 각계, 각 당파 인사들, 특히 여성계의 호응을 얻어서 서명 발기인이 184명에 달했다.

국민당 정부의 지지를 얻고 국민당 간첩이 일을 망치지 않도록 하는 예방 차원에서 덩잉차오는 스량, 선쯔주, 류칭양에게 쑹메이링을 만나서 보육 사업을 주관해 달라고 부탁할 것을 청했다. 쑹메이링은 아동 보육 사업에 대한 경험은 부족하지만 경제적인 책임은 질 수 있다고 했다. 쑹메이링이 이 일을 승낙하자 보육회의 준비 작업이 신속하게 추진되었다. 1938년 1월 24일 184명의 저명인사가 참석한 발기인 회의가 개최되어 준비위원회가 출범했고 리더취안, 궈슈이郭秀儀, 차오멍쥔 등이 준비위원으로 선출되었다. 리더취안은 준비위원회 주임을 맡았다.

3월 10일, 중국 전시아동보육회는 한커우 성뤄이聖羅易여중에서 설립대회를 열었다. 덩잉차오와 쑹메이링 등이 대회에 참석했다. 대회에서는 '완강한 투쟁과 단결항전의 정신으로 조국의 차세대를 구제하고 보육하여 신중국 건설의 인재로 양성하자'고 선포했다. 대회에서 국·공 양당과 무당파의 저명한 애국 여성 51명이 이사로 선출되었고 쑹메이링이 이사장으로, 리더취안이 부이사장으로 선출되었다. 회의 후에 쑹메이링의 주재로 1차 이사회가 열렸고 중국공산당 대표 덩잉차오, 멍칭수孟慶樹와 구국회, 종교계, 국민당 및 사회 저명인사들이 상무이사로 선출되었다.

또한 다방면에서 지원과 찬조를 확보해서 국·공 양당 지도자 장제스, 마오쩌둥毛澤東을 대표로 하고 당·정·군 각계 인사, 해외 교포, 외국 친구와 주중국 사절 에드거 스노, 존 레이턴 스튜어트John Leighton Stuart 등 286명의 명예이사도 초청했다. 전시아동보육회는 항일민족통일전선과 국제 차원의 반파시스트 통일전선을 매우 광범위하게 구현했다. 덩잉차오가 전력으로 추진해서 각 분야 여성의 역량을 결집해 각계 여성의 대연합을 이룬 전시아동보육회는 2차 국공합작 이후에 최초로 세워진 항일 통일전선 단체였다.

전시아동보육회가 설립된 후 곧 이어서 재난 어린이를 실질적으로 수용하는 곳인 전시아동보육원들이 세워졌고, 전국 각 지역에서 호응이 이어지면서 쓰촨四川, 광둥廣東, 광시廣西, 상하이上海, 섬감영변구, 진찰기변구晉察冀邊區,[2] 홍콩 등지에서 20여 개의 분회가 잇따라 설립됐다. 각

---

2. 항일전쟁 시기 산시(山西), 허베이(河北), 차하얼(察哈爾), 러허(熱河), 랴오닝 성의 일부 지역을 포함하는 중국공산당의 항일 근거지

1938년, 우한에서 덩잉차오와 저우언라이

지의 분회는 기부금 모금, 재난 어린이 구제 및 수용 활동에 적극적으로 나섰다.

덩잉차오도 전시아동보육 사업의 고위층 지도자 위치에서 보육회 총회의 실무들을 직접 진두지휘했다. 덩잉차오의 지도로 재난 어린이 구제 사업은 신속히 진행됐다. 덩잉차오는 당 조직과 구국 단체를 통해 중국 공산당 비밀 당원과 애국 진보 성향의 여교사, 여의사, 가정주부 등을 대대적으로 동원해 전시 아동 보육 사업에 참여시켰다. 덩잉차오, 리더취안, 장샤오메이, 선쯔주 등은 종종 글을 발표하고 전시회를 열거나 대외에 방송을 하는 등의 방식으로 여성계가 단결해 항전할 것과 차세대를 양성하자고 선전했고, 국내외 각 분야 인사들에게 전시 아동 보육 사업을 지원해 달라고 호소했다.

또한 아동 보육 사업에 농촌 여성들을 참여시켜서 생활의 욕구를 해결해 주는 한편, 가정에서 사회로 진출해 여성해방의 행렬에 합류하는 기회를 줌으로써 항일 구국에 기여해야 한다는 의식을 높여주었다. 이 사업은 7년간이나 지속되었다. 53개의 보육원이 지어지고 15세 이하의 재난 아동 약 3만 명을 수용해 새로운 집을 마련해 주었다. 덩잉차오는 이렇게 말했다.

“당시 보육원에 있던 아이들 중 여러 명이 나중에 우리 당의 핵심 인력이 되었다.”

덩잉차오가 관심을 기울이고 앞장서서 추진하는 가운데 전시아동보육회는 여러 어려운 사업을 진행하면서 혁명과 조국 건설을 위한 새로운 역량을 끊임없이 배출했고, 많은 여성들을 항일 구국운동에 합류시켰다.

1938년, 어린이 극단 회원들과 함께 한 덩잉차오

어린이 극단에 관심을 쏟다

1937년 8월 13일에 송호회전淞滬會戰이 일어나 많은 가정들이 뿔뿔이 흩어지고 가족이 죽는 불행을 당했다. 프랑스 조계 엠파이어 난민수용소에 후둥린칭滬東臨青학교의 학생들이 지내고 있었는데, 대부분 돌아갈 집이 없는 아이들이었다. 이 아이들은 망국노亡國奴가 되길 원치 않았고, 놀고먹기만 하며 지내고 싶지도 않아서 '어린이 극단'을 만들었다. 연극, 노래를 무기 삼아서 거리, 난민소, 학교와 공장에서 활발하게 항일 선전 활동을 펼쳤다.

1938년 1월 중순, 극단의 아이들은 적의 포화를 무릅쓰고 수천 리에 이르는 고된 여정을 거쳐 당시 항일운동의 요지 우한에 도착했다. 아이들이 가슴 가득 품은 애국의 열정을 무시하고 국민당 우한 당국이 각지의 재난 아동 수용소로 뿔뿔이 보내려고 하자, 아이들은 몹시 속상하고 화가 났다. 어린이 극단이 해산에 직면한 중요한 순간에 소식을 들은 덩잉차오는 서둘러 페이신소학교培心小學로 가서, 팔로군 우한 사무실 동지회와 저우언라이의 대표로 아이들에게 위로를 전했다.

어린이 극단의 공연 사진

덩잉차오는 아이들에게 상하이에서 우한까지 오며 겪은 일을 자세히 물어보면서 엄마처럼 아이들의 생활에 관심을 기울였고, 아이들의 패기와 용기를 칭찬하면서 열심히 공부하고 항일 선전을 꾸준히 해나가라고 격려했다. 팔로군 사무실 동지들이 어린이 극단을 위해 모은 기부금을 가져갔고, 아이들에게 항전 상황과 홍군 장정 이야기도 들려주었다. 2월 8일 팔로군 사무실에서 어린이 극단을 위해 환영회를 열었고, 덩잉차오와 사무실 동지 몇이서 직접 문 앞까지 마중을 나갔다.

아이들은 환영회에서 〈어린이 극단 단가〉와 〈유랑아(流浪兒)〉를 불렀다. 아이들이 '우리는 모두 유랑아, 거리를 떠돌며 먹을 것이 없네. 아빠 엄마는 모두 죽음을 당하시고……'의 소절을 부르자 사람들은 모두 눈시울을 붉혔다. 뜨거운 박수 소리가 울리는 가운데 저우언라이는 항일 선전을 위해 기여한 어린이 극단의 힘을 높이 치하했다. 어린이 극단이 적의 포화 속에서 탄생해 열악한 환경에서도 투쟁을 견지하는 것은 쉽지 않은 일이라고 하면서 '사람들의 무시 속에서 스스로 싸우고 만들어 가는 것은 투쟁에서 단련된 것'이라고 칭찬했다. 마지막에는 아이들에게 구국, 혁명, 창조의 정신을 심어주며 투쟁을 통해 부단히 단련해 함께 새로운 중국을 만들자고 격려했고, 아이들은 뜨거운 박수를 보냈다.

당의 관심과 지지 덕분에 어린이 극단은 큰 힘을 얻었다. 우한시 청년회에서 항일 연극을 공연했고 공장, 부상병 병원, 학교, 거리 공연을 이어가며 선전 활동을 펼쳐 우한 대중들의 뜨거운 환영을 받았다. 《신화일보新華日報》의 특별 보도는 어린이 극단 활동을 우한 삼진三鎭[1]에 퍼뜨리며 활발한 선전이 전개되도록 촉진했다. 많은 어린이들이 입단해 극단은 나날이 커졌다. 어린이 극단 활동이 국민당 완고파의 미움을 사자, 우한시 당부 항전 선전 대대는 어린이 극단을 편입해 개편하자고 제안했다. 덩잉차오는 소식을 듣자마자 저우언라이에게 상황을 보고했고 모두와 상의한 후, 그날 밤 어린이 극단이 우한에서 철수한다는 결정을 내렸다. 국민당 계획을 박살내고 힘을 모아서 아이들을 안전하게 지키고 계속 전투를 해 나가려는 의도였다. 어린이 극단 아이들은 저우언라이, 덩잉차오의 관심과 돌봄 속에서 계속 사상의식을 높였고, 선전 항전에서 긍정적 역할을 했다.

1942년 이후 국민당 완고파의 위협으로 어린이 극단은 충칭에서 해산됐다. 저우언라이, 덩잉차오와 지하당 조직은 극단의 임원과 대부분의 단원을 철수시키면서 각자의 사정에 따라 학교로 보내 공부를 시키기도 했고, 옌안延安이나 둥장으로 보내 종군하게 했다. 또 혁명 문예단체에 들어가 국민당 통치구역에서 문예 공작을 꾸준히 이어가는 아이도 있었다.

시간이 많이 흘렀어도 덩잉차오는 계속 극단 아이들에게 관심을 갖고 살폈다.

---

1. 우창(武昌), 한커우(漢口), 한양(漢陽)

1980년 덩잉차오는 어린이 극단에 편지를 보내 우한에서 보낸 세월을 회상했다.

"너희들에게 편지를 쓰게 되어 기쁘다. 옛날에 부르던 이름을 쓰니까 참 친근하구나. 40여 년 전 항전 초기 너희들, 사랑스러운 어린이 극단을 만나 혁명의 우정을 쌓은 일을 떠올려 본다. 나는 늘 잊지 않고 너희들이 성장하고 일하는 모습과 지내는 형편을 지켜보고 있어. 한커우 팔로군 사무실에서 너희와 함께 찍은 사진을 아직도 간직하고 있단다."

그런 후 덩잉차오는 깊은 정을 담아 이렇게 썼다.

"40년 동안 너희는 격렬한 전쟁의 시대를 겪으며 여러 곳으로 흩어져 공부하고 일하고 성장했음에도, 그에 더해 또 10년 동안 재난과도 같은 가혹한 시련을 겪었구나. 여러 가지 단련을 받으며 성장했고, 대부분 각자의 자리에서 좋은 성과를 거두며 결실을 맺었지. 다들 스스로 열심히 노력했고, 당과 인민 그리고 혁명 선배들의 기대도 잘 감당했구나."

—

1938년, 우한에서 덩잉차오

루산부녀담화회에 참석하다

덩잉차오 등 중국 공산당원들이 추진하고 노력한 덕분에 여성계의 항일민족통일전선 사업이 크게 발전했다. 1938년 초여름, 쑹메이링은 개인의 명의로 전국 각지, 각 당파의 여성 리더와 여성계 저명인사들에게 초청 서신을 보내 전시 부녀공작담화회를 열었다.

5월 20일, 국·공 양 당과 각계 여성 대표 52명이 루산廬山에서 한 자리에 모여, 항전 건국 계획을 논의했다. 항일민족통일전선을 구현하는 회의였다. 중국공산당 쪽에서는 덩잉차오와 멍칭수, 국민당 쪽에서는 선후이롄沈慧蓮, 천이윈陳逸雲, 탕궈전唐國禎, 좡징莊靜, 우지메이伍濟美, 류헝징劉衡靜이 참석했고, 구국회 쪽에서는 스량, 선쯔주, 류칭양이 회의에 참석했다. 기독교 여청년회 쪽에서는 장아이전張藹眞, 덩위즈鄧裕志, 천지이陳紀彝, 류위샤劉玉霞가 참석했고 사회 명사와 학자 쪽에서는 리더취안, 우이팡吳貽芳, 레이제충雷洁琼 등이 있었으며, 성 정부 주석의 부인들도 있었다.

쑹메이링은 회의에서 개막사를 했다. 쑹메이링은 루산담화회를 소집한 직접적인 목적이 여성계의 리더들을 한 자리에 모아서 '개인적인 접촉

—
1938년, 신부녀운동 지도위원회 제1기 부녀간부양성반 졸업사진(앞줄 왼쪽에서 일곱 번째가 덩잉차오)

과 인식을 강화하고 효과적으로 협력을 촉구하며 단결 정신으로 전국의 반응을 유도하고 국가의 이익을 위해 함께 싸우는 것'이라고 밝혔다. 또 다른 목적은 루산담화회를 통해 '전국적인 부녀공작 강령을 작성해 전국에서 부녀공작을 진행하는 각 분야가 서로 연계하고 서로 보고를 들으며 함께 연구하고, 함께 발을 맞춰 나아갈 수 있도록 하는 것'이었다.

덩잉차오는 회의에서 〈섬감영변구 여성운동 개황〉 보고를 통해 변경 지역 여성들이 큰 난관을 극복하고 생산에 힘써 팔로군의 일본 침략군 공격을 지원하고 근거지를 확고히 하며 전국 항일전쟁에 크게 이바지하고 있다고 소개했다. 덩잉차오의 연설은 회의에 참석한 대표들의 눈과 귀를 새롭게 하고 모두의 흥미를 끌었으며, 대표들은 변경 지역 여성들의 훌륭한 성과를 높이 평가했다.

덩잉차오는 또한 여성 사업에 대한 중국공산당의 의견서를 전달해 여성 항일 통일전선 구축에 대한 공산당의 의견을 다음과 같이 설명했다. 첫째, 현재 전국을 총괄하는 여성운동 지도 기구를 구축해야 할 필요가 있다. 둘째, 이 기구는 당파, 종교, 직업, 빈부귀천을 불문하고 각계, 각파, 각 성, 각 지역의 여성 대표를 아우르는 항일민족통일전선 여성 조직이어야 한다. 셋째, 이 기구는 민주적인 방식을 채택하여 전국 여성 대표대회를 열어 정식으로 설립해야 한다. 넷째, 전국 여성의 통일된 조직을 구축한다고 해서 기존의 여성 단체를 해체하는 것이 아니며, 각 여성 단체는 정기적으로 의견과 경험을 교류하고 공작 강령, 공작 계획과 절차를 통일시킨다.

회의에서 쑹메이링은 신생활운동총회 부녀지도위원회('부지회')를 전국적 여성조직으로 삼자고 제기했다. 일부 대표는 '부지회'를 전국 여성운동을 지도하는 조직으로 두는 것에 동의하지 않았고, 덩잉차오는 이 문제에 대해 이렇게 의견을 냈다.

"이 전국적인 여성 조직은 이름을 어떻게 하든 간에 당파, 종교, 직업, 빈부귀천을 구별하지 않는 성격을 갖습니다. 각계, 각 당파, 각 성, 각 지역의 여성 대표를 아우르는 항일민족통일전선 여성 조직입니다. '부지회'가 재정비를 통해 이 점을 실천할 수 있다면 동의할 수 있을 것입니다."

덩잉차오의 의견은 여성계가 연합해 항일에 나서는 정치적, 사상적 토대가 되었다. 국민당이 이 기구를 이용해 다른 여성 조직을 없애지 못하도록, 덩잉차오는 의견 발표 시에 전국적으로 통일된 조직을 구축하자는 것은 기존의 여성 단체를 없애자는 것이 아니라 일관성 있는 공작 강령과 계획을 가지고 정기적인 토론 활동을 통해 각계 여성 단체의 의견과 경험을 교환하며, 일관성 있는 공작 절차 등을 마련하자는 취지임을 특별히 강조했다.

또한 전국적 여성 단체가 딱 하나만 있어야 하는 것도 아니며, 공작의 성격에 따라 중화기독교여청년회전국협회, 중국부녀위로총회中國婦女慰勞總會 등 여러 다양한 전국적 여성 단체가 동시에 존재할 수 있다고 밝혔다. 덩잉차오는 전체적인 항전의 큰 국면과 가계 여성 및 여성 단체의 이익을 동시에 고려한 발언으로 우렁찬 박수를 받았다.

격렬한 토론 끝에 '부지회'는 조직 개편과 보강을 통해 전국적으로 여성을 지도하여 항전, 건국에 동참시키는 총기구로 확대되었고 덩잉차오, 멍칭수, 캉커칭康克清 등이 지도위원회 위원을 맡았다. 그 밑에는 훈련, 위로, 전쟁터 봉사, 문화 사업, 생산 사업, 아동보육, 생활지도, 총무 등 여덟 개의 조직과 연락위원회 하나를 두었고 구국회, 국민당, 기독교여청년 인사들, 사회 명사, 학자들이 팀장과 부팀장을 맡았다.

덩잉차오는 이 공개적이고 합법적인 조직을 지혜롭게 운영했다. 중국 공산당 비밀당원들과 애국 진보 여성들이 활발하게 활동하도록 하고, 개편한 '새로운 부지회'에서 진보 세력이 적극적인 역할을 발휘하도록 함으로써 국민당 통치구역에서 공산당이 여성 항일민족통일전선 공작을 펼치는 중요한 기지가 되도록 했다. 원칙과 융통성을 적절히 발휘하고 사리에 밝은 합리적인 모습으로 덩잉차오는 쑹메이링을 비롯한 각계 여성들에게 깊은 인상을 심어주었고, 전시에 각계의 여성들이 대단합하도록 촉진했다. 덩잉차오가 추진해서 구축한 부지회는 국민당 통치구역 여성 단결 항전에서 구축된 또 하나의 통일전선 조직으로, 중국 항전 초기 여성운동을 최고조로 끌어올림으로써 국민당 통치구역 여성 항일민족통일전선 사업의 본을 보여 주었다.

회의 기간에 덩잉차오는 〈항전 건국 사업 여성 동참 대강〉의 원고 마무리 작업에 참여했고, 대강은 회의에서 만장일치로 통과되었다. 전국 여성을 단합해 항전에 나서기 위한 공통 강령으로, 여성계에 두루 받아들여졌다. 이 강령에서는 항전 시기 여성 사업의 임무를 '계획적, 조직적으로 전국 여성 대중이 신성한 항전 건국 사업에 참여하도록 촉진하는 것, 전국적으로 통일된 조직하에 전국의 여성을 동원하는 것, 기존 다른 여성 단체들을 연합해 분담 및 협력함으로써 항전 건국의 효율을 높이는 것'이라고 밝혔다.

〈대강〉에서는 항전 건국에서 여성의 임무는 '선전, 구호, 위로, 구제, 아동보육, 공·농업 생산 종사 및 사업 협력 등'이며, 이를 위해서 '여성의 문화 수준을 속히 높이고 생계유지를 위한 기술능력을 보편적으로 양성하여 여성 근로자 생활 여건을 적극적으로 개선하고 여성의 직업 범위를 확대하도록 노력하며, 여성을 속박하는 모든 풍습을 제거해야 한다.'고 규정했다.

강령은 국민당 〈항전건국강령〉의 긍정적인 요소들을 채택하면서 기본적으로는 공산당이 제기한 '수천만 군중을 항일민족통일전선으로 진입시키기 위해 싸우자는' 방침에도 부합했다. 따라서 각계 여성이 연합해 항일에 나서는 정치적, 사상적 기초를 마련했고 조직 개편을 진행하며 규모를 확대하고 있는 신생활운동부녀위원회 사업을 지도하고 규제하는 역할을 하는 등 통일전선 정신을 구현하면서도 진보적 의미를 지니는 문건이었다.

회의 후에 '부지회'는 〈전국 여동포에게 고하는 서書〉를 발표해서 전국 여성이 연합해 함께 일본 침략자에 항거할 것을 호소했다. 루산부녀담화회는 국민당 통치구역의 많은 여성들이 통일전선을 결성하고 함께 항일 구국운동에 나서도록 촉구하는 데 중요한 구실을 했다.

조직 개편과 확대를 거친 '부지회'는 1938년 7월 1일 한커우에서 정식으로 조직되어 업무를 시작했다. 취지와 임무에 새로운 내용이 추가되어 각 당, 각 파의 여성 대표와 여성 유명 인사들이 참여하는 여성계 항일민족통일전선 조직의 모습을 갖추었다. 개편된 '부지회'는 쑹메이링이 지도장을 맡았고, 위원은 처음의 7명에서 36명으로 늘어났다. 중국공산당

1938년 5월 덩잉차오(선 사람 중 왼쪽에서 네 번째)와 루산각계저명부녀담화회 대표들

대표 중에서는 덩잉차오, 멍칭수, 캉커칭이 위원으로 당선됐다. '부지회'는 8개 팀과 연합위원회를 구성했고, 각 팀의 팀장은 루산부녀담화회 이후 각 분야의 대표들이 함께 협의해서 세웠다. 새로운 '부지회'를 설립한 후 여성 간부 양성반을 개설해 수천 명의 여성 간부를 양성했다.

그 후 새로운 '부지회'는 좌파 진보 인사, 중도파 인사, 국민당 인사 및 일정 수의 중국공산당원 등 많은 인력을 수용해서 실질적인 통일전선 조직으로 거듭났고, 전국 여성 대단결의 상징으로 꼽혔다. 전반적인 항전 과정에서 신규 '부지회'는 중국공산당 지방 당 조직의 협력 속에서 다양한 형식으로 생동감 넘치는 여성운동을 활발하게 펼쳤고 공장을 비롯해 농촌에서 전쟁 지역까지 사업을 추진하면서 수천만 명의 여성을 항일 구국운동에 동참시켜, 항전 시기 여성 통일전선 사업에 크게 기여했다.

1938년 여름, 우한에서 《서행만기西行漫記》의 저자,
미국의 유명한 진보 기자이자 작가인 에드거 스노(제일 왼쪽)와 덩잉차오, 저우언라이

유일한 중국공산당 여성 참정원

1938년 6월, 일본군은 중원中原[1] 지역에서 대대적인 진격에 나섰다. 우한의 정세가 위태위태했다. 중국공산당, 민주당파와 애국 인사들은 한목소리로 민주정치를 실시해 전 국민을 단합해서 항전, 구국에 나서야 한다고 국민당에 요구했고, 적군에 시급히 대항해야 하는 상황에서 장제스는 국민 참정회를 열기로 결정하고 각 당, 각 파, 각 계의 대표에게 참석해 줄 것을 요청했다.

7월 1일, 국민당 정부는 전시 민의民意 기관인 국민참정회國民參政會를 세웠고, 참정원은 200명이었다. 덩잉차오와 마오쩌둥, 왕밍王明, 친방셴秦邦憲(보구博古의 본명), 린보취林伯渠, 우위장吳玉章, 둥비우가 중국공산당 측의 참정원으로 선출되었다. 덩잉차오는 중국공산당 대표 중 유일한 여성으로서 각 계의 주목을 받았다. 덩잉차오는 중공중앙의 지시에 따라 친방셴, 둥비우 등과 참정회 안팎에서 공산당의 방침과 정책을 적극적으로 선전했고, 폭넓게 친구들을 사귀며 통일전선 공작을 전개했다.

---

1. 황허의 중류 · 하류 지역. 허난성 대부분과 산둥성 서부 및 허베이 · 산시성 남부 지역을 포함함

國民參政會開會前夜

參政員的意見

鄧穎超先生

論女參政員的責任

陳時先生

—

덩잉차오가 《신화일보》에 발표한 글
〈여성 참정원의 책임을 논함〉

7월 2일, 덩잉차오는 《신화일보》에 우한삼진을 뒤흔든 〈여성 참정원의 책임을 논함〉이라는 글을 발표해서, 여성 참정원은 "비중이 5퍼센트밖에 안 되지만 중국 여성 정치 참여의 신기원을 열었기에 막중한 책임을 지고 있다. 일반 참정원으로서의 책임뿐 아니라 여성 대중이라는 특별한 책임도 지고 있다."고 강조했다. 그러면서 여성 참정원의 네 가지 책임을 제시했다.

"첫째, 우리(여성 참정원)는 전국 인민을 대표해 정부에 의견을 전달해야 하고, 특히 가장 큰 압박과 고통에 시달리는 각계 여성 대중을 대신해 말을 하는 여성의 입이 되어야 한다는 점을 주의하고 실천해야 한다. 둘째, 제시하는 여러 방안 중에서 여성에 관계된 부분에 주의를 기울여야 하며, 각계 여성들을 항전·건국에 동참시키는 특별 방안을 제안해야 한다. 셋째, 여성 참정원은 시시각각 여성들의 문제에 관심을 기울여야 하고, 여성들과 자주 접하는 친밀한 관계를 쌓아야 하며, 겸손하고 성실하며 세심하게 각계 여성들의 의견에 귀를 기울여야 한다. 넷째, 당선된 여성 참정원 아홉 명은 항일 및 민족이라는 최고의 이익을 두고 참정회에서 하나로 단결해야 하며 단합의 힘과 영향력을 발휘해야 한다. 신중함, 화목함, 진실함, 국민의 이익만 생각하는 사심 없는 마음으로 참정원 전원과 함께 국가의 대사를 상의하여 여성 정치참여의 모범을 보이고, 여성 정치참여의 길을 환히 밝혀야 한다."

또한 "우리가 처한 위치는 절대 관료가 아니라 전국 인민의 공복公僕"이라는 내용도 있었다. 덩잉차오의 글은 참정원 사이에서는 물론, 사회에서도 큰 반향을 일으켰다.

7월 4일, 덩잉차오, 타오쉬안陶玄 등 한커우의 여성 참정원은 각계 여성 담화회를 열었고, 우한의 각 여성 단체, 전국 여청년향촌복무단女青年鄉村服務團, 허난 각 여성 단체 및 홍콩, 간쑤, 둥베이 등지에서 온 여성 대표 1백여 명이 참석했다. 회의에서 대표들은 여성의 민주 권리와 여성을 항전·건국에 동참시키는 문제 등 여러 제안을 내놨다. 덩잉차오는 여러 사람들의 의견을 들은 후 먼저 여성 참정원의 책임과 의무를 설명하고, 대표들의 제안을 정리해서 국민참정회에 제안하겠다고 밝혔다.

7월 5일, 《신화일보》는 마오쩌둥, 천사오위陳紹禹(왕밍), 친방셴, 린보취, 우위장, 둥비우, 덩잉차오 등 중국공산당쪽 참정원 7명의 〈국민참정회에 대한 우리의 의견〉이라는 글을 발표했다. 본문의 내용은 다음과 같다.

"현재 항전이 벌어지고 있는 치열한 여건에서 국민참정회가 열리는 것은 중국의 정치 환경이 민주 제도로 향하고 있다는 진보성을 확연히 드러내며, 중국의 각 당파, 민족, 계층, 지역의 단합과 통일이 진전을 이루었음을 확실하게 보여 준다. 만들어진 방식과 직권을 정함에 있어서 국민참정회는 아직 전권을 지니는 인민대표 기관이 아니라는 미흡한 점은 있지만, 그렇다고 해서 오늘날 국민참정회가 역할과 의미를 잃는 것

=國民參政會開會前夜=

我們對於國民參政會的意見

毛澤東 陳紹禹 秦邦憲 林祖涵
吳玉章 董必武 鄧穎超

—

1938년 7월 5일, 《신화일보》가 발표한 마오쩌둥, 천사오위, 친방셴, 린보취, 우위장, 둥비우, 덩잉차오 등 중국공산당쪽 참정원 7명의 〈국민참정회에 대한 우리의 의견〉

은 아니다. 즉 전국의 여러 역량을 한층 더 결집해 항전·구국을 위해 힘쓰는 구실을 한다. 전국의 정치 환경이 진정한 민주화로 향한 걸음을 떼려고 시도했다는 의의가 있다. 따라서 우리 공산당원은 장차 보통선거를 통해 전권을 행사하는 인민대표 기관이 세워질 수 있도록 계속 힘쓰는 것 외에도 가장 적극적이고 열정적으로, 가장 성실하게 국민참정회의 사업에 참여할 것이다……. 우리는 국민참정회의 사업에 적극적으로 참여함에 있어서 당 중앙의 모든 지시를 충성스럽게 수행하고, 항전 시기 당의 각 주장을 실현하기 위해 계속 노력할 것이다."

7월 6일, 국민참정회 제1차 회의가 한커우에서 정식으로 열렸다. 덩잉차오는 참정회라는 합법적인 강단을 이용한 신랄한 연설을 통해서 중국 여성에 대한 일본제국주의 침략자의 폭행을 규탄하고, 여성이 항전에 참여해야 한다고 건의했다. 덩잉차오는 "각 성과 현의 참의원 중에서 여성이 5~10퍼센트를 차지해야 한다."고 제안하는 한편 우이팡, 스량, 장샤오메이 등 여성 참정원과 함께 '7·7' 항전 1주년을 기념해 각 참정원이 일률적으로 헌금을 하자는 임시 제의를 대회에 제출해서 승인을 받았다. 국민당 정부는 각 분야의 의견을 받아들여, 우한삼진에 각각 헌금대를 설치하고 '헌금주간' 행사를 적극적으로 실시해서 사회 각계의 폭넓은 지지를 받았다. 헌금 당일에 우한 주재 팔로군八路軍 사무실은 저우언라이의 통솔로 헌금대에 가서 기부했다.

저우언라이가 중공중앙 대표로 1,000위안을 기부했고, 저우언라이와 덩잉차오 및 중국공산당 국민참정회 참정원 6명은 자신의 월급을 전액 기부했다. 팔로군에서는 위로는 예젠잉葉劍英 참모장부터 아래로는 사무실 직원까지 모두 기부 활동에 적극 참여했다. 전반적인 과정에서 대중들의 정서가 최고조에 달했고, 단상 위아래에서 "일본제국주의를 무너뜨리자!" "끝까지 항전하자!" "중국 필승!"이라는 구호가 울려 퍼지는 등 열띤 분위기 속에서 행사가 진행됐다.

덩잉차오는 거침없고 당당한 공산당원의 모습으로 애국 인사와 여성들의 신뢰를 얻었고, 진보 세력을 결집해 통일전선에서 공산당의 영향력을 확대했다. 수십 년 후 덩잉차오는 지난날을 회상하며 말했다.

"중국공산당 참정원이 도착하자 국민당이 선전했던 두려운 이미지가 바뀌었다. 모두에게 공산당원이 인민을 위해 봉사하는 사람들임을 보여주었다."

우한에서 지낸 반 년 동안 덩잉차오는 공산당의 항일민족통일전선 정책을 적극 선전하고 각계 여성들을 단합해 항전에 동참시킴으로써 항전 시기 여성 통일전선에 견실한 토대를 마련했다.

1938년 홍콩, 덩잉차오

홍콩과 광저우로 원정을 가다

덩잉차오는 1938년 8월 창장국의 위임을 받아 항일민족통일전선을 꾸준히 추진한다는 중국공산당의 방침과 정책을 선전하고, 전방에서 고생스럽게 항전을 펼치고 있는 팔로군의 상황을 전하며, 홍콩 주재 팔로군 사무실의 업무를 지도하기 위해 홍콩으로 원정을 갔다. 먼저 쑹칭링, 허샹닝과 홍콩의 각계 친구들을 방문했다.

덩잉차오는 제1차 국공합작 시기부터 쑹칭링, 허샹닝과 교제하며 협력했다. 중국 여성운동 지도 업무를 통해 두터운 우정을 쌓았고 신뢰가 깊어졌다. 민족이 생사존망의 갈림길에 선 위기의 때에 덩잉차오가 홍콩에 감으로써, 중국의 걸출한 세 여성은 다시 한 자리에 모였다. 덩잉차오는 쑹칭링, 허샹닝에게 항일민족통일전선 추진에 관한 중국공산당의 방침과 정책을 소개하고 항일전선에서 피투성이가 되며 분투하는 팔로군의 상황을 전했다.

또한 우한의 정치, 군사 정세를 설명하고 단결 항전 공작에 대한 두 사람의 의견과 조언을 구했다. 진심이 오가는 대화 속에 세 사람은 공산당의 방침, 정책에 대한 이해가 깊어졌다. 허샹닝과 쑹칭링도 덩잉차오에

—
1939년 홍콩, 쑹칭링과 허샹닝

게 항전 개시 이후 자신들이 항전을 지원하기 위해 한 일들을 구체적으로 소개했다. 쑹칭링, 허샹닝과의 친밀한 대화를 통해 덩잉차오는 항전에 대한 홍콩과 마카오 여성들의 열정과 애국 활동들을 알고 몹시 고무되었고, 홍콩과 마카오의 여성운동을 위한 두 사람의 기여에 탄복했다.

덩잉차오는 홍콩에서 가능한 모든 기회를 활용해 각계의 많은 여성들에게 애국, 구국 선전을 펼쳤다. 덩잉차오는 허샹닝의 동행으로 중국부녀위로장사후원회中國婦女慰勞將士後援會 홍콩 분회에 갔고, 그곳에서 각계 여성들과 좌담하면서 중국공산당의 항일 주장과 전방에서 팔로군의 업적을 선전하는 한편, 바자회에도 참석했다.

덩잉차오는 홍콩 주재 팔로군 사무실의 랴오청즈廖承志 주임을 접견하고 중국공산당 창장국이 홍콩과 화난華南에 내리는 공작 지시를 전달했다. 또한 홍콩에서 랴오 주임이 수행하는 업무를 돕고 지도했다.

덩잉차오의 홍콩행으로 공산당의 영향력이 확대되었다. 덩잉차오의 선전으로 공산당의 항일민족통일전선 방침과 정책이 홍콩 각계 여성들의 마음속에 깊게 자리 잡았고, 홍콩 여성계의 대대적인 지원을 얻었다. 이에 힘입어 중국 여성계 통일전선의 짜임새가 탄탄해지고 항일민족통일전선이 한층 더 강화되었다.

덩잉차오는 홍콩에서의 업무를 마무리한 후 쑹칭링에게 함께 광저우로 가서 여성들이 항전에 적극적으로 참여하도록 촉구해 광둥과 화난의 여성운동을 추진하자고 청했다. 쑹칭링은 흔쾌히 승낙했다. 두 사람은 광저우 각계 여성들의 열렬한 환영을 받았다.

11년만에 광저우로 돌아온 덩잉차오는 마음이 벅찼다. 10년 전 국공

1938년 8월, 덩잉차오(앉은 사람 중 제일 오른쪽)가 허샹닝과 조직한 중국부녀위로장사후원회 홍콩 분회 대표들

합작이 결렬되고 덩잉차오는 위험에 처해서 광저우를 떠난 후 갖가지 고생을 겪었다. 이제 국민당과 공산당이 다시 손을 잡았고 양성[1]羊城은 여전히 아름다웠지만, 일본 침략자에게 짓밟혔고 중국인들은 엄청난 시련을 겪고 있었다. 덩잉차오는 공산당원이 이 다재 다난한 민족을 구해야 하며, 책임이 막중함을 절감했다.

광저우에 도착한 덩잉차오는 국민참정원의 신분으로 각계의 대표를 만나고 부상자와 여경 등을 위문하는 등 눈코 뜰 새 없이 바빴다. 쑹칭링의 도움으로 장파쿠이張發奎, 위한모余漢謀 등 국민당 고위급 인사의 부인들도 만나서 공산당의 방침과 정책을 홍보하고, 각계 여성들을 결집해 항일 구국운동에 동참시켜 달라는 바람을 전했다.

또한 리더취안, 류칭양, 궈슈이 등 여성계의 유명 인사들과 함께 각계 여성들을 결집해 더 광범위하게 통일전선 구축 방법을 논의하고, 많은 여성들을 조직해 항일 구국운동에 투신하도록 했다. 광저우의 각계

1. 광저우의 별칭

대표들과 폭넓게 접촉해 광저우의 항일 구국 상황을 파악했고, 끝까지 항전하자는 중국공산당의 항일민족통일전선 주장을 소개하면서 광저우 여성들이 단합해 항전에 나서도록 독려했다.

덩잉차오는 업무가 매우 바빴지만 시간을 내서 《구망일보救亡日報》 기자의 인터뷰에 응했다. 덩잉차오는 기자에게 화난 여성운동에 대한 세 가지 의견을 전반적으로 설명했다.

"먼저 화난 지역의 여성운동을 통일할 기관을 세워서 화난 여성운동의 단결 문제를 해결해야 합니다. 두 번째로 여성 사업은 고위층에만 머물러서는 안 되며 하위 계층까지 깊게 파고들어야 합니다. 각 계층의 여성들이 항일투쟁의 추세에 동참하도록 광범위하게 추진해야 여성 사업에 토대가 마련되고 힘이 생깁니다. 세 번째로 여성들을 동원하려면 사상 교육에 역점을 두고 공작의 방식과 방법을 중시해야 합니다. 계층별 여성들을 각기 다른 방식으로 대하고, 여성운동 간부를 대대적으로 훈련시켜야 합니다."

후에 《구망일보》는 이렇게 기사를 실었다.

"덩 위원은 정말 군중이 추종할 만한 국민참정원이며 걸출한 여성운동 리더다. 명확하고 논리력이 있는 덩 위원의 화법은 매력이 넘쳤고, 한 마디 한 마디가 심금을 울렸다."

쑹칭링과 덩잉차오가 각방으로 뛰어다니며 힘쓴 덕분에 1938년 9월 19일에 광둥부녀단체 항전공작협회가 정식으로 설립되어 화난 지역 여성운동의 통일 기관이 되었다. 협회의 설립은 분산되었던 화난 지역의 여성운동이 단결, 통일로 향함을 상징했다. 덩잉차오는 회의에서 열정이 넘치는 연설을 했다.

"우리 화난 지역 여성계가 단합하기 시작했을 뿐 아니라, 우한의 여성단체도 쑹칭링 여사의 지도로 연합회를 세워 단합하기 시작했습니다. 항전의 중요한 시기에 우리의 단합을 확대하고 굳건히 해야만 최후의 승리

덩잉차오(뒷줄에 앉은 사람 중 제일 오른쪽)는 광둥 및 화난 지역 여성 항일운동 발전을 촉진하기 위해 쑹칭링(앞줄 바닥에 앉은 사람 중 오른쪽에서 다섯 번째)과 함께 홍콩에서 광저우로 갔다. 광저우 각계 여성들과 환영 집회에서 찍은 단체사진이다.

를 거두고, 일본제국주의 강도를 중국에서 내쫓을 수 있습니다! 급박한 항전 정세에서 우리가 단합하고 통일할수록 승리할 가능성이 커집니다."

덩잉차오의 연설은 항전과 구국을 위해 싸우는 여성들의 마음속에 깊이 파고들었고, 양청 주민들에게 잊을 수 없는 인상을 남겼다.

덩잉차오는 국가가 중대한 위기에 처한 시기에 쑹칭링과 함께 투쟁을 펼쳤고, 두 사람은 항상 마음이 잘 통했다. 덩잉차오는 〈쑹칭링 동지에게 숭고한 경의를 전함〉이라는 글에서 "우리는 다른 지역, 다른 전선, 각자 다른 위치에서 다른 방식으로 투쟁을 이어가고 있지만, 우리의 마음은 통하며 투쟁의 목표도 일치한다."고 밝혔다. 덩잉차오, 허샹닝, 쑹칭링은 진실한 마음으로 협력해서 여성 각계의 단합을 촉진하고, 여성들이 항전에서 지대한 공헌을 하도록 이끌었다.

9월 24일에 덩잉차오는 당에서 받은 임무를 원만하게 완수하고 광저우를 떠나는 기차에 몸을 싣고 우한으로 돌아갔다.

1939년 봄, 충칭 쩡자옌曾家岩 어촌에서 덩잉차오

남방국 여성 사업을 주관하다

1938년 10월, 일본군이 포화로 우한을 압박해 우한의 정세가 위급해지자 국민당 당정黨政기관이 충칭으로 옮겨갔다. 중국공산당은 국민당 통치구역에서 지도의 통일성을 강화하기 위해 중공중앙 6기 6중전회를 통해 창장국을 없애고 남방국南方局을 세우기로 결정한 후, 저우언라이를 남방국 서기로 임명했다. 저우언라이, 덩잉차오와 팔로군 사무실, 《신화일보》의 주요 인사들이 차례로 충칭으로 이동했다.

1939년 1월 16일에 중공중앙 남방국이 충칭에서 정식으로 설립되어 화난, 시난西南 각 성들의 사무를 담당하고 장시江西, 상하이와 홍콩, 마카오 지역의 사업을 감독, 관리했다. 저우언라이, 보구, 둥비우, 카이펑, 예젠잉, 우커젠이 상임위원을 맡았다. 남방국은 조직부, 선전부, 부녀운동위원회, 청년공작위원회, 통일전선공작위원회, 문화공작위원회 등을 설치했다. 덩잉차오는 부녀운동위원회 서기를 맡고 부녀운동위원회와 통일전선공작위원회의 부녀팀 사업을 책임졌다.

일본 항공기의 폭격을 받은 홍옌紅岩 사무처 문 앞에서 덩잉차오와 저우언라이

일본군은 우한을 점령한 후 국민당을 분열시키고 물질적인 미끼로 유혹하는 방침을 실시했다. 주로 군사적 공격을 가하고 부수적으로 정치적 투항을 유도하는 전략에서 정치적 투항 유도를 중심으로 삼고 군사적 공격 지원을 부수적으로 가하는 방향으로 바꿨다. 이러한 배경에서 국민당은 5기 5중전회에서 '용공溶共, 한공限共, 반공反共'[1]의 방침을 확정했다. 국민당 완고파의 반공 물결이 점점 거세지자, 국민당 통치구역에서 전투를 하는 중공중앙 남방국은 전략을 바꿔 최대한 공개적이고 합법적인 신분으로 투쟁을 펼쳤다.

1. 공산당을 융화시키자, 공산당의 활동을 제한한다, 공산주의에 반대한다.

1939년, 충칭에서 '3·8' 여성의 날 29주년 기념 대회에서 연설하는 덩잉차오

덩잉차오는 여성 사업을 추진함에 있어서 중국공산당의 '끝까지 항전하고 투항에 반대한다. 끝까지 단결하고 분열에 반대한다. 끝까지 진보하고 퇴보에 반대한다.'는 정책을 정확하게 관철시켰다. 당원들과 진보 인사들의 도움으로 많은 중보 세력들을 결집해서 함께 일했고, 가능한 한 공개적이고 합법적인 방식으로 필요한 투쟁을 진행했다. 또한 '부지회'의 연락위원회, 훈련팀, 문화 사업팀의 도움과 스량, 류창양 등의 지원을 받아 각계 여성들에게 공산당의 항일민족통일전선 정책을 소개하고 단기 훈련반을 마련해 여성 청년 간부 인력을 양성했다. 그런 한편 섬감영변구의 각계 여성구국연합회 주충칭 대표단 단장의 명의로 여러 기회를

1939년, 덩잉차오(왼쪽 첫 번째)와
섬감영변구 각계 여성구국연합회 주충칭 대표단 회원들의 단체사진

이용해 충칭에서 공개적으로 활동하면서 공산당의 통일전선 정책과 여성 사업에 대한 의견을 각 여성 단체에 적시에 전달하고, 각계 여성들과 폭넓은 연락체계를 구축했다.

2월 8일, 덩잉차오는 충칭시 각계 여성 단체 연석회의에 참석했고, 연설에서 여성해방과 민족해방의 관계 및 여성 정치참여의 중대한 의미를 자세히 설명했다. '3·8' 세계 여성의 날을 기념하는 기회를 빌려 새로운 '부지회'를 통해 대규모 기념행사를 적극적으로 계획했다. 행사 전에 연락위원회는 각 여성 단체의 연석회의를 열어 '3·8' 기념행사 준비에 대해 함께 의논했다. 회의에서 덩잉차오는 항전을 전개한 이후 여성 사업성과를 정리하고 여성 사업의 한계를 거론하면서, 도시의 지식 여성과 상류층 주부들만 항전에 동참시키면 안 되고, 각 계층의 여성들을 실질적으로 항전에 동참시켜서 여성운동의 협의성을 깨야 한다고 설명했다. 회의에 참석한 대다수 대표가 덩잉차오의 발언에 적극 찬성했다. 회의에서 여러 분야 대표들의 의견을 종합해서 작성한 〈기념사업강요〉를 연락위원회를 통해 각지 여성 단체에 배포함으로써 큰 호응을 얻었다.

3월 8일, 각 기관, 공장, 학교의 여성들이 일제히 반차를 냈고, 5천 명이 기념 대회에 참석했다. 덩잉차오는 섬감영변구 각계 여성을 대표한 연설에서 "각 계층의 여성들을 항전 활동에 편성해야 항전이 승리를 거두고 민족이 해방될 수 있다."고 밝혔다. 회의 후에는 성대한 횃불 시위를 진행했다. 대단한 기세로 치러진 '3·8절' 기념행사는 각계 인사들에게 큰 영향을 미쳤다. 덩잉차오는 《신화일보》에 〈'3·8절'을 기념한 여성운동〉, 〈3·8절의 총결산을 통해 여성운동의 확대를 촉진하자〉, 〈정신 총동원을 실시하고 끝까지 항전하자〉, 〈끝까지 항전하고 여성 근로자를 동원하자〉 등의 글을 연달아 투고해서 여성운동의 경험을 정리하고, 향후 여성 사업의 방향을 제시했다.

덩잉차오는 중국공산당의 항일민족통일전선을 선전하기 위해 쉬지 않고 적극적으로 뛰어다니면서 충칭의 여성계가 연합하도록 자극했고, 항전구국에 자기 몫의 기여를 했다.

1939년, 옌안으로 가는 도중의 덩잉차오

옌안 '여대'에 가다

1939년 2월 중공중앙 서기처는 〈여성 사업 전개에 관한 결정〉('3·9' 결정)을 내놓고 당 내부에서 여성 사업을 경시하는 잘못된 경향을 날카롭게 비판했다. 또한 즉시 당위원회 밑에 부녀위원회를 세우거나 정비해 각급 당 위원회에서 가장 중요한 사업부로 삼을 것과 당 전체 여간부와 여 당원에게 여성 사업을 맡겨 여성 당원을 흡수하고 여성 간부를 양성할 것을 요구했다. 결정이 하달되자 항일 근거지와 국민당 통지 구역의 각급 당 조직은 신속히 부녀위원회를 세우거나 정비했고, 각 근거지에서 여성 간부를 교육 붐이 일었다. 1939년 7월 20일, 중국공산당은 옌안延安에 여성 간부를 전문적으로 교육하는 학교인 중국여자대학을 설립했다. 이 대학은 이론과 여성운동 실무 능력을 겸비한 우수한 공산당 여간부를 양성했다.

1939년 여름 덩잉차오는 옌안으로 돌아갔고, 가자마자 중국여자대학에서 학생들을 위해 보고를 해 달라는 초청을 받았다. 덩잉차오는 항상 여성 간부 양성을 중시한 만큼, 장거리 여정을 거쳐 막 옌안에 도착했고 휴식을 취할 새도 없었지만, 아주 기쁘게 초청을 받아들였다. 보고 제목은 〈항일민족통일전선에서의 여성운동〉이었다. 덩잉차오는 항일민족전선에서의 여성운동을 첫째, 마르크스주의의 여성관 설명 둘째, 중국 여성운동의 환경 분석 셋째, 항전 이래 여성운동의 개황 보고 넷째, 향후 여성운동의 방향 제시 등 네 부분으로 나누어 설명했다.

1939년, 옌안으로 가는 도중에 강을 건너는 덩잉차오

또한 "여성운동은 인류 해방의 일부분으로서 고립시키거나 전체 인류 해방 사업과 분리하면 안 된다. 민족의 관점에서 보면 민족해방의 일부분으로서 민족해방과 상호 관련이 있어 분리할 수 없다. 따라서 나는 사회 해방과 민족 해방을 실현해야 여성이 해방될 수 있다는 결론을 얻었다."고 밝혔다. "여성운동은 전체 혁명운동의 일부분이지, 남녀 간의 투쟁이 아니다. 현재 여성운동은 민족의 적인 흉악한 일본제국주의의 침략에 반대하는 것을 총방침으로 삼아야 한다. 여성운동 사업은 민족해방, 사회해방의 관념에서 출발해야 한다. 여성운동은 혁명 투쟁의 정세에 맞춰서 추진해야 한다. 항전이라는 깃발의 지휘 아래 여성운동은 크게 발전했다. 앞으로 통일전선이라는 원칙 하에서 많은 여성들을 더 폭넓게 항전 건국 사업에 참여시켜야 한다."는 말도 덧붙였다.

덩잉차오는 현장의 '여대' 학생들에게 이렇게 당부했다.

"여대는 다른 학교와 다릅니다. 중국 역사상 전무후무한 산물이며, 중공중앙과 총장의 지도와 전 교직원의 도움 그리고 전 학생의 노력으로 강철처럼 강인한 간부가 양성될 것입니다. 그들은 여성운동의 새로운 역군이 되어 여성운동의 역사에서 색다르고도 찬란한 빛을 발할 것입니다. 전체 여성해방의 위대한 임무가 여러분의 어깨에 떨어졌습니다. 여러분은 아주 잘 감당할 것입니다. 이 영광스럽고 위대하며 막중한 임무를 짊어지십시오! 전국의 여동포들을 일으키도록 힘쓰십시오! 여러분은 새벽의 경종이고 여명의 태양입니다. 흑암의 세력에 침잠해 있는 전 중국의 자매들이 여러분이 가져다 줄 광명을 기다리고 있습니다!"

덩잉차오의 보고에 큰 격려를 받은 학생들은 실력을 닦아 전방으로 나아가겠다고, 여성들을 조직하고 동참시켜서 일본제국주의를 무너뜨리고 전 중국을 해방시켜 덩잉차오의 기대에 부응하겠다고 포부를 밝혔다.

1939년, 소련에서 덩잉차오와 저우언라이

모스크바행

1939년 7월 10일, 저우언라이는 보고를 하기 위해 중앙당교黨校로 가던 중 타고 있던 말이 놀라 말에서 떨어지고 오른쪽 팔이 암벽에 부딪혀 분쇄골절상을 입었다. 당시 옌안은 물질적인 여건이 뒤처진 곳이라 의료시설이 허술해 한 달 반 동안 치료를 해도 효과가 좋질 않았다. 중공중앙의 결정으로 덩잉차오는 저우언라이를 데리고 치료를 위해 소련으로 갔다.

8월 27일, 덩잉차오와 저우언라이는 옌안을 떠났고 9월 중순 모스크바에 도착했다. 코민테른 주재 중국공산당 대표인 런비스任弼時가 공항으로 마중을 나왔다. 저우언라이는 모스크바에 도착한 후 크렘린궁 병원에 입원했고, 소련은 전문가 팀을 구성해 진찰하도록 했다. 저우언라이는 적극적으로 협조했고, 치료는 순조롭게 진행됐다.

9월의 모스크바는 아름다웠다. 높은 하늘에 상쾌한 날씨, 푸른 나무가 우거진 풍경과 예쁜 집, 탁 트인 거리, 엄청난 규모의 상점들을 보며 덩잉차오는 11년 전 모스크바와 비교해 보았다. 모스크바의 첫인상은 그때와 달리 안팎이 모두 크고 웅장한 모습이었다. 새로운 사회주의 국가는 하루가 다르게 발전했다. 모스크바의 큰 변화를 목격한 덩잉차오는 마음이 쿵쿵 뛰었고, 자신의 조국도 언젠가는 이렇게 바뀔 수 있을 것이

1940년, 모스크바에서 열사의 자녀들과 함께 한 덩잉차오와 저우언라이

라 기대했다. 덩잉차오는 매일 병원에 가서 저우언라이를 보살폈고, 여유가 생기면 모스크바 지역들을 돌아보고 견문록을 써 소련 건설의 성과와 국민의 생활상을 소개했다. 그중 하나가 〈모스크바의 인상〉이다.

모스크바에서 덩잉차오는 국가 건설 과정 중 소련 여성의 위상과 공헌을 특히 관심 있게 살폈다. 방문과 견학을 통해 '소련에 가면 남녀 간에 그 어떠한 차별도 느껴지지 않는다.'는 말을 실감했다. 최고 기관인 소비에트부터 하급 기관에 이르기까지 여성은 남성과 어깨를 나란히 하고 똑같이 일했고, 공장이나 공동농장에서도 남성과 똑같이 지도자의 책임을 감당하며 근면성실하게 일해서 우수한 성적을 냈다. 여성 공장장, 기술자, 기사들도 배출됐다. 공동농장에서 백분율로 따지면 여성의 수가 남성보다 많았고, 여성 돌격대원의 백분율도 남성보다 높았다.

국제아동원에서 마오안잉毛岸英(오른쪽 첫 번째), 마오안칭毛岸青(오른쪽에서 세 번째)과 덩잉차오, 저우언라이

모스크바에서 코민테른 주재 중국공산당 대표단 책임자 런비스 등과 함께 한 덩잉차오(앞줄 왼쪽에서 두 번째)와 저우언라이

또한 소련의 농업 생산계획 및 농업 발전의 임무를 완수하는 데 있어 여성은 결정적인 역할을 했다. 군대, 항공과 교통, 군사기관 등의 분야에서 소련 여성들은 자신의 임무를 영광스럽게 감당했다. 덩잉차오는 소련 여성이 거둔 성과에 뿌듯해 했다.

소련 국민은 중국 국민에게 굉장히 우호적이고 친절했다. 십여 명의 소련 친구들이 농산품전시회를 참관하는 덩잉차오를 둘러쌌다. 그들은 중국 전방의 전쟁 상황을 물었고, 특히 항전 과정에서 용감하게 싸우고 있는 중국 여성들에게 관심을 보여 덩잉차오에게 큰 감동을 주었다. 소련 여성들은 중국 여성의 지위에도 관심이 컸다. 덩잉차오가 잡지 《여성 노동자Rabotnitsa》가 마련한 공장장과 대화하는 자리에 참석했을 때 한 여성 근로자는 덩잉차오가 중국 국민참정회의 여성 참정원 중의 한 사람이라는 사실을 알고 기뻐 펄쩍 뛰면서 덩잉차오의 손을 잡으며 말했다.

"늘 말로만 들어왔던 분을 오늘에야 진짜로 뵙게 되었네요."

소련 친구들은 중국이 어서 승리하기를 바라며 '중국이 단결해야 끝까지 항전할 수 있고, 일본제국주의를 무찌를 수 있다!'고 생각했다.

소련에서 지내는 동안 덩잉차오와 저우언라이는 모니노Monino국제아동원을 여러 번 방문해 마오쩌둥과 양카이후이楊開慧의 아들 마오안잉과 마오안칭, 리푸춘李富春과 차이창蔡暢의 딸 리터터李特特, 쑤자오정蘇兆征의 딸 쑤리양蘇麗楊 등 소련에서 공부하는 열사의 자손들과 중국공산당 지도자의 자녀들을 만났다. 아이들은 두 사람을 보고 매우 기뻐했다. 저우언라이와 덩잉차오는 아이들을 살뜰히 보살폈다.

또한 옌안에서 가져간 대추를 나누어 주었다. 덩잉차오는 자녀가 없었지만 혁명의 후손들에게 큰 기대를 걸었고, 특히 전쟁과 생활의 시련을 겪은 열사의 자녀들을 어머니처럼 보살폈으며, 문화에 대한 지식을 열심히 공부해 커서 고국으로 돌아가면 새로운 중국을 세우는 일에 참여하라고 격려했다.

1940년 3월 덩잉차오는 저우언라이와 함께 소련에서 옌안으로 돌아왔고, 옌안 각계의 뜨거운 환영을 받았다. 이번 소련행 덕분에 덩잉차오는 시야가 넓어졌고, 집회 연설에서 열정을 듬뿍 쏟아내며 옌안 여성들에게 소련의 상황을 소개했다.

1941년 6월 중공중앙은 중앙부녀위원회를 개편하기로 결정했다. 왕밍의 뒤를 이어 차이창이 중공중앙 부녀위원회 서기대리를 맡았고 덩잉차오가 부녀위원회 부서기를 맡았다.

1939년, 충칭 지팡제 사무처에서 덩잉차오

홍옌촌에서

홍옌紅岩은 충칭 주재 제18집단군의 사무처(사람들은 습관적으로 팔로군 사무처라고 부름)가 소재하는 곳이다. 사무처는 처음에 번화가의 지팡제機房街 30호에 있었다. 1939년 5월, 일본 항공기가 충칭에 두 차례에 걸쳐 대폭격을 가한 후, 원래 있던 건물이 폭파되면서 애국 인사인 라오궈모饒國模가 임대해 사용 중인 화룽차오化龍橋 홍옌주이紅岩嘴(홍옌의 원래 명칭)의 다유농장大有農場 부지로 옮겼다. 시 중심 지역에서 약 5킬로미터 떨어진 곳으로, 꽤 큰 산지를 품고 있는 과수원 농장이었다. 나무가 많고 사방에 거주민이 적어 당이 공작을 펼치기 편했다.

남방국과 사무처의 직원들은 스스로의 힘으로 3층짜리 건물을 지었고, 남방국과 사무처를 이곳으로 이전해 업무를 봤다. 2층과 3층은 남방국이 사용했고, 1층은 사무처가 사용했다. 남방국과 사무처에는 총 1백여 명이 있었다. 넘치는 생기로 똘똘 뭉쳐 싸우는 공동체였다.

이곳에서는 모두 똑같은 급식을 먹었다. 옌안대생산운동이 시작된 후에는 빈터에 물을 대서 채소를 심고 돼지를 키워 생활 개선에 나섰다. 하지만 사무처의 일거수일투족은 국민당 간첩의 삼엄한 감시를 받았다.

홍옌촌에서 취사병들과 함께 물을 긷는 덩잉차오 등

환남사변皖南事變 이후 환경이 더 악화되면서 투쟁이 첨예해졌다. 저우언라이는 '홍옌과 함께 살고 죽자'는 전투구호를 내걸었고, 그 구호와 같이 모두는 언제라도 잡혀 희생할 준비가 되어 있었다.

남방국과 충칭 팔로군 사무처는 업무가 굉장히 바빴고, 여성 동지들은 일과 가정 사이의 균형을 잡기 힘들어 하며 많은 갈등을 느꼈다. 그런 이유로 일을 제때 처리하지 못하거나 가정생활을 희생하는 사람들도 있었다. 이런 상황을 목격한 덩잉차오는 이 여성 동지들이 실생활에서 겪는 어려움을 해결해 주려고 팔을 걷어붙였다. 여성 동지들을 위한 특별 좌담회를 열어 인내심 있게 지도하면서 여성 간부는 우선 훌륭한 당원과 훌륭한 간부가 되어야 하는 동시에 혁명의 현모양처가 되어야 한다고 강조했고 사랑, 결혼 등 인생에서 관건이 되는 문제들을 잘 잡고 처리하라고 당부했다.

"중요한 것은 혁명의 반려자, 평생의 반려자를 선택하는 것이다. 일부 청년들은 연애에 과도한 에너지를 낭비하며 이리 고르고 저리 고르며, 혁명 사업은 제쳐두는 경우도 있다. 첫눈에 반하라는 얘기가 아니다. 서로 간에 이해가 없으면 어떻게 되겠는가? 서로 이해하고 공통된 이상과 지향점이 있어야 시련을 견딜 수 있다. 혁명의 반려자가 되었으면 혁명 사업에서 서로 돕고 촉진할 수 있는지, 혁명 사업에 함께 기여할 수 있는지가 중요하다. 평생의 반려자가 되었으면 서로 배려해야 한다. 연애 시절에 다정하게 속삭이는 것은 한 때다. 수십 년을 함께 살며 늘 한결 같기란 쉽지 않다. 혁명 가정은 사랑을 바탕으로 맺어진 결실이어야 한다. 서방 국가에서는 결혼이 사랑의 무덤이라고 말하지만, 우리는 결혼을 사랑의 발전이라고 말한다."

덩잉차오의 말을 들은 사람들은 많은 이치를 깨닫고 덩잉차오처럼 일과 가정, 혁명과 사랑의 관계를 잘 처리하겠다고 결심했다.

덩잉차오는 젊은 여성 동지들이 결혼하는 시기에 맞춰 남녀 관계, 연애, 결혼 문제를 대하는 올바른 자세를 가르치기도 했다. 자신이 직접 경험한 것을 바탕으로 가정과 부부 관계를 잘 처리하고 생활의 실질적인 문제들을 해결하라고 권면했다. 선쥔루沈鈞儒의 딸 선푸沈譜와 국제신문사의 판창장範長江 사장이 업무로 만나다 사랑이 싹터 1940년 12월 10일 결혼했다. 덩잉차오는 어머니가 얼마 전 돌아가시고 몸이 아파 결혼식에 참석하지 못했지만, 행복한 젊은이들에게 진심을 담은 축하 편지를

—

충칭 사무처에서 직원의 아이들과 함께 한 덩잉차오

써서 저우언라이 편에 전달했다. '늘 서로 사랑하고, 앞으로 살면서 서로 돕고 격려하며, 서로 신뢰하고 이해하며 위로하라'라는 축복을 편지에 담았다.

훙옌에서 저우언라이, 덩잉차오는 룽가오탕榮高棠 부부와 맞은편에 살았다. 룽가오탕에게는 돌도 안 된 아들이 있었는데, 잘 울지도 않았고 살짝 장난을 치면 까르르 웃는 사랑스러운 아이라서 덩잉차오는 일이 없으면 가서 안아주곤 할 정도로 그 아이를 좋아했다. 덩잉차오는 아이에게 아직 이름이 없다는 것을 알고 '작은 러톈小樂天'이라고 부르자고 했고, 자신은 '큰 러톈大樂天'이라고 불렀다.

하루는 둥샤오펑董小鵬이 덩잉차오가 작은 러톈을 안고 있는 사진을 찍어 기관에서 운영하는 벽보에 붙였고, 그 옆에 저우언라이가 '러톈 시합賽樂天[1]'이라는 제목으로 지은 타유시打油詩[2]를 실었다.

"큰 러텐이 작은 러텐을 안고 하루 종일 하하 호호 즐겁네. 하루라도 작은 러텐을 안 보면, 하루 종일 큰 러텐이 보고 싶네."

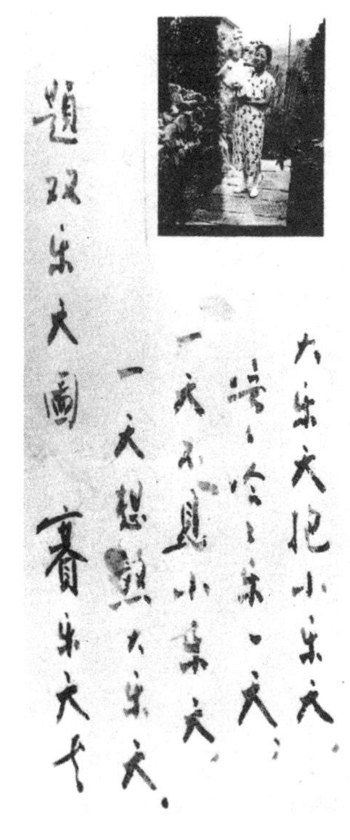

저우언라이의 제쌍낙천도題雙樂天圖

유머 넘치는 이 벽보는 내면에서 우러나오는 웃음을 선사하며 남방국의 일상에 즐거움을 더해 주었고, 긴장된 생활에 유쾌한 활력소가 되었다.

당시 사무처에는 결혼해 자녀를 둔 동지들이 꽤 있었다. 평소 일이 매우 바쁜데 아이들은 옆에서 시끄럽게 울곤 해서 업무에 지장이 많았고, 모두들 그 일로 골머리를 앓았다. 동지들의 가족 걱정을 덜어주기 위해 덩잉차오는 1952년 봄, 사무처에 탁아상조팀을 운영해 사무처 엄마들이 돌아가면서 아이들을 돌보자고 제안했다. 후에 아이들이 점점 많아져 사무처는 한켠에 탁아소를 만들었다. 아이들은 공동생활을 하며 바람직한 교육을 받았고, 직원들은 업무에 전념할 수 있었다. 덩잉차오는 사소한 부분까지 신경을 쓰면서 아이들에게 관심을 기울였고, 종종 엄마들을 소집해 회의를 열고 당번을 배치하며 아이들 교육 활동을 상세히 지도했다.

1. 러텐(樂天)은 낙천적이다, 새(賽)는 시합하다, 경기하다라는 뜻으로, 큰 러텐과 작은 러텐이 누가 더 낙천적인가를 겨루는 듯 즐거워하는 모습을 표현한 제목
2. 해학적인 내용으로 운율에 구애받지 않는 시체

1940년, 충칭에서 덩잉차오와 리펑李鵬

또한 어른들이 아이들의 장난감이 되어 주자고 하면서 보육원들이 어린이 심리를 이해하고 연구하도록 인도했다. 어린이날에는 저우언라이와 덩잉차오는 짬만 나면 탁아소에 가서 아이들 행사에 참여하고 아이들의 공연을 봤다. 덩잉차오는 아이들의 급식과 영양에도 신경을 많이 써 해외의 친구들에게 받은 영양 식품을 모두 아이들 먹거리로 나눠주었다. 아이가 병에 걸리면 직접 의사를 모셔왔다. 아이들의 영양 상태를 개선하기 위해 영양학 서적을 찾아와 탁아소 책임자에게 내용을 전달하고, 함께 연구해 매달의 식단을 짰다. 엄마들에게 교대로 맛있는 반찬을 만들어 오게 해 아이들에게 먹이기도 했다.

덩잉차오는 사범학교를 졸업한 사람답게 아이들 심리를 이해했고, 제멋대로 구는 말썽꾸러기들을 어떻게 대해야 하는지 잘 알았다. 젊은 엄

홍옌촌에서 덩잉차오

마들에게 아이들을 어떻게 교육해야 하는지 구체적으로 지도하고, 학부모가 아이들의 첫 번째 선생님임을 환기시키며 너무 조바심 내지 말고 아이를 차근차근 잘 유도해 어릴 때부터 사리를 분별하도록 가르치고, 해야 할 것과 하지 말아야 할 것을 서서히 깨닫게 하라고 가르쳤다. 너무 오냐오냐 해서 거친 바람과 뜨거운 햇볕도 견디지 못하는 온실 속의 화초로 키우지 말라고 당부했다. 간절한 진심이 담긴 덩잉차오의 말을 통해 젊은 엄마들은 조기교육에 대한 계몽 수업을 받았다.

덩잉차오와 저우언라이는 자녀가 없었지만 많은 아이들에게 사심 없이 사랑을 주었다. 두 사람은 열사들의 자녀들을 부양하고 온 마음을 다해 보살폈다. 훗날 국무원 총리가 된 리펑李鵬이 바로 그중 하나다. 리펑의 아버지인 리쉬쉰李碩勳은 저우언라이의 전우였는데, 임무를 수행하

어머니 양전더와 함께 한 덩잉차오

다 불행히 신분이 발각되어 체포되었고, 1931년 9월 장렬히 희생했다. 당시 리펑은 고작 세 살이었다. 리쉬쉰이 희생된 후 저우언라이와 덩잉차오는 계속해서 그의 부인과 아들을 찾았다.

1939년 드디어 리펑의 행방을 알아냈고, 즉시 충칭으로 데리러 갔다. 그때 리펑은 겨우 11세였다. 리펑은 충칭에 도착해 충칭육재학교育才學校에 들어가 공부하다가 옌안으로 보내졌다. 저우언라이와 덩잉차오는 자식처럼 리펑의 공부, 사상과 생활을 돌봤다. 1945년 11월, 이미 공산당원이 된 리펑은 전방으로 배치된다. 저우언라이와 덩잉차오에게 작별 인사차 찾아 온 리펑에게 저우언라이는 당원으로서 사상부터 당원다울 것과 공산주의 사업을 위해 평생 노력할 것을 당부했다. 덩잉차오도 그에게 대중 속으로 녹아들어가 대중과 하나 될 것을 권면했다.

덩잉차오는 어머니에 대한 사랑이 애틋했다. 어머니는 1940년 11월 18일 병으로 충칭에서 세상을 떠났다. 산간도시인 충칭에 안개가 자욱하게 낀 음산한 날이었다. 덩잉차오는 슬픔에 잠겨 어머니의 영전에 서 있었다. 양전더는 평범하지만 위대한 어머니였다. 참 순탄치 않고 평범하지 않은 삶이었다. 혁명 활동을 하는 딸과 사위를 늘 힘껏 지원했다.

1935년 4월, 홍군 장정 후, 양전더는 적에게 붙잡혀 주장九江으로 압송되었다. 적군은 양전더를 회유해 그의 딸과 사위가 혁명 반열에서 나와 공산당을 떠나도록 설득하게 할 생각이었지만, 양전더는 일언지하에 단호하게 거절했다. 양전더는 1937년 2차 국공합작이 시작되고 나서야 석방됐다. 항일전쟁이 일어난 후 저우언라이와 덩잉차오는 양전더를 충칭으로 모셔왔다. 오랫동안 고생하고 감옥살이까지 하느라 건강이 많이 상한 상태였다. 1940년 양전더가 병으로 쓰러지자 덩잉차오는 밤낮으로 병상을 지켰다. 양전더는 임종을 앞두고도 주변 사람들에게 자신은 중요한 사람이 아니라고, 자신을 위해 더 이상 아무것도 하지 않길 바란다고 말했다.

양전더가 세상을 떠나자 저우언라이는 가슴 아파했다. 눈물이 멈추지 않는 덩잉차오와 어깨를 나란히 하고 어머니의 시신 앞에 서서 한참 동안 묵념했다. 이튿날 덩잉차오와 저우언라이는 딸과 사위의 자격으로 《신화일보》에 부고를 냈다.

어머니는 일생에 걸쳐 덩잉차오에게 끝없는 용기와 격려를 주었고, 그에 힘입어 기나긴 혁명의 길에서 한 번도 주춤하거나 방황하지 않았다.

덩잉차오는 어머니를 떠올릴 때마다 이렇게 말하곤 했다.

"우리 엄마는 평범한 여성이었고 자상한 어머니였다. 엄마의 인생은 우여곡절과 눈물로 얼룩진 일생이었다. 엄마는 성격이 독특해서 모든 봉건 풍속에 반대했고 진보, 대동(大同) 세계로 나아가길 추구했다. 남을 돕는 것을 낙으로 여겼고 자립자강의 정신이 있었다. 부지런히 독서하고 의술을 연마했다. 엄마의 교육은 내게 긍정적 영향을 끼쳤다."

옌안에서 덩잉차오와 저우언라이

옌안 정풍(整風)에 참여하다

1942년 2월, 마오쩌둥은 〈당의 기풍을 정돈하자〉와 〈당팔고黨八股[1]에 반대한다〉는 제목으로 연이어 연설을 했다. 간부들 사이에서 정풍整風 학습이 시작되었음을 상징하는 대목이다. 주관주의, 종파주의, 당팔고에 반대하는 정풍운동은 사실상 마르크스주의 학습운동이었다. 옌안의 정풍운동은 당의 사상 건설, 조직 건설, 항일전쟁과 전반적인 민주 혁명에 중대한 역사적 의미를 지니며 깊은 영향을 끼쳤다. 옌안과 항일 근거지에서뿐 아니라 국민당 통치구역에서도 간부와 당원 모두 마르크스·레닌주의, 마오쩌둥 사상을 체계적으로 학습해 당의 이론 수준이 크게 높아졌고, 지도 방법과 사업 방식이 대대적으로 개선되었다.

정풍운동은 중국공산당이 설립된 이후 본격적으로 실시된 최초의 마르크스주의 교육운동이었다. 정풍 학습을 통해 당의 고위급 간부부터 많은 당원에 이르기까지 모두 당의 역사와 경험을 정리할 때면 무엇이 마르크스·레닌주의, 마오쩌둥 사상에 부합하는지, 무엇이 교조주의, 종파주의의 오류와 당팔고에 해당하는지를 분별할 수 있었다.

---

1. 마오쩌둥이 공산당 내의 교조주의와 옛날 과거시험에 사용하던 '팔고문'과의 공통점을 들어 교조주의적 기풍을 비판한 말

1943년, 옌안에서 덩잉차오

1943년 6월 28일, 중공중앙의 지시에 따라 저우언라이와 덩잉차오는 중국공산당 남방국 간부들을 이끌고 충칭을 떠나 옌안으로 돌아가 정풍 학습에 참여하고 새로운 공작 임무를 받았다. 저우언라이와 덩잉차오는 수년 동안 충칭에서 동지들과 함께 싸우며 두터운 우정을 쌓았다. 남은 동지들은 아쉬운 마음을 안고 이들을 배웅했다. 덩잉차오는 충칭에서 국민당 통치구역의 주민들, 특히 여성계에 잊지 못할 강렬한 인상을 남겼고, 여성계에서 많은 존경과 신임을 받았다. 덩잉차오를 통해 중국공산당을 이해하게 된 여성들이 많았다.

돌아오는 팀에는 1백여 명이 있었고 트럭을 타고 행군했다. 안전을 확보하기 위해 한 지역에 도착할 때마다 잠시 머물렀다. 덩잉차오는 낙오하는 사람이 있을까 싶어 저우언라이를 도와 인원수를 점검했고, 경계심을 늦추지 말라고 사람들에게 수시로 당부했다. 트럭 팀은 시안西安에 며칠 머무른 후 7월 16일 옌안으로 돌아왔다.

옌안에 도착하고 얼마 후에 저우언라이는 바로 긴장감이 팽팽한 간부심사운동에 투입됐다. 연일 쉼 없이 회의를 하며 정풍·간부심사운동 상황을 파악하고 간부심사 회의를 방청하느라 업무가 빡빡했다. 이때 덩잉차오는 저우언라이의 일을 전심전력으로 도왔고 대후방大後方[2]의 간부

2. 항일전쟁 시 일본군에 점령당하지 않은 중국의 서남·서북 지역

심사 서류를 정리했다.

중공중앙의 결정에 따라 충칭 남방국에서 돌아온 일부 동지들은 7월 말에 각기 당교에 들어가 공부했다. 덩잉차오는 옌안을 떠난 지 수 년이 지났어도 늘 당의 이론과 지식을 체계적으로 공부할 기회가 있었으면 했다. 그래서 9월에 간부심사 서류를 정리한 후 중앙당교 1부에 입학해 공부했다. 덩잉차오는 당의 역사 문헌과 지정된 정풍 문서를 체계적으로 읽고, 마르크스·레닌주의 이론 저서를 탐독했다. 이론을 실제와 연결시키며 옳고 그름을 구분했다.

정풍운동은 덩잉차오에게 큰 수확을 안겨 주었다. 정풍 학습을 통해 이론 수준이 크게 향상되었고, 이후 업무를 수행하는 방식에 대해서도 깊은 깨달음을 얻었다. 덩잉차오는 "모든 것을 현실에서 출발하고 사실에 입각해 진리를 탐구하며, 조금의 빈틈도 없이 변증유물주의와 역사유물주의의 방법으로 실제 상황과 문제를 분석하고 연구해 신중하게 업무에 임해야 한다고 시시때때로 스스로 다짐했다."고 말했다.

덩잉차오는 옌안에서 근거지 여성 사업을 파악하는 데도 힘을 쏟았다. 1943년 2월 26일, 중공중앙은 〈각 항일 근거지의 현재 여성 사업 방침에 관한 결정〉('4·3' 결정)을 배포해 항전 이래 근거지에서 추진한 여성 사업의 경험과 교훈을 정리하고 여성의 생산 참여가 지니는 중요한 의미를 설명함으로써 '여성이 생산노동에 참여하는 것은 여성해방의 기본 핵심이다.'라는 여성운동의 기본 지도사상을 확립했다.

이로써 반봉건, 반예교 중심에서 여성의 생산노동 참여 위주로 여성해방운동의 무게 중심이 바뀌며 중국 여성해방은 매우 중요한 한 걸음을 내디뎠다. '4·3' 결정에서는 여성의 정치적 지위, 문화 수준을 높이고 생활을 개선해 여성해방을 달성하려면 경제적 여유와 경제적 독립에서부터 착수해야 하며, 많은 농촌 여성들이 생산에 참여하면 근거지의 경제 건설에 중대한 역할을 할 뿐만 아니라 여성도 물질적으로 점차 봉건의 압박을 벗어날 수 있으며, 이것이 바로 전체 대중 사업에서 농촌 여성의 이익을 지키는 중심점이고 항일 근거지 여성 사업의 새로운 방향성이라고 지적했다. 여성 사업 종사자들에게 본격적으로 조사 연구를 실시하고 농촌경제 지식을 학습하며 여성 생산의 내용을 파악함으로써 '농촌 대중 생산의 조직자와 지도자'가 될 것을 호소했다.

덩잉차오와 중앙 부녀위원회 동지들은 중공중앙의 결정을 적극적으로 추진하면서 농촌 여성들을 생산노동에 동참시켰다. 여성 간부들은 농촌 구석구석에 들어가 농촌 여성들을 농업, 부업 생산에 투입시킴으로써 여성의 소득을 늘리고 가정의 경제적 상황을 개선시켰으며 가정에서 여성의 위상과 사회적 지위도 향상시켰다.

덩잉차오는 옌안에서 대생산운동에도 적극적으로 뛰어들었다. 1943년 10월에 저우언라이, 류샤오치劉小奇, 주더朱德 등의 지도자들과 함께 난니만南泥灣에 가서 대생산의 현황을 파악했다. 일행은 359여단[3]여부旅部, 8단, 9단, 보충단 등에서 보고를 진지하게 청취하고 가을걷이 현장을 참관했다. 또한 양주 공장, 제유 공장, 물방앗간, 여성 모방적 공장 등도 참관했다. 수년간의 노력 끝에 섬감영변구에는 큰 변화가 일어났고, 덩잉차오는 이 지역의 활기 넘치는 광경에 깊이 감동 받았다.

덩잉차오는 이런 글을 쓴 적이 있다.

"입당하고 18년이 지난 뒤에야 이런 학습 기회를 얻은 나는 굉장히 설레고 기뻤다. 정반正反 두 측면의 서류를 거울로 삼아 내 자신을 비춰보다가 깜짝 놀랐다. 그제야 내가 입당한 지 18년이나 되었지만 사상적으로는 주관주의를 따르고 있었고 비무산계급적인 세계관이 우위를 점하고 있음을 깨달았다. 오랫동안 혁명 사업을 했고, 당의

3. 항일전쟁 시기 팔로군 제120사단의 주력 여단 중 하나

—

1943년 7월, 옌안으로 돌아가 정풍 학습에 참여한 덩잉차오

기율을 엄격히 지켰으며, 임무는 가까스로 완수할 수 있어서 실적이 전혀 없는 것은 아니었지만, 자만할 수준은 아니었다. 사상 깊은 곳에는 여전히 교만함이 잠복하고 있었고 개인의 역할에 대한 명확한 이해가 부족했다. 당성黨性이 순수하지 못했던 까닭에 여전히 주관주의에 입각해 업무를 수행했고, 때문에 혁명과 사업에 손해를 끼쳤다. 이런 사실을 떠올리니 부끄러웠고, 사상적으로는 아직 입당하지 않은 상태라는 생각이 들었다. 당시 내면의 자책감과 불안감 때문에 내 자신을 개조해야겠다는 결심을 굳혔다. 마르크스·레닌주의, 마오쩌둥 사상을 더 열심히 공부해 이론 수준을 끌어올리고 나에 대한 기준을 엄격히 하자고 스스로를 채찍질했다. 업무에 있어서 동기에 걸맞은 효과를 내고, 주관주의의 실수를 줄이거나 없애려고 노력했다."

1944년, 옌안에서 덩잉차오와 저우언라이

중국공산당 7차 전국대표대회에 참석하다

1945년 4월에서 6월까지 덩잉차오는 옌안에서 중요한 의미가 있는 중국공산당 제7차 전국대표대회에 참석했다. 마오쩌둥은 개막사와 〈연합정부를 논하다〉라는 정치보고를 했다. 주더, 류샤오치는 각각 〈해방구 전쟁터를 논하다〉와 〈당의 정관 수정에 관하여〉라는 보고를 했다. 저우언라이는 〈통일전선을 논하다〉라는 장편의 글을 발표했다.

이 대회를 통해 사람들은 중국이 직면한 두 가지 앞길, 두 가지의 운명을 분명히 인식했다. 중국공산당의 임무는 전심전력으로 광명한 앞길을 실현하고 흑암의 앞길에 반대해야 한다는 것, 국민당 1당 독재 정치를 즉시 폐지하고 민주연합정부를 구축해야 한다는 것이었다. 회의에서는 민주적인 선거를 통해 새로운 중앙위원회를 발족했다. 후보 중앙위원으로 당선된 덩잉차오는 중국 여성운동의 뛰어난 지도자로서 처음으로 당 중앙위원회의 문턱을 넘었다.

중국공산당 제7차 전국대표대회는 단합의 장이었다. 대회에서는 복잡다단한 중국의 신新민주주의 혁명 30여 년의 역사를 통해 얻은 경험을 총정리하고 올바른 노선, 강령과 전략을 정하여 당 내부의 그릇된

1945년, 양자링楊家嶺에서 덩잉차오와 쩡셴즈曾憲植, 샤즈쉬夏之栩

사상을 극복함으로써 당 전체, 특히 고위급 지도 간부가 중국 민주 혁명을 추진함에 있어 지켜야 할 규율을 비교적 명확하게 이해하게 되었다. 이로써 당 전체가 마르크스·레닌주의, 마오쩌둥 사상을 기초로 전에 없이 단합했으며, 항일전쟁의 승리와 신민주주의 혁명의 전국적 승리를 거두도록 인민을 지도하는 데 있어서 정치, 사상, 조직적인 토대를 마련했다.

나날이 발전하는 여성 사업을 조율하여 항일 근거지의 여성들이 항전의 최후 승리를 거두는 데 더 큰 공헌을 하도록 하고, 국민당 통치구역과 함락 지역의 여성운동을 지원하여 전국 여성계의 대단합을 강화하기 위해, 또한 국제여성회의의 개최를 맞아 중국공산당은 통일성을 갖춘 여성 조직 '해방구부녀연합회'를 세우기로 결정했다.[1]

1. 해방구(解放區)는 중국 공산당이 이끈 군대가 항일전쟁과 해방전쟁 시기에 일본이나 국민당 통치로부터 해방시킨 지역

1945년, 옌안에서 덩잉차오(앞줄 가운데)와 차이창(앞줄 오른쪽), 천경(뒷줄 오른쪽 첫 번째) 등

1945년 6월 20일, 해방구부녀연합회 준비위원회가 옌안에서 열렸고 섬감영, 진찰기 등 각 해방구에서 파견한 대표들이 참석했다. 회의에서 차이창이 준비위원회 주임으로, 덩잉차오가 부주임으로 추대되었다.

1945년 8월 15일, 일본이 무조건 투항을 선포했다. 중국 인민은 1백년 만에 처음으로 제국주의의 침략에 맞서서 위대한 승리를 거뒀다. 항일전쟁에서 승리한 후 장제스가 배신하고 내전을 일으키는 바람에 해방구부녀연합회는 계획한 시기에 창립하지 못했다. 이로 인해 준비위원회가 계속 연합회의 직무를 대행해 여성계의 단합을 확대하고 국내 민주운동을 촉진했으며, 세계 여성들의 지원을 받아 많은 사업을 실시했다.

1945년 8월, 옌안 왕자핑王家坪에서 덩잉차오(왼쪽에서 세 번째)와 충칭 사무처, 《신화일보》사에서 근무했던 일부 동지들

1946년 1월, 대표단 거주지에서 덩잉차오와 중국공산당 대표단 단원 우위장, 보구

옛 정협의 유일한 여성 대표

전국 각 민족과 인민들이 평화를 갈망하고 나라를 재건하길 기대하는 순간, 장제스는 인민의 소망을 저버린 채 평화라는 구실을 내걸고 세 차례나 전보를 쳐서 '대계'를 함께 논하자고 마오쩌둥을 충칭으로 초청하는 한편, 암암리에 병력을 이동해 내전을 적극적으로 준비했다.

1945년 8월, 마오쩌둥은 개인의 안위를 돌보지 않고 초청에 응해 저우언라이, 왕뤄페이王若飛 등과 충칭으로 가서 국민당과 평화협상을 진행했다. 평화를 추구하는 중국공산당의 진정성을 보여 주는 결정으로, 사회 각계에서 찬사가 쏟아졌다. 양측은 43일에 걸친 협상과 몇 차례의 풍파를 거쳐 마침내 여러 사항에 대해 합의에 도달했고, 10월 10일 국민당과 공산당은 〈정부와 중국공산당 대표의 회담 요록〉(쌍십협정雙十協定)을 체결했다. 국공 양당이 협상이라는 방식으로 만든 정식 문건인 '쌍십협정'은 인민들의 마음의 소리를 반영했다.

'쌍십협정'의 요구에 따라 장제스는 울며 겨자 먹기로 정치협상회의(정협)를 열 것에 동의했다. 덩잉차오는 중국공산당 일곱 대표 중 하나로 확정됐다. 1945년 12월 16일 저우언라이, 우위장, 예젠잉, 루딩이, 둥비우,

1945년, 충칭 협상 길에 오르는 마오쩌둥을 환송하는 덩잉차오 등

친방셴, 덩잉차오는 비행기로 충칭에 가서 정치협상회의에 참석했다. 덩잉차오는 2년간 떨어졌던 산간도시로 다시 돌아갔다.

1945년 12월 20일, 덩잉차오는 충칭 《신화일보》의 초청에 응해서 부록인 〈여성의 길婦女之路〉에 격려의 글을 썼다.

"저는 인민과 여성 대중의 의견을 경청해서 인민과 여성의 이익을 위해 어떻게 싸울 것인가를 알아내고 싶습니다!"

덩잉차오는 공산당의 유일한 여성 대표였을 뿐만 아니라 정협 회의

我願意傾聽人民和婦女大家的意見，好使我知道怎樣為人民和婦女的利益去奮鬥！
鄧穎超

1945년 12월 20일, 덩잉차오가 《신화일보》의 부록 〈여성의 길〉에 쓴 격려사

전체의 유일한 여성 대표였다. 그녀의 등장은 사람들, 특히 여성계와 언론계의 주목을 끌었다. 덩잉차오는 대표단의 단체 활동에 참여하는 한편, 초청에 응해 중국부녀연의회聯誼會, 중국민주동맹중앙부녀위원회, 잡지 《현대부녀現代婦女》 등의 좌담회에도 참석해 압박 받는 여성들에게 일어나 여성의 권리 쟁취와 민주국가 건설을 위해 싸우자고 호소했다.

중국부녀연의회는 정치협상회의 여성 대표인 덩잉차오를 맞이하기 위해 충칭 장자화원張家花園에서 저녁 모임을 열었다. 중국부녀연의회는 중

1945년 12월, 덩잉차오와 정치협상회의에 참석한 중국공산당 대표단 회원들

국공산당 남방국 부녀팀이 여성 사업에서 공산당의 통일전선 정책을 실시한 결과물로, 1945년 7월 15일에 충칭에서 설립되었다. 연의회는 국민당 통치구역 민주여성운동의 한 축으로서 항전 승리, 내전 반대를 위해 노력하고 민주와 여성의 권익을 확보하기 위해 많은 일을 했다. 이 조직의 설립은 덩잉차오가 심혈을 기울여 애쓴 결과였다.

저녁 모임 연설에서 덩잉차오는 "즉시 내전을 중단해 평화를 실현하고, 일당 독재를 끝내 민주 건국을 실현하는 것이 '전국 인민의 이익'과 '세계 평화'에 관계되는 일이며, 개회 전에 먼저 내전 중단을 명문화해서 법령으로 공포해 조화롭게 협상하는 분위기를 조성하길 기대한다."고 강조했다. 연합정부를 설립하는 문제에 대해서는 "민주 시정 강령을 두고 각 당파가 이 강령을 실천하기 위해 노력하고 서로 경계해서 역할을 발휘하도록 하는 것이 관건"이고, "강령의 내용은 원칙적이어야 하지만 구체적으로 핵심을 잡아야 제대로 실행할 수 있는 보장이 생긴다."고 밝혔다. 덩잉차오는 여성들이 여성의 권리와 여성·아동 복지 실현 등의 문제에 대해 여러 귀중한 의견들을 내놓아 정치협상회의에 제안해야 할 내용을 준비하길 바란다고 밝혔다. 또한 옌안과 해방구 여성들의 학습, 일, 생활 현황을 소개했다.

1946년 1월 10일, 정치협상회의가 충칭 국민정부 대강당에서 개막했다. 이 회의에는 국민당, 공산당, 청년당, 민주동맹 및 사회 유명인사 총 38명 중 사정으로 불참한 두 명을 제외하고 36명의 대표가 참석했다. 저우언라이이가 개막사를 했다. 이 정협회의와 국·공 양당의 담판에서 공산당 대표는 국민당과 첨예하게 맞섰다. 덩잉차오는 정협회의에서 〈국민대회 문제에 대한 의견〉의 보고를 통해 국민대회에 관한 중국공산당의 원칙적 입장을 설명했다.

"㈎ 조직 개편 후의 국민정부는 정치협상회의와 협의하여 중국 민주헌법 초안 및 국민대회선거법, 조직법을 정하고 즉시 신규 선거법에 따라 선거를 실시해야 한다. ㈏ 금년 내에 각 당파가 참여하며 자유로운 보통선거가 존재하는 국민대회를 열어 헌법을 제정하고, 헌법에 의거해 민주적이고 연합적인 국민정부를 정식으로 세워야 한다."

회의의 쟁점 중 하나는 국민대회의 대표를 선출하는 것이었다. 국민당은 각 당파에, 십년 전 국민당이 혼자 제정한 선거법과 조직법 그리고 그에 따라 선출한 9백여 명의 '국민대회 대표'를 선거 없이 바로 대표가 되는 '당연대표當然代表'로 인정하라는 요구를 고집했다. 민주에 어긋나는 이러한 행동은 회의에 참석한 각계 대표의 강한 반대와 제지에 부딪혔다. 덩잉차오는 국민당의 무리한 요구를 강력하게 반박했다. 당시 《대공보大公報》의 기록을 보자.

"덩잉차오는 회의에서 배포한 선거법, 조직법 소책자를 손에 들고서, 그것은 십 년 전에 만든 것이고 옛 대표들도 십 년 전에 선출한 사람들이라서 현재의 상황에 맞지 않는다고 말했다. 덩잉차오는 선거법과 조직법의 여러 조항을 일일이 설명하면서 민주 원칙에 맞지 않으며, 특히 국민당 중앙 집행·감찰 위원 및 후보 집행·감찰 위원을 당연대표로 지정하는 것은 '국내외에 없던 일'이라고 했다. 또한 국민당 6중전회에서 선출한 집행·감찰 위원 460명은 국민당 당원이 선출한 것이지 인민이 선출한 것이 아니라고 지적했다."

덩잉차오는 선거법 제3조의 규정을 열거했다.

"인민은 공민 선서를 한 후에야 선거권을 갖는다. 이것은 인민의 선거권을 제한한 것이다……. 선서를 하지 않으면 공민의 자격조차 없는 것이며, 선서의 내용을 보면 인민이 선거권을 얻기 전에 이미 사상의 자유를 제한하고 있다."

또 선거법 제4조의 규정을 들어, "국민정부를 배반하면 판결이 확정되거나 지명수배 중인 자는 선거권을 얻을 수 없다."는 것은 십 년 전에 공산당을 겨냥해 만든 조항으로, 명백히 시대에 뒤떨어진다고 언급했다. 따라서 덩잉차오는 다음과 같은 결론을 도출했다.

"국민대회의 대표는 극히 협소한 기초에서 선출되었고 인민들은 선거에서 배제되었으므로 대표 재선을 실시해야 하며, 민주 원칙에 맞지 않는 선거법과 조직법은 개정해야 한다."

기사의 마지막 부분에는 이런 내용이 실렸다.

"이 여장부가 이렇게 법 이론에 정통할지 아무도 예상하지 못했다. 덩잉차오의 발언은 근거가 있고 합리적이어서 반박할 여지가 없었으며, 방청석에 있는 사람들은 '정치가라면 저래야지'라며 감탄을 금치 못했다."

1946년 1월, 덩잉차오와 정치협상회의에 참석한 대표들

정협회의 참석자들은 모두 당시 사회의 엘리트였고 법에 능통하고 언변에 뛰어난 사람이 많았다. 그러나 덩잉차오는 유일한 여성 대표로서 설득력 있는 연설로 좌중을 놀라게 했고, 근거를 앞세운 논리 정연한 반박으로 국민당이 할 말 없게 만들었다. 이로써 다른 당파 대표나 기자들이 진심으로 존경과 감탄을 표했다.

중국공산당 대표의 노력과 얼마간의 양보 그리고 중간당파 및 인사들의 협조로 정부조직안, 평화건국강령, 군사문제안, 국민대회안, 헌법초안 5항 결의가 만장일치로 통과됐다. 정협의 결의는 큰 영향을 미치며 사람들의 마음에 새로운 희망의 불씨를 살렸다. 정협회의는 1월 31일에 폐막했다. 회의 기간에 덩잉차오는 중국공산당이 제기한 평화, 민주, 단결의 방침을 견지하기 위해 끊임없이 노력했다.

1946년의 덩잉차오

'3·8'절 대회를 기획하다

항전에서 승리한 후 첫 번째 '3·8'절이 다가왔다. 덩잉차오와 남방국 부녀팀은 항전 승리의 기세를 몰아 기념행사를 준비하며 동시에 여성들을 동원해 평화와 민주를 쟁취하고 정협의 결의가 실시되는 계기를 마련하기로 결정했다. 덩잉차오는 충칭 《현대부녀》 잡지사의 보고 요청을 기회로 삼아 각 당파, 각 단체의 부녀연합에 '3·8'절을 기념하자고 제안했고 이는 참석자들의 만장일치로 지지를 얻었다.

1946년 2월 11일, 충칭 28개 부녀단체로 '3·8'절 준비위원회를 구성했고, 총 다섯 차례 회의를 통해 '3·8'절 행사를 열어 중국 평화를 확고히 하고 세계 평화를 지키며 민주건설을 적극 추진할 것을 확정했다. 한편 각 당파에 장기적 협력을 통해 세계 여성 단합을 강화하고 여성 권익에 관한 결의를 중심으로 정협의 결의를 실천하자고 요청했다. 주석단 인선 문제에 있어서는 완고한 국민당 보수파의 거센 방해 때문에 중국공산당과 민주동맹 후보자들은 모두 대회 주석단에 선출되지 못했다.

회의에 참석한 대다수 여성 대표들은 큰 불만을 품었고, 일부는 "중국공산당 및 민주동맹 대표가 반드시 주석단에 들어가야 하므로 재선거를 요구하자"는 뜻을 분명히 밝혔다. 덩잉차오는 전반적 국면을 고려해 차분하게 발표했다.

"상관없습니다. 이미 결정된 모든 사항을 존중합시다. 처음부터 끝까지 우리는 일이 잘 되기만을 바랐지, 주석단에 들어가느냐 마느냐의 문제는 한 번도 생각해 본 적이 없습니다."

덩잉차오는 이렇게 기품 있고 대범한 정치가의 면모로 여성 대표들의 존경과 지지를 얻었고, 여성계에서 명망이 높아졌다.

덩잉차오는 대회에서 발언 기회를 얻었고, 덕분에 준비위원회 대회 선전 요강과 구호가 순조롭게 통과됐다.

3월 8일, 충칭시 각계 여성, 해외 관계자 수천 명이 '3·8'절 기념 대회를 열었다. 50여 개 여성 단체와 소련, 미국, 영국, 프랑스 등의 대사 부인들이 참석했다. 쑹메이링이 인사말을 한 후 덩잉차오가 섬감영변구 부녀연합회 대표로 인사말을 했다. 감동에 벅찬 덩잉차오는 전국 여성들의 단결로 각 당파 여성의 단합과 협력을 수호하자고, 곤경을 두려워하지 않고 평화를 견고하게 하자고, 더 나아가 정협의 결의를 완벽히 실천해 여성의 권리를 쟁취하기 위해 투쟁하자고 호소했다.

"우리는 스스로의 강한 힘과 노력을 통해 희생과 고생을 불사함으로써 평화, 민주, 단결, 통일, 부강한 신중국 건설을 성공적으로 이끌어야 합니다."

소련, 미국, 영국, 프랑스 등의 대사 부인들도 인사말을 전하며 전 세계 여성들이 단결해 세계 평화를 지키기 위해 힘쓰자고 호소했다.

대회는 "전국의 힘을 결집해 민주적인 신중국을 건설하자"는 선언을 통과시키고 원만한 성공을 거두었다.

덩잉차오는 투쟁 전략을 절묘하게 활용했다. 진보 세력의 힘을 빌리고 중도 세력을 확보하는 한편 보수 세력을 분산시킴으로써 마침내 충칭에서 각계 여성들이 참가하는 이 대규모의 '3·8' 여성의 날 기념행사를 성공리에 개최했다. 참석자 수로 보나 범위로 보나 전대미문의 규모였고, 여성들의 평화, 민주, 단결에 대한 갈망과 국가의 앞날과 명운에 대한 관심을 잘 보여 주는 자리였다.

1946년, 난징에서 덩잉차오

세계 여성회의에 참석하기 위한 투쟁

1946년 5월, 해방구부녀연합회 준비회는 국제민주여성연맹Women's International Democratic Federation의 연락을 받고 연맹의 이사인 덩잉차오, 차이창에게 6월 27일에 파리에서 열리는 이사회에 참석해 달라고 요청했다. 국제민주여성연맹은 1945년 11월 41개 국가의 여성 대표가 파리에서 창립했다. 같은 해 12월 중국 해방구부녀연합회 준비회를 정식 회원으로 받아들였고 차이창, 덩잉차오가 이사로 선임됐다. 덩잉차오는 파리로 가서 이사회에 참석하라는 요청을 받고 기쁜 마음으로 바로 국민당 난징 정부 외교부에 출국 여권을 신청했다.

그런데 난징 정부에서 층층이 어려움과 방해를 겪었고, 외교부는 6월 초까지 질질 끌다가 사회부로 떠넘기면서 먼저 사회부에서 승인을 받아야 출국 여권을 처리해 줄 수 있다고 했다. 사회부는 온갖 궁리를 해서 여권을 만들기 위한 필수 조건 세 가지를 짜냈다. 세 가지 조건은 다음과 같다. 민국을 대표해 회의에 참석하려면 행정원의 허가를 받을 것, 국내 다른 여성 단체의 의견을 수렴할 것, 전년도에 중국이 국제민주여성연맹에 참석했는지 확인할 것. 사회부는 이 같은 조건의 충족 여부를 조사할 기록이 없으므로 여권을 만들어줄 수 없다고 했다.

1946년 5월, 중국공산당 대표단이 충칭에서 난징으로 이전 후 덩잉차오(왼쪽에서 세 번째)와 둥비우 등이 난징 공항에서

국민당 정부의 음모를 들추기 위해 덩잉차오는 6월 11일 메이위안신촌梅園新村중국공산당 대표단 난징 사무소에서 국내외 기자회견을 열고, 국내외 기자들에게 고의로 자신을 난처하게 만든 국민당의 어두운 내막을 폭로했다. 기자회견에서 덩잉차오는 국민당이 제시한 조건에 반박하면서, 해방구부녀연합회 준비회는 단체회원 자격으로 1945년 말 국제민주여성연맹에 가입했다고 밝혔다.

"저는 이번에 연맹 집행위원 자격으로 참석하는 것이며 이미 연맹의 승인도 받았습니다. 따라서 저는 국가를 대표하거나 전국 여성 단체를 대표해서 이사회에 참석하는 것이 아니므로, 다른 여성 단체의 의견을 들을 필요가 없습니다. 저는 이사회에 참석할 이유와 자격이 충분하며, 여권을 받을 권리가 있습니다……. 만약 제가 여권을 받지 못해 이사회에 참석하지 못하면 국제 관계에 바람직하지 않은 영향을 끼칠 것입니다……."

덩잉차오의 발언은 가차 없이 국민당의 급소를 찔렀다. "전년도에 중국 여성이 세계 여성대회에 참석했는지 조사 확인할 기록을 정부가 갖고 있지 않다."는 국민당의 핑계에 대해서도 덩잉차오는 일일이 사실을 나열했다.

"작년 11월 국제민주여성연맹이 파리에서 창립대회를 개최할 당시, 첸타이錢泰 주프랑스 국민당 대사는 유럽에 머물고 있는 여성 중 임시로 11명을 선임해 대표단을 꾸려 중국 여성 대표로 대회에 참석하게 했습니다. 올해 3월 11명의 대표 중 한 사람인 리페이李佩 여사가 귀국해 몇몇 여성 단체에 보고하면서 국제민주여성연맹 창립대회 상황을 소개한 적이 있습니다. 당시 국민당 측에선 장제스 부인 쑹메이링이 보고회에 참석했습니다. 몇 개월밖에 지나지 않았는데 난징 정부가 그렇게 건망증이 심할 리 없지요."

1946년 5월, 중국공산당 대표단 사무소인 난징 메이위안신촌 30호의 정경

기자회견에서 덩잉차오가 얘기한 내용이 언론에 공개되면서 난징 정부는 매우 민망한 처지가 되었다.

덩잉차오는 국민당과 첨예하게 맞서는 한편, 국제민주여성연맹에 전보를 쳐서 난징 정부가 고의로 여권을 발급하지 않으며 자신을 곤경에 빠뜨리고 있는 상황을 설명했다. 곧이어 연맹의 회장인 외제니 꼬똥 부인에게 회신이 왔다.

"덩잉차오 여사가 와서 참석해 주길 기다리고 있으며, 난징 사회부에 이미 전보로 통지했습니다."

얼마 후 덩잉차오는 다시 기자들에게 담화를 발표해서 난징 정부가 "인민이 마땅히 가져야 할 여행, 집회의 자유를 박탈한다."고 비난했다.

1946년, 난징 메이위안신촌에서 덩잉차오

1946년, 난징에서 덩잉차오

6월 20일에는 꼬똥 부인에게 전보를 쳤다.

"중국 정부가 저의 출국 여권 발급을 불허한다고 정식으로 통보해서 저는 파리로 가 집행위원회에 참석할 수가 없습니다. 그 책임은 중국 정부가 져야 합니다. 중국 인민에게 자유가 없고, 정부가 민주적이지 않음이 증명되었기에 여러분에게 호소하며 아쉬움을 전합니다!"

난징 정부의 방해로 인해 덩잉차오는 국제민주여성연맹 이사회에 참석할 수 없었지만, 정치적으로는 멋진 일전을 벌인 셈이었다. 전국 각지에서 난징 정부가 당파의 고정관념 때문에 국제무대에서 중국 여성계의 명예를 실추시켰다는 비난이 쏟아졌다.

풍파는 그칠 줄 모르고 이어졌다. 7월 30일, 덩잉차오는 미국에서 열리는 '세계 여성대회'에 참석해 달라는 요청을 받았다. 세계 여성대회는 1946년 5월 UN 사회경제위원회에 소속된 여성 소그룹의 제의에 따라 루즈벨트 미국 대통령의 부인이 제안하고 미국 19개 여성 단체의 발기로 세워졌다. 세계 여성대회 지도위원회 주석은 덩잉차오에게 보내는 초청장에 이렇게 썼다.

"저희 대회는 각 국가에서 몇 분의 여성 지도자를 초청하고 있습니다. 귀국 후에 책임감을 가지고 대회에서 얻은 격려와 지혜를 자국의 여성들에게 전달할 수 있는 대표들을 초청하려고 힘쓰고 있습니다. 이 서신을 세계 여성대회에 참석해 주십사 요청하는 간곡한 초청장으로 여겨 주시기 바랍니다."

당시는 마침 국민당이 해방구에 대대적인 공격을 벌여 전국적으로 내전이 발발한 시기여서, 덩잉차오는 세계에 국민당의 독재를 폭로하고 민주와 평화를 호소할 좋은 기회라고 생각했다. 그러나 국민당 측은 또 덩잉차오의 출국 요청을 저지했다. 시일을 질질 끄는 국민당 정부의 방해를 둘러싸고 덩잉차오는 국민당 측과 치열하게 맞섰다. 여성계 민주, 평화 투쟁을 본격화하기 위해 덩잉차오는 9월 1일 난징에서 〈전국 여성 동포에게 고하는 편지〉를 발표해 국민당 통치구역의 여성과 해방구의 수천만 자매들에게 곧 열릴 세계 여성회의에 우리의 의견과 건의를 함께 제시하자고 호소했다. 덩잉차오는 세계 여성회의에서 마련한 네 가지 토론 주제에 맞춰 중국의 실정을 종합해 여섯 가지 문제를 내놓고 여성들에게 토론할 것을 청했다.

1946년, 난징에서 덩잉차오(왼쪽에서 세 번째) 등

9월 4일, 상하이 마쓰난로馬思南路 107호에 국내외 기자를 초대해 세계 여성회의와 국민당 정부의 불합리한 방해에 관한 상황과 중국 여성들에게 의견을 구하는 여섯 가지 요점을 소개했다.

"중국 여성은…… 세계 여성이 평화와 민주를 위해 싸우는 행사에 참석하고 관심을 가져야 하며, 중국 여성의 의견을 적극적으로 대회에 제시해야 합니다. 중국 여성은 중국과 세계의 평화에 마땅히 해야 할 공헌을 해야 합니다."

상하이의 중·영자 신문 17개가 일제히 이 기사를 보도했고 베이핑, 충칭, 홍콩의 신문들도 잇따라 이 기사를 게재했다.

의견을 구한다는 덩잉차오의 호소에 전국 각지의 여성들이 뜨겁게 호응했다. 각지에서 상하이, 난징, 충칭으로 우편물이 눈발처럼 날아들어 한 달이 채 되지 않아 덩잉차오는 2천여 통의 편지를 받았다. 덩잉차오는 각지 여성들의 의견을 한데 모아 대회에 보냈고, 미국에 있는 펑위샹馮玉祥 장군의 부인 리더취안에게 자신을 대신해 회의에서 발언해 줄 것을 요청했다. 이 발언은 각국 여성들의 큰 지지를 받았다.

덩잉차오는 프랑스, 미국으로 가 세계 여성회의에 참여하기 위해 반 년 동안 싸웠다. 형식적으로 보면 국민당은 덩잉차오가 이 두 회의에 참석하는 것을 저지했다. 하지만 이 싸움의 승리자는 덩잉차오였다. 덩잉차오는 평화와 민주를 쟁취하기 위한 여성계의 싸움을 이끌어 해방구와 국민당 통치구역 여성들의 열띤 호응을 얻었다. 뿐만 아니라 여성들에게 반독재와 민주의 씨앗을 뿌렸고, 세계 여성계에도 큰 영향을 끼치며 중국의 훌륭한 여성 리더로서 출중한 싸움의 기술과 담대한 투쟁 정신을 다시 한 번 보여 주었다.

둥비우의 아들 둥량허董良翮와 함께 한 덩잉차오

메이위안신촌에서

항전에서 승리를 거둔 후, 국민당은 난징으로 환도할 것을 선언했고, 국·공 담판의 중심도 충칭에서 난징으로 옮겨졌다. 1946년 5월 3일에 저우언라이는 덩잉차오, 루딩이陸定一, 랴오청즈廖承志 등과 비행기로 난징에 도착했다. 16일에는 둥비우, 리웨이한李維漢 등도 난징에 도착했다.

중국공산당 대표단이 난징에 있던 동안에 1백여 명의 직원이 메이위안신촌에 살았다. 이곳의 대외적인 명칭은 중국공산당 대표단 난징 사무소였고, 중국공산당을 대표해 국민당과 함께 미국 대표와 협상을 했다. 내부적으로는 중국공산당 중앙 난징국이라 불렀고, 협상 투쟁, 통일전선, 당의 비밀공작을 일괄적으로 통솔했다. 저우언라이가 총책임자였고 덩잉차오는 여성 사업과 청년 사업을 담당했다. 저우언라이와 덩잉차오의 거처는 메이위안신촌 30호였다.

이곳은 국민당이 1백 미터도 안 되는 사방 둘레에 스파이 거점을 십여 개나 설치해 문과 창문으로 빈틈없이 감시를 할 정도로, 충칭에 있을 때보다 환경이 더 험악했다. 스파이용 오토바이, 지프 등이 근처 거리와 골목에 세워져 있어서 언제라도 대표단 회원을 미행할 준비가 되어 있었

1946년, 난징에서 덩잉차오

으며 노점상, 제화공, 점쟁이, 삼륜차 운전수로 변장해 밤낮으로 주위에서 활동하는 이들도 있었다. 궈모뤄는 이렇게 목격담을 전했다.

"공기 속 사방에서 셰퍼드 같은 눈, 눈, 눈이 번쩍이고 있는 것 같았다."

저우언라이, 덩잉차오와 중국공산당 대표단은 늘 위험한 상황에 있으면서도 침착하고 용감하게 싸움을 해 나갔다.

1946년, 메이위안신촌 30호 응접실에서 덩잉차오와 저우언라이, 둥비우

국민당 보수파는 독재 통치를 유지하기 위해 정협 결의와 정전 협정을 파기하고 해방구에 전면적인 군사 공격을 감행했다. 내전에 반대하고 평화와 민주를 쟁취하기 위해 전국적으로 애국민주운동이 일어났다. 1946년 6월 23일에 상하이 인민단체연합회는 난징으로 갈 평화청원단請願團을 구성해 난징으로 향했다. 난징 샤관下關역에 도착한 대표단은 국민당 스파이의 포위 공격과 폭력을 당했다. 마쉬룬馬敘倫, 레이제충雷潔瓊 등이 구타를 당해 중상을 입었고, 중국 국내외를 충격에 빠뜨린 '6·23' 샤관 참사로 이어졌다.

덩잉차오와 저우언라이는 소식을 듣고 바로 병원으로 위문을 가서 위험에 처한 대표들을 힘껏 지원했다. 덩잉차오는 부상당한 대표가 아무것도 먹지 못한 사실을 알고, 즉시 메이위안신촌으로 사람을 보내 우유,

난징 메이위안신촌 30호 외부 정경

과자 등 먹을 것과 옷가지를 가져다주었다. 덩잉차오는 굳건한 신념으로 내전에 반대하고 평화를 실현하기 위해 노력하고, 국민당 반동파와 끝까지 싸운 덕분에 대표들이 크게 고무되었다고 그들을 격려했다.

잡지사 《현대부녀》는 이 사건에서 구타를 당해 다친 여성 대표 레이제충을 특별 취재했다. 1946년 8월에 출간된 《현대부녀》 7권 5, 6기 표지에 레이제충의 얼굴이 실렸고, 그 옆에 '평화 청원을 위해 매 맞고 모욕당한 레이제충 교수'라는 글자가 큼지막하게 쓰여 있었다. 본문에는 '다친 몸을 끌고 장제스 부인을 만난 레이제충'의 특별 취재도 실어 사건의 진상을 폭로했다.

《현대부녀》는 덩잉차오의 제안으로 1943년 1월 1일 충칭에서 창립했다. 중국공산당이 여성 대중을 단결해 항일 구국운동을 견지하고 여성 항일 통일전선을 확대하는 과정에서 공개적인 선전 매체로 활용한 여성 대상의 간행물이었다. 덩잉차오는 《현대부녀》에 큰 관심을 가지고 "실제 생활을 반영하는 글을 많이 실어야 한다. 실생활에 대한 조사와 연구를 중시하고 분석을 더해서 정치와 결합해야 한다. 심오한 문제를 쉽게 풀어내며 생동감 있고 예리한 문체여야 한다."고 여러 번 지시했다.

편집자는 덩잉차오의 지시에 따라 당시 정치 투쟁의 중심을 면밀히 연구하고 여성과 결부된 문제를 종합해서 보도, 평론, 토론, 문예작품 및 '법률고문' 칼럼 등 다양한 형식으로 정치, 경제, 문화교육, 결혼과 가정 등 여러 측면에서 여성이 겪는 고통과 박해를 반영함으로써 여성이 개인의 진로와 국가의 운명을 긴밀히 연결시키도록 인도했다.

전면적 내전이 발발한 후 국민당은 애국민주 인사에 대한 박해에 박차를 가했다. 7월 11일과 15일에 국민당 스파이가 쿤밍昆明에서 민주동맹 중앙위원인 리궁푸李公樸, 원이둬를 연달아 암살했다. 적의 폭행에 저우언라이, 덩잉차오는 몹시 분개했고, 즉시 다른 대표단 회원들과 함께 장

중국공산당 대표단 주재지인 난징 메이위안신촌에서 덩잉차오와 저우언라이

제스에게 항의서를 전달하여 "중국 인민은 리궁푸, 원이둬 열사의 혈흔을 밟고 전진하여 파시스트 통치를 소멸하고 중국의 독립, 평화, 민주를 실현하겠다."고 선언했다.

추도회에서 덩잉차오는 용감하게 강단에 올라 저우언라이가 쓴 추도사를 낭독했다.

"오늘 이곳에서 리궁푸, 원이둬 두 선생님을 추도합니다. 시국이 극도로 위태롭고 마음이 매우 비통하지만, 지금 이곳에서 무슨 말을 할 수 있겠습니까? 저는 가장 경건한 신념으로 순국선열에게 잠잠히 맹세합니다. 마음이 죽지 않고 뜻이 꺾이지 않았으니, 평화가 멀지 않았고 민주는 가망이 있으며 살인자는 결국 반드시 멸망할 것입니다."

정의에 찬 이 말은 날카로운 검처럼 국민당 반동파의 가슴을 찔렀다.

덩잉차오는 중국공산당 대표단 구성원으로서 저우언라이가 국민당 측과 협상을 잘 진행하도록 도우며 부녀팀 등의 업무도 감당해야 했기에 부담이 막중했지만, 의연히 활기차게 일을 해냈다. 종종 메이위안신

1946년 11월 14일, 민주동맹 책임자들과 덩잉차오, 저우언라이

촌 30호에서 국내외 내빈들을 접견하며 '중국공산당은 전국 인민과 진정한 평화, 민주를 실현하기 위해 끝까지 힘쓰길 원한다.'는 생각을 선전했다. 슬기롭고 용감하며 결연하고 침착한 저우언라이의 지도 아래 덩잉차오와 다른 대표들은 평화와 민주, 정협의 결의를 견지하겠다는 중국공산당의 일관된 입장을 적극적으로 선전했고 내전에 반대하고 평화를 쟁취하기 위해 또 혁명 통일전선을 추진하기 위해 주야로 투쟁을 벌였다. 정세를 파악한 많은 애국인사들이 장제스에 대한 환상을 버리고 중국공산당의 주장을 받아들여 혁명 행렬에 가담하면서 장제스에게 승리할 두 번째 전선戰線을 구축했다.

국민당과 협상 투쟁을 벌이는 중에도 저우언라이와 덩잉차오는 종종 시간을 내 위화타이雨花台에 가서 혁명 열사를 추모했고, 갈 때마다 우화석雨花石을 몇 개씩 주워 와 메이위안신촌 응접실 가운데 탁자에 있는 그릇에 두고 동지들에게 혁명 전통교육을 실시했다.

11월 15일, 국민당 정부는 전국 인민의 반대를 저버리고 버젓이 독단

1946년 11월 19일, 명령을 받고 옌안으로 철수하기 전에
난징에 남는 둥비우와 함께 사진을 찍은 덩잉차오, 저우언라이, 리웨이한

적으로 '국민대회'를 열었고, 그로부터 국·공 평화회담의 문이 닫혔다.

11월 16일, 저우언라이는 메이위안신촌 17호 중국공산당 대표단 회의실에서 국내외 기자회견을 열고 엄정하게 성명을 발표했다.

"국민당은 일당 독재로 '국민대회'를 개최한 후 정협의 결의를 최종적으로 파괴했고, 정협 이후 평화회담의 길은 이미 차단되었다."

마지막에 이렇게 덧붙였다.

"난징이여, 우리는 반드시 돌아오리라!"

1946년, 메이위안신촌 30호에서 덩잉차오와 저우언라이

11월 19일, 대표단은 중공중앙의 결정에 따라 분연히 난징을 떠나 옌안으로 철수했다. 덩잉차오는 6개월 반 동안 전투를 벌였던 메이위안신촌을 떠났다.

1948년, 시바이포에서 덩잉차오

전국토지사업회의에 참석하다

해방구 토지개혁운동을 본격적으로 추진해 농민들을 해방전쟁 지원에 동원시키고자 1947년 7월 17일에서 9월 13일까지 시바이포西柏坡에서 전국토지회의가 열렸고, 덩잉차오도 이 회의에 참석했다.

해방구 토지개혁에서 여성 사업을 매우 중시한 덩잉차오는 이 기회에 지방 당위원회 담당자들의 의견을 폭넓게 수렴했고, 12차례에 걸쳐 이들과 좌담회를 가졌다. 또한 회의에 참석한 여성 동지들과 6차례 좌담회를 통해 토지개혁과 여성 사업 현황을 깊이 파악했다. 회의에서 19명의 당위원회 서기가 토지개혁 중 여성 사업 문제에 대해 의견을 발표했다.

덩잉차오는 대표들의 의견을 종합해 "당 전체적으로 여성 사업을 추진하고, 남녀 모두 일제히 행동에 나서자"는 방침을 제시했다. 덩잉차오는 여성 사업을 개시함에 있어 각급 당 위원회의 사상지도 시 대중에 대한 관점을 명확히 하는 것이 핵심이라고 했다. 즉, 여성 대중의 역량을 중시하는 것, 여성을 배제하는 관점 및 여성 경시 사상을 극복하는 것이 관건이라고 지적했다. 지도 기관은 여성 사업을 당 전체의 임무로 끌어올려야 하며, 소수 여성 동지들의 업무로 취급해서는 안 된다고 강조했다.

1947년 3월, 산시山西 린현臨縣 싼자오진三交鎭으로 이전한
중앙 후방공작위원회를 따라가 중공중앙 후방공작위원회 위원을 맡은 덩잉차오

모든 당원들이 근로 여성들을 위해 봉사해야 하고, 여성 사업은 여성 동지뿐 아니라 남성 동지들도 똑같이 할 수 있으며 일부 지역의 경우 남성 동지들이 여성 사업을 할 수 없다는 사상적 장애를 극복하니 더 잘해 낼 수 있다는 것이 사실로 증명되었다고 전하면서, 여성해방에서 남성 동지의 역할 문제를 잘 처리해야 '남녀 모두 일제히 행동에 나서자'는 방침과 해방구의 토지개혁운동을 순조롭게 추진할 수 있다고 덧붙였다.

8월 6일, 덩잉차오는 〈토지개혁 중 여성 사업의 몇 가지 문제〉라는 긴 발언을 통해, 해방구 토지개혁은 중국 역사상 전대미문의 위대한 혁명운동이며 지역별로 토지 사업의 진도가 다르고 여성의 참여 상황도 다르므로, 토지개혁 중 여성 사업이 지역별로 불균형하게 추진되고 있다고 밝혔다.

"토지개혁이 제대로 실시되고 있는 지역에선 여성들이 여성 사업에 적극적으로 참여하고, 제대로 실시되지 않고 있는 지역의 여성은 참여가 부족할 뿐 아니라 여전히 토지개혁에서 배제되어 있습니다. 토지개혁 사업에서 남녀평등을 견지해야 하며, 여성이 남성과 마찬가지로 토지를 분배받고 소유권을 가지도록 해야 수많은 여성 대중이 봉건적이고 착취적인 토지제도를 용감하게 없애고 정치, 경제적으로 완전히 해방될 수 있습니다. 생산 측면에서는 여성들이 각종 생산기술 학습을 위해 신경을 쓰고, 특히 농업 기술 훈련으로 생산력을 대대적으로 높여 전쟁 지원이라는 큰 수요에 적응해야 합니다. 여성을 전체 대중의 토지개혁, 생산 및 민주운동에 참여시킴에 있어서 여성 본연의 각종 문제들(강제적인 중매결혼, 여성의 사회 활동 참여 자유를 제한하는 등의 봉건 악습들)을 점진적으로 해결하는 데 의식적으로 주의를 기울여야 하고 여성운동을 전체 대중운동 과정과 별개로 두어서는 안 되며, 봉건 제도에 남아 있는 여성에 대한 압박과 속박을 깨뜨려야 합니다."

한편 여성 간부 문제에 대해서는 많은 여성 간부들이 직접 업무에 나서야 여러 운동을 만족스럽고 효과적으로 이끌 수 있다고 강조하면서, 농촌에 갈 수 있는 모든 여성 간부들이 어떤 어려움도 극복하고 여성들 속으로 깊이 들어가 업무와 학습, 단련을 꾸준히 이어가자고 호소했다. 각급 당위원회는 이런 능력을 갖출 수 있는 여성 동지들을 심혈을 기울여 양성하고 발탁해 여러 지도 기관에 투입시키고, 그들이 여러 어려움을 극복할 수 있도록 도와 배움을 얻고 변화되는 기회를 갖도록 지원해야 한다고 밝혔다.

여성 간부들은 토지개혁에서 열심히 공부하며 스스로를 변화시키고 향상시켜 인민을 위해 봉사할 수 있는 사람으로 거듭나고, 특히 가장 큰 압박에 시달리는 여성들을 위해 봉사하는 심부름꾼이 되도록 노력해야 한다고 전했다.

당 중앙은 이 회의에서 여성들을 토지개혁에 동참시킬 방법과 여성 사업에 대한 당의 지도를 강화할 방법에 대해 논한 덩잉차오를 눈여겨봤

농민 선전용 〈중국토지법대강〉

다. 9월 13일, 전국토지회의에서 류샤오치는 "당 전체가 여성 사업에 나서야 한다."는 덩잉차오의 의견을 반영해 결론을 발표했다. 중국 여성 사업에서 매우 중요한 획을 긋는 사건이었고, 이후로 여성 사업이 활발히 발전했다.

전국토지회의에서 〈중국토지법대강〉이 통과됐다. 대강에서는 봉건적 및 반半봉건적이고 착취적인 토지제도를 폐지하고 '경작자가 밭을 소유하는' 정책을 실시해서 남녀노소를 불문하고 토지를 균등하게 분배한다고 규정했다.

전국토지회의가 끝난 후 중앙 부녀위원회는 1947년 9월 23일 중앙 부녀위원회 확대회의를 열어 토지개혁회의정신 실천 방안을 논의했다. 덩잉차오는 여성 사업의 임무에 대해 중앙 부녀위원회 위원과 분담해서 토지개혁 문제에 관한 중요한 의견을 발표했다. 9월 26일, 덩잉차오와 중앙 부녀위원회 위원 장친추張琴秋, 양즈화楊之華, 캉커칭康克淸 등 전국의 몇몇 간부들이 중앙 부녀회의가 개최한 회의에 참석해 여성 사업을 논의했다. 회의 후에는 여성 사업에 대한 보고서를 작성해 중공중앙에 전달했다. 여성을 토지개혁, 전방지원, 생산에 동참시키는 것이 주요 내용이었고 구체적인 업무 12항을 언급하며 여성 지도간부에게 토지개혁 사업단에 참여하고 현실적으로 깊숙이 들어가 시범 사업을 직접 추진하라고 요구했다.

10월 6일에 중공중앙은 덩잉차오 등에게 여성 사업에 대한 보고에 동의한다고 답변하며 "현재 여성들을 토지개혁운동에 동참시키는 것을 중심으로, 여성은 토지개혁운동의 중요한 역량이 되어야 한다. 토지개혁이 완료된 지역에서는 전력해서 여성 대중을 생산운동에 동참시켜야 한다."고 전했다. 회의 후 덩잉차오는 하늘을 찌를 듯한 열기로 진행 중인 토지개혁운동에 참여했다.

1948년, 허베이성에서 토지개혁을 추진한 덩잉차오

시거우촌에서 토지개혁을 실시하다

해방구에서 토지개혁운동이 본격적으로 실시되고 있을 무렵 덩잉차오는 몇몇 간부들을 이끌고 푸핑얼구阜平二區의 시거우촌細溝村으로 가서 토지개혁에 참여했다. 토지개혁 사업에 박차를 가하기 위해 관련 정책을 성실히 공부한 터라, 중국 혁명에서 토지개혁이 갖는 깊은 의미를 충분히 이해했다.

시거우촌은 허베이와 산시가 교차하는 지점에 있는 빈곤한 산동네로 상시거우, 중시거우, 하시거우로 나뉘며 얼마 안 되는 땅에 1백여 가구가 살았다. 다수의 농가가 산시 우타이산五台山 라마교의 토지를 소작했고, 1인당 평균 모래언덕 1묘畝를 경작했다.

시거우촌에 가기 전 덩잉차오는 진찰기변구의 토지회의와 푸핑현에서 열린 토지회의에 참석해서 이들 지역 현황을 전반적으로 파악했다. 푸핑현은 1946년 중공중앙이 '5·4 지시'를 배포한 후 토지개혁을 진행했지만, 당시 국민당 군대의 해방구 공격과 '세상이 바뀌는' 것에 대한 농민들의 두려움 때문에 대중의 동참이 미흡했고 토지개혁도 제대로 이뤄지지 않았다.

1947년 중앙 공작위원회가 푸핑에 가서 이 문제를 지적하자 토지개혁 보충 활동을 실시했지만, '오른쪽'을 시정하니 '왼쪽'에서 잘못이 나타났다. 착취 여부와 착취 수량에 따라 성분을 정하고 인근 부촌富村의 상황을 비교해 지주, 부농富農 성분의 수량을 정했다. 이렇게 해서 일부 농민의 성분을 올리고 일부 사람들을 적의 진영으로 밀어내는 한편, 일방적으로 빈농단貧農團의 역할을 강조하자, 빈농단이 당 조직을 압도하며 말단 당원 간부의 적극성을 꺾어버렸고 대중의 동참에 지장을 주었다.

덩잉차오와 사업부는 마을에 들어가자마자 조사·연구에 착수해 상황을 확실하게 파악했다. 덩잉차오의 입장에서 토지개혁 사업은 참신한 과제였기 때문에 덩잉차오는 방법을 모색하며 지역별 토지개혁의 경험을 바로바로 학습했다. 1947년 12월 31일에는 멀리 산시陝西에 있는 저우언라이에게 장편의 편지를 써서 토지개혁에서 맞닥뜨린 여러 문제를 의논했다.

> 이 마을에 와서 일한 지 꼬박 20일이 되었어요. 계속 방법을 찾으며 일하고, 일하면서 방법을 찾고 있지요. 한 새로운 소학생으로 농촌대학에 들어오니 정말 모든 과제가 신선하게 느껴져요. 내용은 굉장히 복잡해서 머리와 마음이 붙들려 있지만요. 세월이 바뀌고 있다는 사실만이 한 해가 갔음을 알려주네요.
>
> 내가 일하는 촌은 이번 토지개혁에서 두 촌을 하나의 향(鄕)으로 합병하기로 결정된 곳인데, 두 촌의 상황이 전혀 달라요. 갑촌은 땅이 적고 품질이 나빠서 농민의 생활이 궁핍하고 빈농이 다수를 차지해요(남, 여 70여 명). 중간 수준의 몇몇 농민을 제외하곤 부농이 많지 않아요. 지주는 겨우 20가구인데 이미 비판투쟁 당했고요. 을촌은 땅이 많고 품질이 좋아서 농민생활이 좋은 편이에요. 중간 농

민이 62가구로 대다수를 차지하고, 빈농은 소수(35가구, 50명)랍니다. 그리고 빈농의 토지 품질과 생활 형편이 보통 갑촌의 빈농보다 낫고, 갑촌의 중간 농민보다 나은 경우도 있어요. 기존의 지주들도 모두 비판투쟁을 당했고, 아마 지주나 부농으로 둔갑한 사람들은 있는 것 같아요. 이 두 촌은 지역 간 빈부격차 외에도 예전에 한 향으로 합쳐졌을 당시에 대부분 주로 을촌의 간부가 권력을 장악했던 까닭에 심각한 종파(宗派)가 형성되었고, 지금도 존재하고 있어서 빈농들에게 영향을 끼치고 빈농들을 지배하고 있어요. 어떤 문제에서도, 특히 토지 평등분배 문제에 있어서 이런 점이 쉽게 드러나죠. 갑촌의 사람들은 자신들 촌이 토지와 낙후 상황 개선 문제를 해결할 수 없다고 생각해서 내심 을촌을 바라보며 셈을 따져보고 있고, 을촌의 빈농들은 늘 촌을 중심으로 출발해 그 중심을 유지하는 반면, 지주라면 극도로 증오하는 경향이 그리 심하지 않아요. 또 하나의 원인이 있는데, 그간 이곳의 지주들이 외지에 많이 있고, 심지어 멀리 우타이에 있는 지주들도 있어요. 또 항전 이후 10년 동안 소작료와 이자 삭감, 청산, 토지 재조사를 겪으면서, 아무래도 옛날보다 형편이 좋아졌죠……. 시간과 현실(생활이 전보다 나아지고 지주가 없다는 사실) 덕분에 지주에 대한 원한과 기억이 흐릿해졌어요. 그 사람들에게 고통이란 현실적인 관점에서 간부에 대한 불만과 억울함인 경우가 많아요…….

사업 간부들 중 일부 그리고 나와 함께 일하는 몇몇 동지들은 목적을 달성하는 데 급급해서 조급증에 사로잡히곤 해요. 주관적으로 출발해 대중을 대신한다는 개념을 넘어서서 일의 중심을 고통 받는 대중 속으로 깊이 들어가는 사업과 대중의 동참을 통한 사상적 깨달음, 상황 이해와 파악해 두어야 하는데, 그렇지를 않아요. 이런 동지들은 사상 공작이 더 필요해요…….

덩잉차오는 편지라는 방식으로 저우언라이에게 가르침을 청하고, 토지개혁 사업에 존재하는 문제에 대한 의견을 나눴다.

1948년 2월 초, 덩잉차오는 저우언라이가 바쁜 가운데 쓴 두 통의 답장을 받고 인식을 명확히 했고, 공산당 토지개혁 정책을 충분히 이해하고 파악하며 사상 수준이 계속 높아졌다. 덩잉차오 등이 지도하는 가운데 공작대工作隊 대원들은 가난한 사람들을 찾아가 어려운 점을 물어보고 당원 및 군중대회를 열었다. '일체의 권력을 빈농단에게', '세상은 빈곤한 고용농의 것' 등의 사상을 겨냥해 토지개혁을 당 정비 활동과 연계해서 실시하고, 당 중앙의 정책에 따라 엄격히 일을 처리했으며 실사구시 원칙을 견지해 시거우촌의 토지개혁과 당 정비 사업을 성공적으로 지도했다. 또한 시비를 명확히 가려 농민의 각성 수준을 높이고 군중을 보호하면서 악질분자를 단속하고 중간 농민의 이익을 침해하는 '좌익' 편향을 방지했다.

토지개혁에서 덩잉차오는 여성 사업에 신경을 많이 썼다. 집집마다 방문해 여성들에게 낙후된 상황을 개선하는 법을 전하고, 허리를 쭉 펴고 새로운 사회에서 정정당당하게 새로운 주인이 되라고 격려했다. 당시 덩잉차오는 '샤오차오肖超'라는 예명을 사용해서, 촌 주민들이 덩잉차오를 친근하게 '라오샤오老肖'라고 불렀다.

덩잉차오는 시거우촌에 들어가 시범 사업을 진행하면서 조사와 연구를 바탕으로 〈토지개혁과 여성 사업의 새 임무〉라는 글을 발표했다. 글에 이런 내용이 있다.

"여성 사업과 토지개혁을 결합하고, 여성운동과 농민운동을 결합하자. 농민 대중을 동참시킬 때 농촌 노동여성 대중도 함께 동참시켜야 하며 '남자가 먼저, 여자는 뒤에'라는 주종 관계가 있어서는 안 된다. 여성 대중을 전체 대중 토지개혁, 생산 및 민주운동에 적극적으로 동참시킬 때 의식적으로 주의를 기울여 여성 자체의 여러 문제를 점차 해결해야 한다."

이 글은 토지개혁 중 여성 사업을 지도하는 과정에서 중요한 문서가 되었다.

1948년 4월 덩잉차오는 공작팀과 시거우촌을 떠났고, 푸핑현 청난좡城南庄에서 저우언라이를 만났다. 이곳에서는 일부 현, 구 위원회 서기들이 참석하는 좌담회에 참여해 토지개혁과 당 정비 시범 사업의 경험을 검토했다. 이때 중앙 부녀위원회 서기인 차이창이 마침 둥베이에 있어서, 덩잉차오가 중앙 부녀위원회 서기 대리를 맡았다. 4월 28일, 덩잉차오는 저우언라이와 함께 허베이 핑산현平山縣 시바이포촌에 도착했다.

1948년, 시바이포에서 덩잉차오

해방구 여성공작회의에 참석하다

1948년 9월 20일에서 10월 6일까지, 전국이 해방되기 전날에 중공중앙은 허베이 핑산현 시바이포에서 해방구부녀공작회의를 열었다. 화베이, 시베이西北, 산둥, 화중華中, 화난華南 등 해방구의 여성 간부 80여 명이 회의에 참석했다. 회의에서는 해방구 여성 사업의 방침, 임무, 조직 형태와 여성 사업에 대한 당의 지도 문제를 주로 검토하고 해결했다.

당 중앙은 이 부녀공작회의를 굉장히 중시했다. 류샤오치, 주더, 저우언라이가 직접 회의에 가서 중요한 연설을 하고, 회의에서 해결해야 하는 주요 문제들을 명확히 지시했다.

회의에서 덩잉차오는 해방구 농촌 여성 사업에 관한 주제 보고와 회의 총정리 보고를 맡았다. 특히 토지개혁의 여성 사업에 대해 여러 참신한 견해를 밝혔다. 우선 여성 사업을 당 전체 차원의 사업으로 끌어올렸다. 각급 당 위원회, 모든 토지개혁 사업팀에 여성 사업에 대한 지도를 강화하고 여성 대중을 동참시키는 데 신경을 기울여 여성들의 계급 각성을 높이고, 여성 간부 양성에 주의를 쏟아 그들의 실무 능력, 문화 수준과 생산기술을 향상시킴으로써 많은 농촌 여성이 토지개혁에 적극 참

1948년, 시바이포에서 덩잉차오

여하도록 통솔해 달라고 요구했다. 실제로 이렇게 실천한 지역은 여성 대중이 폭넓게 동참하고 토지개혁, 생산, 전방 지원 등 3대 임무를 잘 완수했다.

두 번째로 남·녀 농민이 함께 싸우도록 인도했다. 당시 남존여비 사상은 당 내외의 고질적인 문제였고, 많은 지역이 토지개혁에서 여성 사업을 가볍게 여겨서 대중을 동참시킬 때 여성보다 남성이 우선시 되고, 남성이 주축이 되고 여성이 뒤따르는 구조였다. 심지어 일부러 여성을 난처하게 만들거나 배제시키는 곳도 있었다. 덩잉차오는 이런 생각과 행동을 비판하고 사실을 조목조목 따지며 농촌 여성이 토지개혁, 경제발전, 인민해방전쟁 지원에 얼마나 중요한 기여를 했는지 설명했다. '토지개혁 완료 후, 사업 중심은 생산 발전으로 옮겨간다. 생산에서도 남성과 여성이 함께 동참한다는 방침을 실천해야 하며, 여성 참여 없이 생산 발전 없다. 따라서 여성의 적극 동참은 토지개혁 성패에 관계되고 생산력 증대 촉진 여부를 가늠하는 큰 일이며, 여성 농민은 자신의 힘으로 자신의 해방을 이뤄내야 한다.'는 것이 덩잉차오의 생각이었다.

또한 사업 진행 시 당은 여성들의 계급 각성을 우선순위에 두어야 하고, 남성과 여성이 함께 교육을 받아야 하는 동시에 여성에게는 사상, 생산, 실생활에 대한 보충 교육을 해야 한다고 밝혔다. 일부 농촌 여성들은 가사, 자녀 등의 이유로 외출해 회의를 할 수 없으므로 적절한 방식의 보충수업이 필요하고, 일부는 오랫동안 사회 활동에 참여하지 않아 염려가 많으니 맞춤형 교육을 실시해야 한다고 예를 들었다.

시바이포에서 덩잉차오와 저우언라이

덩잉차오는 여성의 실질적 이익에 많은 관심을 갖고 토지개혁 과정에서 남녀노소 평등하게 토지를 분배해 여성의 경제적 권리를 보장해야 한다고 지적했다. 재혼할 수 없는 과부, 집이 있어도 돌아갈 수 없는 민며느리, 시어머니의 학대에 시달리는 며느리, 남편에게 맞고 사는 아내 등 특수한 고통을 겪는 여성들에 대해서도 언급했다. 이런 문제는 의식적으로 차근차근 해결해야지, 여성에게 땅 한 뙈기를 분배해 생산에 참여시킨다고 자연스레 없어질 상황이 아니라고 덧붙였다.

마지막으로 봉건제 통치에서 가장 큰 압박을 받는 것은 여성이며, 결혼으로 인한 고통이 가장 심하다고 밝혔다. 토지를 분배받아 생산노동에 참여하면 정치, 경제적으로 어느 정도 해방되기는 하지만 완벽한 해방은 아니며, 봉건 결혼제도를 깨고 결혼의 자유를 얻도록 도와줘야 한다고 피력했다.

1948년, 시바이포에서 덩잉차오

덩잉차오의 의견은 해방구 여성운동을 올바른 방향으로 지도함에 있어서 꾸준히 발전하며 어마어마한 추진 작용을 했다.

이후 중공중앙은 〈현재 해방구 농촌 여성 사업에 관한 중국공산당 중앙위원회의 결정〉을 정식으로 하달해서 중국여성 제1차 전국대표대회 개최를 준비했다.

1949년 3월, 중국여성 제1차 전국대표대회에 참석해
〈현 시점에서 중국여성운동의 방침과 임무〉 보고를 하고
회의에서 전국민주부녀연합회 부주석에 당선된 덩잉차오

중국여성 제1차 대표대회에 참석하다

1948년 12월 5일, 중공중앙은 〈전국여성대표대회 준비사항에 관한 중앙의 통지〉를 발표해 "전국부녀대표대회를 개최하고 전국민주부녀연합회를 창립하는 것은 혁명의 새로운 정세에 부응하는 중요한 정치 임무이므로 각급 당 위원회는 신속히 준비 작업에 착수해야 한다."고 언급했다. 또한 회의의 개최 시간, 장소, 참석할 대표의 정원, 의사일정, 준비 작업 등을 설명하고 규정했으며, 전국의 민주여성 단체에 전국여성대표대회 준비 활동에 참여할 대표를 파견해 달라고 요청해 해방구부녀연합회, 국민당 통치구역 민주여성 단체 및 여성계 민주 인사들의 적극적인 호응을 얻었다.

1949년 1월 7일, 덩잉차오는 〈전국민주부녀연합회 준비회 보고〉를 작성해 마오쩌둥, 류샤오치, 주더, 런비스任弼時, 저우언라이 등 5대 서기에게 전달해서 전국민주부녀연합회 준비회의 설립 시기, 준비위원회 인력 구성, 업무 분담, 국민당 통치구역 여성 대표 선출 방법 등 네 측면을 보고했고, 곧바로 승인을 얻었다.

1월 12일, 제1차 전국여성대표대회 준비위원회가 시바이포에서 발족했다. 73명의 위원으로 구성된 준비위원회는 차이창이 주임을 맡고 덩잉차오, 리더취안이 부주임과 상무위원을 맡았다. 진지한 토론과 협의를 거쳐 3월에 베이핑에서 중국여성 제1차 전국대표대회를 개최하기로

1949년 3월 26일, 중국여성 제1차 전국대표대회에서 연설을 하는 덩잉차오

결정했고, 회의에 참석할 대표는 약 총500명으로 정했다. 준비위원회가 정식으로 설립되자 준비 작업들이 긴박하게 진행되었다. 단 2개월 만에 대회 개최를 위한 모든 준비 작업이 끝났다. 덩잉차오는 준비 작업에 온 심혈을 기울였다.

3월 24일부터 4월 3일까지, 중국여성 제1차 대표대회가 베이핑 중난하이中南海 화이런탕懷仁堂에서 열렸다. 474명의 대표가 참석하고 256명이 참관했으며 대표 중에는 여성 근로자, 여성 농민, 해방군 여전사, 여성 기술자, 여성 지식인, 각 민주당파와 종교별 민주 여성, 소수민족 여성 및 전문직 여성 등이 포함됐다. 마오쩌둥 등 중앙 지도자들은 대표 전원을 접견하고 "생산증대와 민주권리 쟁취를 위해 싸우십시오!"라며 대회를 위한 격려의 말을 전했다. 회의에 앞서 차이창을 서기로, 덩잉차오와 류야난을 부서기로 선출했고 17인으로 당 조직위원회를 구성했다.

회의 기간 덩잉차오는 〈현 시점에서 중국여성운동의 방침과 임무〉라는 보고를 했다. 대회는 충분한 논의를 거쳐 덩잉차오의 보고 내용 중 현재 정세에 대한 분석과 임무에 대한 건의를 만장일치로 통과시켰다. 이 보고는 신중국 여성 사업을 지도함에 있어서 중요한 의미를 지녔다. 한편 리더취안과 차이창은 〈국민당 통치구역 민주여성운동〉, 〈세계 민주여성운동의 현황 및 임무〉를 보고했다.

대회는 〈현 시점에서 중국 여성운동의 임무에 관한 결의〉를 통과시켜 여성운동의 총체적 임무를 명확히 했다.

1949년, 시바이포에서 덩잉차오와 차이창

"반제국주의, 반봉건주의, 반관료자본주의 혁명을 끝까지 실시해 국민당 반동 세력을 깨끗이 제거하고 새로운 중화인민민주공화국을 건설하자."

그리고 차이창과 덩잉차오를 포함한 51명의 집행위원과 21명의 후보 집행위원을 선출했다. 또한 〈중화전국민주부녀연합회 정관〉을 통과시키고 전국 여성운동을 일괄적으로 지도할 기관으로 중화전국민주부녀연합회를 만들었다.

4월 14일, 전국민주부녀연합회 제1기 제2차 집행위원회 전체위원회의를 열고 명예주석에 허샹닝, 주석에 차이창, 부주석에 덩잉차오, 리더취안, 쉬광핑을 선출했고 덩잉차오는 당 조직 부서기를 겸임했다.

중국여성 제1차 전국대표대회는 중국 여성이 30년간 반제국주의, 반봉건주의, 반관료자본주의 투쟁에 참여해 거둔 성과다. 중국 여성운동의 범위가 농촌에서 도시로, 일부 지역에서 전국으로 확대되고 분산되었던 모습에서 집중되고 통일된 모습으로 바뀐 것을 의미했다. 또한 각 민족, 각계 여성이 중국공산당의 지도 아래에서 전대미문의 대단합을 이루었음을 상징했으며 중국 여성운동이 더 찬란하게 새로운 장을 열어갈 것임을 예고했다.

1949년 6월, 상하이에서 덩잉차오

새로운 정협에 참여하다

전국적으로 해방전쟁이 승리를 앞두고 있는 즈음, 중공중앙은 마오쩌둥의 제의에 따라 "각 민주당파, 각 인민단체, 각 사회 명사들은 신속히 정치협상회의를 열고 인민대표대회 소집을 논의하고 실천하여 민주연합정부를 세우자"고 호소했다. 중화전국민주부녀연합회는 전 중국 여성을 대표하는 각계 여성대표 20여 명을 보내 신규 정협 준비 작업에 적극적으로 참여하게 했다.

1949년 6월 6일, 덩잉차오는 샹닝, 차이창 등과 공동 명의로 쑹칭링에게 전문을 보냈다.

"우리는 강요에 의해 두 곳으로 분리되었지만 자유와 민주를 위해 함께 싸웠고, 여사님에 대한 존경심과 그리움을 늘 품고 있습니다. 이제 상하이는 인민의 소유가 되었고 전국의 승리가 목전에 다가왔으니 우리가 함께 품은 희망도 머지않아 완벽히 이루어질 것이라 생각하며 안부와 경의를 전합니다."

6월 15일에서 19일까지, 중국공산당은 각 민주당파와 각 분야 대표 인사들을 소집해 베이핑에서 신규 정협회의 제1차 준비회를 열고 마오

1949년 6월 30일, 상하이에서 쑹칭링, 랴오멍싱廖夢醒과 함께
상하이시 당정군민 중국공산당 창립 28주년 경축행사에 참석한 덩잉차오

쩌둥을 주임으로 하는 상무위원회를 발족했다. 21명 상무위원 중에 차이창도 포함됐다. 신중국 탄생을 앞두고 중공중앙은 쑹칭링에 대한 존경심으로 건국의 대계大計에 대해 함께 의논하자고 쑹칭링을 베이핑으로 초청했다. 마오쩌둥, 저우언라이의 친필 서신을 가지고 쑹칭링을 맞이하도록 상하이로 덩잉차오를 특별 파견했다. 허샹닝의 딸인 랴오멍싱이 동행했다.

덩잉차오는 상하이에 도착한 후 우선 랴오멍싱을 쑹칭링에게 보내 쑹칭링을 베이핑으로 초청하는 중공중앙의 의견을 전달하도록 했다. 베이핑은 쑨중산이 세상을 떠난 곳이니 만큼, 쑹칭링에겐 마음이 아파 가고 싶지 않은 장소였다. 이틀간 심사숙고한 끝에 쑹칭링은 자신의 거처로 덩잉차오를 초대했다. 덩잉차오는 쑹칭링에게 새로운 정협 상황을 소

1949년 9월, 제1기 전국 정협 전체회의에서 연설하는 덩잉차오

개하고, 정협 회의가 곧 베이핑에서 열리고 중앙인민정부도 수립될 것이라고 전했다. 또한 중공중앙은 쑹칭링 선생님이 베이징으로 오셔서 함께 건국 대계를 의논하길 간절히 바란다고 전하며 마오쩌둥, 저우언라이의 친필 서신을 전달했다.

덩잉차오가 상하이에 있는 동안 때마침 중국공산당 창당 28주년을 맞았다. 덩잉차오는 경축행사에 참석해 달라고 쑹칭링을 적극적으로 초청했고, 쑹칭링은 흔쾌히 동의했다. 6월 30일 저녁, 덩잉차오, 랴오멍싱은 쑹칭링과 함께 중국공산당 28주년 기념 대회에 참석했고, 쑹칭링은 대회를 위해 열정과 정감이 가득한 축하 서신을 작성했다.

덩잉차오, 랴오멍싱이 여러 번 정성껏 설득한 끝에 쑹칭링은 마침내 마오쩌둥과 저우언라이의 초청을 받아들여 베이핑으로 가기로 했다.

1949년 9월, 제1기 전국 정협 전체회의에서 덩잉차오와 차이창

8월 말, 쑹칭링은 덩잉차오, 랴오멍싱과 함께 상하이를 출발해 9월 1일 베이핑 기차역에 도착했다. 마오쩌둥, 주더, 저우언라이 등 중앙 지도자와 각 민주당파 대표들이 기차역에 나와 쑹칭링을 맞이했다.

9월 21일, 중국 인민정치협상회의 제1기 전체회의가 중난하이 화이런탕에서 성대하게 열렸다. 마오쩌둥은 개막사를 통해 엄숙하게 선언했다.

"지구 인구 4분의 1을 차지하는 중국인들이여, 지금부터 일어납시다."

덩잉차오는 정협 대표로서 회의에 참석했다. 회의에 참석한 대표는 총 662명이었고, 그중 여성 대표는 69명으로 전체에서 10.6%를 차지했다. 이들은 각 당파, 각 민주단체와 각계의 여성을 대표해 남성 대표들과 함께 신중국 건설이라는 대계를 의논했다.

9월 24일, 덩잉차오는 중화전국민주부녀연합회 대표단을 대표해 〈중국여성은 신중국 건설을 격려하고 기쁜 마음으로 맞이한다〉는 제목의 연설을 통해 중국 인민정치협상회의를 열렬히 지지한다는 중국 여성의 결정을 전하고 설레는 마음으로 신중국 탄생을 축하했으며, 전국 여성들에게 곤경을 두려워 말고 끝까지 노력하고 학습해서 신중국 건설에 적극적으로 헌신하자고 호소했다.

9월 27일, 중국 인민정협회의 제1차 회의에서 저우언라이의 주관 하에 작성한 〈중국 인민정치협상회의 공동 강령〉(이하 '공동강령') 초안이 통과되었고, 덩잉차오는 〈공동강령〉의 토론과 수정 과정에 참여했다. 〈공동강령〉은 '인민혁명 건국 강령'으로 중국 역사상 굉장히 중요한 문헌이다. 〈공동강령〉 제6조는 "중화인민공화국은 여성을 속박하는 봉건 제도를 폐지한다. 여성은 정치, 경제, 문화교육, 사회생활 각 영역에서 모두 남성과 평등한 권리를 갖는다."고 정했다. 남녀평등 원칙을 확립한 최초의 조항이다. 회의에서 덩잉차오는 곧 세워질 중앙 인민정부와 각급 정부에 〈공동강령〉이 여성에게 부여한 여러 권리를 보장하고, 최대한 많은 여성을 흡수해 각급 정부 업무에 참여시킬 것을 호소했다. 회의에서 덩잉차오는 제1기 전국 정협 상무위원으로 선출되었다.

새로운 중국이 곧 탄생을 앞두고 있었다.

중화인민공화국 시절
(1949-1992)

건국 초기의 덩잉차오

여성운동의 새로운 물결을 이끌다

1949년 10월 1일, 신중국이 탄생했다. 덩잉차오는 중화전국민주부녀연합회의 부주석으로 차이창을 도와 전국 여성운동을 지도했고, 1978년 9월 중국부녀대표대회를 개최할 때까지 근 30년간 여성운동의 혁신을 위해 바쁘게 움직였다.

그해 11월, 덩잉차오와 저우언라이는 중난하이에 위치한 해당화가 가득 핀 시화팅西花廳으로 거처를 옮겨 26년간 생활한다. 저우언라이가 세상을 떠나고 덩잉차오는 시화팅에서 해당화 나무와 꽃을 벗 삼아 살다 1992년 생을 마감했다.

신중국은 수립 초기에 혼란스러운 상황을 안정시키고 방치되었던 안건을 처리하는 등 막중한 건설 임무에 직면했다. 덩잉차오는 복잡한 사안이 뒤엉켜 있던 여성운동 문제를 해결하기 위해 조국의 사회주의 건설운동에 여성들을 참여시킬 방법을 집중적으로 모색했다. 지도 경험이 풍부했던 덩잉차오는 여성 간부 양성을 여성운동 최우선 과제로 삼았다. 모든 사업의 인솔자인 여성 간부를 중심으로 여성들이 조직을 만들고 운동을 전개해 나가야 한다고 생각했다. 여성 간부가 모범을 보인다면 훨씬 더 큰 효과를 거둘 수 있을 것이라고 여겼다.

1949년 3월, 베이징 중난하이의 이녠탕頤年堂에서 덩잉차오와 저우언라이

1950년 3월 8일, 신중국 수립 후 많은 여성이 처음으로 '3·8 세계 여성의 날'을 맞이했다. 덩잉차오는 '세계 여성의 날'을 기념해 《인민일보人民日報》에 〈능력을 갖추어 일을 잘하자〉라는 제목으로 사설을 기고했다. 덩잉차오는 현 단계에서 중점적으로 생각해야 할 문제에 대해 의견을 개진했다. 또한 "중국 혁명이 전쟁에서 건설로 전환되고 있는 상황에서 중국 인민의 핵심 임무 중 하나는 경제 건설에 종사해 생산 사업의 회복과 발전을 위해 분투하는 것이다. 상황이 바뀌었고 새로운 임무가 주어졌으니 인민 간부와 여성 간부도 새로운 요구에 따라야 한다."고 지적했다.

당시 전국 각 지역과 각 기관에서 여성 간부가 대거 배출되고 있었다.

그중 일부는 능력과 교양을 갖추고 열심히 업무를 익히며 더 나은 발전을 꾀하면서 새로운 건설 임무를 완수하려 했지만 일부는 사상, 업무, 학습, 생활적으로 부족한 점이 있었다. 차하얼성의 경우 구區급 이상의 여성 간부 1,200명 가운데 문맹과 반 문맹이 51%를 차지하고 있어 복잡하고 중요한 일을 맡기 어려웠다.

또한 진취적 사고와 일에 대한 열정이 부족한 여성 간부는 대부분 구舊사회 여성 특유의 의존적인 성향을 갖고 있었다. 신문물에 대한 이해가 부족한 상황에서 새로운 환경과 임무가 주어졌음에도 새로운 능력을 힘써 배워 일을 완수하지 않고, 옛 경험과 인식 안에만 머물러 있는 여성 간부도 다수 있었다. 심지어 비관적이고 자신감이 결핍된 여성 간부도 있었다.

사설에서 덩잉차오는 이런 문제를 해결하려면 모든 여성 간부가 현재의 새로운 혁명 상황을 똑똑히 인식하고 각 방면에서 자신이 부족한 점을 극복해 능력을 키워야 한다고 호소했다. 또한 새로운 혁명 임무를 맞아 일을 잘하려면 학습에 더욱 힘써 실질적으로 필요한 능력을 갖추어야 한다고 강조했다.

덩잉차오는 사설을 통해 신중국 여성운동에 대한 자신의 견해를 밝혔다.

덩잉차오는 모든 여성 간부에게 힘써 배울 것을 장려하며 "배움은 모든 발전의 핵심"이라고 말했다. 글을 모르고 문화적 소양이 부족한 여성 간부는 글자를 배워 문맹에서 벗어나고 과학 지식을 익혀 문화적 소양을 갖춰야 한다고 강조했다. 또한 중등 수준의 문화적 소양을 갖춘 간부는 마르크스·레닌주의와 마오쩌둥 사상을 익히는 데 더욱 힘쓰고 정책을 학습해 사상과 이론, 정책 수준을 높여야 한다고 말했다. 그런 한편 과학 지식과 새로운 생산기술을 연구해 생산 작업에 적극적으로 참여할 것을 강조했다.. 덩잉차오는 "쉬지 않고 겸손한 자세로 깊이 연구하

신중국 수립 초기의 덩잉차오

면 모든 것을 익힐 수 있다. 오늘 이해하지 못한 것도 힘써 배우면 내일은 이해하게 될 것이다."라고 말했다.

1950년대의 덩잉차오

덩잉차오는 모든 여성 간부가 건설 사업에 적극적으로 참여해 맡은 바 직무를 다하고 인민을 위해 전심전력으로 봉사할 것을 호소했다. 또한 인민을 위해 봉사하기로 결심한 여성 간부들은 더욱 구체적인 업무에 참여해 실제 필요한 능력을 학습할 것을 강조했다. 귀찮은 것, 두려운 것, 힘든 것을 피하지 말고 자신감과 강한 의지로 고난을 극복해야 한다고 말했다. 덩잉차오는 모든 여성 간부에게 개인주의로 인한 이기적인 생각을 버리고 어려운 상황에서도 투쟁하는 영광스러운 전통을 발휘해야 하며, 엄격한 절약을 통해 향락을 추구하려는 생각을 없애라고 요구했다.

또한 모든 여성 간부는 옆에 있는 동지와 업무량의 많고 적음, 인민에 대한 봉사의 좋고 나쁨을 경쟁해야지 지위나 향유하는 것을 가지고 경쟁해서는 안 된다고 말했다. 덩잉차오는 여성 간부에게 관심사를 가정이라는 작은 울타리 안에 가두지 말고 독립적 투쟁 정신으로 온 힘을 혁명 사업에 쏟아 남편에게 의지하려는 생각에서 벗어날 것을 요구했다. 이 밖에 새로운 국면에 적응하고 항상 힘써 배우고 사물에 대한 이해와 자신의 인성과 문화적 소양을 높여 혁명적 인생관을 수립해야 한다고 강조했다.

1950년 초, 덩잉차오와 차이창

덩잉차오는 모든 여성 간부가 단결해 국가의 전체적 상황에 관심을 갖고 서로 배우고 함께 발전하면서 임무를 완성하길 바랐다. 즉 원로 간부는 신입 간부에게, 공산당원 간부는 비공산당원 간부에게 항상 겸손하고 진솔한 모습과 민주적 태도로 조화롭고 화목한 관계를 구축하고, 사상·정치·업무에 있어 신규 간부와 비공산당원 간부에게 도움을 줘야 한다고 생각했다. 덩잉차오는 또한 각급 당 위원회와 각급 인민정부에 많은 여성 간부를 양성해서 다양한 업무에 배치하고 격려해 줄 것을 요구했으며, 동등한 능력을 지닌 남녀 간부는 반드시 동등한 일을 맡아야 한다고 말했다. 뿐만 아니라 각 부처는 기혼 및 자녀가 있는 여성 간부의 임용을 거부하는 퇴보적인 현상을 단호히 바로잡아야 한다고 강조했다.

또한 여성 간부의 업무 상황과 생각에 관심을 갖고 그들에 대한 지원을 강화하면서 합당한 진급 기회를 점차 확대할 것을 요구했다. 이 밖에 덩잉차오는 당과 정부, 인민단체의 교육 부처와 조직은 여성 간부 양성을 일상 업무로 삼아야 한다고 말했다. 특히 간부를 양성하는 학교와 훈련반은 항상 계획을 세워 일정한 수의 여성을 선발하여 교육할 것을 강조했다. 각종 안건을 논의하는 회의에 여성 간부를 최대한 참여 또는 참관시켜 각 분야에서 여성 간부가 현재 상황을 이해하고 학습할 기회를 줘야 한다고 말했다.

여성 간부의 특수한 어려움에 대해서도 최대한 도움을 줘야 한다고 강조했다. 경제적인 여건이 된다면 보육원 또는 공장과 기관 단위로 탁아소를 열고 여성 간부가 서로 협력하며 아이를 돌볼 수 있게 해서 여성 간부의 육아 부담을 줄여 줘야 한다고 언급했다.

덩잉차오는 여성 간부는 힘써 배우며 발전을 위해 노력하고, 중국 공산당의 각급 당 위원회와 각급 인민정부가 여성 간부에게 교육적인 도움을 준다면 여성 간부의 능력이 향상될 것이며 국가 건설의 임무도 훌륭히 해낼 수 있다고 믿었다.

덩잉차오가 기고한 사설은 신중국이라는 대문에 막 들어선 많은 여성 간부에게 현실적이고 핵심적인 조언으로, 향후의 사업 방향을 제시했다. 여성 간부들은 덩잉차오의 사설을 통해 혁명에 대한 강렬한 열정과 책임감이 불타올랐고 자신의 부족한 점도 분명히 인식했다. 문화·과학 지식과 구체적 업무 능력을 익혀 맡은 바 업무를 완수할 뿐 아니라 신중국 건설에 큰 공헌을 하겠다고 마음먹었다.

오랫동안 여성운동을 했던 둥볜董邊이 회상하며 말했다.

"큰딸을 낳고 천식으로 몸이 아파 집에서 쉬고 있을 때였다. 신문에 실린 덩 언니의 글을 보고 단숨에 읽어 버렸다. 글에 담긴 덩 언니의 생각에 깊은 감명을 받았고 많은 문장이 마음을 울렸다. 반복해서 그 글을 읽고 생각하고 기억하며 언니의 말을 머릿속에 깊이 새겼다. 언니의 가르침대로 혁명 사업을 내 생활 최우선순위에 놓고 언니처럼 온몸을 바쳐 다른 여성을 위해 봉사하겠다고 결심했다."

모스크바에서 덩잉차오와 저우언라이

바쁜 나날 속에 밀려오는 그리움

1950년 새해 첫 날이 지나고 덩잉차오는 정신없이 바쁜 나날을 보냈지만, 마음속으로는 늘 멀리 모스크바로 떠난 저우언라이를 그리워했다.

당시 저우언라이는 중국 정부 대표단을 이끌고 베이징을 떠나 모스크바로 갔다. 마오쩌둥을 도와 소련 대표와 협상을 했고, 〈중·소 우호동맹 상호원조 조약〉 및 차관, 통상, 민간 항공 등 분야에서 협상을 체결했다.

그때는 기차를 타고 모스크바로 가는 데만 열흘이 걸렸다. 기차가 만주에 도착하자 저우언라이의 비서인 허첸何謙이 저우언라이에게 말했다.

"샤오차오小超[1] 누님께 몇 글자라도 적어서 보내는 게 어떻습니까?"

저우언라이는 허첸에게 알려줘서 고맙다고 인사하고 곧바로 펜을 들어 편지를 썼다. 집을 떠난 뒤 지금까지 지나온 지역과 만난 동지들에 대해 자세히 적었다.

---

1. 덩잉차오를 친근하게 부르는 말

건국 초기의 덩잉차오

핑안平安으로 가는 길에 부인에게 소식을 전하오. 9일 밤에 기차가 출발한 다음 바로 옷을 벗고 잠자리에 들었소. 5시 반 톈진에 도착했고 황징黃敬 등이 기차에 타 얘기를 나누었소. 10일에는 10시에 일어났고 기차는 카이핑開平, 롼저우灤州, 창리昌黎, 위관榆關[2]을 지났다오. 위관을 지난 후에 잠자리에 들었다가 밤 10시에 일어나 11일 5시 반 선양瀋陽에 도착할 때까지 깨어 있었소. 선양에서 3시간 머무르며 가오강高崗, 린펑林楓, 리줘란李卓然 등의 동지와 만났고 8시 반에 푸춘富春, 어우양친歐陽欽 등의 동지가 합류해 함께 북으로 향했소. 11시에 잠자리에 들어 11시간 동안 푹 자고 밤 10시에 일어났다오. 그날 밤 12시 반 기차는 하얼빈에 도착했고 하얼빈에서 세 시간 머무르며 목욕을 했소. 12일 3시 반 기차는 하얼빈을 떠났고 5시에 잠자리에 들어 10시에 일어났소. 오늘은 밤 10시에 잠자리에 들 생각이라오. 그러면 다시 정상적인 규칙을 되찾을 거요. 밤 10시에 잠이 들어 내일 아침 6시에 일어난다면 78시간 여정에서 잠을 잔 시간만 36시간이오. 절대로 적지 않은 시간이지. 아마 당신이 무척 기뻐할 것 같아서 특별히 고하오.

저우언라이의 편지는 단순한 기록처럼 보이지만 사실 덩잉차오가 가장 기뻐할 만한 내용이었고 가장 궁금했던 일이었다.

저우언라이는 편지에 다음과 같이 계속 적었다.

2. 오늘날의 산하이관(山海關)

1980년 덩잉차오가 연극계에 있는 친구이자 유명 월극 공연 예술가 위안쉐펀과 중난하이 시화팅에서

"가는 길이 아주 춥지는 않아요. 옷이 무겁고 두터워 뚱뚱해 보이지만 다시 갈아입을 필요는 없소. 하얼빈을 지났는데 베이만北滿[3] 고원의 날씨가 따뜻해지고 눈이 내리지 않아 올해 봄 생산량에 영향을 줄까 걱정되오. 스타노보이 산맥 이북은 날씨가 대단히 춥다고 하던데 벌써 깊은 밤이라 설경이 어떤지 알아볼 수 없군요."

회담의 중요한 임무를 맡고 출국한 저우언라이의 마음속에는 여전히 중국의 생산량에 대한 걱정뿐이었다. 그는 눈이 내리지 않는 따뜻한 날씨가 북방의 봄철 파종에 안 좋은 영향을 줄까 봐 걱정했다.

3. 하얼빈, 무단장(牡丹江), 자무스(佳木斯), 베이안(北安) 등 지역을 가리킴

베이징에서 덩잉차오와 라오궈모

장거리 여정을 떠나면서 저우언라이는 읽을거리를 챙겨 갔는데 그중에는 상하이 쉐성극단雪聲劇團에서 출간한 기념 책자도 있었다. 기념 책자를 뒤적이던 저우언라이는 쉐성극단의 책임자이자 유명한 월극越劇[4] 배우인 위안쉐펀袁雪芬을 떠올렸다.

저우언라이와 덩잉차오는 위안쉐펀의 연극을 유난히 좋아했다. 신중국 수립 전날 밤, 덩잉차오는 마오쩌둥과 저우언라이의 부탁으로 상하이에 가서 쑹칭링를 마중한 후 함께 베이징으로 가 신新 정치협상회의에 참가하기로 했다. 상하이에 도착한 덩잉차오는 일부러 시간을 내 위안쉐펀의 연극을 보러 갔고, 연극을 보고 나서 저우언라이에게 편지를 썼다.

"상하이에서 위안쉐펀 언니가 하는 월극을 봤어요. 언니의 연기와 기예가 정말 대단해요. 떠나기 전에 다시 한 번 보고 싶어요. 공연 소개서

4. 중국 저장성(浙江省) 일대에서 발원한 연극

를 같이 보내요. 당신이 월극을 굉장히 좋아한다고 말했어요."

저우언라이는 구시대를 겪은 예술가들의 정치 성향에 특별한 관심을 갖고 있었다. 그래서 위안쉐펀에게 격려 편지를 보내 달라고 덩잉차오에게 부탁했다.

"위안쉐펀이 더 열심히 배워서 발전할 수 있도록 격려해 주시오."

저우언라이는 편지에 여정에서 만난 동지들이 덩잉차오의 안부를 물었다고 전했다.

"많은 동지가 당신의 건강을 물어봤소. 내가 집에 없는 한 달 동안 마음 편히 쉬길 바라오. 내가 집에 돌아갔을 때 더 젊어진 당신의 모습을 본다면 참 기쁠 것 같소."

오랜 기간 전쟁과 지하투쟁을 하면서 덩잉차오는 건강이 나빠졌다. 심장병 등 각종 만성질환에 시달리고 있어서 정말로 휴식이 필요했다. 하지만 항상 일은 바라는 대로 되지 않았다.

저우언라이가 떠난 후에도 덩잉차오는 편히 쉬지 못했을 뿐만 아니라 오히려 두 배로 바빠졌다. 전국민주부녀연합회의 부주석인 차이창이 병원에 입원해 치료를 받고 있었고, 비서장인 취멍줴는 연구조사를 위해 남쪽으로 내려간 상황이었다. 부녀연합회와 당 지도 조직 안팎의 일을 덩잉차오가 맡게 됐다.

덩잉차오는 저우언라이에게 답신을 보내며 이렇게 적었다.

"당신이 떠난 후에도 난 당신이 상상할 수 없을 만큼 긴장되고 바빴어요. 그래서 오늘 밤에는 나에게 휴가를 주려고 해요. 마침 토요일이어서 추핑楚平도 집에 갔고 류앙劉昻과 천하오陳浩도 나갔어요. 리치李琦도 남쪽으로 떠났고요. 시화팅이 너무 고요하니 멀리 있는 사람이 그리워 펜을 들어 몇 글자 적어요. 쉬지는 못했지만 그래도 좋은 점은 밤잠

1954년, 덩잉차오와 비서 천추핑陳楚平(오른쪽), 보건 간호사 정수윈鄭淑雲(왼쪽)

을 편안히 잔다는 거예요. 옆방에서 잠들지 못하는 사람을 걱정할 필요가 없으니까요. 이것만으로도 충분히 편안해요. 당신이 돌아올 때까지 여기서 더 병이 생기지 않도록 할게요. 내가 젊어지길 바란다는 말은 다시 당신에게 돌려줄게요. 아무리 바빠도 쉬면서 일하세요."

답신에서는 가장 기뻤던 일도 저우언라이에게 전했다.

어느 날 오후, 덩잉차오는 회의를 마치고 집에 돌아와서 매우 피곤한 상태였다. 그런데 거실로 들어서자 향기로운 냄새가 코를 스치며 정신이 번쩍 들었다. 그녀는 비서인 추핑에게 어디에서 나는 향기인지 물었고, 방으로 들어가자 탁자 위에 놓인 꽃병에 수선화 두 다발이 꽂혀 있었다. 덩잉차오가 누가 보낸 꽃인지 묻자 추핑은 한 손님이 보내온 것으로 편지도 남겼다고 말했다.

덩잉차오와 쑨빙원 열사의 손녀 쑨웨이스

덩잉차오는 서둘러 편지를 읽었다. 알고 보니 항일전쟁 시기에 머물렀던 충칭 홍옌의 집주인 라오궈모의 딸인 샤징夏靜이 보내온 것이었다. 샤징이 엄마를 보러 충칭에 갔는데 샤징의 엄마가 특별히 홍옌의 토양에서 자란 신선한 수선화를 저우언라이와 덩잉차오에게 전해 달라고 부탁했다는 것이다.

덩잉차오는 감격한 나머지 저우언라이에게 보내는 답신에 기쁜 마음을 숨김없이 드러냈다.

"정말 기뻐요. 홍옌의 집주인이자 좋은 이웃이었던 류劉 부인('라오궈모'를 가리킴)의 깊은 우정에 감동했어요. 수선화를 거실에 가져다 놓고 병에서 수선화를 꺼내서 매만지며 감상했어요. 충칭 홍옌에서 온 꽃이 내 마음을 충칭 홍옌으로 데려갔어요. 3년간 홍옌에서 살았던 지난 일이 눈

앞에 생생하게 떠오르는 것 같아요. 내 마음은 복잡한데 꽃은 말이 없네요. 한참 후에 '만감이 교차하다'라는 말이 절로 나왔어요. 당신이 집에 없어 정말 아쉬워요. 당신이 있었다면 내 마음에 공감했을 거예요. 당신은 내 마음을 가장 잘 이해해 주는 사람이니까요."

덩잉차오는 저우언라이가 돌아왔을 때 꽃이 시들어 버릴까 걱정돼, 자신의 기쁨을 함께 나누기 위해 소련에서 회담 중인 저우언라이에게 특별히 수선화 세 송이를 보냈다. 한 송이는 저우언라이에게 나머지 한 송이는 허첸에게 보내는 것이었다. 세심하고 사려가 깊은 덩잉차오는 편지에 특별히 허첸을 언급하며 말했다.

"허첸의 배려가 고맙네요. 방금 당신이 여행길에서 쓴 편지를 받았어요."

그리고 마지막 한 송이 수선화는 소련에서 통역 일을 돕고 있는 저우언라이와 덩잉차오의 '딸'인 쑨웨이스孫維世에게 보냈다. 쑨웨이스는 쑨빙원孫炳文 열사의 딸로, 편지에서 저우언라이와 덩잉차오가 유일하게 '딸'이라고 부르는 인물이었다. 1922년 9월, 쑨빙원과 주더는 진리를 찾아 유럽으로 떠났고 독일에서 저우언라이의 소개로 중국공산당에 가입했다. 1927년, 쑨빙원이 국민당에 살해당했을 때 쑨웨이스는 겨우 여섯 살이었다. 항일전쟁 초기 우한에 있는 국민혁명군 제팔로군 사무처에서 우연히 쑨웨이스와 만난 저우언라이는 쑨웨이스를 옌안으로 데려가 공부시켰다. 그때부터 쑨웨이스는 저우언라이와 덩잉차오의 보호 속에 성장했다.

1939년, 저우언라이가 어깨 부상으로 모스크바에 치료를 하러 갔을 때 마오쩌둥은 쑨웨이스가 덩잉차오와 함께 모스크바로 가는 것을 허락했다. 그 후 쑨웨이스는 모스크바에 남아 공연과 연출을 공부했고 독일·소련 전쟁의 시련도 경험했다. 저우언라이와 덩잉차오는 쑨웨이스에게 부모처럼 끝없는 사랑을 쏟았다. 덩잉차오는 훗날 쑨웨이스에게 이렇게 말했다.

"20년간 우리 부부가 네게 느낀 감정과 사랑에는 많은 것들이 담겨 있다."

"우리와 너 사이에는 부모와 딸 사이처럼 진실하고 숭고한 감정과 사랑이 있어."

"네가 말한 것처럼 모든 것이 숭고하고 소중해."

회담이라는 중요한 책임을 지고 있던 저우언라이는 덩잉차오가 보낸 편지와 꽃으로 편안함과 가족의 온정을 느낄 수 있었다.

1950년 5월, 장자커우 간부 회의에서 〈중화인민공화국혼인법〉에 관해 보고하는 덩잉차오

〈혼인법〉 초안을 주관하다

1950년 5월 1일, 중앙인민정부가 〈중화인민공화국혼인법〉(이하 〈혼인법〉)의 실행을 공포했다. 〈혼인법〉은 수천 년의 역사를 가진 중국에서 처음으로 등장한 결혼에 관한 대법大法이자 신중국 수립 후에 공포한 첫 번째 법률이었다. 덩잉차오는 법률의 초안을 작성하고 선전하는 데 심혈을 기울였다.

1948년 가을, 시바이포에서 열린 해방구 여성운동 회의에서 류사오치가 중국공산당 중앙위원회를 대표해 덩잉차오 등 중앙부녀운동위원회 동지에게 〈혼인법〉 초안 작성 업무를 맡겼다. 회의가 끝나고 중앙부녀운동위원회는 〈혼인법〉 초안작성팀을 만들었다. 덩잉차오가 주임을 맡았고 주요 구성원으로 솨이멍치帥孟奇, 캉커칭, 양즈화, 왕루치王汝琪 등이 참여했다. 덩잉차오 주관 하에 〈혼인법〉 초안 작성이 시작되었다.

덩잉차오는 해방구 농촌토지개혁에 참여할 당시 농촌 여성들이 봉건제 혼인의 압박으로 고통을 겪고 있으며 남녀 모두가 혼인의 자유를 열망하고 있다는 사실을 절감했다. 덩잉차오는 부모의 반대에 부딪혀 연애결혼을 하지 못한 젊은이들을 부부로 맺어 주고 사소한 다툼으로 인한 충동적인 이혼을 후회하는 부부를 재결합시켜 주기도 했다.

〈혼인법〉 초안을 작성하기 위해 덩잉차오는 실제 상황에 따라 몇 개 지역을 선정했고, 해당 지역의 부녀연합회가 혼인 문제에 관한 조사를 벌였다. 초안작성팀은 조사와 학습을 병행하며 도시와 농촌의 결혼에 관한 각종 자료를 수집했다. 과거 장시江西 소비에트 지구와 각 해방구 결혼 관련 규정 및 소련과 동유럽 신민주주의 국가의 〈혼인법〉을 참고하며 반복적 연구 토론을 벌이는 한편, 1931년 12월 1일 공포해서 실행했던 〈혼인 조례〉를 따르고 유지했다. 이 조례는 중화소비에트공화국 중앙집행위원회 주석 마오쩌둥 등이 정식으로 서명한 것으로, 다음과 같이 규정했다.

"봉건 시대 결혼 제도 폐지, 결혼의 자유 및 남녀 권리 평등의 실행, 여성과 아동의 이익 보호 등을 기본원칙으로 한다."

덩잉차오는 〈혼인법〉 초안을 작성하는 전 과정에서 좋은 의견을 많이 제시하면서 상당히 중요한 역할을 했다. 특히 당시 가장 논란이 됐던 '이혼의 자유'라는 문제에 대해 입장을 명확히 밝혔다. 〈혼인 조례 초안에 관해 마오쩌둥, 류사오치, 주더, 런비스, 저우언라이에게 바치는 편지〉에서 '일방이 이혼을 원할 경우 이혼할 수 있다'는 한 줄을 추가해야 한다고 주장했다.

"오늘 정하는 혼인법은 원칙적인 규정이다. 낡은 것을 타파하고 새로운 것을 건설하려면 남녀 불평등 현상에 초점을 맞추어 여성에게……을 보장해 주어야 한다. 부녀운동위원회 동지는 혼인 조례 각 조항을 고려해 최대한 많은 여성의 권익을 보장해야 한다."

몇 달간의 노력 끝에 중앙부녀운동위원회는 〈혼인법〉 초고를 작성하고 다양한 좌담회를 여러 차례 열어 각 민주당파와 인민단체, 사법기관, 기타 관련자들의 의견을 수렴했다. 그리고 각 측 의견에 따라 〈혼인법〉

1950년대의 덩잉차오

초고 내용과 문장을 여러 차례 수정했다. 그런 후 중국 인민정치협상회의 전국위원회 상무위원, 중앙인민정부위원 및 정무원 위원과 합동 좌담회를 열어 〈혼인법〉 초고를 최종 수정했다. 그리고 덩잉차오의 제안과 주장으로 "부부 쌍방 또는 일방이 이혼을 원하고 인민정부와 사법기관의 조정이 효과가 없을 경우 이혼을 허가한다."는 중요 조항이 〈혼인법〉에 추가되었다.

1950년 4월 13일, 〈혼인법〉이 중앙인민정부위원회 제7차 회의에서 통과되고 마오쩌둥 주석이 1950년 5월 1일부터 실행할 것을 명문화해 공포했다.

〈중화인민공화국혼인법〉은 중화인민공화국 수립 후 제정된 첫 번째 국가 대법으로 풍부한 내용과 원대한 의미를 담고 있어 젊은 공화국에게 귀한 선물이 되었다.

〈혼인법〉 공포와 시행은 결혼·가정 관계를 개선하는 강력한 개혁으로, 사회주의식 혼인 관계를 수립하고 혼인 가정에서 남녀평등을 실현하는 데 중요한 역할을 했다.

〈혼인법〉이 공포되자 덩잉차오는 전국에 적극적으로 선전 활동을 벌이며 〈혼인법〉의 철저한 시행을 촉구했다. 1950년 5월 14일, 시 위원회와 시 정부가 〈혼인법〉을 학습하기 위해 장자커우張家口에서 연 대규모 간부 회의에서 덩잉차오는 장편의 보고서를 발표했다.

덩잉차오는 먼저 〈혼인법〉 탄생과 초안 작성 과정, 그리고 〈혼인법〉이 지닌 중요한 의미에 대해 회의 참석자들에게 집중적으로 설명하며 다음과 같이 말했다.

"〈중화인민공화국혼인법〉은 수천 년 역사를 가진 중국에서 처음으로 생긴 혼인 대법大法이자, 중국 노동 인민이 오랫동안 분투하고 인민 해방 전쟁에서 승리해 얻은 성과 중 하나입니다. 또한 중국 인민이 제국주의를 몰아내고 국민당 반동 정치를 무너뜨린 후 전국에 인민민주독재를 수립하고 4분의 1의 인구가 실시한 토지 개혁의 토대에서 나온 산물입니다. 〈혼인법〉에는 많은 노동 인민, 특히 많은 노동 여성들이 혼인에 대해 바라는 점이 집약적으로 나타나 있습니다."

또한 〈혼인법〉에 대해 "봉건주의 결혼제도를 근본적으로 부정한 것이며 자본주의 사회에서 말하는 소위 '자유 평등'의 혼인법과 근본적 차이가 있다. 즉 중국 국가 상황에 부합하고 시의적절한 신민주주의 혼인법"이라고 강조했다.

〈혼인법〉은 다음과 같은 원칙을 명확히 규정했다.

첫째, 강제적이고 남존여비 사상이 팽배하며 자녀의 이익이 무시되는 봉건주의 혼인 제도를 폐지한다. 남녀 결혼의 자유, 일부일처제, 남녀 권리 평등, 여성과 자녀의 합법적인 이익을 보호하는 신민주주의 혼인 제도를 시행한다.

둘째, 중혼과 첩을 들이는 것을 금지한다. 민며느리제도, 과부의 혼인에 간섭하는 것을 금지하며 누구도 혼인 관계를 이유로 재물을 요구해서는 안 된다.

덩잉차오는 〈혼인법〉의 주요 내용과 철저한 시행을 위한 방법을 더 자세히 설명했다. 많은 대중이 봉건주의식 혼인 제도에 반대하고 직접 행동으로 옮길 수 있도록 당과 정부, 인민 단체의 각급 조직이 〈혼인법〉에 관해 광범위하고 깊이 있는 선전 교육 활동을 펼칠 것을 요구했다. 〈혼인법〉이 실행되기 위해서는 반드시 대중들의 자발적인 참여가 있어야 함도 강조했다. 그래야만 대중들이 봉건주의식 혼인 제도의 압박에서 완벽하게 해방될 수 있다고 전했다. 이와 같은 덩잉차오의 발언은 전국 각지에 〈혼인법〉이 철저히 시행되는 데 중요한 역할을 했다.

1950년 9월, 전국민주부녀연합회 제3차 집행위원회 대규모 회의에서
〈도시의 여성운동에 관한 몇 가지 문제〉를 보고하는 덩잉차오

도시에서 여성운동을 추진하다

당이 사업의 중점을 농촌에서 도시로 옮기자 덩잉차오도 도시에서의 여성운동 방법을 구상하기 시작했다.

1950년 9월 4일~18일, 전국민주부녀연합회 제1기 3차 집행위원회 대규모 회의가 베이징에서 열렸다. 이 회의에서 덩잉차오는 〈도시의 여성운동에 관한 몇 가지 문제〉를 보고하고 도시의 여성운동에 관한 자신의 생각을 분명히 밝혔다.

덩잉차오는 중국부녀 제1차 전국대표대회가 도시의 여성운동 방침을 생산 중심으로 확정한 것은 옳았다고 평가하면서 다음과 같이 문제점을 지적했다.

"여성을 중심으로 하는 생산 방침을 시행할 때 일부 간부들은 해당 도시의 상황을 고려하지 않고 기계적으로 이해하고 시행하고 있습니다. 업무에서 문제가 생길 때도 공회公會[1]와 상의해 적절한 해결 방법을 찾지 않습니다. 가사노동 여성을 생산에 참여시킬 때도 비현실적으로 높은

1. 노동조합

1951년 6월, 전국민주부녀연합회 간부 회의에서 보고하는 덩잉차오

목표를 잡고 서둘러 목표를 달성하려는 생각뿐입니다. 어떤 간부들은 대규모 사업을 하고 싶은 생각에 일의 순서와 중요도, 긴급성 여부를 구분하지 않고 대중의 요구만 들어주면 된다고 생각하고 있습니다(이러한 문제점은 현존하고 있고 시정 중이다)."

덩잉차오는 각 도시에 있는 부녀연합회가 해당 도시의 구체적 상황과 현지 인민정부의 정치 방침 및 당면한 핵심 임무, 시장의 수급 상황, 여성만이 할 수 있는 생산 능력과 가능성을 파악하고 이에 따라 각기 다른 목표와 절차를 확정해 점차 여성의 점차적 생산 참여로 이끌어 내라고 요구했다. 여성 직원이 많은 공업 도시의 경우 여성 근무자와 노동자 가족을 주요 대상으로 삼고, 여성 직원이 적은 도시의 경우 노동자 가족을 주요 대상으로 삼아야 하며, 비공업 도시의 경우 가사노동 여성을 주요 대상으로 삼아야 한다고 설명했다.

발표를 통해 덩잉차오는 도시에서 여성운동을 펼치기 위해 부녀연합회가 추진해야 할 구체적인 방향과 업무 방침을 제시했다. 덩잉차오는 반드시 생산과 문화, 정치교육을 결합해 여성의 생산 활동 참여를 방해하는 장애물과 특수한 봉건적 속박을 제거해야 한다고 지적했다. 이를 위해 각 도시의 부녀연합회가 인민정부와 각 부처에서 추진하고 있는 아동 보육, 여성과 어린이 보건, 새로운 〈혼인법〉 등이 제대로 시행될 수 있도록 적극적으로 협조할 것을 요구했다.

도시의 여성운동 전개 방법에 대해 덩잉차오는 도시의 여성운동이 장기적으로 형성된 농촌식 관점과 일괄적인 업무 처리 방식에서 벗어나 전체적 시각 아래 분업하고 협력하며 서로 조화를 이루는 과학적인 방법으로 대체할 것을 강조하며 이렇게 말했다.

"각급 민주부녀연합회를 통일전선 조직으로 삼고 최대한 각 민족과 민주 계층, 각 민주당파 및 무당파의 민주 여성이 단합하여 각급 부녀연합회의 업무에 참여하도록 해야 한다."

덩잉차오는 부녀연합회가 공회公會의 여성노동자 사업에 적극 협조하고, 여성이 노동자 계급으로서 주인의식을 갖고 자신의 능력을 적극적으로 발휘하도록 격려해야 한다고 강조했다. 도시의 대규모 실업과 미취업 여성문제에 대해서는 현실에 입각하여 정부, 기업, 사업 조직과 협력해 여성이 생산에 참여할 길을 열어 줘야 한다고 말했다.

이번 회의에서 '도시의 여성운동은 생산을 핵심 임무로 한다'는 방침이 인정받았다. 회의가 끝난 후 도시의 각급 부녀연합회가 회의의 정신을 성실히 이행하면서 도시의 여성운동은 탁월한 성과를 거두며 전개되었다.

덩잉차오와 전국부녀연합회의 적극적인 추진, 당과 각급 정부의 지지와 관심 덕분에 많은 여성이 집에서 나와 경제적 자립을 추구하며 신중국 건설을 위한 다양한 작업 현장에 뛰어들었다. 여성들은 전통적인 편견을 버리고 각고의 노력을 기울여 그동안 금기로 여겨졌던 여성 취업의 문을 활짝 열었다.

그러자 순식간에 각 전선에서 여성의 그림자가 모습을 나타내기 시작했다. 최초의 여성 화물차 운전사, 여성 전차 운전사, 여성 미장이, 여성 지질학 작업자…… 여성들은 저마다 다른 자리에서 국민경제 상황을 호전시키기 위해 자신의 능력을 바치며 사회에 여성의 엄청난 능력을 보여

1952년 3월, 신중국의 1세대 여성 조종사의 비행쇼를 지켜보고 있는
덩잉차오와 주더, 리더취안(왼쪽 끝), 리보자오李伯釗(오른쪽 끝)

주었다. 여성이 각 분야에서 성취를 이루자 덩잉차오는 중국 최초 여성 비행기 조종사를 배출해야 한다고 주장했다. 그 후 당 중앙위원회, 중앙군사위원회의 정식 승인을 거쳐 신중국 최초 여성 항공 전문 인력을 양성하기로 결정했다.

1952년 '3·8' 세계 여성의 날, 수도 베이징 시자오西郊 공항에서 신중국이 첫 번째로 배출한 우수 여성 항공 전문 인력의 이륙 행사가 성대하게 열렸다. 덩잉차오는 기쁜 마음으로 중국 인민해방군 총사령관 주더, 중국부녀연합회 명예주석 허샹닝 등과 함께 비행, 항로관제, 기계, 통신 등의 병과에 복무하게 된 여군의 모습을 지켜봤다.

축하 자리에서 덩잉차오는 "오늘 여성 조종사의 이륙 행사는 신중국이기 때문에 가능한 일이며, 우리 여성도 열등감에서 벗어나 자신감과 용기를 갖고 열심히 공부하면 남성처럼 모든 일을 잘 해낼 수 있다는 것을 증명한 자리였다."고 격려했다. 또한 여성 비행 조종사가 앞으로 더욱 노력해 더 큰 승리와 성취를 이루길 바란다고 말했다. 비행쇼가 끝나자 공항을 에워싸고 구경하던 이들은 여성 비행 조종사들을 겹겹으로 둘러싸 환호하며 진심 어린 축하인사를 건넸다. 덩잉차오는 자랑스러운 여성 조종사들을 맞이하며 함께 기념사진을 찍었다.

도시에서 여성운동이 광범위하게 전개됨에 따라 각 분야에서 여성 직원의 숫자가 계속해서 증가했고 여성노동자 집단의 규모도 더욱 커졌다. 특히 방직업에서 여성노동자는 전체 노동자의 60% 이상을 차지했고 전체 공업 전선에서 여성 직원들이 앞다투어 노동 경쟁에 참여했다. 각 지역 부녀연합회와 노동조합의 여성노동자 부서는 여성노동자들이 문화학습과 생산경쟁, 기술교류 활동에 적극적으로 참여할 것을 장려하며 여성노동자들이 문화 수준과 업무 능력을 향상할 수 있도록 도왔다.

예를 들어 상하이 방직 공장은 352개의 학교를 만들어 방직 여성노동자 900명이 입학했고, 둥베이東北 지역에서는 반년 만에 전체 여성노동자의 2%에 해당하는 1,849명의 여성노동자가 생산 신기록을 달성했다.

1949년 60만 명이었던 전국 여성노동자 수가 1952년 말에 이르러서는 150만 명으로 증가했다. 1956년 말에는 여성노동자 수가 300여만 명에 도달하면서 유사 이래 가정에서 사회로 진출하는 여성의 수가 최고치에 이르렀다.

1953년 제2차 전국민주부녀대표대회 기간에 마오쩌둥과 대화를 나누고 있는 덩잉차오

중국부녀 제2차 전국대표대회에 참가하다

신중국 수립 후 여성운동의 성과와 경험을 평가하고 중국 여성운동의 발전 방침과 임무를 제정하기 위해 1953년 4월 5일~23일 중국부녀 제2차 전국대표대회가 베이징 화이런탕에서 열렸다. 회의에는 916명의 대표가 참석했다. 4년 동안 실전 경험을 쌓은 덩잉차오는 신중국의 여성을 위해 해야 할 핵심 임무가 무엇인지 명확히 인식하고 있었다. 그녀는 바쁜 업무 속에서도 전국민주부녀연합회를 대표해 〈지난 4년간 중국 여성운동에 대한 평가와 향후 임무〉라는 제목의 보고서를 발표했다.

덩잉차오는 "1949년 3월에 열렸던 중국부녀 제1차 전국대표대회 이후 전국 각 민족 여성과 인민이 단결하여 신중국 건설을 위한 사업에 온몸을 바쳤다. 위대한 조국은 새로운 역사적 시기로 접어들었다. 지난 4년간 민주부녀연합회 각 조직은 '여성의 생산 참여를 중심으로 한다'는 방침을 고수하며 여성운동을 펼쳤다. 인민 혁명이 위대한 승리를 거두고 신중국이 수립되면서 여성의 지위도 크게 개선되었고 여성의 의식도 향상되었다."고 밝혔다.

덩잉차오는 보고서에서 지난 4년간 중국이 여성운동에서 거둔 주목할 만한 성과와 경험을 열거했다.

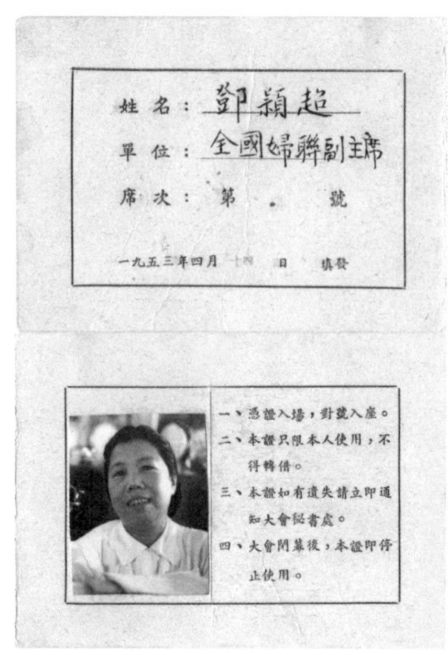
姓名：鄧穎超
單位：全國婦聯副主席
席次：第　號
一九五三年四月十四日填發

一、憑證入場，對號入座。
二、本證只限本人使用，不得轉借。
三、本證如有遺失請立即通知大會秘書處。
四、大會閉幕後，本證即停止使用。

제2차 전국민주부녀대표대회에 참석한 덩잉차오의 대표증

제2차 전국민주부녀대표대회에서 연설하고 있는 덩잉차오

먼저 전국의 성과 시 그리고 대부분의 현에 이미 민주부녀연합회가 설립되었다. 각 업무 분야의 여성 간부가 약 34만 명에 이르렀고, 이 중 여성운동 전문 간부가 약 4만 명에 달했다. 농촌의 많은 여성이 남성과 함께 토지개혁운동에 참여했고 남성과 똑같이 토지를 분배받았다. 이에 농업 생산에 참여하는 여성의 열정이 더욱 높아졌다. 농촌 전체 노동 여성 중에서 농업 생산에 참여하는 여성 비율이 전국적으로 매년 증가했으며, 이들 중 유능하고 모범이 되는 여성노동자도 등장했다. 일부 지역 농촌합작사 중 90% 이상이 여성을 교육해 사장 또는 부사장의 임무를 맡겼다.

공업 건설에 참여한 여성노동자 수도 매년 증가했다. 이중 방직업은 여성노동자가 전체 노동자의 60% 이상을 차지했다. 한 번도 여성이 참여하지 않았던 지진·측량 분야에도 피나는 노력 끝에 여성으로 구성된 지진팀, 측량팀 즉 '3·8' 측량팀[1]이 처음으로 등장했다. 향鄕과 현, 시의 각계 인민대표회의에서 여성 대표가 전체 대표의 12~22% 정도를 차지했다.

정부 인사 중에는 여성 향장鄕長이 가장 많았고, 여성 현장縣長과 부현장 그리고 법원 원장의 수도 적지 않았다. 성, 시, 대행정구에서도 성 부주석, 전원專員[2], 청장廳長을 맡은 여성이 등장했다. 인민정부의 경우 부주석, 부장, 부부장, 국장, 부국장, 사장司長을 맡은 여성의 수가 60여 명이 넘었다. 중국 인민민주 정권이 여성의 정치 권리를 존중한다는 사실이 잘 드러나는 부분이다.

신중국 수립 이후 여성은 남성과 동등한 입학의 기회를 얻었다. 이제 학교 전체 학생 중에서 여학생이 상당한 수를 차지하게 되었다. 1952년

---

1. 3 · 8은 '3월 8일 세계 여성의' 날을 지칭하는 말로, '여성'을 뜻하는 말로 사용됨
2. 성과 자치구에서 파견한 전구(專區)의 행정 책임자

시난구西南區의 통계에 따르면 대학교, 전문대학교에서 여학생 수는 전체 학생의 32%를 차지했으며 중·고등학교에서는 전체 학생의 38%를 차지했다. 또한 각 지역 사립학교와 문맹 퇴치반에서도 여학생 수가 빠르게 증가해 전체 학생의 30~50% 정도에 이르렀다.

이외에도 의학 보건 사업과 애국 위생운동 업무에서 여성은 중요한 역할을 담당했다. 여성이 해방됨에 따라 오랫동안 유지되었던 남존여비 봉건사상과 전통 풍습은 이제 존재해야 할 이유가 사라졌다. 게다가 새로운 〈혼인법〉이 시행되면서 대중의 의식도 크게 향상돼 혼인의 자유, 남녀가 평등한 혼인 관계도 보편적 개념으로 자리 잡아가고 있었다.

신중국에서 어머니와 아이는 국가의 관심과 보호를 받았다. 〈노동보험 조례〉는 여성노동자에게 출산 전후 총 56일의 유급 휴가를 지급해야 한다고 규정했다. 1951년 6월, 중앙인민정부 인사부는 공공기관에서 직원 및 훈련생을 모집할 때 '임산부 지원 불가' 규정을 추가할 수 없다고 발표했다. 또한 도시와 농촌에는 탁아소가 설립되었다.

이 밖에 중국 여성들은 다양한 주요 국제 행사에도 참여했다. 중국은 이미 53개 국가의 여성들과 결연을 맺었고 세계의 여성들과 함께 전쟁 반대, 평화 보호, 여성과 아동의 권리 보호와 같은 통일전선을 확대하며 세계 여성평화민주운동의 중요한 축으로 자리 잡고 있었다.

덩잉차오는 보고서에서 지난 4년간 중국 여성운동의 중요한 경험을 다음과 같이 정리했다. 첫째, 여성해방 사업을 국가와 인민의 전체 사업과 결합해 전개했다. 이로써 많은 여성이 중국공산당 중앙위원회 및 인민정부가 시기마다 전국 인민에게 제시한 중요한 임무를 남성과 공동으로 완수했다. 둘째, 여성을 생산에 참여시킨다는 핵심 방침이 실행되면서 많은 여성이 신중국의 건설자가 되었다. 동시에 중국 여성운동은 여성의 이익을 보호하며 여성이 생산에 참여하면서 생긴 특수한 어려움을 점차 해결해 나갔다.

덩잉차오는 향후 여성운동의 핵심 임무에 대해 "많은 여성이 잠재 노동력을 충분히 발휘해 공·농업 생산과 조국 건설 사업에 참여하는 것"이라고 말했다. 동시에 문화교육과 의료보건, 아동보육 등의 사업에도 적극적으로 참여해 생산발전을 위해 봉사해야 한다고 지적했다.

발표가 끝난 뒤 대회 참석자들은 충분한 논의를 거친 후 전국민주부녀연합회 집행위원회 대표로 덩잉차오가 발표한 보고 내용에 전원 동의한다는 의사를 밝혔다. 그리고 기존의 조직 정관을 수정하고 중앙 정부의 지시에 따라 서기처書記處를 설립하기로 결정했으며 〈향후 전국 여성운동 임무에 관한 결의〉와 〈중화전국민주부녀연합회 정관〉을 통과시켰다. 이 대회에서 덩잉차오는 전국민주부녀연합회 제2기 집행위원회 위원으로 선출되었으며 전국민주부녀연합회 부주석으로 재당선되었다.

중국부녀 제2차 전국대표대회는 중국이 국민경제 회복을 성공적으로 달성하고 사회주의식 개조와 건설에 들어선 새로운 역사적 시기에 개최되었다. 대회에서 신중국 수립 이후 여성운동의 풍부한 경험을 평가하고 여성운동의 기본 원칙을 제정했으며 여성운동의 임무를 명확히 제시했다. 이는 사회주의식 개조와 사회주의 건설에 여성의 적극적인 참여를 촉구했다는 중요한 의미를 지닌다. 이렇게 중요한 임무를 둘러싸고 덩잉차오는 많은 여성을 이끌고 미래를 향해 견고한 발걸음을 한 걸음씩 내디뎠다.

1949년, 아시아 여성대표대회에서 연설하는 덩잉차오

국제무대에 데뷔하다

해방을 쟁취한 중국 여성은 세계인의 주목을 받았다. 국제여성민주연맹WIDF, Women's International Democratic Federation의 부다페스트Budapest 회의에 참가한 각국 대표는 신중국과 중국의 여성운동에 대해 매우 궁금해 했고, 1949년이 지나기 전 중국에서 아시아 여성대표대회를 개최하고 싶어 했다. 이 회의에 참석한 전국민주부녀연합회 주석 차이창은 '국제사회 진출'이라는 아름다운 희망을 품고 귀국했고, 곧 당의 지지를 받았다. 덩잉차오는 차이창의 아시아 여성대표대회 개최 준비를 도왔다.

1949년 12월 10일~16일, 아시아 여성대표대회가 베이징에서 성대하게 개최되었다. 회의에는 23개국 165명의 정식 대표와 유럽, 미국, 아프리카에서 온 32명의 귀빈이 참석했다. 국제여성민주연맹 회장인 쿠튀르Couturier 부인도 초청을 받아 회의에 참석했다. 회의에 참석한 대표들은 사회의 다양한 계층과 당파, 업계 종사자들로 연령대도 많게는 71세, 적게는 18세로 다양했다. 일부 아시아 국가 여성 대표들은 생명의 위협을 무릅쓰고 최전선을 지나 적의 감시를 뚫고 중국에 도착했다. 이 대회는 처음으로 중국에서 열린 국제적인 여성 회의였다.

차이창은 국제여성민주연맹의 부회장이자 전국민주부녀연합회 주석

1949년 12월, 아시아 여성대표대회에 참석한 덩잉차오와 차이창, 루추이陸璀

으로서 대회 개막 축하인사 자리에서 말했다.

"이번 회의는 아시아 여성들의 대단결을 상징하는 최초의 자리입니다. 우리는 뜻을 모아 제국주의 침략 전쟁에 반대합니다. 세계의 영원한 평화와 인민의 민주를 쟁취할 것이며 식민지와 반식민지에서 핍박받는 민족을 완전히 해방할 것입니다."

또한 "우리는 전심전력으로 대회의 모든 임무를 완수할 것입니다. 이 임무는 전 아시아 여성들이 우리에게 부탁한 것입니다."라고 말하며 열정적 모습을 보였다. 차이창의 개막 축하인사는 회의 참석자들의 열렬한 박수를 받으며 회장 분위기를 고조시켰다.

국제여성민주연맹 이사이자 중국 여성대표단 단장 신분으로 회의에 참석한 덩잉차오는 〈아시아 여성의 민족독립, 인민민주, 세계 평화를 위해 투쟁하자〉라는 주제로 발표했다. 덩잉차오는 발표문에서 중국 여성과 중국 인민이 민족독립과 인민민주를 위한 불굴의 투쟁으로 혁명을 이룩하고 승리를 쟁취하기까지 거쳐 온 고난의 과정을 상세히 소개했다.

"중국의 수천 수백만 여성이 부모를 떠나 항일전쟁과 자위전쟁에 참여해 비바람 속에서 생활하고 숲에서 전투를 벌였습니다. 캄캄한 밤에 지뢰를 파묻고 도로를 폭파하고 적을 물리쳤습니다. 전투 중 무수한 여성이 국가를 위해 귀중한 생명을 바쳤습니다. 중국 혁명은 아시아 인민과 여성이 순종적인 노예가 아니라는 사실을 증명했습니다."

덩잉차오는 각국 대표에게 중국이 혁명을 승리로 이끌 수 있었던 이유를 세 가지로 요약했다. 첫째, 중국공산당은 마르크스·레닌주의 이론으로 무장하고 대중과 긴밀하게 소통했다. 둘째, 무장한 인민들이 반혁명파를 타도했다. 셋째, 광범위한 민족민주 통일전선을 구축했다.

덩잉차오는 중국 혁명과 여성운동 과정에서 얻은 경험을 총정리하면서 "여성의 운명은 전 민족의 운명과 떼려야 뗄 수 없다. 민족이 없는 독립과 인민 민주는 여성의 삶을 개선시키지 못하며 여성 권리도 보장하지 못한다."고 지적했다. 즉 여성운동은 민족 해방 및 인민 민주운동의 일환이라는 것이다.

덩잉차오는 아시아 각국 여성들이 민족 독립 과정에서 이룩한 거대한 승리를 높이 평가했다. 그녀는 민족과 계층, 종교, 신앙의 구분 없이 아시아 여성들이 각국의 인민과 단결하여 민족 독립과 인민 민주를 위해 투쟁하는 것을 아시아 여성운동의 방침과 임무로 제시했다. 덩잉차오는 아시아 국가를 세 가지 유형으로 분류하고 국가별 상황에 따라 임무를 구체적으로 제시했다. 구체적 임무는 각기 달랐지만, 아시아 각국 여성들이 세계 평화유지운동에 모두 참여해야 한다는 것은 공통의 임무였다.

대회에 참석한 각국 여성 대표들은 덩잉차오의 발표에 열렬한 환호를 보냈고, 장내에는 박수 소리가 끊이지 않았다. 회의에 참석한 대표들은 덩잉차오의 발표를 듣고 큰 용기를 얻었다. 오늘날 중국의 여성해방이 자신들의 내일이 될 것으로 생각했다. 각국 대표들은 중국을 동경했고, 해방을 쟁취하고 누리는 중국 여성의 행복한 삶을 부러워했다.

대회 마지막에는 〈아시아 각국 여성과 자매들에게 보내는 서신〉, 〈미국, 영국, 프랑스, 네덜란드 여성에게 고함〉, 〈민주부녀연합회의 아시아 국가여성단체활동원조 지지에 관한 결의〉, 〈여성권리쟁취에 관한 결의〉, 〈아시아 각국 아동 상황에 관한 결의〉 등 선언과 결의가 통과되었다.

대회가 끝난 후에 전국민주부녀연합회는 각국 여성 대표들과 함께 중국의 명승고적지를 참관했다. 각국 여성 대표는 차이창과 덩잉차오, 중국 부녀연합회의 훌륭한 접대에 감사를 표했고, 신중국과 손님을 정성껏 대접하는 중국 여성에게 좋은 인상을 받았다.

모든 일정을 마친 후 덩잉차오는 회의에 대해 최종 평가를 진행하며 "회의는 성공적이었고 많은 수확이 있었다."고 평가했다. 이번 대회를 통해 아시아 여성운동의 방침과 임무를 확정했고, 기구를 설립하여 아시아 각국의 여성 조직을 강화했을 뿐만 아니라 국제여성민주연맹과의 관계도 더욱 긴밀해졌다. 또한 아시아 국가와 세계 여성의 단결을 강화해 아시아 각국 여성들이 우수한 국제주의 교육을 받을 수 있게 되었다.

평가 자리에서 덩잉차오는 "중국 혁명이 승리를 거두며 국제사회에서 중국의 위상이 전례 없이 높아졌다. 각국 대표들이 우리를 존경하고 주목하고 있으며, 중국 여성의 국제적 위상도 높아졌다. 각국 대표들은 중국 인민과 중국 여성의 용감한 투쟁에 찬사를 보냈다. 아울러 각국 여성들, 특히 아시아 인민들은 중국 혁명의 승리에 큰 용기를 얻었다. 중국 여성 역시 그들의 모습에서 큰 용기를 얻었다."고 강조했다.

아시아 여성대표대회를 통해 아시아 각 나라는 서로 여성운동 경험을 나누었다. 이로써 세계 각국 여성과 단결을 강화하고 깊은 우정을 쌓았다. 또한 '독립과 평화, 민주를 사랑하는 아시아 모든 여성은 민족과 계층, 정치, 종교, 신앙의 구분 없이 단결하고 아시아 각국의 인민과 함께 광범위한 민족 통일전선을 결성한다. 공동의 적 제국주의를 물리쳐 민족 독립과 인민 민주를 위해 투쟁한다.'는 아시아 여성운동의 방침도 확정했다. 이 회의의 성공적인 개최는 중국 여성의 국제적 위상과 중국 여성이 세계 여성해방운동에서 차지하는 역할의 비중이 높아지고 있다는 것을 상징했다.

덩잉차오는 이번 회의를 통해 세계 각국의 뛰어난 여성 대표와 친분을 맺고 그들 국가의 여성운동 상황을 이해하게 되면서 더욱 무거운 책임감을 느꼈다. 이번 회의로 덩잉차오는 세계 각국, 특히 아시아 국가 여성에게 널리 유명해졌다. 세계 여성은 신중국에 중국 인민과 여성의 해방을 위해 장장 30년간 투쟁한 뛰어난 여성이 있다는 것을 알게 되었고 정치가로서의 재능과 식견, 인류 해방과 여성해방을 위한 숭고한 희생정신, 풍부한 혁명 투쟁의 경험과 지혜 그리고 열정적이고 진실하며 겸손한 태도를 지닌 덩잉차오의 모습에 찬사를 보냈다.

1950년대의 덩잉차오

각국의 진보 여성과 깊은 우정을 쌓다

중국의 뛰어난 여성 지도자로서 덩잉차오는 중국 여성운동뿐만 아니라 세계 여성운동의 발전에도 깊은 관심을 갖고 있었다. 그녀는 중국 여성의 운명을 세계에서 핍박받고 있는 여성의 운명과 함께해야 한다고 생각했다. 덩잉차오는 평소에도 다른 나라에 신중국 여성의 일과 학습, 생활을 선전하고 소개했다. 세계 인민이 중국 여성을 통해서 신중국을 이해하고 신중국에 관심을 갖고 신중국을 지지해 주기를 바랐기 때문이다.

아시아 여성대표대회는 신중국 여성이 국제사회와 교류할 수 있는 길을 열어 주었다. 중국 여성의 국제 교류가 확대되면서 중국에 관심을 갖고 중국을 동경하는 국가들도 더욱 늘어났다. 그들은 중국 여성, 중국 여성운동의 성과와 경험을 더 많이 이해하기 위해 하나둘씩 중국을 방문했다. 전국민주부녀연합회는 불과 몇 년 사이에 세계 53개 국가의 여성 및 여성 단체와 우호 관계를 맺게 되었다.

1951년에서 1952년 사이에 전국민주부녀연합회는 크고 작은 접대와 연회, 다과회 등 행사를 90여 차례 열었으며, 총 45개 국가의 여성 대표를 접대했다. 덩잉차오는 외국 손님을 접대하는 행사에 거의 빠지지 않고 참가했다. 관련 통계에 따르면 1952년 5월과 6월 사이에 덩잉차오가 외국 손님을 접대한 행사만 22차례였고, 같은 해 9월과 10월에는 총 24

제3차 전국부녀대표대회에서 신중하게 투표를 하고 있는 덩잉차오와 차이창 등

차례의 접대 행사에 참여했다.

덩잉차오는 통일전선에서 활약했던 풍부한 경험을 토대로 세계 각국 친구들과 교류했다. 덩잉차오는 외국 손님을 접대할 때 상황에 따라 질문에 대한 대답을 달리했다.

신중국을 방문한 여성들은 공통적으로 중국의 여성운동에 흥미를 보였지만, 주된 관심사는 달랐다. 자본주의 국가와 식민주의 국가의 진보 여성은 중국 여성이 민족 독립과 정치 해방을 성공적으로 쟁취한 경험에 대해 궁금해 했다. 그중에서도 특히 중국 여성이 반동 통치 속에서 통일전선을 펼치며 합법과 비합법 투쟁을 벌인 방식과 투쟁 전략에 관심이 많았다.

반면 이들 국가의 일반 여성은 중국 여성과 아동의 일과 학습, 생활을 궁금해 했으며, 특히 〈혼인법〉에 큰 관심을 보였다. 해방 전쟁을 벌이고 있는 지역의 여성들(북한, 베트남 등)은 중국 여성이 해방 전쟁에서 얻은 경험을 알고 싶어 했다. 소련과 동유럽 국가 여성들은 중국 여성의 신중국 건설 참여 상황에 대해 궁금해 했다.

1952년 5월~10월, 덩잉차오는 인도, 북한, 베트남, 미얀마, 일본, 인도네시아, 파키스탄, 영국, 스웨덴, 소련, 루마니아 등 수십 개 국가의 여성 대표에게 중국 민주부녀연합회의 조직 형태와 체계, 신중국 여성이 혁명과 건설 과정에서 얻은 성과와 경험을 소개했다. 또한 신중국 여성의 새로운 생활과 모습을 설명해 각국 여성들의 큰 관심을 불러일으켰다.

덩잉차오는 각국 여성 대표에게 중국 여성운동을 소개하며 여성운동은 민족 해방운동과 긴밀히 결합해 진행해야 하고 분리되어선 안 된다고 강조했다. 중국 여성은 중국 인민과 함께 제국주의와 봉건주의에 반대하는 투쟁을 지속했고 다년간의 힘든 투쟁 끝에 승리를 쟁취하여 중화인민공화국을 설립했다. 신중국 여성운동은 생산을 중심으로 이루어졌는데, 많은 여성을 공·농업 생산과 문화, 교육에 참여시켜 여성의 독립된 지위를 보장했다.

덩잉차오는 이렇게 전했다.

"여성운동은 각 계층 여성의 단합이 중요합니다. 장기 투쟁을 하면서도 서로 끊임없이 단합하고 그 규모를 확대해야만 오랜 투쟁을 견디며 하나하나 승리할 수 있기 때문입니다. 중국 여성은 오랜 전쟁 속에서 고통을 겪었기 때문에 세상에서 평화가 가장 소중하다는 것을 잘 알고 있습니다. 평화로운 환경 속에서만 국가를 건설할 수 있고, 평안한 삶을

—
중국을 방문한 외국 여성 대표단을 만나고 있는 덩잉차오

살 수 있으면 여성과 아동의 복지 사업을 보장하고 발전시킬 수 있습니다. 그래서 중국 여성은 세계 평화를 수호하는 사업과 자신의 행복한 삶을 건설하는 일을 하나로 묶고, 이를 자신의 중요한 책임이자 영광스러운 임무로 생각합니다."

덩잉차오의 열정적이고 진심이 담긴 이야기는 각국 대표에게 깊은 인상을 남겼다.

1957년 9월, 중국부녀 제3차 전국대표대회가 베이징에서 개최되었다. 전국민주부녀연합회는 국제여성민주연맹 여성 대표단 및 베이징에 주재하고 있는 각국 사절단 부인들을 대회에 초대했다. 대회 개최 전 전국민주부녀연합회는 각국 여성 대표단을 위해 2주간의 참관 방문 일정을 추가했다. 각국 여성 대표단이 중국 인민과 중국 여성이 5년이라는 짧은 시간 안에 이룬 성과를 구체적으로 이해할 수 있는 참관 방문 시간을 마련한 것이다. 회의 기간에 각국 여성 대표는 대회 축사에서 자신이 직접 체험한 것을 바탕으로 중화전국민주부녀연합회가 중국의 상황에 맞춰 여성 대중을 창의적으로 교육하고 조직한 것을 높이 칭찬했다.

또한 중국이 '아주 짧은 시간에 여성과 아동의 생활을 개선하는 데에 뛰어난 성과를 이룬 것'에도 칭찬을 아끼지 않았다. 각국 여성 대표단은 이와 같은 성과에 대해 "전 세계 여성운동에서도 보기 드문 뛰어난 성과일 뿐만 아니라 국제 민주여성운동에 있어서도 소중한 공헌"이라고 말했다.

루마니아의 여성 대표단 단장인 엘레나Elena 박사는 축하 인사에서 이렇게 밝혔다.

"우리는 수천 킬로미터를 넘어 베이징에 왔습니다. 이번 여정은 원래 계획한 기간보다 세 배나 길어졌지만 눈앞에 펼쳐진 중국의 아름다운 풍경을 모두 눈에 담기에는 부족했습니다. 중국에서 직접 본 '모든 것과 중국 인민에게 배운 생활 및 업무 방식'을 루마니아 여성에게 전하겠습니다."

덩잉차오는 각국 여성 대표단과 교류하며 숭고한 국제주의 정신, 수준 높은 원칙성과 유연성 그리고 성실하게 노력하는 태도로 각국의 여성과 좋은 관계를 형성해 전 세계가 신중국의 여성운동을 이해할 수 있는 문을 활짝 열었다. 새로운 모습으로 국제무대에 등장한 신중국 여성은 세계인의 경탄어린 눈길을 받았다. 이에 중국 여성의 자주 의식과 주인으로서의 책임 정신이 강화되었고, 신중국 여성운동과 건설 사업의 발전도 크게 촉진되었다.

1955년 4월, 초청으로 중국에 방문한 국제여성민주연맹 회장 외제니 꼬똥 부인을
공항에서 맞이하고 있는 덩잉차오와 차이창

국제여성민주연맹 이사회에 참석하다

1956년 4월 24일, 국제여성민주연맹 이사회가 베이징에서 열렸다. 48개국 183명의 이사와 특별 초청을 받은 대표, 귀빈들이 회의에 참석했다. 덩잉차오는 중국대표단 단장 신분으로 회의에 참석했다.

특별 초청으로 회의에 참석한 대표 중에는 전인도여성회AIWC, All India Women's Conference의 회장을 역임하고 당시 뭄바이 사회교육위원회 부회장을 맡은 사니아Sania 부인과 프랑스 여성연맹 집행국 위원 마즐랭Mazelin이 차례로 회의의 집행 의장을 맡았다.

국제여성민주연맹 회장인 꼬똥 부인은 개막 축하인사에서 세계 각국 여성이 세계 평화를 수호하는 일에 참여해야 한다고 호소했다. 국제여성민주연맹의 부회장이자 중화전국민주부녀연합회 주석인 차이창은 환영사에서 세계 각국 이사들이 베이징에 온 것을 환영한다고 밝혔다. 멕시코 민주여성연맹 총서기 모데르노Moderno 부인, 베트남 여성연합회 상무위원회 위원 응우옌 티 탑Nguy·n Th· Th·p, 중화전국민주부녀연합회 부주석 덩잉차오, 골드코스트 여성연합회 서기 윌모트Wilmot 인도 전국연합회 서기 하즈라Hajra 등의 대표가 차례로 회의에서 발표했다.

꼬똥 부인을 만나고 있는 덩잉차오와 저우언라이

덩잉차오는 발표문에서 이번 국제여성민주연맹 이사회가 중국에서 개최되어 각국 이사와 친우들이 중국의 수도 베이징에 모인 것에 대해 중국 여성으로서 매우 기쁘다고 밝혔다. 또한 각국 대표의 연설을 높이 평가하며 감사의 인사를 전했다.

덩잉차오는 회의에 참석한 대표들에게 중국 여성의 독립과 해방을 위한 험난한 과정을 소개했다.

"중국 여성은 1백여 년간 제국주의자에게 노역과 핍박으로 시달려 왔습니다. 이를 통해 여성의 권리와 아동의 행복을 수호하는 일은 반드시 세계 평화 수호와 민족 독립, 민주 자유, 민족 경제 부흥, 민족 문화 사업 발전과 연계되어야 함을 절실히 느꼈습니다……. 7년 전, 중국 인민이 제국주의의 핍박과 노역에 시달릴 때 여성도 심한 노동을 감당하며 비인간적인 삶을 살았습니다. 농촌 여성들은 힘들게 밭일을 했지만 정작 본인과 아이들은 언제나 배고픔과 추위에 떨어야 했습니다. 지식인 여성은 항상 보이지 않는 벽에 부딪혀 일을 찾지 못해 방황하고 낙담했습니다. 희망은 없었습니다. 자본주의 상공업자 가정의 여성조차도 제국주의 외국 자본에 밀려나고 반동파에게 속아 회사가 파산에 이르는 것을 지켜볼 수밖에 없었습니다. 민족 전체가 재난과 혹독한 시련에 빠졌습니다……. 그러나 중국 여성은 인민들과 함께 포기하지 않고 오랫동안 투쟁을 계속했고, 마침내 외국 침략자를 몰아내고 인민 스스로 중화인민공화국을 세웠습니다. 이때부터 중국 여성과 아동의 처지가 완전히 달라졌습니다. 중국 여성은 전국의 인민과 함께 노동을 통해 국민 경제와 과학 문화 발전, 사회주의 조국 건설, 아름다운 미래 창조를 위해 분투했습니다."

덩잉차오는 각국 이사에게 여성운동 전개 방법에 대해 '군중에게서 나와서 군중에게로 간다.'고 설명했다.

"먼저 여성은 지혜와 능력, 그리고 힘이 있어야 합니다. 여성을 믿고 의지하며 긴밀한 관계를 맺어야 합니다. 여성의 의견에 귀를 기울이고 항상 겸손한 자세로 의견을 자세히 살펴 유용한 의견을 모으고, 그 의견을 바탕으로 업무 방안을 제정해 대중 속에서 시행하고 추진해야 합니다. 시행과 추진 과정에서 여성 대중의 요구를 종합하고 인내심 있게 거듭 선전하고 설명해 여성 대중의 자발적 참여를 유도해야 합니다. 그들의 능력을 꾸준히 계발하고 향상시켜 창조성과 적극성을 발휘하게 해야 합니다. 우리는 항상 대중으로부터 나온 좋은 경험과 의견을 수집하고 정리해 더욱 수준 높고 다양한 운동을 전개해야 합니다. 또한 대중의

1956년 5월 1일, 덩잉차오(앞줄 오른쪽에서 두 번째)와 차이창(뒷줄 오른쪽에서 네 번째) 등이
국제여성민주연맹 이사회 임원들과 톈안먼에서 '5월 1일 노동절' 퍼레이드를 함께 관람하며

의견을 바탕으로 운동 방법을 보충하고 수정한 후 대중이 직접 실천하게 함으로써 항상 더 나은 방법을 찾기 위해 노력해야 합니다."

덩잉차오는 여성 단결의 중요성에 대해서도 자세히 설명했다.

"과거에 중국 인민은 민족 독립과 민주 자유를 쟁취하는 사업에서 민족과 계층, 민주당파, 종교와 신앙, 직업을 구분하지 않고 나라를 사랑하는 여성들이 전체 인민과 단결하고 협력해 큰 힘을 발휘했습니다. 덕분에 외국 침략자를 쫓아내고 위대한 승리를 거둘 수 있었습니다. 오늘날 사회주의 건설 과정에서도 단결을 계속해서 강화하고 확대하고 있습니다. 각 민족 여성은 여성노동자, 농촌 여성, 지식인 여성, 직원 가족과 더욱더 긴밀히 단결해 사회주의 건설에 적극적으로 참여했습니다. 이뿐만 아니라 자본주의 상공업에 대한 평화 개조 정책을 통해 여성 상공업자와 상공업자 가족들이 자발적으로 사회주의식 개조를 받아들임으로써 사회주의 노선만이 밝은 미래가 있다는 사실을 깨달았습니다. 그들은 전국 인민과 함께 조국을 따르겠다고 말했습니다."

덩잉차오는 연설에서 중국 여성과 각국 여성의 대단합 문제도 언급했다.

"중국 여성과 각국 여성의 우호 협력은 공통 경험에서 출발해 공통 소망 위에 건설되었습니다. 모든 국가의 인민과 여성은 자신이 원하는 사회제도와 정치, 종교, 신앙, 생활 방식을 선택할 자유가 있습니다. 또한 각 계층의 인민과 여성이 처해 있는 상황과 소망하는 바도 각기 다릅니다. 그러나 모두가 공통점은 추구하고 차이점은 남겨두는 구동존이求同存異의 정신으로 서로의 공통점을 찾고 구체적인 문제를 협력하는 것

—

덩잉차오, 저우언라이, 차이창 등이 꼬똥 부인, 국제여성민주연맹의 일부 회원과 함께

부터 시작해 전면적인 협력으로 나아가야 합니다. 서로 다른 의견은 반복적으로 토론해서 해결하고 서로 존중하면서 평등한 관계를 유지해야 합니다. 서로를 신임하면서도 서로에 대해 간섭하지 않는다면 우호 협력을 통해 평화롭게 공존할 수 있습니다."

덩잉차오는 중국이 평화 공존 5원칙과 아시아 아프리카회의 정신을 옹호하고 국가와 국가 간의 평화로운 공존, 협상을 통한 국제 분쟁 해결과 각국 인민의 우호 협력 촉진을 적극적으로 지지한다고 밝혔다.

"최근 6년간 전국민주부녀연합회는 중국 내 다양한 민족과 각 분야의 대표 여성을 조직해 17개국을 우호 방문했습니다……. 또한 31개국

53개 여성 대표단이 중국을 참관 방문하도록 초청했습니다."

덩잉차오는 이와 같은 우호 왕래를 통해 배운 유익한 지식과 경험이 상호 이해와 신뢰를 증진시켜 평화 사업의 발전에 도움이 될 것이라고 믿었다.

발표 마지막에 덩잉차오는 다음과 같이 강조했다.

"중국 여성은 전 세계 여성의 대단결과 전 세계 인민의 대단결을 지지합니다. 중국 여성은 우호 관계를 맺은 각국 여성과의 우호 왕래를 더욱 늘리고 아직 직접 접촉하지 않은 국가의 여성에게 우정의 손을 내밀고자 합니다. 유쾌한 만남과 왕래를 간절히 기대합니다. 각국 인민과 여성이 단결하여 평화 사업을 위해 힘쓴다면, 평화와 승리를 얻을 수 있을 것입니다."

이번 대회에서 〈국제여성민주연맹의 임무에 관한 결의〉, 〈아시아, 아프리카 여성에게 고함〉, 〈여성 단체와의 협력에 관한 성명〉, 〈'6월 1일 세계 어린이날'을 기념해 전 세계 여성과 어머니, 여성 단체에 고함〉 등 총 네 개의 결의가 통과되었다. 4월 30일, 회의가 끝나고 저우언라이는 베이징 호텔에서 회의 참석 전체 대표를 위한 성대한 접대 연회를 개최했고, 덩잉차오도 연회에 참석했다.

이번에 열린 국제여성민주연맹 이사회는 훌륭한 성공을 거두었다. 회의에 참석한 각국 대표는 덩잉차오의 연설을 통해 중국 여성이 해방을 위해 겪은 고난의 과정과 사회주의 건설 과정에서 얻은 성과를 알 수 있었다. 동시에 중국에서 여성운동을 수십 년간 이끌고 풍부한 경험과 뛰어난 능력을 갖춘 덩잉차오의 모습에 감탄했다.

친·인척들과 시화팅에 모인 덩잉차오와 저우언라이

저우언라이의 아내로 내조에 힘쓰다

신중국 수립 이후 국가 총리직을 맡게 된 저우언라이는 매일 많은 내정과 외교 사무를 처리하느라 정신없이 바쁜 나날을 보냈다. 그런데다 저우언라이 집안은 대가족으로 처리해야 할 일이 매우 많았다. 저우언라이가 바깥일로 집안일을 돌보지 못하자, 집안의 자질구레한 많은 일을 덩잉차오가 맡아서 처리했다. 덩잉차오는 자신의 일도 하면서, 아내로서 전심전력으로 저우언라이를 위해 '내조'에 힘쓰며 남편의 부담을 덜어주었다.

덩잉차오는 저우언라이의 친·인척을 세심하게 보살폈다. 오랫동안 집안의 월급을 친·인척의 생활비로 보냈고 그들의 어린 자녀들도 정성껏 키웠다.

저우언라이의 남동생 저우퉁위周同宇(본명: 저우언서우周恩壽)는 자식이 여섯 명이었는데 집안 형편이 넉넉하지 않았다. 덩잉차오는 국가에 부담을 주지 않고 또 시동생의 부담을 줄여 주기 위해 저우퉁위의 자식 중 그나마 나이가 많은 저우빙더周秉德, 저우빙쥔周秉均, 저우빙이周秉宜를 기숙사 학교에 보냈고, 여름방학과 겨울방학 때는 아이들을 시화팅으로 데

1952년 여름, 덩잉차오와 저우언라이가
조카 저우빙더(왼쪽에서 첫 번째), 저우빙이(왼쪽에서 두 번째), 저우빙쥔과 이허위안頤和園에서 함께

려왔다. 덩잉차오는 아이들이 공부와 생활을 잘해 나갈 수 있도록 세심하게 보살폈다.

저우언라이는 덩잉차오가 자신의 친·인척을 정성껏 보살피는 것을 보고 마음속으로 항상 고마워했다. 조카들에게 "너희 일곱째 작은엄마(저우언라이는 집안에서 일곱째 아들이어서, 조카들이 덩잉차오를 '일곱째 작은엄마'라고 불렀다)는 집안에 친척이 없는데, 우리 저우 집안에는 친척이 아주 많아. 너희 일곱째 작은엄마가 도와주지 않았다면 난 너희들을 보살피지 못했을 거야."라고 말했다.

조카들의 교육 문제에 있어서 저우언라이와 덩잉차오는 항상 서로 협력했다. 아이들의 사상과 학습, 일상생활은 덩잉차오가 관리했다. 수십 년간 단 한 번도 조카들의 교육을 소홀히 하지 않았으며, 조카들을 위해 집안 규칙 10조(아래에 내용 요약)를 정했다.

1962년 여름, 덩잉차오와 저우언라이가
조카 저우얼쥔, 조카며느리 덩짜이쥔鄧在軍과 시화팅에서 함께

첫째, 손아랫사람은 자신의 직장을 내버려 두고 베이징에 방문해서는 안 된다.

둘째, 외지에 사는 친·인척이 베이징에 방문하면 모두 국무원 초대소에서 머물러야 하며, 숙박비는 우리가 지급한다.

셋째, 식사는 모두 국무원의 공공 식당에서 줄을 서서 식사를 한다. 직장이 있으면 본인이 식비를 지불하고 직장이 없으면 우리가 대신 지급한다.

넷째, 공연을 볼 때는 가족의 신분으로 입장권을 구매해야 하며, 초대권을 사용해서는 안 된다.

다섯째, 손님을 초대하고 선물을 증정해서는 안 된다.

여섯째, 공용차량을 이용해서는 안 된다.

1980년 겨울, 덩잉차오가 조카 저우빙더와 시화팅에서

일곱째, 각자 생활에서 스스로 할 수 있는 일은 다른 사람에게 시키지 말고 본인이 직접 한다.

여덟째, 항상 근검절약한다.

아홉째, 어떤 장소에서도 우리와 특수한 관계임을 밝혀서 과시해서는 안 된다.

열째, 사사로운 이익을 꾀하거나 특별대우를 받으려고 하면 안 된다.

덩잉차오는 저우 집안의 가족회의에서 잘못을 저지른 조카를 저우언라이를 대신해 혼냈다.

"너희 중에는 당원黨員도 있고, 단원團員[1]도 있어. 어쨌든 너희는 조직에 속해 있는 거야. 나와 네 백부는 공산당원으로 우리의 지부가 있지만, 우리도 조직의 관리를 받고 있어. 나와 네 백부가 중앙위원이라고 해서 너희가 특별하다고 생각하면 안 돼. 특별한 점을 굳이 꼽자면, 너희가 잘못을 저지르면 우리는 더 엄격한 처벌을 요구할 거라는 거야. 너희들이 특별한 건 이것뿐이야. 너희도 조직의 말을 따르고 조직의 관리를 받아야 해. 백부에게 의지하려고 하면 안 돼."

덩잉차오의 말은 그 자리에 있던 사람들에게 깊은 인상을 남겼다.

한번은 저우언라이의 큰 조카딸인 저우빙더가 중등학교에 다닐 때 다른 친구가 자동차로 등하교를 하는 모습을 보고 부러워하며 덩잉차오에게 말했다.

"다른 애들은 자동차로 학교에 가는데 왜 일곱째 작은엄마는 차로 데려다주지 않아요? 일곱째 작은엄마가 저 사람들보다 지위가 낮아요?"

저우빙더는 그 당시 덩잉차오가 한 말을 마음에 깊이 간직하며 명심했다.

"네가 차를 탈 수 없기 때문에 차로 데려다주지 않는 거란다. 네 백부의 차는 국가가 국가를 위해 사용하라고 준 거야. 그러니까 일을 할 때만 사용해야 해. 그리고 너는 어린아이야. 백부가 받는 대우를 똑같이 받을 수 없어. 그러니까 걸어서 다니거나, 버스나 자전거를 타고 다니는 게 옳아."

---

1. '중국 공산주의 청년단 단원'을 지칭

1982년 4월 18일, 덩잉차오가 저우퉁위(뒷줄 왼쪽에서 두 번째) 등 친·인척과 시화팅에서

어른이 된 저우빙더는 직업 선택의 갈림길에 놓였다. 당시 청년들은 '소련 유학'을 동경했지만 저우빙더는 교사라는 직업에 각별한 애정을 보였다. 어느 날, 식사 자리에서 저우빙더는 저우언라이와 덩잉차오에게 자신의 생각에 대한 의견을 물었고, 덩잉차오가 기뻐하며 말했다.

"정말 좋은 생각이다. 나는 열여섯 살에 교사가 되었고 나도 사범 교육을 배웠어. 네가 교사가 되고 싶다니 정말 기쁘구나. 지금 국가 건설 사업에 다양한 분야의 인재가 필요하고 초등학교 교사도 꼭 필요해. 네 의견을 전적으로 지지할게."

저우빙더는 덩잉차오의 격려를 받으며 사범대학을 졸업한 후에 영예로운 초등학교 교사가 되었다.

덩잉차오는 조카들의 사상에도 관심을 기울였다. 저우언라이 사촌 형제의 아들인 저우얼쥔周爾均은 1949년에 입대한 후 백부와 백모에게 편지를 보내 부대에서의 경험을 전하며 중국공산당 입당 신청을 준비하고 있다고 말했다. 저우언라이와 덩잉차오는 매우 흐뭇해하며 입당을 원하

1986년, 덩잉차오가 조카 저우얼쥔과 시화팅에서

는 조카의 바람에 큰 관심을 가졌다. 덩잉차오는 답장을 보내 조카를 격려했다.

"입당은 한 개인의 정치생활에서 중대한 일이니 만큼, 사상 개조에 힘써야 한다. 몸만 입당하는 게 아니라 사상도 입당해야 하는 거야. 오랫동안 시련을 견뎌야만 진정한 공산당원이 될 수 있어."

덩잉차오의 관심과 가르침 덕분에 저우얼쥔은 1953년 12월 31일 중국공산당에 입당하면서 오랫동안 바라던 소망을 이루었다. 저우얼쥔은 덩잉차오에게 기쁜 소식을 전하는 편지를 보냈고 덩잉차오는 편지를 받은 후 곧바로 저우얼쥔에게 답장을 썼다.

동지이자 조카인 얼쥔에게

너도 얼류爾鎏[2] 동지와 똑같은 길을 걷는구나.

2. 저우얼쥔의 형

항공 속달로 보낸 편지는 잘 받았다. 공산당에 입당했다니 매우 기쁘다. 앞으로 공산당원으로서 정체성을 더욱 단련하고 비무산계급 사상을 극복해야 한다. 당원의 8조 규정을 지키기 위해 끊임없이 분투하여 영광스러운 공산당원의 이름을 헛되게 하지 말고 기한 안에 정식 당원이 되길 바란다. 항상 대중과 가까이하고 그들에게 관심을 기울이고 그들로부터 배워라. 그래야만 네가 인민 대중을 위해 더 좋은 봉사를 할 수 있어. 교만하지 말고 포기하지 말아야 한다는 것을 이미 알고 있겠지만, 그보다 더 중요한 것은 그것을 행동으로 실천하는 것이다.

덩잉차오

1954년 1월 24일

덩잉차오는 혁명의 정을 혈연의 정보다 더 중요하게 생각했다. 그래서 덩잉차오에게 얼쥔은 먼저 '동지'였고 그 다음이 '조카'였다. 그 말에는 조카가 공산당원이 된 것에 대한 기쁨이 잘 드러나 있다. 편지에서 덩잉차오가 조카에게 당부한 말에는 선배 당원으로서 신입 당원에게 갖는 기대와 후배 당원이 더욱 분발해 발전하길 바라는 엄격한 요구가 들어 있다. 덩잉차오의 편지는 저우얼쥔에게 큰 격려가 되었고, 저우얼쥔이 마음을 다잡는 계기가 되었다. 저우얼쥔은 이 편지를 자신의 입당 선언 실천 좌우명으로 삼았다.

시화팅은 하나의 대가족 공동체였다. 시화팅의 여주인인 덩잉차오는 친·인척뿐만 아니라 시화팅에서 근무하는 직원들에게도 관심을 기울이고, 자신의 가족처럼 생각하며 세심하게 보살폈다.

시화팅 근무자들이 결혼할 때면, 덩잉차오는 항상 저우언라이와 함께 참석해 축하해 주었다. 1950년 저우언라이 총리 사무실에서 간사로 근무

1950년 춘절, 덩잉차오와 저우언라이가 시화팅 근무자들과 함께(앞줄 왼쪽에서 첫 번째가 청위안궁)

한 정친鄭勤이 결혼할 때 공교롭게도 저우언라이는 소련에 간 상황이었다. 덩잉차오는 붉은 비단을 꺼내서 붓글씨를 잘 쓰는 자오마오펑趙茂峰[3]에게 결혼 축사로 '8호八互 정신'을 적어달라고 부탁했다. '8호 정신'이란 '서로 사랑하고 서로 존경하며 서로 격려하고 서로 돕고 서로 신뢰하고 서로 용서하고 서로 양보하며 서로 위로하자'라는 뜻을 담고 있다.

덩잉차오는 부부란 '8호 정신'을 원칙으로 삼아 '인민을 위해 더 나은 봉사를 해야 한다'고 생각했다. 덩잉차오와 동지들은 '8호 정신'이 적힌 비단 위에 서명하고 축하의 뜻을 전했다. 사실 '8호 정신'은 저우언라이와 덩잉차오가 오랫동안 함께하면서 체득한 산물이자, 부부가 영원히

3. 저우언라이의 비서

시들지 않는 사랑을 유지할 수 있었던 비법이었다. 덩잉차오는 그들이 결혼해 함께 살면서 올바른 가정을 꾸리기 바라는 마음으로 '8호 정신'을 선물했다.

저우언라이의 군사 비서인 궈잉후이郭英會와 총리 사무실 간사 쉬원칭許文靑이 결혼할 때 덩잉차오는 한 꼭지에 두 개의 석류가 달린 나뭇가지[4] 한 쌍을 선물로 보냈다. 저우언라이와 덩잉차오의 주치의인 저우상줴周尚珏와 저우언라이와 덩잉차오의 물리치료 간호사 왕리王力가 결혼할 때에도 덩잉차오는 저우언라이와 함께 결혼식에 참석해 이불로 만들어 쓰라고 옌안에서 짠 무명천을 선물로 보냈다.

저우언라이와 덩잉차오는 검소하게 생활했다. 월급은 모두 경호실장 청위안궁成元功이 관리했지만, 집안의 지출 상황을 속속들이 알고 있는 덩잉차오는 직원들에게 종종 덩잉차오와 저우언라이의 식비를 최소한으로 줄이라고 지시했다. 절약해 남은 돈은 친·인척과 주변의 동지를 돕는 데 사용하거나 당 활동 경비로 사용했다. 또한 여성 특유의 세심함으로 항상 주변 사람들에게 관심을 기울였다.

직원에게 어려운 일이 있으면 스스럼없이 돈을 내놓았다. 출산한 여성 동지에게 닭을 보냈고 병을 앓는 동지에게 의사를 보냈다. 형편이 어려운 사람에게 자기 수당을 나눠주기도 했다. 측근에게 종종 "우리 돈으로 여러분이나 친·인척을 도와야 국가가 돈을 쓰지 않아도 되고 국가 지출을 줄일 수 있다."고 말했다.

---

4. 부부의 사랑과 다산을 의미함

어느 여름날, 덩잉차오는 중앙 정부 경위단警衛團 전사들이 땀 흘리며 보초를 서고 있는 것을 보았다. 측근에게 자신의 경비가 남아 있는지 묻고는 더위에 고생하는 경위단에게 사이다라도 사다 주라고 말했다.

1950년대에 덩잉차오의 측근으로 일했던 훠잉화霍英華는 베이징대학 재학 중에 아이를 낳았다. 힘든 나날이 계속되자 자퇴할 생각을 했다.

덩잉차오는 힘들게 공부하는 훠잉화를 돕기 위해 청위안궁과 상의했다. 자전거를 사 주면 차비도 절약되고 집에 돌아와 아이를 돌보기에도 좋을 것이라는 의견이 나왔다. 덩잉차오는 훠잉화가 가장 어려운 시기 자전거를 사 주고 졸업 때까지 공부할 수 있도록 도와주었다.

이처럼 덩잉차오는 자비로운 어머니의 마음으로 세심하게 저우언라이 친·인척과 주변 직원을 보살피며 저우언라이를 위한 '내조'를 훌륭히 해냈다.

1956년, 덩잉차오가 애국 화교 리후이잉李惠英과 함께

상공업계 여성들을 이끌며 조국과 함께 앞으로 나아가다

1956년 봄, 중국 대륙에 사회주의식 개조 열풍이 불면서 자본주의 상공업은 전 업계에 민관 합작 형태로 경영이 이루어졌다. 그러나 당시 일부 상공업자의 부인은 당의 정책을 이해하지 못해 불만을 품고 있었다. 덩잉차오는 이런 상황을 파악하고 곧바로 상공업자 가족의 사상교육에 돌입했다.

1956년 2월 2일, 전국민주부녀연합회는 베이징 부녀연합회와 공동으로 다과회를 주최했다. 덩잉차오는 다과회에 참석해 상하이, 톈진, 베이징 등 11개 도시에서 모인 상공업자의 부인이자 사회주의식 개조 지지자에게 열정이 담긴 연설을 했다. 덩잉차오는 그들이 이룬 성과와 노력을 높이 칭찬하며, 앞으로도 사회주의 노선에서 적극적으로 주된 역할을 해 각종 어려움을 극복하기 바란다고 말했다. 덩잉차오는 지난날 부녀연합회가 상공업자 가족들에게 충분한 관심을 기울이지 못한 것에 대해 진심을 담아 용서를 구했다. 다과회에 참석한 이들은 덩잉차오의 솔직하고 친근한 연설에 아낌없는 박수를 보냈다. 덩잉차오는 연설을 통해 회의에 참석한 사람들의 사상을 일깨웠던 것이다.

1956년, 상공업자 가족과 함께 한 덩잉차오

1956년 3월 29일~4월 6일, 전국민주부녀연합회, 중국민주건국회, 중국공상업자연합회는 베이징에서 전국 상공업자 부인 및 여성 상공업자 대표회의를 공동으로 개최했다. 이 회의에는 1,024명의 대표가 참석했는데, 참석자 중에는 전국 각 도시 자산계급 대표의 부인과 유명한 여성 자본가도 있었다. 또 각 성과 시의 부녀연합회, 민주건국회, 공상업연합회의 책임자, 홍콩·마카오 상공업계 여성 관광단의 전체 단원, 베이징·톈진·홍콩 마카오 상공업계의 일부 남성 대표도 회의에 참관했다. 이 밖에 소련, 인도, 스웨덴 등 15개국의 주중 대사관 부인들도 귀빈 자격으로 개막식과 폐막식에 참석했다. 전체 자본주의 상공업에 대한 국가의 개조 사업에 협력하도록 상공업자 부인과 여성 상공업자를 교육하고 학습을 격려해 그들이 사회주의 건설에 더욱 큰 역량을 발휘하도록 돕는 것이 회의의 중요 의제였다.

회의 기간 마오쩌둥, 류사오치, 저우언라이 등 당과 국가 지도자, 민주당파의 책임자들도 모든 대표와 만남의 자리를 가졌다.

덩잉차오는 회의에 참석해 〈조국 발전을 따르며 사회주의를 위해 힘을 바치자〉라는 제목으로 보고를 했다. 발표를 통해 "사회주의식 개조로 각 분야에서 커다란 승리를 이룩했으며, 이를 통해 중국의 사회 생산력이 크게 향상되었고 공업화 속도도 더욱 빨라졌다."고 긍정적으로 평가했다. 덩잉차오는 "함께 노동하고 함께 부유해지는 사회주의 노선을 견지해 나가자", "중국 여성은 이미 사회주의 사회 건설에 없어서는 안 될 큰 역량이다. 여성들은 사회주의 노선만이 완벽한 해방을 가져온다는 사실을 깨달았다."라고 말하며 전국 인민 모두가 당의 말을 신뢰하고 사회주의 노선으로 나아갈 것을 독려했다.

덩잉차오는 상공업자의 부인과 여성 상공업자의 현황을 평가하며 말했다.

"수년간 상공업자의 부인과 여성 상공업자는 공산당과 정부의 지도를 받고 당과 정부의 호소에 호응했으며, 자본주의 상공업에 대한 국가의 사회주의식 개조 정책을 지지하며 애국에 대한 열정을 보여 주었습니다. 또한 끊임없는 노력을 통해 자각 능력도 더욱 높아졌습니다."

덩잉차오는 말 한 마디 한 마디에 힘을 담아 간곡하게 말했다.

"사회주의 사회에서만 상공업계 여성이 진정한 행복을 누리고 밝은 미래를 만들어갈 수 있습니다. 구사회의 여성 상공업자들, 특히 중·소 상공업자들은 대부분 고통스러운 삶을 살았습니다. 여성들의 능력과 사업은 사회로부터 존중을 받지 못했습니다. 현재 여성들의 사업이 사회주의식 개조를 거친다면, 여러분의 기술과 능력은 공업화와 여성의 완전한 해방이라는 국가의 위대한 사업에 공헌할 수 있습니다."

덩잉차오는 여성들이 사회주의를 위해 더 크게 이바지할 할 수 있도록 적극적인 힘을 발휘해야 한다고 독려했다. 또한 사상개조의 필요성에 대해서도 지적했다. 자본주의 사상을 타파하고 사회주의 사상을 확립해야 하며, 공적인 이익보다 사적인 이익을 우선시하고 자신의 이익을 위해 남에게 손해를 끼치는 자본주의 착취사상을 몰아내고 애국주의, 집단주의, 자식기력自食其力[1]의 사상을 확립해야 한다고 주장하며 다음과 같이 말했다.

"항상 새로운 사상으로 낡은 사상을 극복하려는 사람만이 활력 넘치고 자신감 있는 태도로 미래를 향한 발걸음을 내디딜 수 있습니다."

덩잉차오는 여성 상공업자에게 전체 상공업자와 함께 정부의 기업 개조 사업에 적극적으로 협조해 달라고 당부하며, 개조 사업의 진전 상황에 맞춰 자발적으로 개조해서 사회주의식 개조의 열성분자가 되어야 한다고 강조했다. 덧붙여, 회의에 참석한 사람들에게 다음과 같이 실천해 줄 것을 부탁했다.

첫째, 상공업계 여성들, 특히 상공업자의 부인들은 남편과 가족이 사회주의식 개조를 받아들여 적극적으로 기업을 경영할 수 있도록 격려해야 한다. 이를 위해 기업에 관심을 갖고 민영 상공업 개조에 대한 국가의 기본 정책을 이해해서 남편과 가족이 기업 개조에 적극적으로 참여해 생산 경영 활동을 잘할 수 있도록 도와야 한다.

---

1. 자신의 힘으로 생활을 꾸려나감

둘째, 집안일과 자녀교육에 힘쓰고 서로 돕고 격려하며 함께 발전하면서 화목한 가정을 만들어야 한다.

셋째, 노동을 중시하고 노동 습관을 길러서 영광스러운 노동 사상을 수립해야 한다.

넷째, 적극적으로 학습해서 사회 활동과 사회 공익사업에 참여해야 한다. 자신의 조건과 가능성을 고려하여 시사 문제와 정책 법령을 공부해야 한다. 특히 자본주의 상공업 개조와 관련된 각종 정책 법령과 문화, 기술을 공부해서 능력을 끊임없이 계발해야 한다.

다섯째, 단합을 확대해서 열성분자를 많이 배출하여 더욱 많은 상공업자 부인들과 함께 발전해야 한다.

덩잉차오의 발표는 봄날에 내리는 비처럼 회의에 참석한 대표들의 마음을 따뜻하게 어루만져 주었다. 상공업계 여성들은 "덩잉차오의 발표는 우리 상공업계 여성들이 나아갈 방향을 제시해 주었다. 앞으로의 발전 방향을 정확히 인식하고 사회주의 노선의 길을 꿋꿋이 갈 수 있는 자신감을 갖게 되었다."고 밝혔다.

1950년대의 덩잉차오

중국공산당 제8기 전국대표대회에 참석하다

1956년 9월 15일~27일, 중국공산당 제8기 전국대표대회가 베이징에서 열렸다. 중국공산당이 전국에 집정한 이후에 열리는 첫 번째 전국대표대회로, 당의 단합과 사업의 번영을 보여 주는 자리였다. 덩잉차오는 8기 전국대표대회 대표 자격으로 대회에 참석했다.

마오쩌둥이 대회에서 개막 인사를 했고, 류사오치가 중국공산당 중앙위원회를 대표해 정치보고를 발표했다. 류사오치는 여성운동에 대해 강조하며 말했다.

"당은 여성해방운동에 변함없는 관심과 지지를 보냅니다. 여성의 완전한 해방은 우리 사업의 중요한 목표 가운데 하나입니다. 중국 여성들은 현재 농업 노동과 사회의 다양한 분야에서 나날이 중요한 위치를 차지하고 있습니다. 다양한 직업군에서 여성 간부가 빠르게 늘어나고 있습니다……. 전국 각지에서 조직된 민주부녀연합회는 여성 조직단체로 당은 민주부녀연합회 활동에 관심을 갖고 도와야 하며, 민주부녀연합회를 통해서 당과 여성의 관계를 긴밀히 해야 합니다."

저우언라이는 〈국민경제 발전 제2차 5개년 계획에 관한 건의〉를 발표했고, 덩샤오핑은 〈당 정관 개정에 관한 보고〉를 발표했다.

덩잉차오는 마오쩌둥, 류사오치, 저우언라이, 덩샤오핑의 보고와 발표를 경청하고 큰 깨우침을 얻었다. 9월 22일, 덩잉차오는 〈당은 여성운동에 대한 지도를 강화하고 여성들이 역량을 단합해 위대한 사회주의 국가를 건설해야 한다〉라는 제목으로 발표했다. 이 발표의 원고는 전국대표대회를 위해 11차례의 수정을 거쳐 준비됐다.

덩잉차오는 발표를 통해 사회주의 혁명의 승리 이후 중국 여성운동의 성과를 요약해 설명하며 다음과 같이 말했다.

"전국에 있는 절대다수 여성이 자발적으로 사회주의 노선을 향해 앞으로 나아가고 있고 사회주의식 개조와 건설 사업에 적극적으로 참여하고 있습니다. 여성 직원 200여 명과 농촌 여성 1억여 명, 다양한 분야에서 근무하고 있는 여성 간부 200여 명은 노동에 대해 전례 없이 높은 열정을 보이며 노동 능력도 나날이 향상되고 있습니다. 또한 문화와 기술, 과학 학습에 대한 수요도 높아지고 있습니다. 직원들의 가족과 수공업자의 가족은 가정, 정부 하위 조직 및 각종 사회 활동을 통해 사회주의 건설을 위해 봉사하고 있습니다. 여성 상공업자와 상공업자의 부인 역시 자신의 힘으로 살아가는 노동자가 되기 위해 노력하고 있습니다."

덩잉차오는 또한 "현재 우리 사회에서 여성해방 문제가 완전히 해결되었다고는 생각하지 않는다."고 밝히며 다음과 같이 강조했다.

1956년 국경절 전날 밤, 덩잉차오와 차이창 등 부녀연합회 지도층이 건국 행사에 초청되어 베이징에 온 티베트 여성 대표단을 방문하고 있다.

"중국은 원래 경제와 문화가 낙후된 국가로 아직도 문맹인 여성이 많으며 여성 지식인은 얼마 되지 않습니다. 또한 이미 사회 노동에 참여하고 있는 여성들도 대부분 업무 지식과 기술 수준이 높지 않고 경험도 부족합니다. 많은 여성이 사회 노동 참여와 자녀 양육, 집안일과 요리 사이에서 갈등을 겪고 있습니다. 여성을 경시하고 멸시하는 구사회의 사상은 사회가 여성과 아동을 대하는 태도와 결혼 및 가정생활 등 곳곳에 여전히 남아 있습니다. 이러한 문제를 하나씩 해결하지 않는다면 여성의 적극적인 사회 노동 참여에 걸림돌이 될 것입니다."

덩잉차오는 당의 여성운동에 대한 지도를 강화해야 한다고 말하며, 구체적인 의견을 제시했다.

"현 단계에서 당의 임무는 위대한 사회주의 국가 건설이며, 이를 위한 여성운동의 핵심 임무는 더욱 많은 여성이 다양한 분야에서 사회주의 건설에 참여하는 것입니다. 지난 10여 년간의 경험을 통해 여성은 노동 생산에 참여해 적과 싸우고 혁명 근거지를 건설하고 인민 생활을 개선하며 여성에 대한 봉건주의 속박을 제거하고 사회와 가정에서 자신의 위치를 향상시키는 데 아주 중요한 역할을 했다는 것이 증명되었습니다."

덩잉차오는 이어서 다음과 같이 제안했다.

"사회주의 건설 사업을 추진하기 위해 여성들을 다양한 분야의 사회 노동에 계획적으로 참여시켜야 합니다. 전체 노동력 배분 계획에 따라 여성의 장점과 특수한 상황을 고려해 여성 노동력을 활용하고, 여성이 자신의 능력을 충분히 발휘할 수 있도록 해야 합니다. 여성을 노동 생산에 참여시키는 한편 여성과 아동의 안전과 건강, 권리를 보호하기 위해 효과적인 조치를 취해야 합니다. 또한 노동에 참여하는 여성에게는 동일 노동에 대해 남성과 동일한 임금을 지급해야 합니다. 여성이 안심하고 사회 노동에 참여하게 하기 위해 가장 시급히 해결해야 할 일은 다양한 탁아시설을 가능한 많이 만드는 것입니다."

덩잉차오는 현재 상황에서 가사노동도 충분히 가치 있는 일로 존중받아야 한다고 지적하며 직원, 수공업자, 상공업자 가족에 대한 정책도 강화해야 한다고 강조했다.

"이미 사회 노동 또는 사회 활동에 참여하고 있는 여성을 위해 집안일을 위한 시간을 최대한 보장하고 사회 서비스 사업을 확대해 많은 여성의 가사노동 부담을 줄여 주어야 합니다. 나아가 사회노동 참여 여부를 떠나 여성들에 대한 일상적인 정치 교육을 강화해야 합니다. 특히 여성의 사회주의에 대한 자각과 문화 수준을 높이기 위해 더 많은 학습 기회와 편의를 제공해야 합니다."

국내외 여성의 단합을 더욱 확대하고 강화하는 문제에 대해 덩잉차오는 다음과 같이 밝혔다.

"여성의 통일전선 사업은 인민민주 통일전선 사업의 한 측면입니다. 민주부녀연합회는 기타 여성 단체와 협력해 각 민족과 계층, 민주당파, 종교와 신앙이 다른 여성들과 더욱 광범위하게 단결해야 합니다. 사회주의 혁명의 물결 속에 여성의 통일전선은 더욱 공고하게 발전해 왔습니다. 민주 자산계급에 속한 많은 여성은 당의 지도 아래 수년간 교육을 거쳐 애국주의에 대한 의식이 높아졌으며 사회주의식 개조를 받아들였습니다. 그들은 자산계급 내부에서 적극적으로 활동하며, 자본주의 상공업자가 개조를 받아들이는 데 상당히 큰 역할을 했습니다. 그러므로 앞으로도 여성의 통일전선을 공고히 발전시켜야 합니다. 민주부녀연합회는 다양한 민족과 계층, 민주당파 여성 중에서 새로운 지식인들을 업무에 참여시켜 지도 기관에서 비당원 여성의 비율을 적절히 늘려야 합니다. 민주부녀연합회의 당원 간부는 비당원 간부와 단결하고 협력해야 합니다. 이를 통해 종파주의 사상 기풍을 바로잡아야 합니다. 당원이 아닌 간부의 일상 업무와 학습에 대해서는 서로 협력하고 배우며 문제가 있으면 상의하고 서로를 진심으로 대해야 합니다. 그들에게 일과 권한을 주고 여성을 위해 일할 수 있는 환경을 만들어 주어 능력을 발휘할 수 있도록 도와야 합니다."

덩잉차오는 국제 여성의 통일전선 업무도 중요하다고 보고, 중요한 여성 국제 활동에 참여해야 한다고 생각했다.

"전국민주부녀연합회는 이미 56개 국가의 여성과 우호 교류 관계를 맺었습니다. 앞으로 이를 바탕으로 각국 여성들과 연락을 공고히 하고 발전시켜 상호 이해와 우정을 증진하고 단합해야 합니다. 또한 여성과 아동의 권리를 수호하고 세계 평화를 수호해야 합니다."

덩잉차오는 발표문에서 당이 여성운동에 대한 지도를 지속적으로 강화해야 한다고 특히 강조했다.

"여성운동의 핵심은 여성운동에 대한 당 전체의 방침을 관철하고, 전면적이고 체계적으로 여성운동에 대한 지도를 강화하는 것입니다. 몇 년간 많은 당 위원회가 여성운동을 당 위원회의 업무 계획에 포함했습니다. 관련 기관은 구체적인 절차를 만들고 업무를 분담하며 협력했습니다. 또한 업무를 공동으로 시행하고 정기적으로 여성운동 상황을 점검하고 평가하면서 경험을 공유했습니다. 덕분에 여성운동은 전면적으로 시행되었으며 각 분야에서 관련 업무를 추진할 수 있었습니다. 이와 동시에 국가기관과 광공업 기업, 국영농장, 합작사의 당과 청년단, 노동조합 조직 역시 여성운동에 대한 지도를 강화해야 합니다. 각 기관의 당과 청년단, 노동조합 조직은 필요에 따라 별도로 전문 기구를 설치하거나 전문가를 채용해 책임지고 여성운동을 지도해야 합니다."

덩잉차오는 확신에 찬 목소리로 말했다.

"당의 제8기 대표대회 이후 여성운동에 대한 당의 지도가 눈에 띄게 개선되고 강화될 것입니다. 이를 통해 수많은 여성이 사회주의에서 영감을 받은 적극성과 창조성을 발휘해 위대한 사회주의 중국 건설을 위해 분투할 것입니다."

이번 회의에서 덩잉차오와 차이창, 첸잉錢瑛, 천사오민陳少敏이 제8기 중앙위원으로 당선되었다. 장윈章蘊, 솨이멍치, 취멍줴, 리젠전李堅眞은 제8기 후보 중앙위원으로 선출되었다. 8명의 여성 동지가 중앙위원과 중앙 후보위원으로 선출된 것은 당 역사상 처음 있는 일로, 당 내부에서 여성의 정치적 위치가 향상되었음을 상징했다.

1960년대의 덩잉차오

외교관 부인의 일을 중시하다

신중국이 수립되자 이제 외교 업무에 신경을 써야 할 시점이 되었다. 중공중앙은 오랫동안 전쟁의 시련을 이겨낸 장군 중 간부를 선발해 외국에서 대사 및 관련 업무를 맡겼다. 관례에 따라 그들의 부인도 외교관 부인 자격으로 외국 사절로 동행해야 했다. 그들의 '부인들'은 대부분 오랫동안 혁명에 함께 참여했던 동지였다. 전에는 남녀노소 구분 없이 모두 '동지'라 불렀고 그 호칭에 익숙했다. 때문에 호칭을 '부인'으로 바꾸려고 하자 사람들은 납득하지 못했고 '부인'이라는 호칭을 귀에 거슬려했다. 그녀들은 출국해서 '남편의 꼬리' 노릇을 하고 싶지 않다며 중국에 남아 다른 일을 맡겠다고 요구했는데, 심지어 이혼을 요구하는 여성들도 있었다. 이 '소송'을 처리하는 것은 저우언라이의 몫이었다.

저우언라이는 언제나 일이 굉장히 바빴기 때문에 덩잉차오에게 도움을 청했다.

덩잉차오는 '부인들'을 만나서 이야기하던 중 국민당 통치구역에서 공산당 대표단으로 있을 때를 예로 들며 말했다.

"어느 날 '저우 부인'을 찾는 전화가 왔어요. 순간 아무 생각 없이 '저

1955년 12월, 저우언라이와 함께 중국을 방문한
독일 민주공화국의 그로테볼(Otto Grotewohl) 수상 부부를 영접하고 있는 덩잉차오

우 부인'이라는 사람은 없다고 말했죠. 전화를 끊고 나서 '저우 부인'이 바로 나라는 걸 깨달았어요."

재미있는 일화로 분위기가 가벼워지자, 덩잉차오는 친근한 말투로 '부인들'에게 말했다.

"외교는 참 특수한 전선이에요. 대사와 참사관은 남녀 구분 없이 모두 외교관이자 국가를 대표하는 사람들이죠. '부인' 역시 직업으로 얼마든지 중요한 역할을 할 수 있어요. '부인'은 대사를 보좌해 행사를 열 수도 있고 주재국 정부 관리의 부인이나 다른 국가 대사관 부인과 좋은 관계를 맺을 수도 있어요. 그래서 어떤 때는 남편이 하지 못하는 역할을 할 수 있죠. '부인'이 어떤 외교 행사에 참여하는지가 국가 간의 관계를 나타내고 어떤 일에 대한 국가의 태도를 대표하기도 해요. 그래서 부인이 외교 활동을 잘하는 것도 국가에는 꼭 필요한 일이에요. 우리 중국 부인들의 외교 활동은 다른 나라와는 달라요. 다른 나라의 부인들은 그저 외교관의 아내예요. 하지만 여러분은 신중국의 외교관 부인으로 가족을 돌보는 일만 하는 게 아니라 하나의 임무를 수행하러 가는 겁니다. 여러분 각자의 상황에 따라 대사관 내부 업무가 배정될 거예요. 경우에 따라서는 외교 직함을 배정해서 외교관의 신분으로 참사관, 비서, 영사 등 업무를 담당할 수도 있고, 외교 직함 없이 일하게 될 수도 있어요. 하지만 적합한 업무를 배정할 것이고 대사관 내부에는 여러분의 일자리가 있을 겁니다."

덩잉차오는 회의에 참석한 사람들에게 해외에 나가서도 부대에서 투쟁할 때처럼 우수한 태도로 신중국 여성의 품격을 보여 달라고 당부했다.

—

1964년, 덩잉차오(앞줄 왼쪽에서 다섯 번째)가 장첸張茜 여성 외교관, 대사 부인과 함께

"옷은 절대로 구질구질하게 입지 말고 깔끔하면서도 소박하고 세련되게 입어야 사람들이 여러분을 존중할 거예요. 그리고 외국에 나가면 여러분은 중국공산당이 지도하는 중화인민공화국의 대표라는 점을 꼭 기억하세요!"

덩잉차오의 말은 현장에 있는 동지들의 심금을 울렸다. 한 '부인'이 그때를 회상하며 말했다.

"타당하면서도 깊은 뜻이 담긴 덩 언니의 말에 뭉쳐있던 응어리가 풀어졌다. 덕분에 마음의 짐을 내려놓고 즐겁게 출국 준비를 할 수 있었다."

그 후에도 덩잉차오는 외교관 부인들의 상황에 관심을 갖고 그들을 교육하는 데 신경을 썼다. 덩잉차오는 외교부가 여성 간부 양성뿐 아니라 외국 주재 대사 부인들의 업무도 지도해야 한다고 건의했다. 또한 외국 주재 대사관은 대사 부인이 업무를 맡아 할 수 있도록 편의를 제공해야 한다고 말했다. 외국 주재 대사관 부인들이 휴가차 중국에 돌아오면 덩잉차오는 좌담회를 열어 진솔한 대화를 나누었다. 부인들의 업무보고를 듣고, 그들의 경험에 귀 기울이며 업무 성과도 인정해 주었다.

또한 자신의 업무에 애정을 갖고 외교 방침과 정책, 외국어를 열심히 공부하라고 전했다. 국제 정세와 주재국의 상황을 파악하며 정치 수준과 업무 수준을 계속 높여야 한다는 당부도 잊지 않았다. 덩잉차오는 업무와 생활에서 '부인들'이 겪는 어려움과 사상 문제를 해결하는 데 도움을 주었고, 한 번도 비난하지 않았다. 남편 리칭취안李清泉을 따라 외교사절로 스위스로 갔던 쑨치孫琪의 회상이다.

"한 번은 덩 언니가 어떤 대사 부인에게 '두 번째 대사'라는 호칭이 있다는 말을 들었다고 하며, 주의해야 한다고 했다. 덩 언니는 중앙 정부에서 일하지만 한 번도 저우 총리의 일에 간섭한 적이 없다고 말했다. 외교관 부인의 업무 외에도 대사관에서 근무하는 동지들, 특히 여성 동지들과 단결해야 한다고 말했다. 덩 언니는 한 번도 저우 총리의 공무에 관여하지 않았지만, 생활 등에 있어서는 저우 총리를 도왔던 사실을 모두 알고 있었다. 우리는 몸소 행동으로 실천하는, 엄격하지만 인내심 있는 덩 언니의 모습에 감동했다. 그래서 나는 대사관으로 돌아와 대사관에 있는 여성 동지들에게 덩 언니의 말을 전했다. 그리고 덩 언니의 가르침에 대해 서로 이야기하며 덩 언니를 본보기로 삼아 함께 단결해서 일하자고 다짐했다."

덩잉차오는 외교관 부인들의 대외 업무와 경험을 정리해 외교관 부인 업무의 지도 방침을 다음과 같이 제시했다.

첫째, 중국 부인의 외교 업무는 다른 서방 국가에서 부인과 대사를 동등한 위치에 놓는 것과 다르며, 다른 사회주의 국가처럼 부인을 외교 업무에서 배제하는 것과 다르다. 부인의 업무는 외국 주재 대사관 업무와 국가 외교 활동의 일부분으로, 직위가 적절해야 한다.

둘째, 외교관 부인 업무의 임무는 대외적으로 대사를 도와 우호 활동을 펼치는 것이다. 즉, 주재국 정부 공무원 부인 및 다른 국가 사절 부인과 우호 관계를 맺고 서로 왕래하며 국제 여성과 우호 업무를 위해 전국부녀연합회와 협력해야 한다. 대내적으로는 특히 대사관 내부 단합에 힘써 모범을 보여야 한다.

셋째, 대외 업무에서 여성의 강점을 발휘해야 한다. 여성과 아동 문제로 시작해 논의가 필요한 정치적 또는 기타 중요한 문제에 대해 이야기를 나누어야 한다. 성실하게 사람을 대하고 겸손한 자세로 배우며 폭넓게 친구를 사귀어야 한다.

1961년 전후 덩잉차오의 제안으로 국무원 외사판공실은 회의를 여러 차례 소집해 '외교관 부인 업무'에 대해 논의했다. 덩잉차오는 직접 이 자리에 참석해 '외교관 부인 업무'는 국제적으로 반제국주의 통일전선의 발전과 국가 간 우호 관계 증진, 세계 평화 수호를 위한 외교 업무의 일부라고 지적하며, 절대로 소홀히 해서는 안 된다고 강조했다. 심도 있는 토론을 거쳐 중공중앙 외교 지도팀은 국무원 외사판공실에 '외교관 부인 실무팀'을 꾸렸다. 그리고 각 관련 부처 및 '부인'이 속한 기관에 '외교관 부인 업무' 지원 및 문건 검토, 외교 활동 배정, 외교 활동 참가 등에도 특별히 관심을 기울일 것을 요청했다.

덩잉차오가 관심을 갖고 꾸준히 지도한 덕분에 외교관 부인들은 중국의 외교 전선에서 기대에 부응하며 큰 성과를 거두었다.

1961년 3월, 중국 여성대표단을 이끌고 베트남 여성연합회 제3차 전국대표대회에 참석해 개막식에서 축사를 하고 있는 덩잉차오

베트남 여성연합회 제3차 전국대표대회에 참석하다

1961년 3월 4일, 베트남 민주공화국 여성연합회 초청으로 덩잉차오는 중국 여성대표단을 이끌고 베트남 하노이에서 열리는 베트남 여성연합회 제3차 전국대표대회에 참석했다.

덩잉차오는 1950년대 초, 베트남 여성대표단을 접대한 적이 있었다. 당시 베트남 여성대표단에 중국 공산당의 여성운동 지도, 여성 간부 양성 및 여성 통일전선 문제를 소개했고, 베트남 여성대표단은 덩잉차오의 날카롭고 뛰어난 식견에 깊은 인상을 받았다.

1961년 3월 8일, 베트남 여성연합회 제3차 전국대표대회가 개막했다. 덩잉차오가 회의에서 축사를 했다.

"3월 8일 세계 여성의 날인 오늘, 영광스러운 베트남 여성연합회 제3차 전국대표대회에 참석하게 되어 흥분되고 기쁜 마음을 말로 다 표현할 수 없습니다. 베트남 여성연합회 제3차 전국대표대회 개막식을 전국부녀연합회와 중국 여성들을 대표해 진심으로 축하합니다. 더불어 베트남 여성들에게 혁명의 경례를 드립니다!"

1960년, 덩잉차오가 베트남 민주공화국 주석 호찌민과 광둥 충화시從化市에서

축사에서 덩잉차오는 베트남이 쟁취한 눈부신 성과를 높이 칭찬했다. 단 몇 년 만에 베트남 인민이 끊임없는 노력으로 농업, 수공업, 자본주의 상공업의 사회주의식 개조를 성공적으로 이룩했으며, 이를 통해 농공업 생산과 문화와 교육, 위생 사업이 빠른 속도로 발전했고 인민의 생활도 크게 개선되었다고 평가했다. 그녀는 베트남이 이룬 기쁜 성과는 많은 베트남 여성과도 깊이 연관돼 있다고 지적했다.

"…… 영예로운 베트남 여성은 노동에 대한 높은 열정으로 사회주의식 개조와 사회주의 건설 사업에 적극적으로 참여했습니다. 수치상으로도 여성 종업원 수가 빠르게 증가했으며 생산 계획에서도 뛰어난 성과를 거두며 목표를 달성했습니다. 농업 분야에서 베트남 여성은 노동 전통

베트남 제3차 전국여성대표대회에 참석한 대표들과 친근하게 대화를 나누고 있는 덩잉차오

이 있어, 오늘날 더욱 많은 여성이 열정을 갖고 농업 생산에 참여했습니다. 문화, 교육, 보건 등 각 전선에서 베트남 여성은 적극적인 역할을 하며 많은 기여를 했습니다……. 이 모든 것은 오직 사회주의 제도 안에서만 여성들이 완전한 해방의 길에 들어설 수 있다는 사실을 증명합니다."

'베트남 인민과 여성이 얻은 커다란 성과'에 대해 덩잉차오는 "우리는 베트남 여성의 용감하고 근면하며 겸손하고 소박한 태도를 모범으로 삼아 배워야 합니다. 중국 여성은 베트남 여성과 같은 친한 자매, 전우가 있어 더할 나위 없이 영광스럽고 자랑스럽습니다."고 말했다.

중국과 베트남 양국 인민과 여성은 전통적으로 오랜 우정을 나눈 사이다. 덩잉차오는 "양국은 상호의존 관계에 있는 이웃 나라일 뿐만 아니라 사회주의라는 큰 가정 안에서 친한 형제입니다……. 우리는 여기서 한 발 더 나아가 사회주의 공동 사업 건설을 위해 서로 배우고 도움을 주어야 합니다. 또한 제국주의침략반대, 세계 평화수호, 인류발전쟁취라는 공통의 투쟁 속에서 언제나 긴밀히 협력하고 함께 앞으로 나아가야 합니다."라고 말했다.

덩잉차오는 중국 인민이 미국 제국주의 침략을 반대하고 국가 주권과 영토를 수호하기 위해 투쟁할 때 베트남 인민과 여성이 보여 준 지지에 진심 어린 감사를 전했다. 또한 베트남 인민이 용감한 투쟁으로 중국의 안전을 보장해 준 것에 대해서도 감사의 뜻을 표하며, 중국 인민과 여성은 이를 영원히 잊지 않을 것이라고 말했다.

경색되고 복잡한 국제 정세에 대해 덩잉차오는 다음과 같이 언급했다.

"중국과 베트남의 인민과 여성은 평화를 사랑합니다. 우리는 장기적인 국제 평화 환경을 절실히 요구합니다. 중국 인민은 양국 정부가 신봉하는 평화 외교 정책을 옹호합니다. 다른 사회주의 국가 및 평화를 사랑하는 모든 국가가 평화를 수호하고 국가 긴장 국면을 완화하기 위해 제시하는 의견을 항상 지지할 것입니다. 세계 여성의 통일전선은 세계 평화를 수호하는 커다란 힘입니다. 현재의 국제 정세 속에서 중국과 베트남 양국 인민과 여성의 단합, 다른 사회주의 국가 인민과 여성과의 단합, 나아가 세계 각국 인민과 여성과의 단합을 더욱 강화해야 합니다. 또한 항구적 평화와 인류 발전을 위해, 전 세계 여성의 해방과 어린이의 행복을 위해 끝까지 싸워야 합니다!"

덩잉차오의 연설은 베트남 여성 대표들의 열렬한 환영을 받았다.

3월 11일, 베트남 여성연합회 제3차 전국대표대회가 성공적으로 막을 내렸다. 그날 저녁, 베트남 수도 하노이에서 다양한 분야에 종사하는 여성 1만여 명이 인민극장에서 열린 성대한 모임에 참석했다. 덩잉차오도 초청을 받아 이 자리에 참석해 연설했다.

덩잉차오는 베트남 여성연합회 제3차 전국대표대회가 성황리에 막을 내린 것을 축하하며 중국의 수많은 여성을 대표해 베트남 형제자매에게 친근한 인사와 숭고한 경의를 표했다. 그리고 베트남 인민의 열렬한 환대에 진심으로 감사의 인사를 전하며 다음과 같이 말했다.

"이번 대회는 중요한 의미가 있습니다. 이 대회를 통해 베트남 여성운동은 앞을 향해 빠르게 나아갈 것이며 계속해서 새로운 발전과 성과를 이룩할 것입니다. 저는 베트남의 사회주의 건설 사업이 최고의 봄날을 맞이한 지금처럼 계속 번창할 것이라고 믿습니다. 중국·베트남 양국은 사회주의라는 큰 가정 안에서 가장 가까운 이웃입니다. 양국 인민은 오랜 옛날부터 깊은 우정을 나눠왔습니다. 오랜 혁명 투쟁과 건설 사업 와중에 서로를 지지하고 도우며 더욱 끈끈한 결속을 다졌습니다. 중국 여성은 이와 같은 우정과 단합을 매우 소중하게 생각합니다. 중국·베트남 인민과 여성의 단결은 반석처럼 견고하고 송백나무처럼 영원히 변하지 않을 것이며, 홍 강과 양쯔 강처럼 쉬지 않고 흘러 대대로 이어질 것입니다."

덩잉차오의 베트남 방문으로 양국 여성의 교류와 우정이 더욱 깊어졌다.

1961년 5월, 덩잉차오가 허베이 한단 지구 우안현 보옌 인민공사를 조사할 당시 여성 간부와 함께

보옌을 조사하러 떠나다

1958년 이후 3년간의 '대약진'은 중국 국민경제에 심각한 손실을 초래했고 국민들은 매우 어렵게 생활했다. 곤경에서 벗어나기 위해 1961년 1월 14일, 중국 공산당 8기 9중전회에서 '조정하고 기반을 다지고 보강해 향상시켜라'는 국민경제 조정 방침이 통과됐다. 마오쩌둥은 전체회의 전후로 열린 몇 차례 회의에서 "대대적 조사 연구를 벌여 모든 것을 실제 상황에 입각해 처리하라"고 여러 번 강조했다. 또한 1961년을 '실사구시의 해'와 '조사의 해'라고 밝혔다. 마오쩌둥과 중공중앙 부처의 지시에 따라 당 전체는 농촌, 특히 농촌의 식당, 식량, 공급제도 등의 문제를 중점으로 광범위한 조사 연구를 진행했다.

1961년 4~5월에 저우언라이가 허베이 한단邯鄲 보옌伯延 인민공사[1]를 방문해 조사를 벌였다. 덩잉차오도 저우언라이를 따라 함께 보옌으로 갔다.

떠나기 전에, 저우언라이가 총리 사무실의 동지를 먼저 보옌으로 보

1. 중화인민공화국이 1958년에 농업의 집단화를 위해 만든 대규모의 집단 농장

내 상황을 파악하도록 할 거라는 말을 듣고 덩잉차오도 곧장 전국부녀연합회의 뤄쉐민呂學敏과 왕수위안汪淑遠을 불렀다. 덩잉차오는 두 사람에게 먼저 보옌으로 가라고 지시하며 "어떠한 선입견도 갖지 말고 대중의 의견을 겸손한 마음으로 듣고 그들의 고통을 세심하게 살펴라"고 당부했다. 먼저 한단에 도착한 일행은 해당 지역 관리자와 함께 여러 차례 논의한 끝에 우안현武安縣 보옌 인민공사로 가 조사를 벌이기로 했다.

지난冀南[2] 평원에 위치한 보옌촌은 원래 진지루위晉冀魯豫[3] 군구軍區 소재지였다. 1945년 류보청劉伯承과 덩샤오핑은 부대를 이끌고 보옌에 주둔하며 상당 전투上党戰役[4]와 한단 전투邯鄲戰役[5]를 지휘했다. 이는 보옌촌의 자랑이었고, 보옌촌은 중국 혁명에 크게 공헌했다.

4월 29일, 덩잉차오와 저우언라이는 한단으로 떠났다. 한단에 도착한 후 덩잉차오는 접대소 책임자에게 자신과 저우언라이를 특별 대접을 하지 말고 다른 사람과 똑같이 식당에서 식사하게 해 달라고 부탁했다. 당시는 전국적으로 경제가 힘든 시기였고 지방은 정도가 더욱 심했다. 덩잉차오의 말에 그 자리에 있던 직원들은 깊은 감명을 받았다.

덩잉차오가 도착하기 전 한단 지역 부녀연합회와 시 부녀연합회 동지들은 늘 그랬듯이 상급자에게 보고하기 위해 20여 건의 자료를 준비했다. 그러나 덩잉차오가 한단에 와서 듣고 싶어 한 것은 '상부 보고용 자료'가 아니라 '실제 상황'이었다.

덩잉차오는 접대소에서 부녀연합회 동지들을 만났다. 한단 지역 부녀연합회 주임은 관례대로 농촌의 식당, 유아원, 양로원 등 사회 복지 문

---

2. 허베이성 남쪽
3. 산시, 허베이, 산둥, 허난성을 가리킴
4. 항일전쟁이 끝난 후 국민당과 공산당 간에 발생한 첫 번째 군사 충돌로, 1945년 9월 10일 시난성 상당(上党)지역에서 발생함
5. 1945년 10월~11월 제3차 중국 국내 혁명전쟁 중 인민해방군 진지루위 군구 부대가 허베이성 한단 이남 지역에서 국민당 군대를 반격한 전투

현지 간부들과 이야기를 나누고 있는 덩잉차오(왼쪽에서 첫 번째)

제에 대해 긍정적 부분에만 초점을 맞춰 보고했다. 덩잉차오는 유심히 보고 내용을 들으며 중간 중간 질문을 던졌다.

"공공 식당은 앞으로 어떻게 할 건가요? 복지 사업을 하는 데 대중이 자금을 모아야 하나요? 그들이 진정 원해서 하는 겁니까? 그게 가능하겠어요?"

지역과 시의 부녀연합회 동지는 덩잉차오가 관심 갖는 문제가 그들이 성과 중심으로 준비한 자료와 다를 거라는 사실을 예상하지 못했다. 그들은 덩잉차오가 이전에 온 간부들과 달리 진심으로 대중을 위해 문제를 해결하고자 온 것임을 깨달았다.

4월 29일~5월 1일, 저우언라이와 덩잉차오는 3일 동안 한단 지역 책임자 및 각 분야 대표의 보고에 귀 기울이며 많은 상황을 파악했다. 대부분이 베이징에서 듣지 못한 상황이었다.

중요한 외교 업무차 5월 1일 밤, 덩잉차오는 저우언라이와 베이징으로 돌아왔다가 5월 3일 다시 한단으로 가, 도착 당일 보옌 인민공사로 향했다.

마을에 들어선 덩잉차오와 저우언라이의 눈에 들어온 것은 초록잎이 무성해야 할 사시나무가 앙상한 가지를 드러내고 있는 모습이었다. 그 광경을 보고 인민들이 먹을 것이 없어 사시나무 잎으로 배고픔을 달랬다는 사실을 깨달았다. 덩잉차오와 저우언라이는 마음이 찢어지는 것 같았다.

문제의 심각성이 명명백백 눈앞에 드러났다. 두 사람은 곧장 인민공사, 대대와 소대 간부와 인민을 소집해 좌담회를 열고 그들의 생활 속으로 깊이 들어갔다.

어느 날 덩잉차오는 길에서 마주친 인민공사 사원 궈셴어郭仙娥에게 집에 가보고 싶다고 말했다. 궈셴어는 덩잉차오와 모르는 사이였지만 흔쾌히 허락했다. 궈셴어의 집에 간 덩잉차오는 남편인 왕롄성王連生이 병으로 집에 있는 것을 보았다. 왕롄성은 얼굴이 초췌했고 말에도 힘이 없었다. 두 사람은 간단히 이야기를 나누었는데, 나중에서야 왕롄성이 아픈 것은 병에 걸려서가 아니라 영양실조 때문이라는 사실을 알게 되었다. 궈셴어의 어려운 집안 형편을 보고 덩잉차오가 물었다.

"공공 식당 상황은 어떤가요?"

궈셴어는 상냥하고 진심 어린 덩잉차오의 모습에 그동안 마음속에 쌓아 놓았던 말을 물 흐르듯 쏟아냈다.

"현재 보옌 인민공사 사원들은 공공 식당 얘기만 나오면 울고 싶다고 해요. 매일 밭에 가서 일해도 배불리 먹을 수 없어요. 저희 집의 경우엔 1일 배급 식량이 한 사람당 300g이에요. 그걸 다 집에 가져와 다른 것과 섞어서 먹어야 그나마 배부르게 먹을 수 있어요. 밥을 짓는 김에 방에 불을 땔 수도 있고요. 그런데 공공 식당에서 밥을 먹는다면 한 사람당 매일 200g도 먹지 못하니 어떻게 하루를 견디겠어요."

1961년 5월, 덩잉차오가 한단 교제처에서 종업원들과 함께

궈셴어의 말을 듣고 덩잉차오는 마음이 무척 아팠다. 신중국을 수립한 지 몇 년이 지났는데 농민들이 아직도 이렇게 생활하고 있을 줄은 생각지도 못했다. 연이어 물었다.

"어떻게 해야 사원들이 마음 편히 밥을 먹을 수 있을까요?"

그러자 궈셴어가 잠시 생각에 잠겼다가 대답했다.

"공공 식당이 없어지고 식량을 전부 집마다 나누어 준다면 지금보다는 배부르게 먹을 수 있을 거예요."

그녀의 말은 당시 농민들이 보편적으로 가졌던 생각이었다. 공공 식당 문제는 이번 조사 업무에서 핵심 문제였다.

이후에 저우언라이와 덩잉차오는 현재 상황을 낱낱이 밝히겠다는 장얼팅張二廷을 좌담회에 초대했다. 저우언라이의 질문에 장얼팅은 "공공 식당을 만드는 건 바람직하지 않습니다."라고 직설적으로 말했다.

1962년의 덩잉차오

"규정에 따르면 국가는 매일 1인당 300g의 식량을 줘야 하지만 공공 식당에서는 200g밖에 먹을 수 없습니다. 간부들이 공공 식당에서 밥을 먹을 때 국가가 밥을 더 주는 것도 아닙니다. 그렇다면 우리가 먹지 않은 100g의 식량은 누가 먹는 겁니까? 취사원도 많이 먹어야 합니다. 공공 식당을 해산하고 우리가 300g의 식량을 전부 집으로 가져가 나물과 비벼서 먹는다면 그나마 배불리 먹을 수 있을 겁니다."

저우언라이는 장얼팅의 말에 주목했다.

좌담회가 끝난 후 저우언라이와 덩잉차오는 장얼팅의 집을 방문했다. 장얼팅은 저우언라이의 겸손하고 친근한 모습을 보고 이런저런 이야기를 털어놓았다.

"지난 2년 동안 생활은 해가 지날수록 더 나빠지고 있어요. 이대로 2년만 더 지나면 두 분도 배를 곯을 거예요."

"그게 무슨 말입니까?"

"이 상태로 2년이 지나면 사원들은 굶주려서 더 이상 일을 하지 못할 텐데 땅에서 뭐가 자라겠습니까? 두 분이 계신 베이징 창고에서 식량이 저절로 생기는 건 아니잖아요. 수확량은 적을 테고, 그나마도 저희가 식량을 수확한 즉시 날것으로 먹어 버리면 그쪽으로 갈 식량은 없을 겁니다. 베이징에 저장해 놓은 식량으로 2년은 충분히 버티겠지만 3년이 되면 바닥을 드러낼 테니 두 분도 배불리 먹을 수 없을 거예요."

이 말을 들은 저우언라이는 깊은 생각에 잠겼다.

덩잉차오는 다 쓰러져 가는 장얼팅의 집을 보고 그의 두 아이를 다 자랄 때까지 키워 주겠다고 얘기했다. 장얼팅은 아이들이 저우언라이와 덩잉차오에게 폐를 끼칠 거라며 제안을 정중히 거절했다.

이튿날 인민공사는 저우언라이와 덩잉차오의 지시로 장얼팅에게 밀가루와 황두, 기름을 가져다주었다.

덩잉차오는 보옌에 머물면서 부녀연합회와 하위 조직과 여성 사업의 상황도 살폈다. 덩잉차오는 당시 농촌의 현실을 보고 마음이 무거웠다. 신중국이 수립된 지 수년이 지났는데 아직도 농민들이 먹고사는 문제를 걱정하고 있을 줄은 전혀 예상하지 못했다. 덩잉차오는 많은 농민이 농촌의 공공 식당 해산을 간절히 바라는 이유를 이해했다.

보옌 인민공사 상황을 파악한 저우언라이와 덩잉차오는 공공 식당 문제를 반드시 해결해야 한다고 생각했다. 5월 7일, 저우언라이는 마오쩌둥에게 전화 보고를 통해 공공 식당 등의 문제 해결에 대한 의견을 제시했다.

저우언라이의 보고에 중공중앙은 높은 관심을 보였다. 마오쩌둥은 전화 기록을 통해 지시했다.

"이 보고를 중앙국과 각 현, 시, 구의 당 위원이 참고하도록 배포하라."

중공중앙은 즉시 해당 보고를 각 지역에 전달했다.

덩잉차오와 저우언라이의 농촌 조사 내용은 당 중앙이 농촌 문제를 해결하는 데 중요한 근거가 되었다. 얼마 후, 〈농촌인민공사업무조례〉(수정 초안) 등 문서가 잇달아 시행되고 농촌 경제도 안정되었다.

보옌촌을 떠나던 날, 장얼팅이 저우언라이와 덩잉차오를 배웅했다. 그는 저우언라이의 손을 잡고 나중에 꼭 보옌에 놀러 오라고 말했다. 저우언라이는 보옌 인민을 잊지 않고 '문화대혁명'이 발생하기 전까지, 매년 보옌에 사람을 보냈다.

베이징으로 돌아온 후 덩잉차오는 전국부녀연합회 당 조직 회의에서 자신이 농촌 조사에서 보고 들은 것을 전달했다. 부녀연합회 간부가 기층까지 깊이 파고 들어가 인민과 생산 문제에 관심을 갖고, 동시에 인민의 더 나은 생활을 위해 힘써야 한다고 말했다. 덩잉차오의 주도로 각급 부녀연합회 간부는 대중들의 생활 속으로 깊숙이 들어가 조사 연구해 여성 사업의 난제들을 해결했다.

보옌촌에서 농민 장얼팅과 친근하게 대화를 나누고 있는 저우언라이

1960년대의 덩잉차오

둥베이로 가다

1962년 5월 28일, 덩잉차오는 시찰 및 연구조사차 한 달간 둥베이 3성으로 떠났다.

둥베이 시찰과 연구조사 기간에 덩잉차오는 십여 개의 도시와 광공업 지역 세 곳을 방문했는데, 2,000km가 넘는 여정이었다. 덩잉차오는 안산鞍山시의 안산 강철 공장, 무계목 강관 공장, 제철소, 선양시瀋陽市의 비행기 제조 공장, 푸순撫順의 노천 탄광, 샤오펑만小豊滿 발전소, 치치하얼에 있는 중장비 공장 등 여러 중공업 기업과 화학공업 업체를 돌아다니며 식견을 넓혔다. 덩잉차오는 둥베이 지역의 발전된 모습을 보고 감탄했다. 비록 중국이 사회주의 건설 과정에서 약간의 시행착오를 겪었지만 전국 인민이 열심히 분투한 덕분에 신중국이 산업화를 위한 튼튼한 기초를 다졌다는 것을 깨달았다.

덩잉차오는 현지 여성들의 생활 속으로 깊숙이 들어갔고 여성 간부와 좌담회를 진행하며 그들의 의견에 귀를 기울였다. 덩잉차오는 부녀연합회 책임 간부 132명, 일반 간부 78명과 만남을 가졌다. 여기에는 한족 간부뿐만 아니라 조선족 여성 간부 11명, 만주족 여성 간부와 회족 여성

랴오닝 톄링鐵嶺 시찰 기간에 무술공연을 관람하고 있는 덩잉차오와 저우언라이

간부도 각 한 명씩 포함되었다. 덩잉차오는 조사연구 과정에서 이곳은 지방 부녀연합회 책임 간부 132명 가운데 청년과 장년이 절대다수를 차지한다는 사실을 발견했다. 여성운동에 몸담은 기간이 10년 이상인 간부가 4분의 3 이상을 차지했다. 또한 덩잉차오가 만난 여성 간부 200여 명 중 둥베이 출신이 60%를 차지했는데, 이는 현지 여성 간부 단체가 계속해서 성장하고 강대해지고 있다는 것을 의미했다.

둥베이에 머물면서 덩잉차오는 부녀연합회 조직 15개를 각각 만나 좌담회를 열고 여성 사업에 대해 조사·연구했다.

푸순시 부녀연합회 좌담회에서 덩잉차오는 여성 간부가 보고한 상황에 대해 어떻게 하면 인민을 위한 업무를 잘할 수 있을지 조언했다. 당시 한 간부가 질문했다.

"중앙 정부가 도시에 근무 중인 직원 2천만 명을 농촌으로 보내기로 결정했는데 농민들이 좋아하지 않습니다. 이럴 땐 어떻게 해야 합니까?"

"여러분은 선전의 대상이라는 입장에서 생각해야 합니다. 먼저 농민의 식량 상황이 어떤지, 왜 충분하지 않는지 그 이유를 묻고 당 중앙부터 지방의 당 위원회 모두가 이 문제에 관심을 갖고 있다는 것을 전해야 합니다. 도시에서 보급 식량을 먹는 일부 직원을 농촌으로 보낸다면 보급 식량이 줄어들 뿐만 아니라 농업이나 식량 생산 활동에 참여할 수 있다는 사실을 알려 주는 겁니다. 이 방법이 농업과 농민 모두에게 좋은 일이라는 것을 말이죠. 그러면 농민들도 농촌으로 온 도시의 노동자(대부분 원래 농민이었던 노동자)를 환영할 겁니다."

또 다른 사람이 질문했다.

"어떤 농민은 달걀을 도시에 팔고 싶어 하지 않아요. 어떻게 해야 할까요?"

"아마 여러분은 농민들에게 생산한 것을 팔아서 도시를 지원해야 한다고 딱딱하게 말했을 거예요. 이런 방식으로는 농민들을 이해시킬 수 없어요. 농민들에게 달걀을 많이 판매하는 것이 애국을 위한 행동이며 농민에게도 좋은 일이란 걸 알려 줘야 합니다. 달걀을 화학비료 등 다른 물건으로 바꾼다면 농업을 발전시킬 수 있다고 말하는 거예요. 도시 노동자를 지원하면 도시 노동자가 만들어낸 기계가 다시 농촌을 도와줄 거라고 말이죠. 어쨌든 선전 업무는 매우 중요하고 선전의 방법과 효과에 대해 항상 연구해야 합니다."

덩잉차오의 대답을 들은 푸순시의 부녀연합회 간부들은 답답했던 마음이 탁 트이는 것 같았다. 또한 여성운동을 할 때 선전 방법과 선전 효과에 주목하고 이론과 실제 상황을 결합해서 인민들의 마음을 움직이도록 설명해야 한다는 것을 깨달았다.

좌담회에서 덩잉차오는 부녀연합회 간부들이 온종일 바쁘게 일하면서도 업무를 총정리하지 않는 문제를 지적하며 말했다.

"정리 작업은 실천한 내용을 바탕으로 바로바로 정리해야 합니다. 자료가 오기만을 기다리지 말고 올해 한 일은 올해에, 그날 한 일은 그날

1962년 6월, 헤이룽장성에서 부녀연합회 간부와 이야기를 나누고 있는 덩잉차오

바로 처리해야 해요. 자료가 몇 줄밖에 안 된다면 몇 줄만 정리하면 돼요. 더 많은 것을 너무 자세하게 하려고 하지 마세요. 주요 내용과 부차적인 것을 구분하고 상황에 따라서는 '전문 보고서'처럼 하나의 문제에 대해서만 작성해도 됩니다. 정리 작업은 당시의 문제를 총정리해서 현재의 문제가 한눈에 드러나도록 해야 합니다. 서류를 베끼거나 형식에 얽매이지 말고 문제를 정확히 짚어야 합니다. 본인이 이해했다고 정리 작업을 소홀히 하면 안 돼요. 서류 정리는 다른 사람이 읽고 이해할 수 있게 해야 합니다. 보고서를 정리·작성할 때는 정치, 이론, 정책과 긴밀히 연계해 이성적인 관점에서 사상적 근거를 따지면서 표현해야 해요. 이런 이유로 여러분에게 계속해서 이론과 정책, 문화 공부를 요구하는 겁니다."

둥베이 농촌에서 덩잉차오는 농업 생산이 서서히 회복 발전 단계에 이르는 것을 보았다. 1961년 한단에서 조사할 당시보다 상황이 훨씬 좋아졌다. 덩잉차오는 당 중앙 정부가 국민경제를 조정하고 회복하기 위해 실시한 방침이 효과를 내기 시작했다는 것을 확인했다.

덩잉차오는 조사연구팀에게 조사연구 자료를 정리하도록 지시했다. 베이징으로 돌아온 후 전국 여성 간부 회의에서 둥베이에 가서 보고 들은 것과 성과를 체계적으로 소개했다. 덩잉차오는 둥베이 시찰에서 많은 부녀연합회 간부가 업무에 대한 열정은 많으나 능력이 부족한 상황이라고 지적하며, 각급 부녀연합회가 적극적으로 행동에 나서서 여성연합회 간부 양성에 더욱 주력해 전국 여성 사업에 크게 기여하길 바란다고 자신의 뜻을 전달했다.

태극권을 하고 있는 덩잉차오

만성질환과 싸우다

오랜 기간 지속한 과도한 업무로 덩잉차오는 건강이 급격히 악화되었다. 신중국 수립 초기 덩잉차오는 각종 만성질환을 앓고 있었다. 덩잉차오는 자신에 대해 이렇게 말했다.

"나는 베이징 병원에 있는 모든 진료과의 환자다. 얼굴부터 몸 전체에 크고 작은 질병 열일곱 가지를 앓고 있다."

50세가 넘자 갱년기까지 찾아왔지만 강한 의지로 필사적으로 질병과 싸웠다. 체력과 체질을 개선하기 위해 의사의 지시에 따라 생활 리듬을 엄격히 통제했다. 질병 앞에서 덩잉차오는 무산계급 혁명 전사의 두려움 없는 정신으로 질병과 싸워 이겼다. 여성운동가인 덩잉차오는 여성의 고통에도 큰 관심을 갖고 있었다. 질병과 투쟁하며 병을 치료하고 요양하기 위한 방법을 찾았다. 덩잉차오는 자신이 질병과 싸우면서 겪었던 경험을 글로 정리해서 다른 여성들과 공유했다. 자신의 경험이 병을 앓고 있는 사람들에게 위안이 되길 바랐다.

—

검무를 추고 있는 덩잉차오

1963년 11월 28일, 덩잉차오는 〈만성질환과 투쟁하는 방법〉이라는 글을 썼다. 이 글에 만성질환을 대하는 올바른 태도와 이성 정신 그리고 만성질환과의 투쟁 경험을 정리했다. 이 글을 통해 질병으로 고통 받는 많은 사람에게 유익한 정신과 질병을 이기는 용기를 전달했다.

덩잉차오는 이 글에서 이렇게 적었다.

"마오쩌둥 동지는 일전에 심각한 위장병을 앓고 있는 왕관란王觀瀾 동지에게 '어차피 얻은 병이니 마음을 편히 가져라. 절대로 초조해 할 필요 없다. 몸속에서 서서히 생겨난 저항력이 병과 싸워서 이길 때까지 투쟁하도록 놓아두어라. 이것이 만성질환을 대하는 방법이다. 급성질환은 의사에게 맡기면 되니 역시 초조해 할 필요 없다. 병을 대할 때는 강한 투쟁 의지가 있으면 된다. 초조해 할 필요 없다. 이것이 내가 병을 대하는 태도다'라고 말했다. 나도 경험을 통해 이 방법이 가장 좋다는 것을 깨달았다. 이 방법대로 하면 병과 싸워 이길 수 있다. 그러나 이러한 경지에 이르는 것이 쉬운 일은 아니다."

덩잉차오는 오랜 기간 질병과 싸우면서 얻은 경험을 다음과 같이 몇 가지로 정리했다.

첫째, 자신의 사고방식과 싸워 질병 투쟁에 대한 굳은 의지와 올바른 태도를 가져야 한다. 덩잉차오는 "만성질환과의 싸움에서 핵심은 '사고방식'이다. 체질 개선과 사고방식 단련을 결합해야 한다."고 지적했다.

둘째, 병세를 정확히 알고 병의 성질을 이해해야 한다. 덩잉차오는 질병과의 투쟁은 전쟁을 할 때처럼 적의 상황을 이해해 자신의 몸을 해치는 병의 상태와 핵심을 정확히 파악하는 것이 중요하다고 강조했다. 병의 핵심과 근원을 파악한 후 증상에 맞게 약을 써야 한다.

셋째, 병의 규칙을 파악해 치료의 효과를 축적해야 한다. 만성질환 환자는 몸 상태와 외부 조건의 변화에 따라 병세가 종종 반복적인 규칙을 보인다. 따라서 치료에 효과가 없다고 포기하지 말고 반복적인 치료를 통해 몸속의 저항력을 높이면 병세가 안정될 것이다.

넷째, 요양과 휴식에 중점을 두어야 하며, 약에만 의존해서는 안 된다. 이것이 만성질환 치료의 핵심이다. 요양하면서 병세의 규칙을 파악해 자신의 병세에 맞는 과학적 요양법을 찾아야 한다. 투병생활, 음식, 일상생활에 규칙을 만들어 요양과 휴식의 목적을 달성해야 한다.

다섯째, 내려놓고 멈추는 법을 배워야 한다. 덩잉차오는 일정 기간 전일 휴가나 반나절 휴가를 쓰는 환자에게 이 점이 가장 중요하다고 생각했다. 덩잉차오는 이렇게 말했다.

"전일 휴가나 반나절 휴가를 쓰는 사람은 사상, 정신, 업무, 생활에서 내려놓고 멈추는 법을 배워야 한다. 또한 요양할 때 어떻게 생활하고 움직일지 생각해야 한다. 그래야 질병과 싸우며 자신을 객관적으로 보고 인민을 위해 봉사하는 도구로 대할 수 있다. 질병을 이겨내면 자신뿐만 아니라 모두에게 이익이 된다. 그러나 질병을 이겨내지 못하면 자신만 괴로운 것이 아니라 모두에게도 불리하다."

여섯째, 멀리 보고 합리적으로 생각해야 한다. 덩잉차오는 "일이든 건강이든 멀리 봐야 합리적으로 생각할 수 있다. 장기 치료가 필요한 환자는 병세와 치료 방법에 따라 요양 기간을 결정해야 한다."고 전했다.

일곱째, 병세에 적합하면서 적당한 체력 단련을 매일 꾸준히 해야 한다. 체내의 '저항력'을 키우는 일은 만성질환 치료에서 좋은 방법이다. 그러나 체력 단련을 지속하는 일은 쉽지 않다. 의지와 습관이 자신을 지배할 때까지 오랜 기간 철저하게 실천해야 한다. 꾸준히 하지 않으면 아무 소용없다.

여덟째, 질병과 끊임없이 싸우면서 외부의 훌륭한 의료 환경을 치료에 적극적으로 활용해야 한다.

아홉째, 급성질환과 전염병 예방에 힘써야 한다. 예상치 못한 병이 생겨 만성질환 치료를 더욱 복잡하게 만들면 안 된다. 이 점은 만성질환을 치료하고 치료를 통해 안정을 되찾는 과정에서 매우 중요하다. 이 점을 간과하면 만성질환 치료에 영향을 줘서 체력이 약해지고 저항력이 감소해 만성질환을 제대로 치료할 수 없다.

덩잉차오는 갱년기를 겪으며 느낀 점과 산부인과 전문가 및 여성 간부(갱년기가 지난 여성과 아직 갱년기가 오지 않은 여성) 200여 명의 의견을 참고해 〈여성의 갱년기를 대하는 방법〉이라는 글을 썼다.

이 글에서 덩잉차오는 갱년기가 나타나는 시기와 증상, 증상의 정도와 지속 기간은 사람마다 다르다고 분석했다. 또한 정신노동에 종사하는 여성이 육체노동에 종사하는 여성보다, 사회 활동을 하는 여성이 가정에 있는 여성보다 증상이 더 심하다고 밝혔다. 여성의 체력 상태에 따라 증상의 강도가 다르게 나타나고, 만성질환이나 부인병을 앓고 있는지 여부와 업무 강도, 기타 외부 요인에 따라서도 증상의 정도가 다르다고 지적했다.

덩잉차오는 여성이 갱년기를 수월하게 넘기려면 소년기와 청년기에 건강에 유의해야 한다고 했다. 갱년기가 지나갔거나 갱년기를 앞둔 여성에게는 지식, 사상 그리고 정신적으로 자연적인 생리 변화를 맞이할 준비를 해야 한다고 강조했다. 여성 갱년기에 관한 기본 지식을 습득하고 생리 법칙의 변화를 파악해서 갱년기를 너무 가볍게 생각하거나 맹목적으로 걱정하거나 너무 두려워하지 말라고 조언했다. 또한 사상적 수양을 통해 여러 증상이 심해지거나 체력이 쇠약해지는 것을 의식적으로 통제해 갱년기를 순조롭게 넘겨야 한다고 강조했다.

덩잉차오는 여성들에게 다음과 같이 충고했다.

“갱년기 여성은 증상의 발생 여부와 상관없이 부인과 의사와 복지기관의 지도를 받아야 한다. 또한 여성 스스로 적극적이고 의식적으로 갱년기의 생리 변화에 대한 지식과 보호 방법을 이해하고 준비해야 하며 여건이 되면 부인과에 가서 검사를 받아야 한다. 증상이 발견되면 즉시 검사하고 치료를 받아야지 치료 시기를 놓쳐서는 안 된다. 부작용이 생길 수 있으니 치료 과정에서 약과 주사를 과용해서는 안 된다. 몸에 저항력이 있으면 약물을 사용하지 않거나 최소한으로 사용해야 한다. 적극적 치료 방법으로는 야외 활동과 적절한 체력 단련이 있으며, 일상생활과 수면, 식사를 규칙적으로 해야 한다. 또한 노동과 휴식을 적절히 분배해야 한다. 그래야만 갱년기 이후에도 생기 있고 건강한 노년을 보낼 수 있다.”

덩잉차오는 글 마지막에 자신의 경험을 예로 들면서 갱년기는 결코 두려워할 필요가 없다고 말했다. 스스로 잘 관리하고 치료한다면 순조롭게 갱년기를 넘기고 국가를 위해 기여할 수 있다고 강조했다.

당 업무와 인민을 위한 봉사를 잘하기 위해 덩잉차오는 과학적인 방법으로 꾸준히 치료하고 적극적이고 건강한 마음으로 신체를 단련했다.

앞서 겪은 사람들의 경험과 자신의 경험을 바탕으로 팔단금八段錦 운동을 만들어 자신뿐만 아니라 여러 사람에게 전파해 신체를 단련하게 했다. 오랜 기간 질병과 투쟁한 덩잉차오는 강한 의지와 용기로 건강을 회복했다. 덩잉차오는 끈질긴 노력과 근면한 업무 태도로 당 내외에서 칭찬을 받았다. 또 여기서 만족하지 않고 당 업무를 더 잘 수행하기 위해 기초를 다졌다. 1990년 3월 9일, 덩잉차오는 자신을 만나러 온 여성계의 오랜 친구에게 말했다.

"질병과 투쟁한 건 살기 위해서이기도 하지만 거꾸로 생각하면 죽음을 위해서야. 하루를 더 투쟁하면 하루 늦게 죽는 거지. 나는 여기서 물러날 생각이 없어. 늙어서 죽을 때까지 혁명을 위해 일할 거야. 수십 년간 투쟁의 시련을 겪은 우리 늙은이들이 혁명을 위해 마지막까지 열정으로 불태워야 해."

측근 직원에게는 이렇게 말한 적이 있다.

"이미 죽은 열사와 친한 전우를 생각하면 아직 힘이 남아 있는 것 같아. 내게 남은 모든 힘과 열정을 모두 인민을 위해서 봉사할 거야."

덩잉차오가 정리한 질병 투쟁 경험은 만성질환을 앓고 있는 많은 여성과 질병과 싸우고 있는 사람들에게 용기를 주었다.

1960년대의 덩잉차오

저우언라이와 어려운 세월을 함께 보내다

'문화대혁명' 과정에서 린뱌오林彪와 '사인방四人幇[1]'의 반혁명집단의 횡포로 국민경제가 혼란 속에 빠졌다. 혼란스러운 상황을 간신히 버티며 일하던 원로 간부들 역시 며칠에 한 번씩은 조반파造反派[2]의 비판에 대응해야 했다. 덩잉차오에게도 굉장히 힘든 시기였다. 나중에 덩잉차오는 당시 상황에 대해 이렇게 말했다.

"'문화대혁명' 10년 동안 나는 한쪽으로 물러나 있었다. 업무적으로는 '소요파逍遙派[3]'와 같았지만, 현실생활에서는 자유롭지 않았다. 굉장히 긴장되고 혼란스러웠다. 가장 변화가 많았던 10년이었다."

그 기간에 덩잉차오는 최악의 상황에 대비해 일상 필수품을 가방에 챙겨 놓았고 일이 생기면 바로 입을 수 있게 외투를 곁에 두었다. 또한 잡혀가거나 다른 형식의 공격에 대해서도 항상 마음의 준비를 했다.

'문화대혁명' 시기의 잘못된 행동에 대해 덩잉차오는 자신만의 원칙을 세웠다. 가오전푸高振普가 당시를 회상하며 말했다.

---

1. 문화대혁명 기간에 권력을 휘두르던 네 명의 공산당 지도자인 장칭(江靑), 야오원위안(姚文元), 왕훙원(王洪文), 장춘차오(張春橋)를 가리킴
2. 보수파 홍위병 보황파(保皇派)에 대항해 결성된 전국적 규모의 대중 조직
3. 문화대혁명이나 홍위병 활동에 방관한 사람들

1970년 5월 20일, 중난하이 시화팅에서 덩잉차오와 저우언라이

"'문화대혁명' 시기에 중난하이도 무릉도원은 아니었다. 중난하이에 있는 일부 기관은 각기 다른 이유로 파벌을 나누어, 자신들이 가장 혁명적이라고 주장하며 마오쩌둥 혁명 노선에 앞장섰다. 이런 상황에서 시화팅은 파벌을 나누지 않았고, 어떤 파벌에도 속하지 않았으며 그들과 엮이지 않았다. 그러나 시화팅 동지들은 '소요파'가 되지 못했다. 우리가 활동에 참가하지 않으면 파벌에 속한 사람들이 문 앞까지 와서 우리에게 입장을 밝힐 것을 요구했다. 그들은 우리가 입장을 밝히지 않으면 '문화대혁명'에 대한 태도에 문제가 있는 것으로 보겠다고 했다. 진퇴양난의 상황에서 덩 누님은 우리에게 '온종일 총리를 따라다니며 바쁘게 일하는데 언제 그들의 활동에 참여할 시간이 있겠는가. 마오 주석의 지시를 잘 익혀서 일을 열심히 하는 것도 문화대혁명을 위해 온몸을 바치는 것이다'라고 말했다. 덩 누님은 많은 말을 하지는 않았지만 우리에게 큰 깨우침을 주었고, 덕분에 파벌 활동에 참가하지 않을 수 있는 '담력'이 생겼다. 시화팅의 당 지부는 정상적인 활동을 지속했다. 일부 파벌들이 비평을 받는 사람에 대해 입장을 밝히라고 말하면 우리는 '당 지부 전체 동지는 상급 당위원회의 결정을 지지한다'는 식으로 입장을 밝혔다. 당시에는 이런 행동도 용기가 필요한 일이었다."

덩잉차오는 저우언라이, 옛 동지와 전우를 보호하기 위해 손님을 받지 않고 편지를 쓰지 않으며 외출해서 사람을 만나지 않는다는 '삼불주의三不主義'를 실천해서 문제가 발생할 만한 가능성을 차단했다. 훗날 덩잉차오는 시화팅에서 근무했던 동지와 친척들에게 이렇게 말했다.

"'문화혁명' 10년 동안 나는 세상과 격리되었다. 우리는 같은 도시에서 거리 몇 개만 건너면 될 정도로 가까운 곳에 살았지만, 산으로 가로막혀 있고 멀리 떨어져 사는 사람들처럼 만날 수 없었다."

1973년 6월, 샹산香山 공원에 있는 솽칭雙清 별장을 산책하고 있는 덩잉차오와 저우언라이

당시 저우언라이는 공화국의 국정 업무를 지탱하며 국민경제의 정상적인 운영을 유지하고 있었다. 전력을 다해 원로 간부를 보호했고 정치적으로는 린뱌오, 장칭 무리와 공방전을 벌였다. 저우언라이는 자신의 안위와 명예를 신경 쓰지 않고 "내가 지옥에 들어가지 않으면 누가 지옥에 들어가겠는가? 조국과 인민을 위해 죽을 때까지 온몸을 바칠 것이다."라고 말했다. 당시 저우언라이는 곁에 있던 측근들이 크게 줄어들면서 많은 업무를 직접 처리해야 했다. 게다가 원로 간부들이 대거 축출당하면서 국무원 부총리실에서 계속 근무하는 사람이 얼마 안 되는 심각한 상황이었다. 또한 조반파가 각 부처의 '권력'을 빼앗을 가능성도 언제나 존재했다. 이런 상황에서 저우언라이는 명실상부한 '화재 진압 팀장'이 될 수밖에 없었다.

이때 저우언라이는 일흔 살에 가까운 나이였다. 정신적으로 고통에 시달리고 체력적으로 무리하면서 건강이 크게 나빠졌다. 아내인 덩잉차오는 마음속으로는 걱정을 많이 했지만, 남편의 부담을 덜어주고 안전과 건강을 지켜주기 위해 묵묵히 일을 도와주었다.

그러나 저우언라이의 건강은 날이 갈수록 더 나빠졌다. 덩잉차오는 어쩔 수 없이 '문화대혁명' 시기의 특별한 방식을 이용했다. 즉, 비서들에게 '대자보'를 작성해서 남편을 강제로 쉬게 만들었다.

1967년 2월 3일, 저우언라이의 측근들은 공동 명의로 대자보를 작성했다. 그리고 저우언라이가 자주 휴식을 떠올리기를 바라는 마음으로 저우언라이의 사무실 문에 대자보를 붙였다. 내용은 다음과 같았다.

저우언라이 동지에게

동지의 업무 방식과 생활 습관을 현재 동지의 건강 상태에 맞게 바꾸기를 요구합니다. 그래야만 동지도 당을 위해 더 오랫동안 많은 일을 할 수 있습니다. 이는 당과 혁명의 높고 원대한 이익을 위한 것이니 우리의 요구를 받아들여 주기를 강력히 요구합니다.

1967년 2월 3일

그리고 많은 직원이 대자보 아래에 서명했다.

대자보를 붙인 다음 날, 저우언라이는 대자보 위에 반듯한 글씨로 '성실히 받들어 시행하겠습니다'라고 적었다. 그리고 이틀 뒤에 덩잉차오가 대자보에 다섯 가지의 '보충 의견'을 적었다.

(1) 야간 업무 시간을 최대한 줄이고 낮에 일하세요.

(2) 회의와 담화, 기타 활동 사이에 시간 가격을 두고 연이어 일하지 마세요.

(3) 갑자기 생긴 급한 일을 처리하기 위해 매일 일정에 여유를 남겨두세요.

(4) 밖에서 회의하거나 일을 하고 돌아와서는 급한 일이 아니면 다른 동지와 바로 만나지 말고 잠시 숨을 돌리세요.

(5) 회의는 간단하게 말은 간략하게 하는 법을 배우세요. 저우언라이 동지는 이를 위해 계속해서 노력해 주시고, 다른 동지들도 많이 도와주세요.

이상 몇 가지 바람을 적습니다.

덩잉차오

1967년 2월 5일

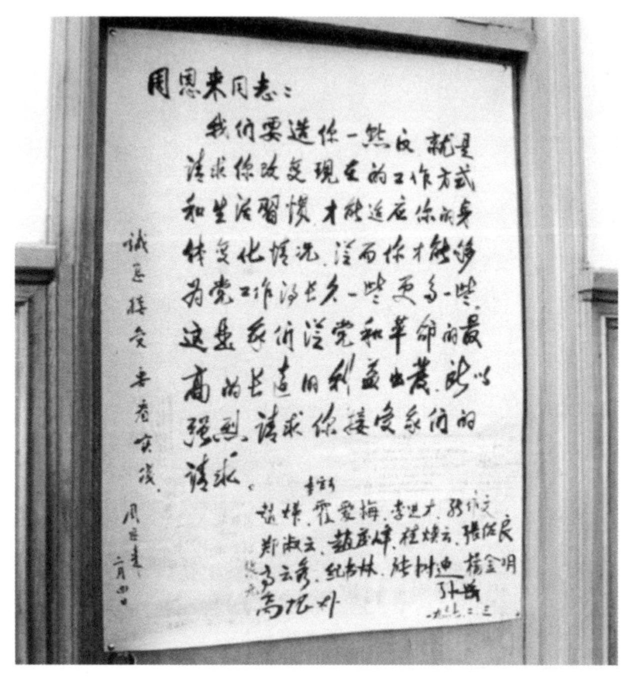

周恩来同志：

我们要送你一点意见，就是请求你改变现在的工作方式和生活习惯，才能适应你的身体变化情况，从而你才能够为党工作得更久一些更多一些。这是我们从党和革命的最高的长远利益出发，所以强烈请求你接受我们的请求。

[illegible]

赵炜、霍爱梅、[illegible]、[illegible]、郑淑云、[illegible]、[illegible]、张佐良、高云秀、纪东林、[illegible]、杨金明、[illegible]、高振[illegible]

一九六七.二.三

诚恳接受，要看实践。

周恩来 二月四日

—

1967년 2월 3일, 저우언라이의 측근 직원들이 쓴 '대자보'

많은 업무를 처리해야 하는 저우언라이는 여전히 자신을 돌보지 않고 일했지만, 곁의 직원들과 아내의 관심에 마음속으로는 무척 고마워했다.

'문화대혁명'의 긴장이 최고조에 이르자, 저우언라이는 농공업 생산과 교통 운수의 피해를 줄이기 위한 각종 회의에 참석하느라 정신이 없었다. 낮에는 도저히 서류를 검토할 시간이 나지 않자 저녁에 사무실로 돌아와서 서류를 검토했지만, 그 양이 너무 많았다. 저우언라이는 일을 제때에 처리하기 위해 어쩔 수 없이 서류를 침대로 들고 왔다. 침대 머리맡에 등을 기대고 다리 위에 방석 세 개를 올려놓은 채 문서를 검토했다. 그러나 시간이 지나면 다리에 쥐가 나서 몸이 더 피곤했다. 그 모습을 눈여겨 본 덩잉차오는 저우언라이가 침대에서 조금이라도 편하게 문서를 볼 수 있도록 목수와 상의해 작은 탁자를 만들었다. 이 탁자가 생긴 후로 저우언라이는 침대에서 훨씬 더 편하게 문서를 검토할 수 있었다. 덩잉차오는 "탁자가 생긴 뒤로 언라이가 침대에서 문서를 검토하는 시간이 더 늘어났고 쉬는 시간은 더 줄어들었다."라며 탄식했다.

저우언라이가 낮에는 여러 회의나 행사에 참석하고 대부분 밤에 서류 업무를 처리하자 덩잉차오는 자주 쪽지를 남겨 남편에게 최대한 쉬면서 일할 것을 부탁했다. 덩잉차오는 다음과 같이 쪽지를 남겼다.

언라이에게

오늘 저녁에 당신이 회의에 가고 난 후에 볜卞 의사선생님과 푸 선생님蒲老[4]이 약에 대해 상의했어요. 그리고 푸 선생님에게 오늘 밤에도 보화환保和丸을 복용하는 게 좋겠다고 말했어요. 내일 다시 와서 재진한대요. 그리고 당신의 위 기능이 안 좋은 건 위 자체에 문제

4. 중의학의 대가로 당시 저우언라이의 주치의였음. 본명은 푸푸저우(蒲輔周)

恩来：

今晚你去开会后，我要卞大夫去和蒲老商量吃药事。据卞回告蒲老嘱今晚仍服保和丸为好。明日他再来看诊下。并说你的胃功能紊乱，非胃本质变化引起，而是由于饥饿食物凉热交杂，以及天气冷暖变化引起的。调理恢复需要点时间，不能心急于加服药去。故近几日除服必要药外，尚需注意饮食保暖适宜为要。特告。

超 三.二十四晚十

—

1971년 3월 24일, 덩잉차오가 저우언라이에게 쓴 쪽지가 생겨서가 아니라 식사 시간이 불규칙하고 찬 음식과 뜨거운 음식을 함께 먹어서 그런 거라고 해요. 또 날씨 변화 때문이기도 하고요……. 약을 먹는 것 말고도 제때에 따뜻한 음식을 먹는 것이 중요하다고 해서 특별히 전해드려요.

샤오차오

1971년 3월 24일 밤 11시

가오전푸를 통해 전합니다.

어제 오후 6시에 일어나서 오늘 밤 12시에 잠자리에 든다고 해도 무려 30시간이에요. 여기서 깨어있는 시간이 더 늘어난다면 몸이 더 이상 견디지 못할 거예요. 떠나기 전에 자신을 돌보세요. 당신은 인민과 당을 위해 책임감을 가져야 해요! 제발 건강을 소홀히 마세요! 모든 상황을 고려하여 드리는 충언이에요. 당신이 듣기 싫어하는 걸 알지만, 책임감에 어쩔 수 없이 몇 자 적어요. 부디 자기의 몸을 잘 돌보세요.

샤오차오

3월 3일 밤 11시

덩잉차오가 저우언라이에게 보낸 쪽지에는 아래와 같은 내용도 있었다.

라이[5]

새로운 정세에서 많은 일을 하려면 업무적으로도 많은 준비가 필요하겠지만 건강도 대비를 해야 해요. 건강을 돌보는 것은 새로운 임

5. 저우언라이를 지칭함

무를 맡기 위해 필요한 일이에요! 우리 몸에 있는 각 기관은 그 기능과 역할에 한계가 있어서 과도하게 사용하면 안 돼요. 그러니 무리하지 말아요. 아무리 바빠도 잠깐은 긴장을 풀면서 일해야 꾸준히 일할 수 있어요. 체력적으로나 정신적으로 항상 여유를 두고 준비하세요. 그래야 때가 왔을 때 새로운 임무를 맡을 수 있어요. 투쟁은 장기간 지속될 거예요. 그러니 당시도 장기간 싸워야 해요. 하고 싶은 말은 많지만 여기서 마칠게요. 당신이 건강을 소중히 돌보기를 간절히 바랍니다!

1972년, 저우언라이는 심장병을 앓고 있는 상황에서 암세포까지 발견되었다. 저우언라이는 몸과 정신의 이중고를 힘겹게 견디고 있었다. 덩잉차오는 저우언라이의 건강을 위해 곁에서 일하는 동지들을 모아 회의를 열고 간곡하게 말했다.

"공산당원으로서 우리가 지금 할 수 있는 일은 각자 맡은 일을 잘 처리해 저우언라이 동지의 안전과 건강을 지키는 겁니다. 항상 겸손하고 신중하며 꼼꼼하게 일해서 정치적으로 저우언라이 동지를 보살펴야 합니다."

덩잉차오는 부부의 정, 공산당원으로서 갖고 있는 공산주의 사업에 대한 끝없는 충성심 그리고 과감하면서도 지혜로운 태도로 저우언라이가 어려운 세월에 불필요한 간섭과 영향을 받지 않도록 최선을 다했다.

1977년 5월 20일, 덩잉차오가 조카들과 함께 시화팅에서

남편의 마지막 부탁을 완수하다

1974년 초, 중앙정치국 동지들과 '사인방'의 투쟁이 최고조에 이르렀다. 당시 저우언라이는 과로로 병세가 매우 위중한 상태였다. 3월 초순부터 저우언라이는 혈변이 매일 100여 밀리리터나 나왔고 암 증상도 더욱 악화됐다. 그럼에도 매일 수혈과 기타 치료를 받으며 업무를 강행했다. 6월 1일, 저우언라이는 꽃과 나무가 만발한 시화팅과 평생을 함께한 아내의 곁을 떠나 중국 인민해방군 305 병원에 입원했다.

1974년 6월부터 덩잉차오는 고통을 마음속 깊이 숨기고 매일 병원으로 출근했다. 공부하고 회의할 때가 아니면 항상 병원으로 가서 저우언라이의 곁을 지켰다. 매일이 소중했고 매 순간을 마음속에 깊이 새겼다. 그해 8월 4일, 덩잉차오는 탁상용 달력에 연필로 '고통은 운명을 따르지 않고 행복은 혁명에 달려있다'라고 적었다.

1975년 1월 13일, 제4기 전국인민대표대회가 개막했다. 저우언라이는 아픈 몸을 이끌고 1차 회의에서 마지막 업무 보고를 발표했다. 발표를 통해 농업, 공업, 과학기술과 국방 현대화의 원대한 목표를 제시했다. 또한 향후 20여 년 동안 목표를 달성하기 위해 노력한다면, 금세기 안에

1975년 1월, 제4기 전국인민대표대회 1차 회의에서 4개 현대화(농업 현대화, 공업 현대화, 국방 현대화, 과학기술 현대화의 통칭) 목표를 천명하고 있는 저우언라이

중국이 사회주의 현대화 강국을 건설할 수 있을 것이라고 말했다. 덩잉차오도 회의에 참석했다. 덩잉차오는 중병을 앓고 있는 저우언라이의 정부 업무 보고에 귀를 기울이며 미래에 대한 동경을 품었다. 저우언라이가 제시한 분투 목표는 덩잉차오와 모든 대표의 꿈이기도 했다.

6월 15일, 저우언라이는 마지막으로 자신이 25년 동안 머물렀던 시화팅으로 돌아왔다. 덩잉차오는 저우빙이, 저우빙젠周秉建, 리메이李湄를 불렀다. 시화팅 거실에서 젊은이와 저우언라이의 웃음소리가 간간이 새어 나왔다. 이 순간은 아마도 저우언라이가 떠나기 전에 마지막으로 즐겁게 보낸 시간이었을 것이다.

다시 병원으로 돌아가고 나서 저우언라이의 병세가 급격히 악화되었다. 저우언라이는 죽음이 얼마 남지 않았다는 것을 직감하고 덩잉차오에게 뒷일을 부탁했다.

"모든 것을 잘 부탁하오."

덩잉차오가 뜨거운 눈물을 흘리며 대답했다.

"걱정하지 마세요. 잘 처리할게요."

1950년대에 당 중앙 정부는 사후 화장을 장려했고, 당시 저우언라이와 덩잉차오도 사후 화장에 찬성하며 솔선해 서명했다. 부부는 마지막에 남은 사람이 조직에 고인의 뜻을 전하기로 했다. 두 사람은 반드시 화장을 해서 유골은 보관하지 말고 비료로 쓰이도록, 조국의 땅과 바다에 뿌려 죽은 후에도 인민을 위해 봉사하기로 했다. 또한 장례는 중앙 정부의 특별대우로 인력과 물자를 낭비하지 말고 간소하게 치르기로 했다. 저우언라이는 와병 중에도 덩잉차오의 비서인 자오웨이趙煒에게 사후 화장에 대해 이야기했다. 그리고 덩잉차오를 잘 보살펴 달라고 부탁했다. 충성스러운 위대한 혁명가이자 50년을 서로 의지하며 살면서 모든 사람에게 모범을 보인 부부는 잔인한 이별의 시간이 얼마 남지 않았다는 것을 알았지만, 여전히 굳건한 모습을 보였다.

저우언라이는 마지막까지도 자신을 돌보지 않고 국내 정치 상황과 국가의 미래와 운명에 관심을 가졌다. 덩잉차오는 그의 아내로서 항상 남편의 곁을 지켰다. 두 사람은 서로 감정을 주고받았다. 50년간 고난을 함께 겪으며 서로 의지해 온 혁명가 부부는 중국 혁명의 성공, 신중국의 낮과 밤, 슬픔과 영광을 함께 목격했다. 저우언라이는 덩잉차오에게 미안한 마음을 가득 안고 말했다.

"내 마음속에는 당신에게 미처 하지 못한 말이 많소."

덩잉차오도 저우언라이에게 똑같이 말했다. 이성과 신념 앞에서 혁명가 부부는 마음속의 커다란 고통을 꾹 참으며 마지막 이별의 순간까지 내뱉지 않았다.

1976년 1월 8일, 저우언라이가 세상을 떠나던 날 아침에 덩잉차오의 비서 자오웨이가 병원에서 걸려온 전화를 받았다. 저우언라이의 경호원이었던 가오전푸가 말했다.

"총리의 상태가 위중합니다. 빨리 오셔야겠습니다."

자오웨이는 덩잉차오와 함께 최대한 서둘러 저우언라이의 병실로 갔다. 의사가 최선을 다해 응급 처치를 하고 있었다. 오전 9시 57분, 병실에 있는 환자감시장치 화면에 일직선이 나타났다. 저우언라이가 세상을 떠났다. 자오웨이는 당시 상황을 이렇게 회고했다.

"그 순간 병실이 울음바다가 되었다. 덩잉차오가 떨리는 손으로 저우 총리의 얼굴을 어루만졌고 총리의 이마에 입을 맞추었다. 그녀는 울면서 '언라이, 언라이! 당신이 떠나다니……'라고 소리쳤다."

쉬펑성許奉生은 이렇게 회고했다.

"그때 덩 언니가 '너무나 후회돼. 그 며칠 동안 내가 병원에 있으면서 함께 사진을 찍어야 했어. 기회는 있었어. 외국 손님을 접대한 후 병원에 갔어야 했어. 그때는 왜 그 생각을 못했을까?'라고 말했다. 언니가 그런 말을 하는 것을 듣고, 언니가 마음속으로 총리를 많이 그리워하고 있다는 걸 알았다."

자오웨이는 당시 상황을 이렇게 기억했다. 오전 11시 중앙 지도부가 저우언라이와 고별하고 덩잉차오를 찾아갔다. 덩잉차오는 그 자리에서 중앙 지도부에게 저우언라이가 생전에 남긴 세 가지 부탁과 개인의 의견을 전달하며 말했다.

"첫째, 그 사람은 10년 전의 바람과 같이 유골을 보관하지 말고 조국 땅에 뿌려 달라고 했습니다. 둘째, 특별하거나 지나치게 치르지 말라고 했습니다.(저우언라이의 장례를 가리킴) 셋째, 추도회나 영결식을 하지 말

덩잉차오가 비서 자오웨이 가족과 시화팅에서

라고 했습니다. 언라이 동지의 장례는 간소하게 치를 겁니다. 엄동설한에 추울 거라는 걸 망자가 왜 모르겠습니까? 모든 것들이 살아 있는 사람이 볼 때는 인력과 물자를 낭비하는 일입니다. 방금 말한 세 가지 부탁을 마오 주석과 당 중앙 정부에서 허락해 주시길 부탁드립니다. 언라이의 장례는 조직의 결정에 맡기며, 저는 개인적으로 어떠한 의견과 요구도 없습니다. 그저 언라이 동지가 원하는 바가 이루어졌으면 좋겠습니다."

덩잉차오가 말을 마치자 리셴녠李先念이 첫 번째로 발언했다.

"총리의 추도회를 열지 않을 수 없습니다. 앞으로 추도회를 열지 않는다고 해도 그 첫 번째가 총리가 되어서는 안 됩니다. 이것은 민심에 위배되는 일로 인민에게 설명할 수 없습니다."

다음으로 덩샤오핑이 말했다.

"나도 셴녠의 의견에 동의합니다. 추도회는 반드시 열어야 합니다."

다른 의견을 내는 사람은 없었다. 모두가 추모와 고별, 추도회를 반드시 열어야 한다는 데 의견이 일치했다. 그리고 마오쩌둥이 최종 결정을 해 줄 것을 서면으로 요청했다. 1월 9일 새벽, 마오쩌둥이 저우언라이의 장례에 관한 보고에 회답했다.

덩잉차오는 직접 사람을 시켜 새하얀 꽃을 화환으로 엮어서 사랑하는 저우언라이의 영전에 바치며 저우언라이에 대한 애정을 드러냈다. 화환에 달린 검은색의 리본에는 '언라이 전우를 추모하며, 샤오차오가 애도의 뜻을 바칩니다.'라고 적혀 있었다.

'전우'란 얼마나 숭고하고 신성한 호칭인가! 이 호칭에는 덩잉차오와 저우언라이가 공통의 이상과 신념을 위해 죽음을 무릅쓰고 함께한 전우애와 그들이 한마음으로 추구해 온 가치가 담겨 있었다.

저우언라이의 조문 행사는 사흘간 열렸다. 1월 14일 오후 6시에 조문 행사가 끝났다. 가오전푸는 그 당시를 이렇게 회상했다.

"덩잉차오가 빈소에 들어와 동지들과 함께 저우 총리에게 세 번 허리를 굽혀 인사했다. 두 손으로 유골함을 들고 현장에 있는 모든 사람에게 깊숙이 허리를 굽혀 인사하면서 슬픔이 가득한 어조로 '언라이의 유골을 들고 이 자리에 계신 모든 직원과 동지들에게 감사의 뜻을 표합니다'라고 말했다. 덩잉차오가 말을 마치자 그 자리는 울음바다로 변해 버렸다."

저우언라이의 유골은 덩잉차오가 직접 들고 인민대회당의 타이완청臺灣廳에 안치했다. 덩잉차오는 저우언라이가 생전에 이루지 못한 중요한 염원이 조국 통일이라는 것을 알고 있었다.

1월 15일 오후 3시, 저우언라이의 추도회가 인민대회당에서 성대하게 열렸다. 덩샤오핑은 중공중앙을 대표해 추도사를 발표했다. 덩잉차오는 의연하고 꿋꿋한 표정으로 저우언라이의 유골함 옆에 앉았다.

추도회가 끝나고 덩잉차오는 저우언라이 측근 동지들과 의무 요원, 친·인척들을 모두 불러 모았다. 당시 그 자리에 있던 사람들은 덩잉차오의 말에 깊이 감동했다. 덩잉차오가 비통한 마음을 억누르며 말했다.

"언라이가 세상을 떠났습니다. 여러분들도 슬프고 저도 매우 슬픕니다. 하지만 슬픔과 눈물은 죽은 자를 살아나게 하지 못합니다. 인민의 이익을 위해 죽었으니 가치 있는 일입니다. 언라이 동지는 인민의 심부름꾼으로 평생을 인민의 이익과 공산주의의 원대한 이상을 위해 싸웠습니다. 지금의 슬픔을 힘으로 삼아 언라이 동지의 유지를 계승해서 각자의 일을 열심히 합시다. 그래서 위대한 사회주의 현대화 강국을 건설하기 위해 싸웁시다."

덩잉차오가 잠시 멈춘 후에 말을 이었다.

"저는 여기에 계신 의료진에게 감사의 인사를 드립니다. 언라이는 죽은 후에 화장을 해서 유골을 보관하지 말라고 부탁했습니다……."

덩잉차오가 다시 한 번 강조하며 말했다.

"언라이 동지가 우리 곁을 영원히 떠났습니다. 여러분은 마음을 굳게 먹고 너무 슬퍼하지 마십시오. 우리는 그의 유지를 받들어 당과 인민의 사업을 위해 새로운 혁명의 길 위에서 영원히 앞을 향해 나아갈 것입니다."

저우언라이의 추도회에서 추도사를 낭독하고 있는 덩샤오핑

이 말은 덩잉차오가 저우언라이의 유지를 계승해서 당과 인민의 사업을 위해 혁명의 길 위에서 영원히 앞으로 나아가겠다는 맹세였다.

그날 저녁 8시쯤 덩잉차오는 직접 장수잉張樹迎과 가오전푸를 베이징 동쪽 교외에 있는 통셴通縣 공항까지 배웅했다. 그들은 이곳에서 농약 살포 비행기를 타고 저우언라이의 유골을 베이징과 톈진, 황허 강 입구 등에 뿌렸다. 1월 16일 오전 9시, 임무를 완수한 장수잉과 가오전푸가 덩잉차오에게 보고하기 위해 시화팅으로 향했다. 덩잉차오는 이미 문 앞까지 나와서 기다리고 있었다. 가오전푸가 당시를 회상하며 말했다.

"덩잉차오가 두 팔을 벌리고 우리를 꼭 안아주며 '고맙습니다, 정말 고마워요. 두 사람이 언라이 동지를 위해 일하고 언라이 동지의 마지막을 지켜주었군요'라고 말했다."

덩잉차오가 경호 비서인 가오전푸 가족과 시화팅에서

사무실로 들어가서 덩잉차오가 두 사람에게 말했다.

"언라이 동지를 위해 큰일을 마쳤군요. 언라이가 살아 있을 때도 이 일을 할 수 있을지 자신이 없었는데 오늘 드디어 해냈어요. 언라이도 분명히 안심할 겁니다. 정말 기뻐요. 내가 죽으면 내가 속해 있는 당 지부가 장례를 맡을 텐데, 내가 혁명을 이룰 수 있도록 두 사람이 내 유골을 뿌려 줬으면 좋겠어요."

덩잉차오가 철저한 유물론자이자 공산당의 위대한 기개를 갖고 있음을 나타내는 말이었다.

이로써 덩잉차오는 저우언라이가 마지막으로 부탁한 일을 완수했다.

톈진 훙차오구 의류 2공장 노동자들이 덩잉차오를 위해 만들어준 솜옷을 입고 시화팅에서

멀리서 온 정이 점점 깊어지다

저우언라이가 세상을 떠나자 덩잉차오는 큰 슬픔에 잠겼다. 전국 인민들 역시 저우언라이의 타계 소식에 마음이 무너지는 것 같았다. 톈진 홍차오구紅橋區 의류 2공장의 청년 73명도 비통한 마음이었다. 73명의 청년들은 TV를 통해 많은 사람이 스리창제十里長街 거리에서 총리의 마지막을 배웅하는 장면을 지켜보았다. 그리고 덩잉차오가 혼자 관을 지키는 장면에 마음이 찢어지는 것 같았다. 청년들은 친자식 하나 남기지 않고 세상을 떠난 저우 총리를 떠올렸다. 노부부는 중국 인민의 해방 사업을 위해 평생을 바친 것이다.

청년 73명은 어떻게 하면 슬픔에 빠진 덩 어머니[1]를 위로할 수 있을지 고민했다. 그리고 그들은 바로 자신들이 노부부의 아들과 딸이라는 생각이 들었다. 의류 공장 노동자인 그들은 덩 어머니의 마음을 따뜻하게 위로하기 위해 솜옷을 만들어서 보내기로 했다. '딸은 엄마의 따뜻한 솜저고리다'라는 톈진의 속담에도 들어맞는 일이었다. 73명의 청년 노동자들은 돈을 모아 천을 사고 재단 전문가의 도움을 받아 한 땀 한 땀 정성

1. 덩잉차오를 지칭함

을 다해 덩잉차오의 명주 솜옷을 만들었다. 덩잉차오에 대한 깊은 정이 담긴 솜옷은 몇 사람의 손을 거쳐서 덩잉차오에게 전달되었다. 그들은 '덩 어머니'에게 보내는 편지도 함께 전달했다.

> 존경하는 덩 어머니께
>
> 먼저 존경하는 총리의 전우이자 부인이고 우리가 사랑하는 혁명가 어머니께 명절을 맞아 인사드립니다.
>
> 사랑하는 어머니, 존경하는 총리께서 세상을 떠났지만 총리의 이름은 영원히 우리의 마음속에 살아 있습니다. 총리의 찬란한 혁명 업적은 조국의 땅에 길이길이 남을 것이며, 공산주의를 위해 평생을 바친 눈부신 전투는 우리가 혁명의 길을 계속해서 나아가는 데 큰 힘이 될 것입니다…….
>
> 존경하는 어머니, 전국 인민이 존경하고 추앙하는 총리의 오랜 전우인 당신이 자랑스럽습니다. 우리는 당신이 중국 인민해방 사업의 승리를 위해 혁명이 가장 어려울 때 혁명의 길에 방해가 되지 않으려고 친자식을 두지 않은 사실을 알고 있습니다.
>
> 그러나 어머니, 우리가 모두 당신의 자식입니다. 전 중국의 청년이 모두 당신의 자식입니다…….
>
> 새해 명절이 되고 날씨가 춥습니다. 의류 노동자인 우리가 어머니를 위해 솜옷을 만들었습니다. 이 솜옷은 우리 공장에 있는 70여 명의 청년 노동자 모두가 한 땀씩 직접 손으로 만든 것입니다. 솜옷은 가볍지만 여기에 우리 70여 명의 진심과 무산계급의 깊은 정을 담았습니다. 어머니가 이 옷을 입으면 우리의 마음이 따뜻해질 겁니다. 그러니 부디 받아주십시오. 꼭 받아주셔야 합니다!

TV를 통해서 본 어머니의 모습으로 치수를 가늠하여 솜옷을 만들었습니다. 존경하는 어머니, 이 솜옷을 몸에 걸치면 우리가 어머니 곁에 있다는 것을 느끼실 겁니다. 전 중국의 청년들이 어머니 곁에 있습니다. 존경하는 총리께서 끊임없이 분투했던 사업을 이루기 위해 우리가 모두 어머니와 함께 싸울 것입니다!

사랑하는 어머니, 다음 편지에는 우리가 슬픔을 원동력으로 삼아 혁명을 위해 생산을 촉진한 우수한 성과도 적어 보내겠습니다.

존경하는 어머니의 답장을 바랍니다!

가장 숭고한 혁명의 경례를 보냅니다!

텐진시 홍차오구 의류 2공장 청년 노동자 73인

1976년 1월 26일

덩잉차오는 솜옷을 전달받고 매우 기뻐했다. 덩잉차오가 받은 것은 단순한 솜옷이 아니라 73명의 텐진 노동자의 깊은 정이었다. 솜옷을 받은 당일에 덩잉차오는 즉시 비서 자오웨이에게 답장을 쓰도록 지시했다.

홍차오구 의류 2공장의 청년 노동자 동지 73명에게 전합니다.

덩잉차오 동지의 부탁을 받아 여러분께 편지를 보냅니다. 73명의 청년 노동자 동지가 직접 한 땀 한 땀 만들어서 보내준 솜옷을 덩잉차오 동지께서 받으셨습니다.

73명의 청년 노동자 동지가 직접 만든 솜옷을 입고 마음이 따뜻해졌다고 말씀하셨습니다. 여러분의 혁명에 대한 열정에 매우 감격했으며 여러분의 관심과 위로에 감사의 말을 전해 달라고 했습니다.

하지만 덩잉차오 동지께서는 지금까지 선물을 받지 않았습니다. 되

1976년 12월 2일, 제4기 전국인민대표대회 상무위원회 제3차 회의에 참석한 덩잉차오

돌려 보낼 수 있는 건 되돌려 보내고 돌려보낼 수 없는 것은 해당하는 금액을 지급했습니다. 이것이 저우 총리와 덩잉차오 동지가 지금까지 지켜온 원칙입니다. 이번에 여러분이 보내준 명주 솜옷은 돌려보내지 않겠다고 말씀하셨습니다. 여러분의 마음을 알기에, 만약 돌려보낸다면 여러분의 마음이 힘들 거라고 하셨습니다. 그래서 여러분께 옷 제작비 명목으로 30위안을 보냅니다. 이 돈을 처리하기 어려우면 책과 필요한 용품을 사는 데 써 주십시오. 돈은 돌려보내지 말고 꼭 받아 주십시오.

이만 줄이겠습니다.

자오웨이(비서)

1976년 3월 16일

노동자들은 '덩 어머니'가 보내온 돈으로 책을 샀다. 그리고 '덩 어머니'에게 격려의 글을 써 달라고 부탁했다. 덩잉차오는 책을 받은 후에 책 속표지에 '공산주의 혁명의 노전사'의 이름으로 격려의 글을 쓰고 다시 돌려주었다. 이렇게 '어머니'의 마음은 73명의 아들과 딸의 마음과 단단하게 연결되었다.

저우언라이가 세상을 떠나고 '사인방'은 전국 인민들이 추도 행사를 여는 것을 온갖 방법으로 저지하며 전력을 다해 억압했다. 그러나 '사인방'의 이러한 행동에 인민 대중은 강력히 반발했다. 3월 하순, 난징시 시민들이 가장 먼저 '사인방' 일당의 도리에 어긋난 행동을 성토하는 항의 활동을 일으켰고 전국이 이 행동에 호응했다. 수도에 있는 시민들은 3월 말부터 자발적으로 톈안먼 광장에 모여 인민 영웅의 기념비 앞에 헌화하고 전단을 붙이고 연설을 하면서 저우언라이 총리를 추모하며 '사인방'의 행동을 비난했다.

1978년 12월, 중국공산당 제11기 3중전회에 참석한 덩잉차오

4월 4일(청명절)에는 추모 행사가 최고조에 이르며 200만 명이 넘는 사람들이 톈안먼에 모였다. 그날 밤 정치국은 회의를 열었다. 장칭 등의 주도로 열린 회의는 톈안먼 광장의 추모 행사를 '반혁명 사건'으로 규정하고 혁명의 큰 방향을 교란하는 행위로 간주했다. 그리고 톈안먼 광장에 있는 화환과 표어 등을 싹 정리하기로 결정했다.

인민 대중의 항의 활동은 바로 진압되기는 했지만, 나중에 '사인방'을 몰아내고 '문화대혁명'을 종결시키는 데 튼튼한 기반이 되었다.

저우언라이가 세상을 떠난 후 주더와 마오쩌둥도 차례로 세상을 떠났고 전국이 애도했다. 그러나 '사인방' 일당은 당과 국가의 최고 지도권을 탈취하기 위해 더욱 박차를 가해 음모를 꾸몄다. 이런 상황을 안타깝게 지켜보던 덩잉차오는 비상상태에서 예젠잉葉劍英을 만나 서로 의견을 나누었다. 당시에 '사인방'을 해치울 계획을 준비하고 있던 중 예젠잉이 나름대로 계획을 세우고 있는 것을 알고 덩잉차오는 불안한 마음을 놓을 수 있었다. 어둠이 물러나고 광명이 눈앞에 와 있는 것을 느낄 수 있었다.

1976년 10월 6일, 저우언라이가 세상을 떠난 날로부터 9개월이 되는 날에 당과 국민은 '사인방' 반혁명집단의 숙청에 성공하면서 당과 국가를 위기에서 구해냈다. 덩잉차오와 국민은 승리의 기쁨을 함께 나눴다. 이로써 중국공산당 11기 3중전회는 역사적으로 위대한 전환기를 맞이했다. 새로운 시기에 들어서자 덩잉차오는 뛰어난 지도력과 국내외에 널리 퍼진 숭고한 명성으로 전국인민대표대회 상무위원회 부위원장이라는 중요한 직위를 맡았다.

1977년 2월 5일~11일, 미얀마를 방문한 덩잉차오

미얀마 방문

1977년 2월 5일, 미얀마연방 대통령이자 국무위원회 의장 우 네 윈U Ne Win 장군의 초청으로 덩잉차오는 전국인민대표대회 대표단을 이끌고 베이징에서 전용기로 미얀마를 방문했다. 대표단은 당일 오후 양곤에 도착했고 미얀마정부와 인민의 열렬한 환영을 받았다. 미얀마는 덩잉차오가 전국인민대표대회 상임위원회 부위원장직을 맡은 뒤 처음으로 방문한 국가였다.

미얀마 국제공항은 귀빈을 맞아 새로 단장했다. 미얀마의 민족 특색이 묻어나는 환영 표지판이 미얀마어와 중국어로 쓰인 큼지막한 환영 문구와 함께 걸려 있었다. 양 옆에는 양국의 국기가 바람에 펄럭이고 있었다. 사람들의 박수 소리와 환호성을 배경으로 21번에 걸쳐 국빈 환영 축포가 울려 퍼졌다. 청소년 1,200명으로 구성한 연주단이 미얀마 민족 음악을 연주했다. 덩잉차오는 전용기에서 내렸고 덩잉차오를 만나기 위해 공항에 나가있던 우 네 윈 대통령과 영부인이 다가가 덩잉차오의 두 손을 꼭 부여잡았다.

1977년 2월, 미얀마를 방문해 우 네 윈 대통령의 환영을 받는 덩잉차오

양국 지도자와 각계 인사는 오랫동안 자주 왕래하며 우호 관계를 유지했다. 우 네 윈 대통령은 중국을 여덟 번 방문했고 저우언라이도 생전에 미얀마를 아홉 번 방문하며 양국의 우호 관계를 돈독히 다졌다. 저우언라이 생전에 덩잉차오는 중국을 방문한 우 네 윈을 저우언라이와 함께 맞이했었다. 1975년 말, 우 네 윈이 여덟 번째 중국을 방문했을 때 저우언라이는 병환이 깊어서 손님을 맞으러 나갈 수 없는 상황이었다. 그래서 특별히 덩잉차오를 보내 우 네 윈 일행을 맞이했고 우 네 윈은 크게 감동받았다.

1년여 만에 덩잉차오가 직접 양곤을 방문해 다시 만나게 되니 기쁘지 않을 수 없었다.

연주단은 중국과 미얀마의 국가를 연주했다. 덩잉차오는 우 네 윈의 안내로 육·해·공 삼군 의장대를 시찰했다. 덩잉차오는 환영 인사를 나온 미얀마 정부 고위 관계자와 각국 미얀마 주재 외교관 및 배우자들을 만나 일일이 악수를 청했다. 환영 인파는 양국 국기를 흔들며 "미얀마와 중국의 우정 만세!", "덩잉차오 부 위원장 님의 건강을 기원합니다!"라고 소리쳤다. 덩잉차오는 자신을 환영해 주는 인민을 향해 손을 흔들며 인사했고 공항에서 서면으로 담화를 발표했다. 덩잉차오는 미얀마 인민들의 융숭한 환대에 감사의 인사를 전했다.

"중국과 미얀마는 이웃나라이며 양국 인민은 서로 형제 간 우애처럼 깊고 오랜 우정을 나누고 있습니다……. 이번 기회를 빌려 미얀마 인민에게 중국 인민의 안부와 축복을 전할 수 있기를 바랍니다."

덩잉차오는 이번 미얀마 방문을 통해 양국 인민의 오랜 우정과 양국의 우호 관계가 한층 돈독해지기를 바랐다.

덩잉차오는 미얀마에서 우 네 윈 대통령, 세인 윈Sein Win 총리, 우 산유U San Yu 국무위원회 비서와 각각 회담을 갖고 의견을 교환했다. 덩잉차오는 미얀마정부가 독립적으로 비동맹 외교정책을 추진하고 제3세계 국가와 우호 협력 관계를 발전시키는 한편 제국주의와 패권주의 반대하는 행보를 높이 평가했다.

덩잉차오는 아웅산Aung San 묘지를 찾아 헌화했다. 아웅산은 미얀마의 민족영웅으로서, 1947년에 미얀마 독립 투쟁이 고조되자 아웅산 장군을 위시한 미얀마 임시정부는 영국으로부터 완전한 독립을 요구하기로 결정했다. 이후 아웅산과 그의 전우 여섯 명은 영국 식민지 개척자의 사주를 받은 무장폭도들에 의해 암살당했다. 아웅산 묘지에는 아웅산을 포함한 이들 독립운동가 일곱 명의 시신이 안치되어 있다. 덩잉차오는 민족의 독립을 위해 자신의 생명마저 불사한 미얀마의 민족 영웅들에게 경의를 표했다.

1977년 2월, 우 네 윈 대통령과 이야기를 나누는 덩잉차오

덩잉차오는 우 네 윈 대통령, 영부인과 함께 세계적으로 유명한 쉐다곤 파고다Shwedagon Pagoda를 찾았다. 6세기에 건축된 쉐다곤 파고다는 높이가 326피트(99미터)이고 전체가 금과 다이아몬드로 장식되어 휘황찬란하게 빛났다. 쉐다곤 파고다의 주위를 모양이 제각각인 수십 개의 작은 불탑이 둘러싸고 있었다. 덩잉차오는 쉐다곤 파고다에서 1954년 저우언라이가 기념으로 남긴 글을 발견했다.

"중국과 미얀마 양국 인민의 우정 만세!"

이를 보고 감명 받은 덩잉차오는 펜을 들어 '세계 평화와 양국의 우정을 기원합니다'라는 문구를 남겼다. 쉐다곤 파고다의 북서쪽에는 무게가 42톤, 높이가 8피트(2.6미터)인 대종, 마하티사다 종이 있다. 미얀마 사람이 덩잉차오에게 대종을 세 번 연달아 치면 소원이 이루어진다는 민담을 소개했다. 이에 덩잉차오는 웃으며 중국에도 비슷한 전설이 있다고 말했

1977년 2월, 미얀마에서 꽃을 받는 덩잉차오

다. 덩잉차오는 동행한 세인 윈 총리와 함께 특별 제작한 나무방망이를 들어 연거푸 종을 세 번 치면서 양국 인민의 우정이 영원하길 바란다고 말했다. 세인 윈 총리도 이에 화답하듯 중국어로 "미얀마와 중국의 우정 만세!"를 외쳤다.

덩잉차오는 오래된 탑이 즐비한 미얀마의 고도 바간Bagan을 방문해 미얀마 국민들로부터 또 한 번 뜨거운 환영을 받았다. '불탑의 도시'로 불리는 바간은 9세기 중엽 미얀마 최초의 통일 왕조인 바간 왕조의 수도다. 앞서 1961년 저우언라이가 미얀마를 방문했을 때 바간을 들른 적이 있다. 16년이 지나 덩잉차오도 우 네 윈 대통령 내외와 천년 고도 바간을 방문하게 되었다. 덩잉차오는 11세기에 만들어진 아난다 파토Ananda Pahto와 쉐지곤 파고다Shwezigon Pagoda를 잇달아 참관했다. 이 곳 관리인은 저우언라이와 천이陳毅가 바간을 방문했을 당시 찍었던 사진을 덩

1977년 2월, 미얀마를 유람하는 덩잉차오

잉차오에게 건넸다. 덩잉차오와 그 자리에 있던 양국 인민은 사진을 보고 저우언라이가 그리워졌다. 바간을 떠나기 전 덩잉차오는 방명록에 "중국과 미얀마의 우정 만세!"라고 적었다.

미얀마를 떠나기 하루 전에 열린 감사 만찬에서 덩잉차오는 다음과 같이 연설했다.

"중국과 미얀마는 모두 개발도상국이며 양국 인민은 자국 건설과 반제국주의, 반패권주의라는 책무를 함께 지고 있습니다. 양국의 우호 관계 증진은 양국 정부의 바람입니다. 우리가 함께 노력한다면 양국 관계는 보다 폭넓게 발전하고 양국 인민의 우의는 양쯔 강과 이라와디 강처럼 오래도록 이어질 거라 믿어 의심치 않습니다!"

1977년 2월, 미얀마 쉐다곤 파고다를 참관하는 덩잉차오

이에 우 네 윈 대통령도 연설을 통해 덩잉차오의 이번 방문이 양국 간의 오랜 우호 관계를 돈독히 했다며 훈훈한 분위기를 자아냈다. 그리고 "존경하는 덩잉차오 부위원장님의 미얀마 방문을 계기로 앞으로 양국 협력에 가속도가 붙고 양국 인민 간의 우호 관계는 강화될 것"이라고 말했다.

7일간 진행된 덩잉차오의 미얀마 방문은 양국이 서로에 대해 더 많이 알게 되고 오랫동안 유지해 온 우호 관계를 한층 돈독히 하는 계기가 되었다.

1977년 4월 17일~22일, 스리랑카를 방문한 덩잉차오

스리랑카 방문

1977년 4월 17일, 덩잉차오는 스리랑카의 시리마보 반다라나이케 총리의 초청으로 스리랑카를 방문해 스리랑카 정부와 국민들에게 큰 환영을 받았다.

스리랑카의 윌리엄 고팔라와 대통령과 시리마보 반다라나이케 총리는 관례를 깨고 직접 공항에 나가 덩잉차오를 맞이했다. 덩잉차오는 공항까지 마중 나온 두 사람에게 감사의 뜻을 전했고 베이징에서 가져온 꽃다발을 반다라나이케 총리에게 건네며 스리랑카에 대한 중국 인민의 깊은 우의를 표했다. 스리랑카 정부는 덩잉차오의 방문에 성대한 환영식을 개최했다.

덩잉차오는 고팔라와 대통령과 공식 회견을 가졌다. 대통령은 저우언라이가 두 차례 스리랑카를 방문했던 때를 회상하며 스리랑카와 중국의 우호 관계 발전을 위해 애쓴 저우언라이의 공로를 높이 평가했다. 고팔라와 대통령은 덩잉차오에게 접견실 벽에 걸린 마오쩌둥과 저우언라이의 사진과 두 사람의 친필사인을 보여 주었다.

웅장함을 자랑하는 '반다라나이케 기념 국제회의관'에서 반다라나이케 총리는 덩잉차오 환영연회를 열었다. 총리는 연회 석상에서 다음과 같이 연설했다.

공항에서 덩잉차오 일행을 맞이하는 스리랑카 반다라나이케 총리

"이 홀에서 부 위원장님의 환영연회를 열 수 있게 되어 몹시 뿌듯합니다. '반다라나이케 기념 국제회의관'은 양국 인민의 사랑과 존경을 한몸에 받았던 작고하신 두 지도자를 떠올리게 합니다. 바로 부 위원장님의 훌륭하신 부군, 고故 저우언라이 총리와 먼저 세상을 떠난 제 남편입니다. 저우 총리께서는 제대로 된 기념관을 건립할 수 있도록 중국이 도와서, 세계 문명질서를 바로 세우기 위해 한평생을 바친 남편의 노고를 치하하고 기념할 수 있기를 진심으로 바라셨습니다. 이 국제회의관은 남편이 세상을 떠난 뒤 이룬 위대한 꿈입니다. 또한 오늘날 양국 인민의 우정을 보여 주는 증거이기도 합니다. 안타깝게도 저우언라이 총리는 완공된 기념관을 못 보고 돌아가셨지만 이렇게 부 위원장님께 보여드릴 수 있게 되어 어느 정도 아쉬움을 덜었습니다."

덩잉차오도 연회에서 다음과 같이 연설했다.

"오랜 역사와 생기 넘치는 이곳을 처음 방문했음에도 전혀 낯설지 않습니다. 양국 인민들이 쌓아온 오랜 우정 덕분이겠지요. 양국의 선조들이 이미 오래전에 어려움을 무릅쓰고 광활한 바다를 건너 양국을 잇는 다리를 놓은 것입니다. 양국이 독립 해방된 이후 두 나라 간의 우의가 깊어졌습니다. 고故 솔로몬 반다라나이케 총리는 중국과 스리랑카의 우호 관계 발전의 초석을 마련했습니다. 시리마보 반다라나이케 총리도 중국을 두 차례 방문하며 양국 우호 증진의 새 장을 열었습니다. 먼저 가신 저우언라이 총리, 허룽, 천이 부총리, 그리고 지금의 쑹칭링, 쉬샹첸 부위원장 등 중국 지도층 인사도 스리랑카를 방문한 바 있습니다."

덩잉차오는 중국의 국내 정황을 소개하고 당시 국제 상황에 대해 언급했다. 스리랑카 정부가 고수해 온 자주독립, 평화중립이라는 비동맹 정책에 동의했다. 또한 중국정부와 중국 인민은 인도양을 평화수역으로 선포한다는 시리마보 반다라나이케 총리의 입장을 계속해서 지지하겠다는 뜻을 밝혔다.

연회 전에 덩잉차오는 반다라나이케 기념관을 참관하고 일부러 솔로몬 반다라나이케 전 총리의 묘를 찾아가 헌화했다. 솔로몬 반다라나이케 총리는 생전에 민족의 독립과 주권을 수호하기 위해 평생을 바쳤다. 반다라나이케 총리는 스리랑카와 중국 두 국가와 양국 인민의 우호 관계 발전을 위해 노력하며 혁혁한 공헌을 했던 중국 인민의 벗이었다.

덩잉차오는 이어서 스리랑카 영웅의 도시 캔디Kandy를 방문해 현지 인민들의 환대를 받았다. 덩잉차오는 유명한 페라데니야 식물원을 찾았다. 1957년 2월에 저우언라이도 이 식물원을 방문해 직접 나무를 한 그루 심었다. 덩잉차오는 남편이 심었던 나무가 양국 인민의 보살핌으로 무럭무럭 자라기를 바라며 엄숙하게 물을 주었다.

1977년 4월, 콜롬보 동물원 참관 중 새끼 표범을 쓰다듬는 덩잉차오

덩잉차오는 콜롬보 근교에 위치한 데히왈라 동물원을 참관했다. 이 동물원은 베이징 동물원과 우호 관계가 두텁다. 중국 어린이가 스리랑카 어린이에게 선물한 '우정'과 '행복'이라는 이름의 흰 사슴 한 쌍이 바로 이 동물원에서 서식했다. 1972년에 스리랑카의 반다라나이케 총리는 스리랑카 어린이를 대신해 이 동물원에 있는 아기 코끼리 한 마리에

1977년 4월, 반다라나이케 기념 국제회의관을 참관하는 덩잉차오

게 싱할라어[1]로 친구라는 뜻의 '얄루오'라고 이름을 지어서 중국 어린이에게 선물했다. '얄루오'는 베이징 동물원에서 서식하며 중국 어린이들의 사랑을 받고 있다.

덩잉차오는 닷새 간 스리랑카 방문 일정을 소화하며 양국 인민의 우호를 증진하고 양국의 우호 협력 관계를 돈독히 했다.

1. 스리랑카 공용어

1977년 11월 26일~12월 1일, 이란을 방문한 덩잉차오

이란 방문

1977년 11월 26일, 이란 정부 초청으로 덩잉차오는 이란을 방문했다. 테헤란 공항 귀빈실 앞 비행장에 착륙한 전용기에서 덩잉차오가 내렸다. 이란 국왕의 여동생 파티마 팔레비 공주와 아무제가르 총리 내외가 트랩으로 다가가 덩잉차오와 반갑게 악수를 나눴다. 파티마 팔레비 공주는 1971년에 중국을 방문해 저우언라이, 덩잉차오를 만나 융숭한 대접을 받았다. 그래서인지 이날 테헤란에서 재회한 두 사람은 서로 더 가깝게 느꼈다.

국빈관으로 향하는 길에 파티마 공주가 덩잉차오에게 말했다.

"저우언라이 총리 생각이 많이 나네요. 6년 전 제가 중국을 방문했을 때 대접을 정말 잘 받았어요."

덩잉차오가 말했다.

"생전에 늘 이란을 방문하고 싶어 했는데 끝내 이루지 못했네요. 저라도 이렇게 이란을 방문할 수 있게 돼 기쁩니다."

이튿날 파티마 공주는 관저에서 덩잉차오를 환영하는 만찬을 열었다. 공주는 1971년 방중 당시 마오쩌둥과 저우언라이와 만났던 때를 추억하

1977년 11월, 이란 테헤란 공항 도착한 덩잉차오

며 두 사람과 함께 찍은 기념사진을 꺼내보였다.

이란의 팔레비 국왕과 파라흐 왕비는 왕궁에서 덩잉차오를 접견하고 환대했다. 양측은 화기애애한 분위기 속에서 대화를 나누며 양국의 우호 관계를 한층 발전시키자는 뜻을 내비쳤다.

아무제가르 총리와 부인은 덩잉차오를 위해 성대한 환영 만찬을 열었다. 이란 총리는 이란 정부를 대표해서 축배를 제의하고 덩잉차오에 대한 존경심을 표했다. 총리는 덩잉차오의 이란 방문을 높이 평가했다.

"부위원장님의 방문은 양국 우호 관계 증진에 큰 힘이 될 것입니다."

덩잉차오는 연회 석상에서 '사인방'이 몰락한 이후 중국의 정세를 설명하며 중국의 대외정책은 변함없이 평화공존의 5대 원칙에 입각해 모든 국가, 그 중에서도 아시아 국가들과 우호 협력 관계를 발전시키는 것이라고 강조했다.

전 총리이자 궁내성 장관인 아미르 압버스 호베이다는 연회를 베풀어 덩잉차오를 정성껏 대접했다. 호베이다는 문 밖까지 마중을 나와서 중국어로 인사를 건넸다. 그리고는 덩잉차오의 손을 잡고 부축하며 계단을 올라 응접실로 들어갔다. 긴 소파 옆 차테이블 위에 놓인 사진이 덩잉차오의 눈에 들어왔다. 제일 오른쪽이 바로 저우언라이의 사진이었다.

호베이다가 덩잉차오에게 말했다.

"저우 총리와 만났던 장면이 지금도 생생합니다. 몇 시간 동안 대화를 나눴는데 총리께선 굉장히 솔직한 분이셨어요. 평생 그토록 진솔한 지도자를 저는 만나본 적이 없습니다."

덩잉차오가 말했다.

"이곳에서 사진을 보니 굉장히 감동적이네요. 좋게 생각해 주시니 감사할 따름입니다."

중국과 이란은 아시아에서 오랜 역사와 문명을 자랑하는 국가다. 역사적으로 일찍부터 경제문화 교류를 해오며 오랜 우정을 쌓아왔다. 덩잉차오는 이란 국립박물관을 참관하면서 신중국 수립 후 출토된 문화재에서 이란 사산왕조Sassanid Empire 시대 은화를 천 개 이상 발견했다고 전했다. 또한 아바스 1세 때 중국에 주문 제작했던 청화자기들을 흥미롭게 관람했다.

덩잉차오는 이란 왕궁의 행사 진행자 내외와 함께 이스파한을 방문했다. 이스파한은 이란 왕국의 옛 도읍이자 '실크로드'로 가기 위한 필수 경유지로서 중국 사신을 수차례 맞이했던 지역이다. 덩잉차오는 이스파한에서 '40개 기둥의 궁전'이라는 의미를 갖고 있는 유명한 체헬 소툰 궁전과 1612년에 세워진 이맘 모스크를 참관했다. 이맘 모스크에서 울리는 일곱 번의 메아리가 중국 톈탄天壇의 회음벽回音壁과 비슷해 덩잉차오의 흥미를 자아냈다. 덩잉차오가 말했다.

"고대 이란의 건축가, 장인, 노동자들의 지혜가 얼마나 뛰어났는지 이 건축물들이 또 한 번 증명해 주는군요."

1977년 11월, 이란에서 개최한 환영 만찬에 참석한 덩잉차오

두 고대 문명국가인 중국과 이란은 제국주의 열강의 침략을 받았고 그때의 기억이 지금도 깊이 남아있다. 덩잉차오는 팔레비 박물관을 참관했다. 검은 대리석으로 지어진 전시실 정중앙에 이란의 지도 모양으로 된 창이 있는데 그 안에 쇠사슬, 족쇄와 수갑이 진열되어 있었다. 전시실 왼편에는 19세기 이란-러시아의 불평등조약, 이란-영국의 불평등조약이 각각 새겨져 있었다. 박물관 직원은 19세기 러시아제국이 남하 정책을 추진하고 대영제국이 페르시아만 연안에서 북진하면서 이란은 반식민지로 전락했고 검은색, 쇠사슬, 족쇄, 수갑은 당시 어두웠던 시대 상황을 반영한다고 설명했다. 설명을 들은 덩잉차오가 말했다.

"이 전시실은 교육적으로 의미가 큽니다. 외세의 침략과 억압을 거부하는 마음이 일어날 것 같군요. 중국도 비슷한 상황을 겪었습니다. 양국 인민은 지금도 여전히 민족 독립 수호와 자국 건설이라는 공동의 책무를 지고 있습니다. 이는 양국을 긴밀하게 이어주는 끈이라고 할 수 있습니다. 1971년 정식수교를 맺은 이래로 양국은 서로를 이해하고 응원하며 우의를 다진 것입니다."

12월 2일, 덩잉차오는 중국으로 돌아갈 채비를 했다. 국빈관에서 덩잉차오는 경호원, 운전기사, 도우미, 요리사들과 일일이 악수를 청하며 작별인사를 하고 그들의 노고를 치하했다. 파티마 공주는 국빈관을 찾아 덩잉차오와 공항까지 동행했다. 뜨거운 포옹과 악수를 나누며 작별을 고했다. 아무제가르 총리도 공항에서 배웅했다.

덩잉차오의 이란 방문은 양국의 우호 협력 관계와 양국 인민의 우의를 다지는 계기가 되었다.

1978년 1월 18일~21일, 캄보디아를 방문한 덩잉차오

캄보디아 방문

1978년 1월 18일, 덩잉차오는 캄보디아공산당 중앙위원회, 캄보디아 인민대표대회 상무위원회와 민주 캄보디아 정부의 초청으로 민주 캄보디아를 방문했다. 조용히 기내에 앉아 있던 덩잉차오의 얼굴에 그녀 특유의 온화하고 친근한 미소가 자주 번졌다. 친선 방문을 통해 주어진 임무를 수행하고 오랫동안 품어 왔던 숙원을 이룬다고 생각하니 가슴이 벅차올랐다. 캄보디아 인민들이 제국주의와 그 앞잡이를 상대로 목숨을 걸고 싸우던 시기에 저우언라이는 캄보디아가 해방되면 승리를 축하하러 직접 프놈펜을 방문하겠다는 바람을 캄보디아 인민에게 전한 바 있다.

중병으로 앓아눕지 않고 그의 소망을 직접 이룰 수 있었다면 얼마나 좋았을까! 저우언라이처럼 덩잉차오 역시 캄보디아 인민의 전우로서 이 영웅적 국가를 언젠가 방문할 수 있기를 손꼽아 기다렸었다. 그런데 이제 그 소망이 이루어진 것이다. 전에 여러 번 강조했던 것처럼 덩잉차오는 “손님 자격으로 왔지만 많이 배우고 가겠다.”며 겸손한 자세로 캄보디아 방문에 임했다.

1978년 1월, 캄보디아를 방문해 프놈펜 인민들의 환영을 받는 덩잉차오

캄보디아공산당 중앙서기 겸 민주 캄보디아정부 총리인 폴포트와 캄보디아공산당 중앙부서기이자 캄보디아 인민대표대회 상무위원회 위원장인 누온 찌어가 공항으로 직접 마중을 나와 덩잉차오를 맞이했다. 공항에서 수천 명의 군중이 오색찬란한 꽃을 흔들며 "캄보디아, 중국의 혁명적 우의와 전투적 단결 만세"라고 외쳤다. 덩잉차오는 캄보디아어로 "만세! 만세!"라고 외치며 환영 인파를 향해 손을 흔들어 화답했다.

호텔에 도착한 뒤 폴포트 서기가 덩잉차오에게 말했다.

"부위원장님은 중국공산당과 중국 인민의 평화사절일 뿐만 아니라 캄보디아 인민들이 우러러보는 저우언라이 총리의 가장 가까운 전우입니다. 부위원장님은 저희에게 중국공산당과 중국 인민의 형제애와 단결력을 느끼게 해 주셨습니다."

덩잉차오가 말했다.

"캄보디아 인민들에게 배울 수 있는 좋은 기회를 주셔서 감사합니다."

폴포트 서기는 방중 당시 덩잉차오에게 직접 캄보디아 방문을 청했고 덩잉차오도 기분 좋게 제의를 받아들였다. 그리고 이제 중국과 캄보디아 양국의 전우가 프놈펜에서 재회하니 반가움은 이루 말할 수 없었다.

덩잉차오 환영 만찬에서 누온 찌어 위원장은 감동적인 언사로 저우언라이 총리에 대한 캄보디아 인민들의 존경과 그리움을 전했다. 위원장이 말했다.

"저희 캄보디아 인민들은 저우언라이 총리를 무척 존경하고 그리워합니다. 저우언라이 동지는 위대한 무산계급 혁명가이자 마오 주석의 곁을 지키는 든든한 전우였으며, 캄보디아 인민들에게는 친근하고 고매한 인격의 소유자로 남아있습니다. 저우 총리는 캄보디아 공산당의 주도로 추진한 캄보디아 인민 투쟁 사업을 위해 물심양면으로 지원하셨습니다. 캄보디아 인민의 민족해방 사업을 지원하기 위해 불철주야 열심히 수고하고 애쓰셨습니다."

누온 찌어 위원장은 덩잉차오의 이번 방문이 양국과 양국 인민들 간의 형제애와 단결을 한층 공고히 할 것으로 확신했다.

덩잉차오는 연설에서 저우언라이 동지를 높이 평가한 누온 찌어 위원장에게 고마워하며 말했다.

"저우언라이 동지는 캄보디아 혁명 사업과 양국의 우의를 위해 해야 할 일을 했을 뿐입니다."

그리고는 양국 인민들이 변함없이 서로를 존중하고 응원하고 격려하며 반제국주의 투쟁 과정에서 두터운 혁명적 우의를 다졌다고 덧붙였다. 덩잉차오는 "우리들의 우정은 양쯔 강과 메콩 강처럼 오래도록 힘차게, 그리고 만리장성과 앙코르 유적처럼 견고하게 이어질 것"이라고 기원했다.

1월 19일 저녁, 민주 캄보디아 부녀협회 키우 폰나리 주석, 이엥뜨릿 사회부 장관, 반Van 문화교육부 장관 등 캄보디아 여성 동지들이 국빈관을 찾아 덩잉차오와 저녁만찬을 가졌다. 꽃으로 둘러싸인 자리에 함께 모인 중국과 캄보디아 양국의 여성 지도자는 서로를 가족처럼 친근하게 느꼈다. 캄보디아 인민과 여성의 해방을 위해 수십 년 싸워 온 키우 폰나리는 다정하게 말했다.

"부위원장님이 방문해 주신 덕분에 양국 여성과 인민 간에 혁명적 우의가 깊어지고 단결력이 강화되었습니다. 연로하신데도 불구하고 꾸준히 혁명 사업에 힘쓰시는 모습이 혁명영웅의 귀감이 될 만하십니다."

이에 덩잉차오는 겸손하게 말했다.

"많이 부족합니다. 키우 폰나리 동지를 비롯한 캄보디아 여성 영웅들에게 배울 점이 많습니다."

덩잉차오가 키우 폰나리 외 캄보디아 여성동지들과 함께 한 참관은 의미가 깊었다. 덩잉차오는 프놈펜 혁명소학교를 방문해 어린 친구들의 열렬한 환영을 받았다. 떠날 무렵 한 어린이가 덩잉차오에게 새 교과서를 선물했다. 덩잉차오는 푸른 나무와 어우러진 아동병원도 방문했다. 병실을 찾아 어린 환우들과 웃으며 장난도 치고 아이들의 건강 상태와 치료 상황을 묻기도 했다.

덩잉차오는 프놈펜 최초의 방직공장도 방문했다. 프놈펜이 해방된 후 해방군 가운데 한 여성 연대의 전사 150명이 전쟁으로 파괴된 이 공장에 들어와 부지런히 일하고 배우면서 공장이 생산을 재개할 수 있었다. 덩잉차오는 이를 높이 평가하며 말했다.

"참관했던 소학교, 아동병원, 공장 모두 여성 동지들이 중추적인 역할을 하고 남성 동지들이 뒤에서 받쳐줬더군요. 그만큼 캄보디아가 여성 지도자 육성에 힘쓰고 있으며 여성들이 잘해 주고 있다는 생각이 듭니다."

1978년 1월, 환영 만찬에서 축사하는 덩잉차오

20일 오후, 덩잉차오는 프놈펜 방문 일정을 마쳤다. 누온 찌어 위원장과 함께 덩잉차오는 씨엠립Siem Reap으로 건너가 세계적으로 유명한 앙코르 유적지를 흥미롭게 관람했다. 캄보디아 고대 왕국은 수도였던 앙코르에 정교하고 아름다운 수많은 사원과 불탑을 세웠다. 불탑의 석조불상, 그와 관련된 불교 이야기가 살아 숨 쉬는 듯했다. 캄보디아 국기에도 앙코르와트 문양이 새겨져 있다. 앙코르 유적지는 캄보디아 국가의 상징이며 자부심이라고 할 수 있다. 덩잉차오는 앙코르와트 앞에서 누온 찌어 위원장, 키우 폰나리 부녀협회 주석, 이엥뜨릿 사회부장관 등 캄보디아 동지들과 기념사진을 촬영했다.

1978년 1월, 프놈펜을 떠나 귀국하는 덩잉차오

나흘간의 방문 일정을 마치고 덩잉차오는 아쉬운 마음을 뒤로 한 채 씨엠립 공항에서 캄보디아 전우들과 작별 인사를 나눴다. 덩잉차오를 태운 전용기는 고대 문화유산의 보고인 앙코르 상공을 지나 캄보디아의 아름다운 숲과 들판을 날면서 양국 우호의 씨앗을 흩뿌렸다.

1979년 4월 8일~19일, 일본을 방문한 덩잉차오

일본 방문

1979년 4월 8일, 벚꽃이 만발하는 계절에 일본 중·참 양원의 초청으로 덩잉차오는 중국 인민대표대회 대표단과 일본을 방문했다. 이번 공식 방문은 덩잉차오와 일본 국민에게 모두 기쁜 일이었다. 덩잉차오는 저우언라이가 생전에 그토록 가고 싶어 했던 일본을 방문한데다 그가 젊었을 때 공부하던 곳을 둘러볼 기회가 생겨서 기뻤고, 일본 국민들은 자국에서 본인들이 가장 존경하는 중국 저우언라이 총리의 부인을 맞이함으로써 저우언라이를 만나지 못한 아쉬움을 달랠 수 있어 기뻤다. 덩잉차오는 일본 곳곳에서 저우언라이가 남긴 영향력을 느낄 수 있었고 저우언라이에 대한 일본 국민의 존경심과 중국 인민에 대한 깊은 정을 몸소 체험할 수 있었다.

이날 오전 덩잉차오는 먼저 오히라 마사요시 일본 총리를 만났다. 덩잉차오는 중·일 양국의 국교 정상화 이후 체결한 중일평화우호조약이 두 나라의 평화우호와 재건, 아시아 및 세계 평화에 이바지할 것이라고 전했다. 오히라 총리는 저우언라이에 대한 그리움을 재차 드러냈다. 덩잉차오는 일본 중의원과 참의원을 방문해 중국을 자주 방문했던 오랜 친구들과 재회하고 새로운 사람들과도 인사를 나눴다.

1979년 4월, 일본 오히라 마사요시 총리를 접견하는 덩잉차오

일본 히로히토 천황은 황궁에서 덩잉차오를 접견했다. 천황은 덩잉차오와 대표단의 일본 방문을 환영하며 역사상 일본의 중국 침략 행위에 대해서 사과했다. 덩잉차오는 "지나간 일을 다시 들출 필요는 없다. 앞으로가 중요하다. 중일 우호 관계를 발전시키자"라는 말을 전했다. 일본 천황은 크게 기뻐하며 이번 덩 부위원장의 일본 방문은 양국의 우호 관계 증진에 크게 기여할 것이라고 말했다. 또한 저우 총리가 젊었을 때 다니며 좋아했던 곳을 둘러보라고 청했다.

1979년 4월, 일본을 방문해 히로히토 천황과 기념 촬영하는 덩잉차오

일본에 온 지 불과 하루 만에 75세 고령의 덩잉차오는 무려 여덟 개에 달하는 굵직한 외교행사에 연이어 참석했다.

일본 방문 기간 덩잉차오는 저우언라이의 수많은 옛 친구들을 만났는데 다나카 가쿠에이 전 총리도 그 중 하나였다. 다나카 가쿠에이는 마오쩌둥, 저우언라이와 함께 중일우호의 가교 역할을 한 사람이다. 1972년에 다나카와 저우언라이는 중·일 국교정상화 문제를 논의했고 덩잉차오는 그 용기에 탄복했다. 다나카 가쿠에이와 부인은 자택에서 덩잉차오

—

1979년 4월, 다나카 가쿠에이 일본 전 총리 내외와 만난 덩잉차오

를 융숭히 대접했다. 거실에는 중일수교 당시 저우언라이와 다나카 가쿠에이의 교섭 장면을 확대한 사진이 걸려있었다. 덩잉차오는 다나카 선생은 중일 사이에 다리를 놓은 정치가라고 말했다. 다나카 가쿠에이는 덩잉차오, 대표단과 함께 마당 잔디밭에서 일본 명주名酒를 마시며 기념사진을 촬영했다.

4월 10일, 덩잉차오는 중국 인민의 오랜 친구이자 일본의 유력 정치인이었던 고故 마쓰무라 겐조의 딸 고보리 하루코小堀治子, 일본의 유명 탁구선수 마츠자키 키미요(지금의 쿠리모토 키미요)를 만났다. 마츠자키는 고령에도 정정한 모습의 덩잉차오를 보고 감격했고, 십여 년 전 제26회 세계탁구선수권대회에 참가해 베이징에서 처음으로 저우언라이를 만났던 장면, 그리고 그 뒤로 자신을 살뜰히 보살펴 준 저우언라이와 덩잉차오를 회상하며 감정이 벅차올랐다.

마츠자키는 덩잉차오에게 허리를 굽혀 절한 뒤에 말했다.

“오늘 저는 주인을 맞이하는 심정으로 덩 부위원장님께 인사드립니다.”

덩잉차오는 마츠자키에게 말했다.

“마오 주석, 저우 총리, 일본의 마쓰무라 선생은 중·일 우호의 물꼬를 트신 분들입니다. 그분들이 세상을 떠나고 없는 지금, 대대손손 이어져 내려온 중·일 양국의 우호적인 관계가 사람과 행동을 통해 구체적으로 드러나려면 이제 우리가 그 책임을 져야 합니다.”

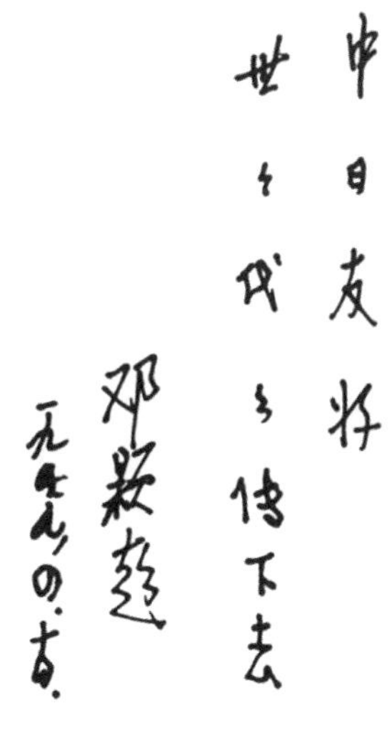

방일 기간에 덩잉차오가 남긴 글

덩잉차오는 일본 기자단이 마련한 기자회견에 참석해 외신들의 질문에 답했다. 중국의 외교정책, 특히 1979년 원단元旦에 전국인민대표대회 상임위원회가 발표한 〈타이완 동포에게 알리는 글〉에 입각해서 대對 타이완 정책에 대해 설명했다.

4월 14일, 덩잉차오는 전인대 대표단과 아타미에서 신칸센을 타고 저우언라이가 젊은 시절 머무르던 일본의 천년 고도古都 교토에 도착했다. 이곳에는 저우언라이가 후세 사람들에게 남긴 〈빗속의 아라시야마[원제: 雨中嵐山]〉라는 시비詩碑가 남아 있다.

빗속의 아라시야마를 두 번째로 찾았을 때

雨中二次遊嵐山

푸른 소나무 사이로 벚나무 몇 그루가 있었네
兩岸蒼松 夾著幾株櫻
여행을 마칠 무렵 갑자기 나타난 언덕 하나
到盡處突見壹山高
언덕에는 맑고 푸른 샘물이 흐르네
流出泉水綠如許 繞石照人
부슬부슬 내리는 비와 짙은 안개 속에서
瀟瀟雨 霧蒙濃
구름을 뚫고 나온 한 줄기 햇빛이 아름다움을 더해가네
一線陽光穿雲出 愈見姣研
세상의 모든 진리는 흐릿해지는데
人間的萬象眞理 愈求愈模糊
그 속에서 우연히 만난 한 줄기 빛이 더 아름답게 느껴지누나
模糊中偶然見著壹點光明 眞愈覺姣研

이 시는 저우언라이와 덩잉차오가 톈진에서 창립한 청년진보단체인 각오사의 기관지《각오》창간호에 처음 발표됐던 것으로 당시 열여섯 살이던 덩잉차오가 낭독했었다.

눈 깜짝 할 사이에 60년이란 시간이 흘렀지만 이곳을 찾은 덩잉차오는 진리를 탐구하던 청년 저우언라이의 간절한 마음을 가슴 깊이 느낄 수 있었다.

4월 16일, 덩잉차오와 대표단 일행은 교토 서북쪽에 위치한 아라시야마를 찾아 저우언라이 시비 제막식에 참석했다. 시비는 아라시야마 산기슭의 카메야마 공원龜山公園에 자리했다. 주위에 푸른 소나무가 우거지고 벚꽃이 즐비한 곳이었다. 공교롭게도 이 날 60년 전 저우언라이가 아라시야마를 유람했던 그 때처럼 보슬비가 내려 분위기를 더했다. 덩잉차오는 감정이 벅차올랐다. 저우언라이가 이곳에, 그녀 곁에, 이 제막식 현장

1979년 4월, 일본 교토의 저우언라이 시비 제막식에 참석한 덩잉차오

에 와 있는 것만 같았다. 덩잉차오가 95세의 고령인 요시무라 마고사부로吉村孫三郎와 함께 테이프를 커팅하자 하얀 막이 서서히 걷히며 적갈색의 시비가 모습을 드러냈다. 시비 정면에는 중국 전인대 상무위원회 부위원장이자 중일우호협회 회장이었던 랴오청즈가 쓴 〈빗속의 아라시야마〉가 새겨져 있었는데 고풍스러우면서도 힘이 느껴지는 필체였다. 시비 좌측에 있던 부비副碑에는 이렇게 적혀있었다.

"1978년 체결한 중일평화우호조약과 대대손손 이어져 내려온 우호에 대한 교토시민의 바람을 전하기 위해 깊은 인연을 간직한 이곳에 위대한 저우언라이 총리의 시비詩碑를 세우다."

덩잉차오는 열렬한 박수 속에 연설을 마친 뒤 저우언라이를 높이 평가해 준 일본 국민에게 감사의 인사를 전했다.

"중일평화조약이 체결되어 중일 양국 인민의 우호 관계가 후대까지 이어지는 게 저우언라이 총리의 오랜 바람이었습니다. 이제 중일평화우호

1979년 4월, 아라시야마 연회에 참석한 덩잉차오

조약을 체결함으로써 양국의 우호 관계가 앞으로도 계속될 수 있는 바탕이 마련되었습니다. 양국 인민의 우정이 오랫동안 이어지도록 함께 노력합시다."

4월 17일, 덩잉차오와 대표단은 고도 나라奈良를 유람했다. 덩잉차오가 도쇼다이지唐招提寺를 찾았을 때 84세인 모리모토 장로가 직접 입구까지 마중을 나왔다. 모리모토 장로는 도쇼다이지가 1,200여년 전 위험을 무릅쓰고 일본으로 건너온 중국 당나라 고승 감진鑑眞이 세운 절이라고 소개했다. 일본 국민에게 추앙받던 승려 감진은 세상을 떠난 뒤에 이곳에 묻혔다. 현재 감진 좌상은 일본 국보로 지정, 고에이도御影堂에 보관되어 있다.

이어서 덩잉차오와 대표단은 오사카로 가서 파나소닉 이바라키茨木공장을 참관했다. 90세 고령의 파나소닉 설립자 마쓰시타 고노스케가 야마시타 도시히코 사장, 직원 300여 명과 함께 입구에서 덩잉차오를 뜨겁게 맞이했다. 덩잉차오는 야마시타 사장의 안내로 TV생산라인을 둘러보고 파나소닉의 요청으로 "중·일 양국의 우호 관계와 활발한 경제교류에 힘입어 귀사에 무궁한 발전이 있기를 기원한다."라고 격려의 글을 남겼다. 오사카에서 열린 오찬회에서 덩잉차오가 말했다.

"우리는 열흘 동안 일본 방문 일정을 소화하며 이 나라의 아름다운 강산, 풍요로운 대지, 앞선 경제문화를 직접 눈으로 확인했습니다. 하지만 무엇보다 중국 인민에 대한 일본 국민들의 두터운 정이 가장 기억에 남습니다. 이 뜨거운 정을 중국 인민에게 꼭 전달하겠습니다. 우리가 중일평화우호조약을 바탕으로 함께 노력해 나간다면 양국의 선린 우호 협력 관계가 한층 더 발전할 수 있을 것으로 확신합니다."

덩잉차오의 일본 방문은 일본의 각계 인사들로부터 호평을 받았다. 일본 관계자 중 일부는 덩 부위원장의 연설 태도, 표정, 인품이 마치 저우언라이 총리가 살아 돌아온 듯한 느낌을 줬다고 평가했다.

4월 19일, 덩잉차오는 일본을 떠나 본국으로 돌아갔다. 덩잉차오는 12일 동안 수십 번을 접견하고 연회 자리에 함께하며 천여 명의 일본 각계 인사들을 만났다. 전용기에 오른 덩잉차오는 거처인 중난하이 시화팅 정원에서 꺾은 막 피어난 해당화가 꽃병에 꽂혀있는 것을 보고 곧바로 그 꽃을 배웅 나온 소노다 스나오 외상 부인 소노다 덴코코에게 자신을 대신해 전해 달라고 비서인 자오웨이에게 부탁했다. 그 자리에 있던 사람들은 모두 놀라움을 금치 못했다. 소노다 덴코코는 "덩잉차오는 섬세하고 사려 깊은 분입니다. 그분의 따뜻한 마음을 평생 잊지 못할 거예요"라고 말했다.

덩잉차오는 중일우호 증진과 양국 관계 발전을 위해 심혈을 기울였다. 그녀의 일본 방문은 12일에 불과했지만 많은 영향력을 끼쳤고 중·일 우호교류 사업에 공헌했다.

1979년 5월 26일~6월 1일, 북한을 방문한 덩잉차오

북한 방문

1979년 5월 26일, 북한 민주주의인민공화국 김일성 주석의 초청으로 중국공산당 중앙정치국 위원직을 맡은 덩잉차오는 전용기로 북한을 공식 방문했다. 덩잉차오가 트랩에서 천천히 내려오는 동안 공항은 환호성으로 들끓었다. 김일성은 덩잉차오 쪽으로 다가가 뜨겁게 악수를 나누며 인사했다.

덩잉차오는 금수산의사당에서 김일성과 공식 회견을 가졌다. 성대한 환영 만찬에서 김일성은 우호적인 연설을 했다.

"덩잉차오 동지는 중국 인민의 존경을 받는 여성 혁명가이자 저우언라이 동지와 함께 오래전부터 우리와 깊은 우정을 나눈 친구입니다. 덩 동지의 이번 북한 방문은 북한 인민에게 위대한 중국 인민의 뜨거운 우정을 선물해 주었고, 이로써 북한과 중국 인민간의 형제애가 한층 더 깊어질 것입니다."

덩잉차오는 만찬에서 이번 북한 방문으로 오래전부터 품어왔던 소망을 실현하게 되어 진심으로 기쁘고 설렌다며 자신의 심경을 전했다. 그리고 이렇게 말했다.

"북한 방문은 이번이 처음이지만 오래전부터 북한에 대한 감정이 남달랐습니다. 반세기 전, 중국대혁명 시기와 그 후로 이어진 몇 차례 혁명

1979년 5월, 김일성 북한노동당 중앙위원회 총서기와 대화를 나누는 덩잉차오

시기에 준 북한 영웅의 자녀, 혁명동지들이 우리와 함께 싸워줬던 것을 기억합니다. 나라를 위해 목숨을 바쳐 숭고한 국제주의 정신으로 중국 혁명을 위해 공헌했던 그들을 우리는 결코 잊지 않았습니다. 해방 이후 북한과 중국의 공산당과 인민들은 서로를 돕고 응원해 왔습니다. 반제국주의 전쟁 시기에는 힘을 합쳐 투쟁에 임했고 전승으로 거둔 높은 성과와 승리의 기쁨을 함께 나눴습니다."

덩잉차오는 북한 인민이 김일성 주석 밑에서 더 큰 성과를 거두기를 기원했다.

덩잉차오는 만경대 김일성 생가와 혁명학원을 비롯해 평양의학전문학교를 방문했다. 또한 웅장한 규모를 자랑하는 평양 소년궁을 참관해 '만리장성' 자수刺繡를 선물하며 중국과 북한의 우정이 만리장성보다 더 길게 이어지기를 바란다고 전했다.

덩잉차오는 김일성 내외와 함께 동해안에 위치한 공업도시 함흥을 방문해 흥남비료연합기업소에서 열린 저우언라이 동상과 기념비 제막식에 참석했다. 이곳은 1958년 2월 16일, 저우언라이가 김일성과 함께 함박눈을 맞으며 찾았던 곳이기도 하다. 흥남비료연합기업소 광장에서 저우언라이는 강단에 서서 자신을 환영해 준 인민들에게 열정적으로 연설했었다. 저우언라이 동상은 그날의 장면을 생생하게 재연하는 듯했다. 동상 왼편에는 높이 4미터, 폭 4.2미터의 돌로 된 기념비를 세웠다. 기념비에 새겨진 시문은 저우언라이에 대한 그리움과 당시 그가 방문했던 곳의 정경을 담고 있다.

머리 위 푸른 하늘과 허옇게 뒤집히던 동해의 파도
頭上藍天高 東海翻波濤
그날의 정경을 잊을 수 없습니다
這一天的情景永不忘
얼굴을 덮쳐오는 찬바람과 춤추듯 나부끼던 흰 눈을 무릅쓰고
迎著撲面的寒風 冒著飛舞的大雪
당신은 그렇게 우리 노동자들 곁으로 오셨습니다
您來到我們工人階級身邊
당신이 남긴 역사적 발자취 덕분에
您留下的曆史的足迹啊
북한과 중국의 우정이 대지에 깊게 뿌리내렸고
使朝中友誼深深紮根于大地
세월의 흐름과 자연의 변화에도 아랑곳하지 않았습니다
不管歲月的消失和大地的滄桑
압록강의 강물처럼 맑고 투명하던 이여
她像鴨綠江的流水一樣清澈
백두산의 푸른 소나무처럼 꿋꿋하던 이여
她像白頭山的青松挺拔堅强

리길송 북한노동당 함경남도 당 위원회 책임서기는 제막식 연설에서

1979년 5월, 김일성과 함흥을 참관하는 덩잉차오

저우언라이의 위대한 공적 그리고 북한 인민에 대한 공평무사한 지원과 우정을 치켜세웠다. 리길송은 오늘 제막한 저우언라이 동지의 동상과 기념비는 영원히 변치 않을 북한과 중국 우호의 상징으로서 대대손손 이어질 것이라고 말했다.

덩잉차오는 연설 첫머리에 저우언라이 동상과 기념비 제막식에 참석할 수 있도록 애써 준 김일성 주석에게 존경과 감사의 뜻을 전한 뒤 겸손하게 말을 이었다.

"저우언라이는 중국 인민의 일꾼이자 평범한 중국공산당 당원입니다. 중국 인민 그리고 중국과 북한의 우호 사업을 위해 그 사람이 한 일은 모두 중국공산당 지도부의 지침에 따른 것이며 중국 인민들이 길러낸 결과입니다. 중국과 북한 인민의 우정은 피로 이뤄진 끈끈한 것으로, 고난과 승리를 경험하며 단단해진 만큼 오래도록 이어질 것입니다."

덩잉차오는 한반도 통일 문제와 관련해서 언급했다.

"중국 인민은 자주와 평화 통일을 위한 북한 인민의 정의로운 투쟁을 변함없이 지지합니다. 발전 형세를 보면 북한 인민의 정의로운 사업은 누구도 방해할 수 없고 막을 수도 없다는 것을 알 수 있습니다. 북한의 삼천리금수강산은 반드시 통일될 것입니다."

덩잉차오는 흥남비료연합기업소에 특별 제작한 사기 접시 한 쌍을 선물했다. 한 접시에는 저우언라이와 김일성이 함께 찍은 사진이 새겨져 있고 다른 한 접시에는 저우언라이가 1958년 2월 15일 북한 조국해방전쟁기념관을 참관했을 때 적은 글귀 중 "북한과 중국 인민의 전쟁으로 맺어진 우정 영원하리"라는 문장이 적혀 있다. 소나무와 매화처럼 시련을 이겨낸 중국과 북한 양당, 양측 인민의 우정을 상징하는 도안이 접시 배경을 채워 사진과 글을 한층 돋보이게 했다.

송별연회에서 덩잉차오는 가족 같은 온정을 느끼며 지난 며칠을 따뜻하게 보낼 수 있어 즐거웠다는 말과 함께 북한 인민이 이룬 눈부신 성과를 높이 평가했다. 또한 북한 인민의 조국통일에 대한 간절한 염원과 강한 결의가 인상적이었다고 소감을 전했다.

김일성도 연설을 통해 화답했다.

"북한 인민은 위대한 중국 인민의 우호 사절 덩잉차오 동지를 기쁜 마음으로 맞이했습니다. 또한 북한과 중국의 우호 관계 수립과 발전을 위해 큰 공적을 세운 우리 저우언라이 동지를 회상하며 존경하는 마음을 담아 가족을 대하듯 덩잉차오 동지를 영접했습니다. 온갖 풍파를 이겨내고 피로써 맺어진 북한과 중국의 공산주의자와 인민의 우정은 역사와 함께 길이 빛날 것입니다."

6월 1일, 덩잉차오는 함흥에서 베이징으로 돌아갔다. 김일성 내외가 직접 공항에 나와 뜨겁게 배웅했다.

덩잉차오의 기품 있는 모습은 저우언라이의 모습처럼 북한 인민의 마음 속 깊이 새겨졌다.

1980년 2월 5일~11일, 태국을 방문한 덩잉차오

태국 방문

1980년 2월 5일~11일, 하린 홍사쿨 태국 국회의장 초청으로 덩잉차오는 중국 전인대 대표단과 함께 태국을 방문했다. 1975년 양국의 수교가 이뤄진 이후 중국 전인대가 처음으로 태국을 방문한 것이다.

하린 홍사쿨 태국 국회의장은 성대한 연회를 열어 덩잉차오와 대표단을 환영했다. 덩잉차오는 연회에서 "중국은 이웃나라 태국과 2천여 년 전부터 교역을 시작해 문화와 생산기술을 교류했고 양국 인민 간에 두터운 우정을 키워왔다."고 말했다. 덩잉차오는 국가의 주권 수호, 완전한 영토 수복, 국가 건설에 있어서 태국 인민이 거둔 성과를 인정했다. 또한 캄보디아 난민 수십 만 명을 수용하고 정착할 수 있도록 인적·물적 자원을 아낌없이 쏟아 부은 태국정부의 숭고한 인도주의 정신을 높이 평가했다.

덩잉차오는 태국 끄리앙삭 총리를 만나 동남아와 아시아의 평화 유지, 중국과 태국의 우호 협력 관계 발전에 대해 의견을 같이 했다. 끄리앙삭 총리는 오찬에서 저우언라이와 덩잉차오를 저우 형님, 덩 누님이라고 부르며 양국의 우호 관계를 기리는 연설을 했다.

1980년 2월, 태국 끄리앙삭 총리를 접견하는 덩잉차오

"양국의 관계 수립을 위해 중화인민공화국의 위대한 정치가이자 형님이신 고故 저우언라이 총리가 중요한 역할을 했고, 중화인민공화국이 각국과 우호 관계를 맺을 수 있도록 기여했습니다. 덩 누님의 태국 방문은 위대한 정치가이신 저우 형님의 숭고한 뜻을 이어가는 것인 만큼 감사와 존경의 마음을 전합니다."

덩잉차오도 화답했다.

"총리의 지휘 하에 경제를 건설하고 민족문화를 고양하는 데 태국 정부가 거둔 성과를 흡족하게 지켜봤습니다. 특히 현재 주요 국제 현안에 대해 정의를 신장하고 유엔 헌장을 수호하며 캄보디아와 아프가니스탄

1980년 2월, 환영 만찬에 참석한 덩잉차오와 찻 차이 태국-중국 우호 협력의장

에서 모든 외국 군대를 철수해야 한다는 원칙적 입장을 고수하는 태국 정부의 자주독립 대외정책을 높이 평가합니다."

찻 차이 태국-중국 우호 협력의장은 1천여 명이 참석한 성대한 만찬을 열어 덩잉차오와 대표단을 뜨겁게 환영했다. "중국은 태국과 어려움을 함께 나눈 진정한 친구"라며 동남아의 평화를 유지하는 데 양국의 우호 협력이 중요한 역할을 하고 있다고 높이 평가했다.

태국정부의 극진한 배려로 덩잉차오와 대표단은 태국 국왕의 전용기를 타고 태국 북부에 위치한 명승지인 치앙마이를 방문했다. 푸미폰 아둔야뎃 태국 국왕은 행궁에서 연회를 열어 덩잉차오를 맞이했다. 국왕

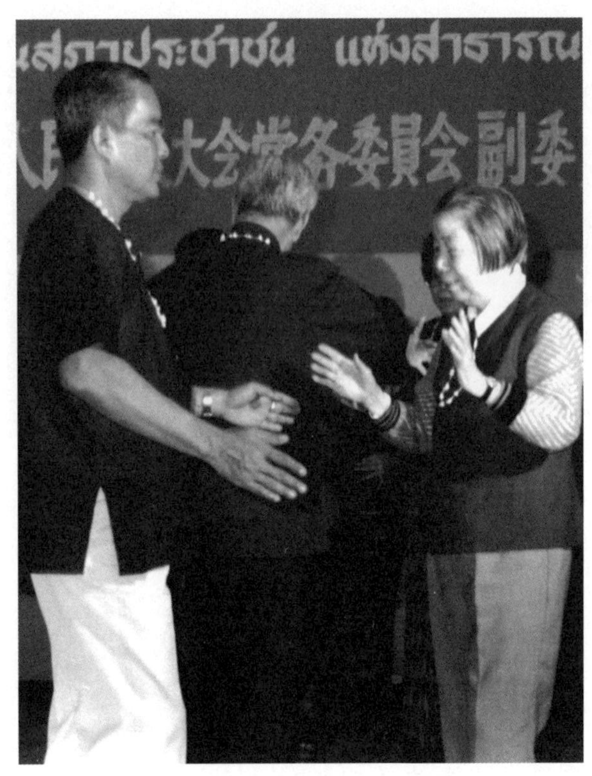

1980년 2월, 치앙마이에서 태국 국민과 춤을 추는 덩잉차오

은 축배사에서 태국과 중국이 우호 관계를 유지하고 발전시키는 일은 이 시대를 사는 우리의 바람이자 사명일뿐 아니라 후손들의 바람과 사명이기도 하다고 말했다. 덩잉차오는 요즘같이 국제 정세가 불안한 시기에 양국의 우호와 협력이 아시아와 동남아 지역의 평화를 유지하는 데 중요하다고 답했다.

태국을 방문하는 동안 덩잉차오는 치앙마이 화교 4백여 명이 마련한 환영 만찬에 참석했다. 덩잉차오는 참석한 화교들에게 중국의 단합과 안정, 경제 건설을 중심으로 순조롭게 나아가고 있는 국내 정세를 소개했다. 또한 태국의 정책과 법규를 준수하고 태국의 풍속을 존중하는 한편 현지 국민들과 함께 태국 발전에 힘을 보탤 것을 당부했다. 더불어 가족을 만나거나 관광을 위해 조국을 방문하는 것을 환영한다고도 밝혔다.

2월 11일, 덩잉차오와 대표단은 태국 방문 일정을 무사히 마치고 베이징으로 돌아왔다. 덩잉차오의 태국 방문은 양국 국민의 우정이 한층 깊어지고 우호 협력 관계가 새로 도약할 수 있는 계기를 마련했다.

1980년 6월 9일~19일, 프랑스와 유럽의회를 방문한 덩잉차오

프랑스, 유럽의회 방문

1980년 6월 9일~19일, 덩잉차오는 중국 전인대 대표단을 인솔하고 프랑스와 유럽의회를 공식 방문했다. 중국 전인대 대표단의 첫 서유럽 방문인 동시에 프랑스 국민의회와 유럽의회 대표단의 방중에 대한 답례라는 의미가 있었다.

프랑스 국민의회는 덩잉차오 일행을 뜨겁게 환영했다. 오로지 국가원수와 정부 수뇌를 위해 마련된 오를리 공항 귀빈실에서 환영식을 개최했다. 앙드레Andre de Lloyd 프랑스 국민의회 부의장이 덩잉차오에게 말했다.

"우리는 당신이 전인대 상임위원회 부위원장이자 저우언라이 총리의 아내라는 것을 알고 있습니다. 저우언라이 총리의 인품과 재능은 프랑스에서도 알 만한 사람은 다 압니다. 젊었을 때부터 아름다운 프랑스와 세계적으로 유명한 파리를 늘 동경해 왔습니다. 60년이 지난 지금 마침내 오랜 소원을 이룰 수 있게 되어 더할 나위 없이 기쁘고 영광입니다. 이렇게 국제 정세가 불안한 때, 중국이 프랑스를 비롯한 다른 서유럽 국가들과 우호 협력을 추진하는 것은 세계 평화 유지에 굉장히 중요한 의미가 있습니다."

1980년 6월, 자크 샤방 델마 프랑스 국민의회 의장이 준비한 만찬에 참석한 덩잉차오

자크 샤방 델마 프랑스 국민의회 의장은 이렇게 말했다.

"우리처럼 저우언라이 총리를 만날 기회가 있었던 몇몇 사람들에게 당신은 저우 총리의 아내로서 두드러진 면모를 유감없이 보여 주었습니다. 저우 총리가 업무를 수행하는 데 옆에서 많이 도와준 것으로 압니다. 우리가 익히 알고 있는 만큼 저우언라이 총리의 남다른 능력은 더 강조할 필요가 없을 정도지요."

이에 덩잉차오는 화답했다.

"개인적으로 직접 프랑스를 방문할 수 있게 되어 감회가 남다릅니다. 프랑스는 저우언라이 동지와 현재 중국을 이끌고 있는 덩샤오핑, 녜룽전 동지가 청년 시절 공부하고 일했던 곳이자 그들이 진리를 탐구하는 과정에서 많은 영감과 깨달음을 준 국가이기도 하지요. 그래서 프랑스와

1980년 6월, 예전에 저우언라이가 머물렀던 파리 여관을 찾은 덩잉차오

프랑스 국민에 대해 정이 깊습니다."

6월 10일 오후, 덩잉차오는 프랑스 국민의회 앙드레 부의장과 함께 파리 고드프루아 17번가를 찾아 1920년대 저우언라이가 파리에서 혁명 활동 당시 머물던 3층짜리 여관 건물을 방문했다. 덩잉차오는 이곳을 처음 방문했음에도 매우 익숙한 느낌을 받았다. 그녀는 "20년대에 그이(청년 저우언라이)가 이곳 17번가에서 부친 편지를 받았었다."고 전했다.

1980년 6월, 리옹 방문 기간 동안 현지 지도자에게 두건을 선물 받은 덩잉차오

덩잉차오는 좁은 회전식 계단을 따라 올라가 3층 16호실로 들어갔다. 이곳이 바로 청년 저우언라이가 묵었던 방이었다. 약 4~5제곱미터 크기에 1인용 침대, 작은 책걸상 하나를 제외하면 다른 물건을 두기가 힘들 정도로 비좁았다. 덩잉차오는 방을 한번 둘러보고 창문 앞에 서서 밖을 쳐다보기도 하고 침대에 잠시 앉아 깊은 생각에 잠기기도 했다. 그리고는 주위 사람들에게 "중국 사회주의 청년단 유럽총지부가 여기에서 회의할 때 바닥에 앉는 사람도 있었다."며 에피소드를 들려주었다.

덩잉차오가 여관을 나오는데 거리와 근처 건물 창문에서 많은 프랑스 주민이 덩잉차오를 향해 손을 흔들며 경의를 표했다. 덩잉차오는 미소를 머금고 손을 흔들어 인사했다. 덩잉차오가 프랑스어로 '우정'이라고 말하자 사람들이 기뻐하며 박수를 보냈다.

지스카르 데스탱 프랑스 대통령은 덩잉차오를 접견했다. 양측은 친근한 분위기에서 대화하며 양국 관계와 국제사무에 대해 의견을 교환했다.

6월 13일, 덩잉차오는 프랑스가 자랑스러워하는 도시 리옹을 방문했

1980년 6월, 파리 코뮌 전사들의 벽을 참관하는 덩잉차오

다. 덩잉차오와 대표단은 시청에서 프란체스코 콜롱Francesco Cologne 리옹시장을 만났다. 콜롱 시장은 시청에서 덩잉차오와 함께 프랑스로 유학 온 중국 유학생을 만났다. 덩잉차오는 레몽 바르 프랑스 총리의 주재로 열린 저녁만찬에도 참석했다. 리옹을 방문하는 동안 한 소수민족이 민족적 색채가 묻어나는 두건을 덩잉차오에게 선물하며 직접 덩잉차오의 머리에 씌워주었다.

파리에 돌아와 덩잉차오와 대표단은 페르 라세즈Pere-Lachaise 묘지의 파리 코뮌 전사들의 벽Mur des Federes과 〈L'Internationale(인터내셔널가)〉의 원 가사를 쓴 외젠 포티에의 묘 앞에 헌화했다. 이어서 파리 교외에 위치한 베르사유 궁전을 참관했다. 1919년에 베르사유 평화조약을 체결한 '거울의 방'에서 덩잉차오는 "당시 중국 인민은 베이양北洋 정부의 강화조약 체결과 이 강화조약으로 인해 원래 독일이 점령했던 중국 산둥 지역의 일부 권익을 일본에 넘겨주는 것을 강력히 반대했었다. 1919년 5월 4일, 베이징의 학생들은 당시 나라를 팔아먹는 조약을 체결하려던 친일파 차오루린曹汝霖 교통총장의 집을 불태웠다. 이 사건이 전국으로 확산됐던 5·4운동의 신호탄이 되었다. 나와 저우언라이 동지는 톈진에서 운동에 가담했다."고 참관한 사람들에게 알려주었다. 덩잉차오의 혁명운동 경험을 듣고 프랑스 국민들은 놀라움을 금치 못했다.

6월 16일 오후, 덩잉차오 일행은 파리에서 스트라스부르로 건너 가 유럽의회를 방문했다.

유럽의회 건물 꼭대기 층에는 중화인민공화국과 유럽의회의 국기가 바람에 휘날리고 있었다. 시몬 베유 유럽의회 의장은 덩잉차오와 대표단을 위해 환영 만찬을 베풀었다. 덩잉차오는 연설에서 유럽의회는 유럽연합의 상징적인 기관으로서, 서유럽 각국이 뭉쳐 서로 협력하고 큰 세력을 형성하면 서유럽 각국의 이익에 도움이 될 뿐만 아니라 세계 평화 유지와 안정에도 중요한 의미를 지닌다고 말했다. 이 말을 들은 시몬 베유 의장은 10억 중국 인민을 대신해서 유럽연합을 지지해 준 덩잉차오를 극찬했다.

덩잉차오는 "중국과 서유럽은 평화로운 국제환경을 바탕으로 아름다운 미래를 건설할 수 있기를 간절히 바라지만 영토 확장과 침략 위협을 받고 있다. 그렇기 때문에 중국과 서유럽의 우호 협력 강화 및 공조와 지원은 양측 모두의 바람이자 시대적 요구"라고 강조했다.

덩잉차오와 대표단은 참관인 자격으로 유럽의회 1차 정례회의에 참석했다. 방문 기간 동안 덩잉차오는 로이 젠킨스 유럽공동체EC 위원회 의장을 만나 국제정세와 중국-유럽공동체 간의 경제적 우호 협력 관계 강화를 논의했다.

이후 덩잉차오는 답례 연회를 열었다. 그리고 이번 만남을 통해 역사적 경험과 교훈에 대한 서유럽 인민들의 깊은 이해와 작금의 국제 정세에서 단결 강화와 평화독립 수호에 대한 열망이 얼마나 뜨거운지 몸소 체험했다고 강조했다. 또한 이번 방문으로 서로에 대한 이해가 깊어지고

1980년 6월, 유럽의회를 방문한 덩잉차오

중국 전국인민대표대회와 유럽의회의 관계가 밀접해진 만큼 중국과 서유럽 인민 간의 우정이 보다 발전할 수 있을 것이라고 말했다.

6월 19일, 덩잉차오와 대표단은 프랑스와 유럽의회 친선 방문 일정을 마치고 귀국했다. 덩잉차오는 이번 방문 일정을 훌륭하게 소화하며 프랑스를 포함한 서유럽 국가와 우호 협력 관계 발전 및 세계 평화 유지에 크게 기여했다.

중국 인민의 우호사절로서 덩잉차오는 세계에 평화와 우정의 씨앗을 뿌렸고 이 씨앗은 형형색색의 꽃을 피웠다. 덩잉차오의 이번 대규모 방문 행사는 저우언라이의 뒤를 이어 추진한 외교의 일환이었다. 덩잉차오는 뛰어난 외교적 자질, 온화하고 점잖은 태도, 고상한 인품으로 방문하는 국가마다 각계 인사들로부터 찬사를 받았다. 덩잉차오는 해외 순방을 통해 중국 인민과 각국 인민 간의 우호를 증진하고 중국의 대외 우호 협력 관계를 발전시키는 개가를 올렸다. 중국의 대외적 이미지도 덩잉차오의 꾸준한 노력으로 크게 개선되었다.

1978년 9월, 전국부녀연합회 명예주석에 당선된 후 캉커칭과 함께 한 덩잉차오

전국부녀연합회 명예주석에 당선되다

1978년 9월 8일, 베이징 인민대회당에서 제4차 중화전국부녀연합회 전국대표대회가 열렸다. 전국부녀대표대회 창립 21년 만에 처음으로 열린 중국 여성계의 성대한 모임이었다. 회의 참석을 위해 전국 각지에서 온 인원은 50여 개 민족 대표를 포함해 2천 명에 달했고, 19세부터 85세까지 연령대도 다양했다. 덩잉차오는 대회 개막식에 참석해 축사에서 말했다.

"3기 집행위원회에서 제시한 업무보고서 토론, 21년간 여성운동의 경험 총괄, 새 시대를 맞아 여성운동의 새로운 임무 설정 및 논의, 중화전국부녀연합회 정관 수정 및 통과, 4기 집행위원회 선출이 이번 대회의 주목적이며, 50여 개 민족 대표를 포함해 이번 대회에 참석한 대표 2천여 명은 대회 참석 인원 사상 최대 규모로서 각 민족의 여성 대통합을 상징합니다."

덩잉차오는 각 민족의 여성이 적극적으로 나서 현재 추진 중인 새로운 장정(長征)에 힘을 보탤 것이라 믿었다. 캉커칭은 대회에서 〈새로운 시대, 중국여성운동의 숭고한 임무〉라는 보고서를 발표했다. 제4차 대회는 1957년 제3차 중화전국부녀연합회 전국대표대회 이후 겪었던 갖은 우여곡절을 돌이켜보고 여성운동 경험을 총괄한 뒤 앞으로의 임무를 명확히 했다. 양쯔 강 업무보고 결의안과 전국부녀연합회의 새로운 정관

1978년 9월, 제4차 중화전국부녀연합회 전국대표대회에서
'자제병(子弟兵)의 어머니'라 불리는 룽관슈와 이야기를 나누는 덩잉차오

을 통과시키고 4기 집행위원회를 선출했다.

이번 회의에서 캉커칭은 전국부녀연합회 주석에, 덩잉차오는 전국부녀연합회 명예주석에 당선되었다. 명예주석에 당선된 후 부녀연합회에서 덩잉차오가 해야 할 중요한 업무는 없었지만 여유가 생길 때마다 부녀연합회에서 준비하는 행사에 적극적으로 참여해 연설도 하고 각계 여성 대표와 만남을 가졌다.

1978년 10월 23일, 덩잉차오는 전국부녀연합회 초대로 참석한 제9차 중국공회 전국대표대회 여성 대표회의에서 연설을 했다. 열심히 배우고 현대 과학기술을 익혀 생산력 향상에 기여하도록 수많은 여직원을 독려했다. 부녀연합회가 노동조합과 긴밀한 관계를 유지하며 여직원들의 복지를 위해 애써 줄 것을 당부했다. 10월 28일, 덩잉차오는 중국정협예당中國政協禮黨에서 중국공산주의청년단(공청단) 제10차 전국대표대회에 참석한 여성 대표들을 만나 각 민족의 청춘남녀는 세대를 거듭할수록 발전해야 한다고 말했다. 또한 새로운 장정에서 숭고한 공산주의 이상을 수

1983년 9월, 제5기 전국부녀연합회 지도부와 함께 한 덩잉차오

립해 국가와 인민의 이익을 최우선으로 하고 마르크스·레닌주의와 마오쩌둥 사상을 배우는 한편 열심히 과학기술을 연마해서 하루 빨리 '4개 현대화'를 실현할 수 있도록 기여해야 한다고 강조했다.

1979년 6월 28일, 덩잉차오는 제5기 전국인민대표대회 제2차 회의에 참석한 여성 대표와 제5기 전국 정협 제2차 회의의 여성 위원들을 만났다. 덩잉차오는 위원들이 각자의 위치에서 여성을 위한 일에 관심을 갖고 여성의 적극성을 고취시키는 동시에 과학과 문화 수준을 향상시키도록 여성을 독려함으로써 새로운 장정의 길에 힘이 돼주길 바란다고 전했다.

9월 21일, 덩잉차오는 전국부녀연합회에서 전국 모범 부녀자와 모범 단체[1]를 표창하는 대회에 참석해 열정적으로 연설했다.

"중국 사회주의는 새로운 역사적 전환점을 맞이했습니다. 4개 현대

1. 매년 3월 8일 '세계 여성의 날'에 사회주의 건설에 공헌이 큰 부녀자와 단체에게 수여하는 영예 칭호

화를 실현하려면 과학기술이 무엇보다 중요합니다. 각 민족 여성들이 숭고한 이상을 세우고 위험과 어려움을 두려워하지 않는 정신을 고양하며 문화 및 과학지식을 열심히 배워 '4대 현대화' 실현에 기여할 수 있기를 간절히 바랍니다."

9월 28일, 전국부녀연합회 여성 간부학교 졸업식에 참석한 덩잉차오는 이렇게 당부했다.

"여성들을 위해 일하고 봉사할 때 객관적인 규율을 파악하고 실무를 통해 경험을 총정리해야 합니다. 업무를 수행하면서 난관에 부딪쳐도 낙심하거나 주저앉지 마십시오. 이 일을 번거롭게 여겨 그만두고 싶다는 생각을 해서도 안 됩니다. 여성을 위한 일을 우리 여성이 하지 않으면 누가 하겠습니까! 저는 전국부녀연합회 명예주석으로서 여성을 위한 일에 항상 관심을 갖고 늘 그랬던 것처럼 기회만 생기면 배우는 자세로 임했습니다. 우리는 실무를 통해 경험을 정리하고 여성을 위한 업무를 더 잘 해 내야 합니다."

10월 23일, 덩잉차오는 전국 각 민주 당파와 중화전국공상업연합회(공상련) 대표대회에 참석한 여성 대표를 만났다. 또한 여성 대표들이 업무 수행 중에 각자의 장기와 지혜를 발휘해 남다르게 기여한 점을 높이 평가했다. 앞으로도 끊임없이 정진하고 선진 기술을 익히며 주인의식을 가지고 사회주의 사업에 힘쓰는 한편 나랏일에 관심을 갖고 힘을 합쳐 국가대사를 잘 처리해 줄 것을 당부했다.

1981년 3월 3일, 전국부녀연합회 주최로 베이징 인민대회당에서 열린 3·8 세계 여성의 날 기념 보고회에 당 중앙과 국무원 직속기관, 군사위원회 각 총부, 각 병과, 각 민주당파 중앙직속기관, 베이징시 각 구와 현의 여성 간부 6천여 명이 참석했다. 덩잉차오는 회의에서 "당 중앙이 부녀연합회에게 더 막중한 임무를 맡겼다. 주로 어린이와 청소년에 대한 업무를 맡게 되었다."며 "부녀연합회가 새로 맡게 된 중책을 씩씩하게 잘

—

1983년, 제29회 나이팅게일상 수상자 표창대회 대표를 만난 덩잉차오

감당해내길 바란다."고 격려했다.

덩잉차오는 각계각층의 여성들이 거둔 성과에 주목했다. 1983년 덩잉차오는 제29회 나이팅게일상 수상자 표창대회에 참석한 대표를 만나 간호사로서 애쓴 수상자들의 공로를 치하했다. 1984년 중국 여자배구 국가대표팀의 '3연패' 소식에 덩잉차오는 매우 기뻐하며 직접 편지를 써서 우승을 축하했다. 또한 "이럴 때일수록 교만함과 성급함을 경계하고 겸손하게 각국 선수의 좋은 점을 배우라"며 '3연패'를 새로운 출발점으로 삼아 조국과 민족을 위해 다시 승리를 거머쥐고, 세계 배구 발전을 이끌며 각국 운동선수 및 인민들과 우호 증진을 위해 노력해 달라고 권면했다. 전국 인민들에게는 "중국 여자배구팀을 본받아 4개 현대화 실현을 위해 각자의 몫을 다해 달라"고 호소했다.

덩잉차오는 전국부녀연합회 명예주석으로 임명된 후 신중국 여성을 위한 업무와 여성운동을 위해 심혈을 기울이며 새 시대를 맞은 중국의 여성 사업 발전에 공헌했다.

1978년 12월, 중국공산당 11기 3중전회에 참석한 덩잉차오

당풍(黨風) 건설을 촉진하다

'문화대혁명'이 시작되면서 당의 기율검사기관이 무너졌다. 10년간 이어진 문화대혁명으로 당의 기풍과 기율이 심각하게 훼손됐다. 1978년 12월 18일~22일, 베이징에서 중국공산당 11기 3중전회가 열렸다. 역사적으로 상당히 의미가 있는 이 회의에서 중국공산당 중앙기율검사위원회를 부활시키기로 했다. 명망 높은 정치가였던 덩잉차오는 중국공산당 중앙기율검사위원회 제2서기로 선출되었다.

중앙기율검사위원회에서 일한 3년여 시간 동안 덩잉차오는 당풍을 바로잡고 당의 우수한 전통과 업무 방식을 되살리기 위해 부단히 노력했다. '집권 여당의 당풍 문제는 당의 존망과 관련되는 문제'라는 천윈陳雲의 과학적인 판단을 관철시키는 동시에 경제, 정치, 생활 각 방면에서 흐트러진 기강을 바로 잡아 당의 기풍을 바로 세우겠다는 중앙기율검사위원회의 방침을 분명하게 밝혔다.

1979년 1월 4일~22일, 중국공산당 중앙기율검사위원회 제1차 전체회의가 베이징에서 열렸다. 덩잉차오는 연설에서 "린뱌오와 사인방으로 인해 어수선해진 당의 기풍과 기율을 바로잡으려면 각고의 노력이 필요하다."고 지적했다. 또한 당의 역사적 경험을 통해 얻은 교훈을 바탕으로 기율 강화의 중요성을 역설하며 자신의 견해를 제시했다. "엄격하고 분명한 기율이 정치 운영과 공동체 결속을 보장해 정국을 안정적으로 이끌 수 있다. 민주집중제 원칙을 고수하고 당내 민주를 보장해야만 기율이 바로 설 수 있다. 허술한 법 집행을 시정하고 보복하는 기풍을 타파하며 '비판과 자아비판'을 견지해야 당풍을 확실하게 바로잡을 수 있다."는 덩잉차오의 연설은 회의 참석자들의 열화와 같은 지지를 얻었다.

1979년 덩잉차오는 중앙기율검사위원회에서 많은 일을 했다. 류사오치의 누명을 벗기기 위한 결의안(초안)을 당 중앙 대신 작성하거나 캉성康生, 셰푸즈謝富治에 관한 심사보고서를 제출하는 등 억울한 사건, 허위로 조작한 사건, 오심 사건들을 바로 잡아 억울한 누명을 벗겨주었다.

1980년 1월 7일~25일, 덩잉차오는 중앙기율검사위원회 제2차 전체회의에 참석했다. 회의는 지난 1년간 중앙기율검사위원회의 업무를 총괄하고 1980년 업무 목표를 확정했다. 1년간 중앙기율검사위원회는 '문화대혁명'으로 잘못 처리됐던 사건들을 시정하기 위해 많은 일을 했다.

덩잉차오는 당의 재건 및 기풍 확립과 당헌·당규의 완비를 위해서도 열과 성을 다했다. 당내 부정부패가 확산된 원인은 여러 가지가 있지만 그중에서도 가장 큰 원인은 당헌·당규가 부실했기 때문이었다. '문화대혁명'이라는 내란이 거의 모든 규정을 유명무실하게 만들었고 당내 정치생활은 오랫동안 무질서하게 돌아갔다. 11기 3중전회에서 역사적 경험을 종합해 당의 민주집중제와 당헌·당규를 완비하고 당의 기율을 쇄신하자는 의견이 제기되었다. 덩잉차오는 이에 전적으로 동의하며 기율검사기관을 지휘해 당헌·당규를 정비하는 데 공헌했다. 일례로 덩잉차오는 〈당내 정치생활에 관한 몇 가지 준칙〉, 〈고급 간부의 생활 대우에 관한 몇 가지 규정〉 등 당내 주요 법규를 제정하는 데 앞장섰다.

1981년 2월, 인민대회당에서 천원과 덩잉차오

1981년 2월 24일부터 3월 4일까지 열린 중앙기율검사위원회 제3차 전체회의에서 덩잉차오는 〈당풍을 바로잡겠다는 불퇴전의 결의〉라는 제목으로 연설을 했다. 이 연설은 당 안팎으로 큰 반향을 일으켰다. 덩잉차오는 "당 중앙이 당 전체에 〈당내 정치생활에 관한 몇 가지 준칙〉과 〈고급 간부의 생활대우에 관한 몇 가지 규정〉을 공포·시행하도록 승인한 조치는 당 건설에 새로운 기류를 형성했다. 인민이 간부생활의 특수화 및 당내 부정부패에 큰 불만을 품는 것은 순전히 간부 본인들 때문이다. 간부들이 먼저 나서서 특수화를 반대해야 한다. 간부 스스로 규율을 준수하는 모범을 보이고 자녀에게도 엄격한 잣대를 들이대며 교육을 강화해야 한다. 관료주의는 '억압하기, 책임 전가하기, 시간 질질 끌기, 일 흐지부지 끝내 버리기' 이 네 가지로 정리할 수 있다. 중국공산당 각급 위원회와 실무자는 본연의 임무에 성실히 임하고 업무의 질과 효율을 높이며 필요한 제도적 장치를 마련하기 바란다."고 말했다. 또한 관료주의로 관료주의에 반대한다는 건 어불성설이라고 날카롭게 지적했다. 덩잉차오의 연설에는 사심 없이 용감하게 원칙대로 밀고 나가는 원숙한 혁명가의 기품이 그대로 묻어났다.

덩잉차오의 지도를 받으며 중앙기율검사위원회는 공금으로 접대 또는 선물을 하거나 주택을 건설하고 분양하던 악습, 법 기강을 어지럽히는 재계의 위법 행위에 대해 통지, 통보, 결정 등 즉각적으로 조치를 취했다. 이는 당내 민주생활 실현, 당의 결속 및 통일 보장, 당의 조직 및 기율 강화, 당의 우수한 전통과 업무 방식 발전, 당의 전투력 향상에 큰 힘을 발휘했다. 덩잉차오는 가는 곳마다 당의 기율이 바로 서야 정확한 정치노선을 따라 운영할 수 있고 결속력이 생겨 정국이 오랫동안 안정된다고 거듭 강조했다. 국제공산주의운동과 당 역사상 집권당의 기율과

1979년, 중공중앙당교에서 보고하는 덩잉차오

관련한 역사적 교훈 및 자신이 직접 겪었던 경험을 근거로 "당내 기율이 제대로 집행되고 안정되면 혁명은 무리 없이 발전하지만 기율이 무너지면 혁명은 타격을 받고 실패한다."고 당 전체에 간곡히 당부했다.

덩잉차오는 당의 우수한 전통과 업무 방식을 적극적으로 알린 제창자이자 솔선수범해서 당의 기율을 준수하고 당풍을 바로잡은 모범적인 인물이다. 당내에 존재하던 사리사욕 도모, 관료주의, 겉치레, 사적인 접대 및 선물로 인한 공금 누수 등의 악습을 극도로 싫어했으며 당의 우수한 전통과 업무방식을 회복하고 알리도록 목소리를 높이는 한편, 이를 위해 간부들이 앞장서 줄 것을 호소했다. 또한 "지도자들은 말과 행동을 할 때 어떤 영향을 끼칠지 고려하라", "무슨 일을 하든지 먼저 인민과 당의 이익을 생각하라"고 거듭 강조했다. 〈준칙〉에서 요구하는 바는 명확하다. 핵심은 실천이지만 '자발적으로 앞장서서 행동하고 실천해야 한다'는 것이다. 덩잉차오는 동지들에게 엄격한 잣대를 적용했고, 가르치고 타이르는 일을 게을리하지 않았다.

올바른 당풍을 건설하기 위해 덩잉차오는 중앙기율검사위원회 제2서기로 재직하는 동안 혼란 수습과 국면 안정화, 당의 기율 강화와 당풍 개선 등에 주력할 수 있도록 천윈에게 힘을 실어주었다. 덩잉차오는 가는 곳마다 당의 기율이 바로 서야 정확한 정치노선을 따라 운영할 수 있고 결속력이 생겨 정국이 오랫동안 안정된다고 거듭 강조했다. 린뱌오와 사인방에 의해 오랫동안 짓밟힌 당의 기율과 국법, 기율이 있어도 자행된 불평등한 처사, 보호받지 못한 당원의 권리, 당의 기율을 위반해도 처벌이 면제되고 대다수 당원들이 당헌黨憲, 당기黨紀에 대한 기본적인 지식마저 부재한 상황에 대해 덩잉차오는 "전체 당원과 당 간부들의 당 기율 준수는 당과 국가의 정치를 회복하는 데 필요한 최소한의 요건이다. 당의 각급 간부들은 당 기율 준수에 앞장서야 한다. 당의 기율을 위반하면 누구라도 엄중하게 처벌해야 한다. 당내에서 수시로 당헌을 발표해 당헌을 수호·집행하며 당 기율을 준수하도록 당원들을 일깨워야 한다. 또한 말로만 또는 기계적으로만 기율을 집행하는 것이 아니라 당의 민주와 기율의 관계를 바탕으로 전당 차원에서 당원 전체를 상대로 기율 교육을 강화해야 한다."고 제안했다.

이처럼 덩잉차오의 분명한 사상과 관점은 재건 이후 각급 기율검사위원회가 당의 기율을 강화하고 기율 앞에 만인이 평등하다는 원칙을 지키며 기율을 준수하도록 당원들을 일깨우는 데 큰 힘을 발휘했다.

덩잉차오는 중앙기율검사위원회의 복잡하고 까다로운 업무를 남다른 지혜와 성실한 태도로 훌륭하게 해내며 당 재건에 중대한 공헌을 했다.

공무 중인 덩잉차오

여성운동사 편찬 작업에 관심을 갖다

1979년 11월, 전국부녀연합회 서기처는 중국여성운동사자료 편찬위원회를 설립하기로 결정했다. 12월 3일, 덩잉차오는 중국여성운동사자료 편찬위원회가 개최한 설립대회에 참석했다.

여성운동 선구자로서 덩잉차오는 역사적 경험을 중요하게 생각했다. 전국부녀연합회는 1964년 덩잉차오의 관심과 배려 속에 여성운동사를 연구·편찬하는 전문기관을 설립했다. 덩잉차오는 여성운동사의 편찬과 관련해 여러 차례 연설하며 업무 지도사상부터 업무 방법까지 명확하게 지시했다. 같은 해 12월 28일, 덩잉차오는 전국부녀연합회 여성운동사 연구팀 직원들과 여성운동사의 연구와 수집에 관한 이야기를 나누며 마오쩌둥 사상을 지도이념으로 삼고 여성운동사 자료를 연구해야 한다고 지적했다. 또한 "자료 수집도 연구조사의 일환이며 멈춰 있는 역사에 대한 연구조사"라며 이렇게 말했다.

"첫째, 여러분들이 지금 수집하는 것은 30년 전의 사료라 작업이 쉽지는 않을 겁니다. 둘째, 당시 문자로 기록된 자료는 실제 운동 모습과 차이가 있습니다. 당시 간행물은 대부분 반동 자산계급을 대변했기 때

1979년 12월, 중국여성운동사자료 편찬위원회 제1차 회의에서 연설 중인 덩잉차오

문에 여러 대중운동 관련 소식을 싣는 것 자체가 불가능했습니다. 셋째, 지금의 관점으로 30년 전 상황을 이해해서는 안 됩니다. 마오쩌둥 사상의 입장과 관점, 즉 마르크스주의의 변증유물주의와 유물론적 역사관으로 분석하고 연구하시길 바랍니다."

또한 "수집한 자료는 무산계급이 이끄는 여성운동을 요체로 하고 자산계급이 주도하는 여성운동과 중립적 사상 등에 대해서도 연구해야 한다. 공산당이 이끈 여성운동의 자료는 적지만 여성운동사의 주가 되는 만큼 분석과 정리를 통해 사장된 자료를 다시 되살려야 한다."고 강조했다.

15년이 지나 이 업무가 마침내 부녀연합회의 의사일정에 들어갔다. 덩잉차오는 중국여성운동사자료 편찬위원회 창립 대회에서 연설을 했다. 여성운동사자료를 편찬할 때 준수해야 할 원칙과 지도사상, 자료감별 방법을 비롯해 정반正反 양면의 경험을 총괄하는 사론史論 통합의 중요성을 역설했다. 또한 "유물론적 역사관, 변증유물주의, 중국공산당의 지도 이념은 여성운동사 자료 편찬업무 전체를 관통하는 일관된 사상"이라고 강조했다. 여성운동사자료 편찬 작업은 덩잉차오, 캉커칭, 뤄충 등의 주도로 차근차근 진행되었다.

경험을 공유하고 업무의 진척 속도를 높이기 위해 전국부녀연합회는 1981년 9월 7일부터 17일까지 제1차 전국 여성운동사 간담회를 개최했다. 12일 간담회에 참석한 덩잉차오는 〈혁명정신으로 여성운동사자료 편찬업무를 해내자〉라는 제목으로 연설을 했다. 덩잉차오는 "여성운동사 편찬은 현실적으로도 중요한 의미가 있지만 그보다 더 큰 역사적 의의와 영향력을 지닌 작업이다. 여성운동의 역사는 당과 중국혁명의 역사와도 밀접한 관련이 있다. 여성운동사 자료 수집과 여성운동사 기록은 중국 인민의 혁명운동사 및 당시 역사적 배경과 분리할 수 없다."고 지적했다.

실제로 덩잉차오는 여성운동사의 자료를 수집하는 과정에서 지도사상을 분명하게 제시하고 구체적인 방법을 분석했다. 시기별로 사료를 수집하면 집중도 잘 되고 기록하기도 수월할 것이라고 판단했다. 또한 소량의 자료를 먼저 조금씩 모은 다음 그 중에서 취사선택을 해야 한다며 "제대로 가려서 취하고 과감하게 버리라"고 주문했다. 이를 통해 덩잉차오가 역사를 연구할 때 자료 수집 과정을 얼마나 중시했는지, 구체적인 방법에 있어서 얼마나 정확한 인식과 견해를 가지고 지시했는지를 알 수 있다.

여성운동사 편찬에 관해 덩잉차오는 가장 먼저 실사구시를 강조했다. "우리는 여성운동사를 다루는 겁니다. 바로 역사를 다루는 것이지요. 반드시 사실에 근거해서 작성해야지 불분명한 내용이 조금이라도 들어가서는 안 됩니다. 그러려면 우리가 취재한 사람, 자료 편찬을 맡은 사람, 최종적으로 편집하고 검정하는 사람 모두가 실사구시 정신에 입각해서 작업에 임해야 합니다. 고대 역사를 조금씩 거슬러 올라가 보면 중국의 각 시대별로 여성의 사회적 지위, 억압받았던 상황, 어떤 처지에 놓였었는지 등을 모두 연구하고 기록할 수 있습니다. 이런 식으로 비교하다 보면 오늘날 사회주의 제도의 우수성과 사회주의 사회에서 차지하는 여성의 지위, 여성들의 생활 형편과 정신 상태를 더 분명하게 알 수 있습니다."

덩잉차오는 여성운동사 편찬 작업자들에게 역사적 관점과 방법으로 여성운동사를 편찬하고 세대별로 여성들의 생활을 비교해 정확한 결론을 도출해 달라고 요청했다. 덩잉차오가 주문한 역사 연구의 사상과 방법은 분명히 실행 가능한 것이었다. 또한 "여성운동사를 다룰 때는 대중적인 노선을 걸으며 민주정신을 고양하고, 나와 다른 의견도 수용할 줄 알아야 한다. 아울러 진지하고 세심하면서 어려움을 마다 않고 최선의 노력을 다해야 한다."고 힘주어 강조했다. 혁명정신을 고취시키고 힘을 합쳐 긴장의 끈을 놓지 않고 여성운동사 편찬 임무를 끝까지 잘 완수해 달라는 당부도 잊지 않았다.

신중국 성립 40주년이 되던 해에 전국부녀연합회 여성운동역사연구실에서 편찬한 《중국여성운동사: 신민주주의 혁명 시기》가 출판되었고 덩잉차오는 기쁜 마음으로 이 책의 서문을 썼다. 이 책이 출판됨으로써 더 많은 사람이 여성운동사 연구에 관심을 갖고 이 연구를 중요하게 생각하며 여성운동의 이론과 실천 관련 서적이 많아졌으면 좋겠다는 바람을 전했다.

덩잉차오는 여성운동사 편찬은 여성 일꾼이 마땅히 져야 할, 미룰 수 없는 책임이라고 강조했다. 그녀의 격려 덕에 각급 부녀연합회와 사학계에서 여성운동사에 대한 연구가 광범위하게 이루어졌다.

여성운동사 편찬에 대한 덩잉차오의 관심과 지도편달은 여성운동사 연구가 활발하게 일어나는 원동력이 되었다.

1979년 12월, 중앙 대對타이완사업팀 팀장으로 임명된 덩잉차오

양안 교류를 추진하다

1979년 12월, 중국공산당 중앙위원회는 대타이완사업영도팀을 설치했다. 두 차례나 국공합작을 겪었던 덩잉차오는 통일전선에 대한 업무 경험이 풍부해 국내외에서 명망이 높았다. 이런 이유로 당 중앙은 덩잉차오를 중공중앙 대타이완사업영도팀 팀장으로, 랴오청즈와 뤄칭창羅青長을 부팀장으로 임명했다. 이 날을 기점으로 덩잉차오는 대타이완 업무를 최우선순위에 두고 신속하게 일을 추진해나갔다.

덩잉차오는 대타이완 업무를 빈틈없이 추진했다. 팀장직을 맡은 직후에 바로 중난하이에 사무실로 쓸 장소를 마련했다. 1980년 1월 1일, 중공중앙 대타이완사업영도팀은 중난하이 시화팅에서 회의를 열었다. 덩잉차오는 회의에서 조국통일이라는 대업을 이루는 것이 1980년대부터 90년대까지 당 전체의 주요 임무이며 당 전체를 동원해서 완수해야 한다고 강조했다. 대타이완영도팀의 임무는 대타이완 정책 방침과 주요 사건을 조사연구한 뒤에 중앙에 의견을 제시하는, 말하자면 중앙의 참모 또는 조력자 역할을 감당하는 것이었다.

1980년 1월 1일, 덩잉차오는 전국 정협 신년 다과회 연설에서 전국인민대표대회 상무위원회가 1979년 1월 1일에 발표한 〈타이완 동포에게 알리는 글〉을 특별히 언급했다. 〈타이완 동포에게 알리는 글〉에는 새로운

1978년 7월 30일, 두위밍 국민당 고급장교(앞줄 왼쪽에서 두 번째)와 아내 차오슈칭(앞줄 오른쪽에서 두 번째), 사위 양전닝(앞줄 제일 오른쪽), 딸 두즈리(앞줄 제일 왼쪽)를 만난 덩잉차오

시대를 맞아 타이완 문제에 대한 중국공산당의 정책 방침이 들어있었다. 또한 "우리는 타이완이 하루빨리 조국으로 돌아와 함께 건국대업을 이루기를 간절히 바란다. 조속한 조국통일은 타이완 동포를 포함한 모든 중국 인민의 염원이자 평화를 사랑하는 전 세계 모든 인민과 국가의 바람이다. 중국 지도부는 현실 상황을 고려해 조국통일이라는 대업을 완수하겠다는 의지를 보여 주었다. 통일 문제를 해결할 때는 타이완의 현황과 타이완 각계 인사들의 의견을 존중하고 타이완 인민들에게 피해

애국지사 먀오윈타이를 만난 덩잉차오와 캉커칭

가 가지 않도록 공정하고 합리적인 정책과 방법을 채택할 것이다. 해협 양안의 통상通商, 통항通航, 통우通郵가 가급적 빨리 실현되기를 바란다."는 내용이 담겼다. 덩잉차오는 연설에서 부연설명을 했다.

"〈타이완 동포에게 알리는 글〉에서 명시한 정책은 미봉책이 아니며 '통일전선 공세'는 더더욱 아닙니다. 순전히 중화 민족의 대의와 국가 전체의 근본적인 이익에서 출발한 것입니다. 부디 타이완 당국이 정세를 잘 살펴 국가와 민족의 이익을 우선해 조국통일이라는 위대한 목표를 향해 전진하기를 바랍니다. 우리는 애국심이 넘치고 전통을 사랑하는 타이완 인민이 조국통일이라는 대업을 이루기 위해 적극적으로 힘을 보탤 것이라 믿습니다."

덩잉차오는 대타이완사업영도팀 동지들을 모아 조국의 평화통일을 이루기 위한 당 중앙의 정책 방침을 열심히 익힌 뒤, 대타이완 업무에 필요한 정신을 유관 기관과 지방 각급위원회에 전달해 이를 염두에 두고

—

1981년 5월 19일, 덩잉차오가 주재한 신해혁명 70주년 기념 준비위원회 제1차 회의 정경

업무를 추진하도록 했다. 문화대혁명 당시 극좌사상에 영향을 받아 타이완 동포와 타이완으로 건너간 인민의 친·인척이 상당수 타격을 입었고 당의 통일전선 정책도 크게 흔들렸다. 그래서 덩잉차오는 타이완 동포와 타이완으로 건너간 인민의 친·인척을 대상으로 한 정책 실현 업무를 최우선순위에 두었다. 덩잉차오와 대타이완사업영도팀 동지들은 당 중앙을 도와 관련 문건을 작성하고 각 성, 시, 자치구에서 정책 안정화를 추진하며 타이완 동포의 정착에 힘썼다.

1981년 12월 22일, 중화전국타이완동포친목회中華全國臺灣同胞聯誼會가 베이징에서 창립했다. 덩잉차오는 친목회의 창립 방침부터 구체적인 사무에 이르기까지 세심하게 지도하며 심혈을 기울였다. 덩잉차오는 린리윈 친목회 회장에게 "30년 세월의 간극으로 인해 우리에 대한 타이완 동포의 이해가 너무 부족하다. 중화전국타이완동포친목회는 타이완 동포와 소통하며 해협 양안 동포 간 상호 이해 증진을 위해 노력해야 한다. 대륙에서 생활하는 타이완 동포를 위해 힘쓰는 한편 중국공산당과 정부 유관 부처가 타이완 동포를 위한 정책을 실현하고 타이완 동포에게 내려진 잘못된 판결을 철저히 바로잡을 수 있도록 협조해야 한다."고 누차 당부했다.

또한 "정책 하나를 실현하면 한 가정에 영향을 미치지만 한 가정이 안정되면 더 큰 파급 효과를 낼 수 있다. 시작을 잘하는 것도 중요하지만 끝마무리도 잘해야 한다. 놓치는 부분이 있어서는 안 된다."고 강조했다. 덩잉차오를 비롯한 많은 사람의 노력으로 타이완 동포와 타이완으로 건너간 인민의 친·인척을 위한 문제를 해결하고 관련 정책을 실현함으로써 이들이 조국통일이라는 대업에 공헌할 수 있는 계기를 마련했다.

해협 양안의 관계를 발전시키기 위해서 덩잉차오는 폭넓은 조사연구를 바탕으로 유관 부처가 해협 양안의 경제, 무역, 문화, 교민업무, 교통, 민간항공, 체신업무 등에 관한 구체적 정책 제정에 협조했다. 덩잉차오는 종종 중앙서기처 회의에 참석해 타이완 업무와 관련된 정책 방침을 자세히 검토하고 작성했다.

1981년 9월 30일, 예젠잉 전국인민대표대회 상무위원회 위원장은 〈타이완의 조국 귀속 및 평화통일 실현에 관한 정책 방침〉 9개 제안, 즉 '엽구조葉九條'를 발표했다. 덩잉차오가 대타이완 업무를 주재하던 시기에 나온 이 제안은 덩잉차오의 지혜와 노력의 결정체로서 대타이완 업무 역사상 획기적인 성과라고 할 수 있다.

엽구조에는 공산당의 넓은 도량과 타이완 인민에 대한 따뜻한 관심이 반영되었다. 엽구조는 발표 직후 국내외에 큰 반향을 불러일으켰고 타이완 주민들의 환영을 받았다.

덩잉차오는 이 건의가 사람들의 마음속에 깊이 자리 잡을 수 있도록 고생을 마다않고 많은 업무를 처리했으며 여러 해외 인사도 만났다.

1986년 11월, 쑨중산의 친척인 쑨쑤이잉(왼쪽), 쑨쑤이화(가운데)와 만난 덩잉차오

1981년 10월 8일, 덩잉차오는 쑨중산의 손녀 쑨쑤이팡孫穗芳과 쑨쑤이펀孫穗芬, 황싱黃興의 딸 황더화黃德華, 차이어 장군의 친척 등을 초대해 대접하고 함께 지난 일을 되돌아보며 신해혁명과 이 혁명에서 공을 세운 선열들을 추모하는 시간을 가졌다.

1982년 7월, 덩잉차오는 장징궈張經國가 부친 장제스를 추모하며 쓴 글을 읽었다. 글에서 고향을 그리워하는 마음이 절절히 묻어났다. 덩잉차오는 곧바로 대타이완사업팀 회의를 소집해 그 당시 장징궈와 모스크바 쑨중산대학Moscow Sun Yat-sen University 동창이었던 랴오청즈에게 공개 서신을 보내도록 했다. 덩잉차오, 랴오청즈, 팀 동지들은 함께 문구를 고치고 다듬었다. 당시 장즈중張治中이 타이완에 있는 옛 친구에게 보낸 공개 서신에 저우언라이가 추가한 문구 '망망대해로 앞길이 아득한데, 조국으로 돌아오지 않고 무엇을 더 기다리는가'를 인용해 친밀감을

중공중앙 대타이완사업영도팀 일원들과 시화팅에서 기념 촬영하는 덩잉차오

더했다. 게다가 루쉰의 유명한 시구인 '온갖 고생을 겪었지만 형제의 정은 아직 남아있어 서로 만나 한 번 웃으니 모든 원한이 사라지네[度盡劫波兄弟在 相逢一笑泯恩仇]'를 써서 두터운 정과 깊은 감명을 줌으로써 고향을 그리워하는 타이완 인민들의 심금을 울렸다.

덩잉차오는 해협 양안 관계 발전에 도움이 되는 행사와 회의에 잇달아 참석했다. 예를 들면 신해혁명 70주년 기념 대회, 랴오중카이廖仲愷 추모식, 허샹닝 서거 10주년 기념 대회, 국민당 제1차 전국대표대회 개최 60주년 기념 학술세미나, 쑨중산연구학회 창립대회에 참석해 연설하고 중국 정부의 대타이완 정책을 설명하며 평화통일을 추진했다. 대타이완 업무를 수행할 때 덩잉차오는 다각도로 세심하게 고려했다. 조국통일이라는 대업은 어렵기도 하고 하루아침에 이루어지지 않기 때문에 오랫동안 준비하고 노력해서 하나씩 착실하게 이뤄나가야 한다고 거듭 강조했다.

덩잉차오는 아무리 업무가 바빠도 타이완 동포 방문단이 오면 꼭 만났다. 1983년부터 1984년까지 덩잉차오는 제1회 타이완동향청년 여름캠프 참석자 전원 '우리의 타이완' 학술세미나에 참석한 학자와 전문가, 미국에 장기 거주 중인 타이완 동포 의사 단체관광객과 상공업시찰단, 필리핀에 장기 거주 중인 타이완 동포 단체관광객 등과 만남을 가졌다. 덩잉차오는 회담 때마다 항상 조국통일에 대한 타이완 동포들의 의견과 제안을 진지하게 듣고 타이완 동포들이 제기한 문제에 대해서 중국의 대타이완 정책 방침을 친절하게 설명했다. 또한 자신의 경험을 들어 국공합작의 역사를 들려주기도 했다. 이 밖에도 양지전楊基振 부부, 천구잉陳鼓應 교수, 옌양추晏陽初 박사, 후추위안胡秋原 선생 등 해외에 있는 타이완 동포 중 문화계 명사들을 만나 중국공산당의 평화통일 정책을 알렸다.

1983년 6월 4일, 덩잉차오는 중국 인민정치협상회의 제6기 전국위원회 제1차 회의 개막축사에서 이렇게 전했다.

"우리는 역사와 현실을 존중한다. 타이완 각 민족의 바람과 타이완 당국이 처한 상황을 충분히 고려하고 있다. 우리는 현재뿐만 아니라 미래까지 고려한다. 조국통일이 이루어진 뒤에도 공산당과 국민당은 오랫동안 협력을 유지하고 공존하며 서로를 감독할 것이다."

또한 공산당의 대타이완 정책 방침에 대해 상세한 설명도 잊지 않았다.

1984년 11월, 덩잉차오는 샤먼廈門을 방문해 샤먼과 바다를 사이에 둔 타이완을 직접 눈으로 확인하고 대타이완 업무를 발전시켜 나가기를 원했다. 11월 25일, 설레는 마음으로 윈딩옌雲頂岩관측소를 찾았다. 파도가 넘실대는 바다를 사이에 두고 서로 마주보고 있는 진먼다오金門島를 오래도록 바라보았다. 진먼의 '해협의 소리' 라디오 방송국에서 덩잉차오는 방송됐던 녹음 내용을 듣고 수십 년을 한결같이 대타이완 선전을 하는

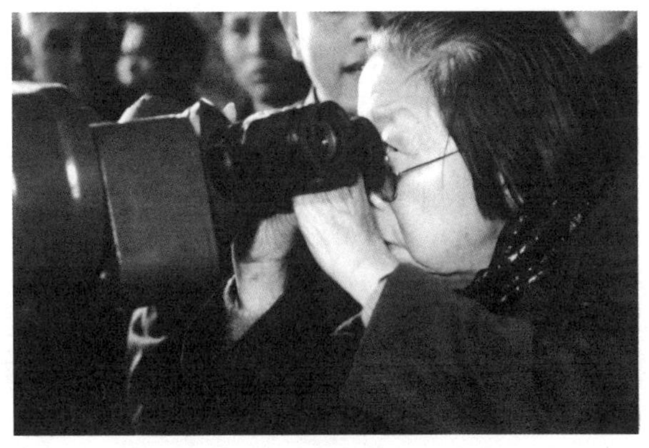

1984년, 샤먼에서 진먼다오를 조망하는 덩잉차오

진행자도 만났다. 대타이완 업무를 효과적으로 잘 수행하고 있는 샤먼시를 높이 평가했다.

"조국통일 실현, 타이완의 중국 귀속이라는 영광스러운 임무를 푸젠성, 그 중에서도 샤먼시가 맡아줘야 합니다. 당 중앙의 정책에 따라 모든 방법을 동원해 선전 업무를 해냄으로써 타이완 동포들이 조국의 평화통일을 향한 중국의 진심을 믿게 만들어야 합니다. 선전 업무는 사실에 입각해 핵심을 제대로 짚어서 효과적으로 이루어져야 합니다. 여러분이 중요한 의미와 영향력을 지닌 이 업무를 더 잘해 내 주기를 바랍니다."

덩잉차오의 가르침과 격려를 듣고 자리를 함께한 사람들은 뜨거운 박수로 화답했다. 덩잉차오의 꾸준한 노력 덕분에 10년간 '문화대혁명'으로 타격을 입었던 공산당의 대타이완 업무가 빠른 속도로 정상화되고 좋은 성과를 거둘 수 있었다.

1982년 9월, 중국공산당 제12차 전국대표대회에 참석한 덩잉차오.
쑹런충(왼쪽), 루딩이와 휴게실에 함께 있는 모습

당 중앙의 정년제를 지지하다

1982년 제12차 전국대표대회에서 당 중앙은 지도층의 종신제를 폐지하고 간부의 이직휴양離職休養제와 정년제를 확정했다. 덩잉차오는 이것이 지도체제의 근간을 바꾸는 중대한 개혁으로서 필연적으로 당과 국가사업에 상당한 변화를 가져오겠지만, 지도체제를 개혁하는 과정에서 저항도 만만치 않을 거라는 걸 감지했다. 덩잉차오는 공산당원과 혁명 간부는 어떤 상황에서도 개인의 이익보다 당과 인민의 이익을 우선해야 한다는 입장이었다. 따라서 간부정년제는 장기적으로 당과 인민의 이익에 부합하는 만큼 이유를 막론하고 단행해야 한다고 판단했다.

11기 3중전회 이후 일흔이 넘은 나이에도 덩잉차오는 당 중앙의 결정에 따라 당과 국가의 여러 주요 업무를 맡았다. 1977년부터 1981년까지 덩잉차오의 업무와 관련된 통계를 살펴보면 5년간 각종 주요회의 참석, 해외 방문, 외빈 접대, 동지 방문 횟수가 무려 1,612회에 달한다. 병으로 입원했던 192일을 제외하고 거의 매일 바쁜 일정을 소화했다는 뜻이다. 이게 나이 일흔이 넘은 혁명가의 업무통계표라니, 그 어마어마한 수치를 보고 애석하지 않을 사람이 없을 것이다!

덩잉차오는 당과 인민을 위해 일하다 그만 넘어져 오른쪽 어깨가 부러지고 왼쪽 무릎에 금이 가는 심각한 부상을 입었다. 10여 개월 동안 고통스러운 치료를 견뎌내고 겨우 회복되었다. 1981년 말, 담낭에서 결석 다섯 개가 발견되었다. 의사는 수술을 주저하며 덩잉차오에게 병을 숨겼다. 덩잉차오는 엑스레이 사진에서 불규칙한 형태로 담낭에 결석이 생겼다는 걸 알게 되었다. 덩잉차오는 수술하기로 하고 의사를 격려했다.

"수술 후 잘못되더라도 마르크스가 불러서 가는 것이니 여러분들은 아무 책임도 없습니다. 제가 다 책임지겠습니다."

의사는 당 중앙에 보고했고 당 중앙은 덩잉차오의 수술을 허락했다. 의사의 세심한 집도로 수술은 성공적이었고 결과도 좋았다. 덩잉차오 몸에 있던 병의 싹을 말끔히 제거한 것이다.

이때 덩잉차오는 자신이 곧 78세가 된다는 걸 깨달았다. 에너지는 왕성했지만 몸 상태는 해가 지날수록 안 좋아졌다. 더군다나 담결석 수술을 한 지도 얼마 되지 않은 터였다. 상황이 이렇다보니 덩잉차오는 솔선수범해서 당 중앙의 결정에 따라 퇴직을 신청하고 지도체제 개혁을 뒤에서 응원해야겠다고 마음먹었다.

1982년 양력설에 덩잉차오는 병실에서 비서에게 "오늘 제가 중요한 일을 하나 하려고 합니다."라고 정중히 말한 후 중국공산당 중앙정치국 상무위원회, 정치국, 서기처에 다음과 같이 편지를 썼다.

당 중앙 상무위원회, 정치국, 서기처 동지 여러분

1982년 새해를 맞아 먼저 여러분께 새해 축하인사와 혁명에 대한 경례를 전합니다!

저는 당 중앙의 탁월한 지도력과 전당전군 및 각 민족인민의 노력에 힘입어 당 사업 재건, 숙당 사업, 사회주의 건설 사업이 시간이

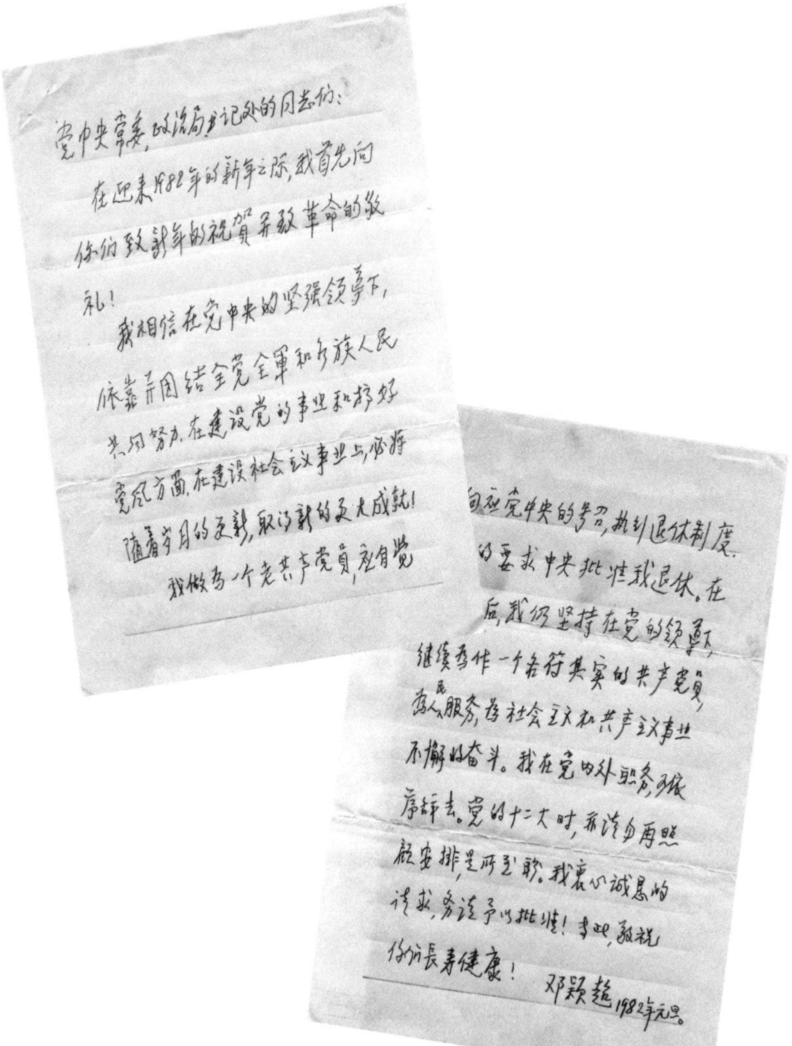

党中央常委，政治局、书记处的同志们：

在迎来1982年的新年之际，我首先向你们致新年的祝贺并致革命的敬礼！

我相信在党中央的坚强领导下，依靠并团结全党全軍和各族人民共同努力，在建设党的事业和搞好党风方面，在建设社会主义事业上，必将随着岁月的更新，取得新的更大成就！

我做为一个老共产党员，应自觉

向应党中央的号召，执行退休制度
的要求中央批准我退休。在
后，我仍坚持在党的领导下，
继续当作一个名符其实的共产党员，
为人民服务，为社会主义和共产主义事业
不懈的奋斗。我在党内外职务，可依
序辞去。党的十二大时，我请勿再照
顾安排是所至盼。我衷心诚恳的
请求，务请予以批准！专此，致祝
你们長寿健康！ 邓颖超 1982年元旦。

—

1982년 양력설에 덩잉차오가 당 중앙에 보낸 퇴직요청 서신

1982년 9월, 중국공산당 제12차 전국대표대회에서 덩샤오핑과 이야기를 나누는 덩잉차오

지날수록 더 큰 성과를 거두게 되리라 믿어 의심치 않습니다!

오랜 공산당원으로서 정년제 추진이라는 당 중앙의 결정에 저는 자발적으로 부응하고 저의 퇴직 승인을 중앙에 요청해야 합니다. 퇴직 후에도 당의 지도하에 저는 공산당원의 이름에 걸맞게 인민에 봉사하고 사회주의와 공산주의 사업을 위해 계속 정진할 것입니다. 저는 당 안팎의 직무에서 순차적으로 물러날 생각입니다. 중국공산당 제12차 전국대표대회에서도 부디 업무 배정을 삼가주시길 부탁드립니다. 퇴직을 승인해 주시기를 진심으로 간곡히 요청합니다. 여러분들의 무병장수를 기원합니다!

덩잉차오

1982년 양력설

이 편지는 당 중앙 상무위원회, 정치국, 서기처 동지들의 손에 빠르게 전달되었다. 편지를 읽고 덩잉차오의 높은 인격과 곧은 절개, 대국을 살피는 식견에 모두들 찬사를 아끼지 않았다. 그리고 약속이나 한 듯 덩잉차오의 퇴직을 만류하며 자리에서 물러나면 안 되고, 오히려 새롭게 주요 직책을 맡아야 한다는 뜻을 전했다. 중앙은 덩잉차오의 요청을 받아들이지 않았다. 1982년 9월 1일부터 11일까지 열린 제12차 전국대표대회와 그 뒤 곧바로 이어진 12기 1중전회 결정으로 덩잉차오는 중앙위원과 정치국위원 자리를 계속 유지하게 되었다. 추후 정치국회의에서는 정식으로 덩잉차오를 6기 전국 정협 주석으로 선출했다.

사무실에서 문서를 읽으며 수정하고 있는 덩잉차오

기밀유지 기율을 엄격히 준수하는 공산당원

1982년 6월 30일, 덩잉차오는 중국공산당 창당 71주년을 기념하기 위해 〈기밀유지 기율을 엄격히 준수하는 공산당원〉이라는 제목의 글을 작성했다. 덩잉차오가 곁에서 지켜봤던 저우언라이에 대한 글이었다. 덩잉차오에게서도 저우언라이처럼 기밀유지 기율을 엄격히 준수했던 공산당원의 모습을 찾아볼 수 있었다.

이 글에는 당의 기밀유지 기율 준수와 관련해 두 사람 사이에 벌어졌고 잘 알려지지 않은 일화가 담겨있었다.

당의 역사상 당의 이익을 위해 적의 법정에서, 모진 고문을 당하는 와중에도 자기 목숨을 희생하면서까지 당의 기밀유지 기율을 지켜냈던 공산당원들이 무수히 많았다. 그들의 용감하고 굽히지 않는 투지, 당을 향한 일편단심, 무한한 충성심과 같은 고매한 품성은 후대 사람들에게 영원히 기억되었다. 저우언라이와 덩잉차오도 기밀유지 기율을 엄격하게 준수했던 공산당원 커플이었다.

청년 시절 저우언라이와 덩잉차오는 입당 시기와 지역도 달랐고 창당 초기에도 같은 곳에서 함께 일한 적이 없었다. 당시는 상대방이 언제 입당했는지 아무도 모르던 때였다. 통신 중에도 당의 기율상 말할 수 없는 일에 대해서는 언급한 적도 없었고 본인과 친구들의 사상적 인식에 대해 논하거나 본인의 이상과 혁명에 대한 동경을 털어놓는 게 전부였

상하이 노동자 제3차 무장봉기를 이끌던 당시 저우언라이의 모습

다. 저우언라이가 유럽에서 귀국한 후 조직과 소통하고 나서야 서로가 당원이라는 사실을 알게 되었다.

전시戰時에는 군사투쟁이 곧 혁명의 성패와 직결되었다. 군 상황이 시도 때도 없이 바뀌는 탓에 군사행동이 노출되면 아군이 큰 타격을 입을 가능성이 있었다. 상황이 이렇다보니 모든 동지들이 자발적으로 기밀을 유지하게 된 것이다. 1926년 겨울 저우언라이는 광둥에서 상하이로 건너갔고 덩잉차오는 광저우에 남게 되면서 서로 소식이 끊겼다. 상하이 제3차 무장봉기가 일어났을 때 덩잉차오는 저우언라이가 지도자로 봉기에 참여했다는 사실을 알게 되었다.

1927년 4월 12일, 장제스는 상하이에서 쿠데타를 일으켜 공산당원과 혁명가들을 무자비하게 학살했다. 저우언라이는 심각한 백색테러 속에 투쟁을 이어가다 당의 명령을 받고 우한으로 건너갔다. 덩잉차오가 살던 광저우의 거처는 국민당에게 수색당했고 함께 지냈던 동지 세 명은 그 자리에서 붙잡혔다. 한 명은 이튿날 바로 총살되고 나머지 두 명은 옥사했다. 덩잉차오는 난산으로 병원에 있었는데 당이 제때 통보해 준 덕분에 의료진의 인도주의적 도움을 받아 무사히 위기를 넘길 수 있었다. 얼마 지나지 않아 벌어진 왕징웨이의 반란으로 영한합류寧漢合流[1]가 이루어지고 공산당은 지하조직화 되었다. 국민당 반동파의 진압에 맞서 공산당은 당시 정세를 면밀히 살핀 뒤 난창에서 무장봉기를 일으켜 반격을 가하기로 결정하고 저우언라이를 공산당 전적위원회 서기로 임명해 난창에서 봉기를 이끌도록 했다.

이처럼 엄청난 일을 앞두고도 저우언라이는 7월 19일 우한을 떠나기 전 마지막 저녁식사 자리에서 덩잉차오에게 오늘 밤 주장九江으로 떠난다고 알렸다. 얼마나 오래 있을 예정인지, 가서 무슨 일을 하는지에 대

1. 난징국민정부와 우한국민정부의 합병

한 얘기는 한 마디도 하지 않았고 덩잉차오도 묻지 않았다. 젊은 부부는 그저 말없이 손을 꼭 붙잡은 채 작별인사를 나눴다. 백색테러가 횡행하던 시대에 동지 사이든 부부 사이든 이별은 곧 영원한 이별을 의미했다! 덩잉차오는 국민당 신문을 보고 나서야 난창봉기 소식을 알게 되었다.

신중국 수립 이후 중국공산당은 주도적인 위치에 올라섰고 새로운 역사적 전환점에 서서 더욱 막중한 임무를 지게 되었다. 저우언라이와 덩잉차오는 결혼 후 어느 한 지역이나 한 기관에서는 괜찮지만 같은 부서에서는 일하지 말자고 합의했다. 수십 년간 두 사람은 합의 내용을 지켰고 어떤 상황에서도 당의 기율을 엄히 준수하고 당의 기밀을 유지해야 한다고 늘 서로를 일깨웠다.

저우언라이는 중요한 지도 업무를 맡아 직접 책임지거나 다루는 당과 국가의 기밀이 상당히 많았음에도 불구하고 그 어떤 것도 입 밖에 내지 않았고 덩잉차오도 묻지 않았다. 일례로 1964년 10월 중국이 최초로 원폭 실험을 할 때도 저우언라이는 덩잉차오에게 일절 말하지 않고 비밀을 지켰다. 당시 저우언라이는 주요책임자에게 말했다.

"이번 실험에 대해 모든 기술 인력은 국가기밀을 유지하도록 만전을 기해야 합니다. 관련 공정과 실험 등 제반 상황에 관한 정보는 실험에 참여한 사람들만 알 수 있습니다. 가족과 친구를 포함해 다른 동지에게 알려서는 안 됩니다. 덩잉차오 동지는 제 아내이자 당 중앙위원이지만 업무상으로 이 일과 관련이 없기 때문에 이에 대해 말할 필요는 없었습니다."

이 말을 들은 책임자는 실험 현장에 가서 저우언라이의 말을 전하며 기밀유지를 당부해 사전 유출을 막을 수 있었다. 원폭 실험 성공소식이 발표된 후 덩잉차오는 신문 보도를 통해 저우언라이가 이처럼 대단한 일을 위해 그토록 밤낮없이 열심히 일했다는 것을 알게 되었다.

덩잉차오가 비서에게 말했다.

"남편이 알고 있는 일을 제가 전부 알고 있다고 생각하지 마세요. 제가 중앙위원이기는 하지만 그 사람은 제가 알면 안 되는 일이면 말하지 않습니다. 이번 일은 제 업무와 관련이 없기 때문에 남편도 제게 말하지 않은 것입니다. 저도 제가 아는 일을 시간이 없어서 말을 못할 때가 있어요. 우리는 물을 건 묻고 묻지 말아야 할 건 묻지 않아요. 말하면 안 되는 건 말하지 않고요."

당의 비밀을 지키기 위해 저우언라이 사무실엔 상당히 엄격한 문서보관 규정이 있었다. 저우언라이는 사무실에서 매일 10여 시간을 근무했다. 관계자 외에 외부인 출입은 금지되었다. 업무상 방문이 아니라면 친족이나 친구도 마찬가지였다. 저우언라이는 사무실과 금고 열쇠를 24시간 늘 몸에 지니고 다녔다. 평소에는 주머니에 넣고 다녔고 잘 때는 베개 밑에 두었다. 유일하게 외국에 나갈 때만 아내인 덩잉차오에게 열쇠를 맡겼다. 한 번은 정신없이 떠나는 바람에 열쇠가 주머니에 있다는 걸 공항에 도착해서야 알았다. 그래서 열쇠를 편지봉투에 넣고 덩잉차오에게 전해 달라고 동지에게 부탁했다. 저우언라이가 돌아온 후 부부는 만나자마자 열쇠 두 개를 주고받았다는 일화가 전해진다.

저우언라이가 305 병원에 입원한 뒤 부부가 함께 이야기를 나누고 있었다. 저우언라이가 덩잉차오에게 말했다.

"내가 아직 말하지 않은 게 많소."

덩잉차오가 대답했다.

"저도 말 안한 게 많은걸요."

당시 두 사람은 야속하게도 곧 마지막 이별의 순간이 찾아올 걸 알았지만 끝내 이들 혁명부부는 서로에게 하지 못한 말들을 영원히 가슴 깊이 묻어버렸다.

덩잉차오가 쓴 이 글은 당원의 당성교육 강화에 중요한 의미가 있었다.

1980년대 덩잉차오의 모습

'친정'으로 돌아오다

1982년 6월 11일, 오전에 덩잉차오는 '친정' 격인 중화전국부녀연합회로 돌아왔다. 전국부녀연합회 원내와 입구에는 덩잉차오의 방문을 환영하는 인파가 몰렸다.

덩잉차오가 탄 차량이 익숙한 뜰 안에 멈춰 서자 캉커칭, 뤄충羅瓊, 궈리원郭力文, 황간잉黃甘英, 둥볜董邊이 직원들과 함께 다가가 덩잉차오를 맞이했고 휴식을 취하도록 덩잉차오를 1층 회의실로 안내했다. 하지만 덩잉차오는 밖에서 여러 사람들과 만나기를 원했다. 동지들을 자세히 살피며 익숙한 얼굴을 발견할 때마다 손을 들어 상대방을 가리키면서 "아, 내가 아는 사람이네!"라며 반갑게 인사했다. 덩잉차오는 사람들과 일일이 악수하며 안부를 물었고 부녀연합회에서 근무하는 남성 동지들을 칭찬했다.

덩잉차오는 주위를 둘러보며 친근하게 말을 건넸다.

"친애하는 전국부녀연합회 동지 여러분, 그동안 여러분에 대한 그리움, 기쁨, 설렘, 감동 등 여러 감정을 느끼며 여러분들을 지켜봐 왔습니다. 거의 15년간 여러분들과 함께 일할 기회가 없었는데 오늘 정말 오랜 만에 여러 익숙한 얼굴을 보네요! 저를 나무라셔도 좋습니다. 제가 그동안 많이 부족했지만 여러분을 그리워하는 마음, 속죄하는 마음으로 이곳을 다시 찾았습니다. 당과 국가, 그리고 각 민족이 문화대혁명으로 힘들어 할 때 여러분들도 많이 힘들었을 줄 압니다. 그럼에도 불구하고 꿋꿋하게 지금까지 자신의 자리를 묵묵히 지키며 여성과 어린이를 위해 애써주고 있군요. 이 자리에서 저는 동지 여러분에게 위로를, 새로 온 동지들에게는 환영의 뜻을 전합니다. 아시다시피 혼란했던 지난 10년은 저 자신조차 건사하기 힘들었던 시기라 여러분을 만나러 오는 게 불가능했습니다. 린뱌오, 장칭 반혁명 집단을 숙청한 뒤에 당에서 제가 맡을 업무를 분배한 1977년 말부터 지금까지 저는 바쁜 나날을 보냈습니다. 이제 병으로 휴식을 취하며 몸 상태도 어느 정도 호전되었고 시간적 여유가 생겨 부녀연합회가 생각 난 김에 여러분을 보러 온 것입니다. 저도 여러분들이 그리웠고 여러분들도 저를 그리워했는데 오늘 이렇게 서로가 바라던 소망이 이뤄졌군요."

덩잉차오의 따뜻한 언사에 장내에 있던 수많은 동지는 감격의 눈물을 흘렸다.

덩잉차오는 다음과 같이 말을 이었다.

"현재 전국부녀연합회는 상황이 아주 좋습니다. 중앙에서 인민 단체가 보다 적극적이고 책임감 있게 업무를 수행해 부녀연합회 활동을 대중화하고 많은 사람들의 삶 속으로 깊이 파고들어 여성과 어린이를 위해 애써줄 것을 주문했습니다."

덩잉차오는 중지를 모아 서로 힘을 합쳐 부녀연합회 업무를 완수해 달라며 동지들을 격려했다.

마지막으로 덩잉차오는 기구 개혁 문제를 언급했다.

—

1982년 6월 11일, 전국부녀연합회 기관 직원을 보러 간 덩잉차오

"우리 당 중앙은 과거의 경험을 거울삼아 당정 지도자 직무의 종신제를 철폐하고 원로 지도자의 퇴직을 위해 이직휴양을 마련하는 방안을 제시했습니다. 이는 창당과 건국 이래 처음 있는 일입니다. 이처럼 큰 변화를 앞두고 우리는 국가와 당, 그리고 인민의 편에 서서 뚝심 있게 임무를 추진하고 큰 그림을 봐야지 개인의 이해득실과 거취에 연연해서는 안 됩니다……. 저는 오늘 여러분과 이 문제에 대해 얘기하면서 여러분의 생각을 듣고 제대로 해낼 수 있는지 보고자 합니다."

덩잉차오의 열정적이고 진지한 발언은 동지들에게 큰 자양분이 되었다.

우레와 같은 박수소리가 덩잉차오의 말을 끊었다. 덩잉차오에게 보내는 경의의 뜻과 중국 공산당의 부름에 화답하는 부녀연합회 지도자들의 결의가 담긴 박수였다. 덩잉차오는 만족스러운 미소를 지어보였다. 그리고 다정한 말로 자신의 간절한 바람을 드러냈다.

"일선에서 물러난 동지들도 마음으로나마 뜻을 같이 해야 합니다. 혁명 의지가 꺾여서는 안 됩니다. 청년을 비롯한 새로운 동지와 자신의 경험을 공유하며 뒤에서 그들을 힘껏 밀어줘야 합니다. 새로 합류한 동지는 업무가 번거롭다고 여기지 마십시오. 사소한 일이라도 진심과 정성을 다해 인민을 위해 봉사한다는 마음가짐으로 업무에 임해야 합니다."

덩잉차오는 함께 일하게 된 대학 졸업생들을 보고 앞쪽으로 불러 손을 부여잡으며 격려했다.

"저는 스물한 살 이전에 부녀자들을 위한 업무를 시작했고 일흔여덟이 된 지금도 여전히 부녀자들을 위해 일하고 있습니다. 부디 이 업무를 지겹게 여기지 않았으면 좋겠습니다. 얼마나 전도유망한 일인지 모릅니다. 전체 인구 10억 명 중에 어린이가 3억 명, 여성이 5억 명입니다. 이 넓은 세상에서 우리의 능력과 지혜를 펼칠 수 있는 것이지요. 오호가정五好家庭은 부녀연합회에서 제창한 것으로서 가정, 공장, 국가, 사회를 다

스리는 일과 밀접한 관련이 있습니다. 우리가 얼마나 광범위하고 뜻깊은 일을 하고 있는지 눈으로 확인할 수 있을 것입니다. 명예주석이든 아니든 그건 제게 중요하지 않습니다. 살아있는 한 저는 여성들을 위해 일할 생각입니다! 우리와 함께 할 신입 동지 여러분도 자신감을 가지고 자신이 맡은 위치에서 이론 공부와 실무를 통해 스스로를 여성과 어린이를 위해 봉사하는 늠름한 인재로 키워나가기를 바랍니다."

덩잉차오는 '친정'이나 다름없는 부녀연합회로 돌아오겠다던 오랜 꿈을 성취했다. 또한 여성을 위해 일하겠다는 그녀의 바람과 격려도 전국 부녀연합회 직원 전체의 기억 속에 오랫동안 각인되었다.

그 후에도 덩잉차오는 부녀연합회 신구 지도자들을 여러 차례 만났다. 세대교체 시점에는 인수인계를 확실히 하고, 청장년 동지들은 과감하게 하던 일을 내려놓고 혁신을 시도하는 한편 원로 동지들은 넓은 마음으로 이에 적극 협조하며 수많은 여성 동지를 위해 빈틈없이 업무를 추진해 줄 것을 당부했다. 덩잉차오는 여성 사업에 대한 본인의 생각과 행동으로 혁명가들이 앞서 개척한 여성해방의 길을 따라 후임자들이 용감하게 전진하자고 후임들을 격려했다.

1983년 6월 4일, 전국 정협 6기 1차 회의에 참석한 덩잉차오

제6기 전국 정협 주석에 임명되다

1983년 6월 4일, 제6기 전국인민정치협상회의(정협) 전국위원회가 베이징 인민대회당에서 성대한 막을 올렸다. 덩잉차오는 개막식에 참석해 축사를 했다.

덩잉차오는 제6기 전국 정협이 광범위한 대표성을 갖는다고 말했다. 총 위원 수는 각 민주당파, 무당파 민주인사, 각 인민단체, 각계 대표인사, 소수민족, 타이완·홍콩·마카오 동포, 귀국 교포, 특별초청인사 등 총 31개 분야 대표를 포함한 2,039명이었다. 위원 구성은 5기 정협과 비교했을 때 큰 변화와 발전이 있었다.

먼저 비공산당원이 대다수의 위원직을 차지했다. 지식인 수가 대폭 증가했고 4개 현대화 건설에 눈부신 성과를 거둔 젊은 인사들이 대거 영입되었다. 타이완동포친목회와 홍콩·마카오 동포가 정협 참가 조직에 새로 편입되었고 위원이 된 타이완, 홍콩, 마카오의 애국동포 수가 역대 정협 사상 최대를 기록했다. 위원 중에는 대륙에 있는 타이완 국민당 친·인척, 역사적으로 유명한 인물의 후손, 중국 혁명과 재건 사업에 오랫동안 몸담은 중국 국적의 외국인도 있었다. 위원진 구성에서 중국 사회주의 건설 사업의 발전된 모습과 중화민족의 대동단결이라는 이상을

—

전국 정협 6기. 1차 회의 개막식에서 축사하는 덩잉차오

생생하게 엿볼 수 있었다.

덩잉차오는 당의 11기 3중전회 이후 국내외 정세와 5기 정협의 업무 성과를 간략하게 소개했다. 또한 앞으로 애국통일전선 임무 수행, 즉 애국의 기치를 내걸고 중화민족의 단합과 통일을 강화함으로써 사회주의 현대화 건설, 조국통일이라는 대업 완성, 세계 평화 유지를 위해 기여해야 한다고 강조했다.

6월 17일, 중국 정협 위원 2천여 명은 만장일치로 덩잉차오를 전국 정협 제6기 전국위원회 주석으로 선출했다.

덩잉차오는 문화대혁명 시기 민주인사와 지식인에게 억울한 죄명을 씌운 수많은 사건들을 바로잡는 작업이 제대로 이루어지지 않았다는 것을 깨달았다. 이후 열린 정협 상무위원회 회의에서 덩잉차오는 정협 업무를 수행하기에 앞서 정협 위원이 정책을 구체적으로 실천하는 작업이 선행되어야 한다고 주장했다. 또한 전국 정협 정책실현 판공실을 설립하고 통일전선부, 각 민주당파와 공동으로 조사팀을 꾸린 다음 차례로 30여 명씩 전국에 파견해 조사한다는 방침을 결정했다. 덩잉차오와 정협 부주석들은 여러 차례에 걸쳐 조사팀 보고를 받았다. 덩잉차오는 당과 국가, 정협에 대한 신뢰가 걸려 있는 만큼 반드시 절박감을 갖고 정책을 실현해야 하며, 한 개인의 문제를 해결하지 못할 경우 막대한 영향을 끼칠 것이라고 거듭 강조했다.

덩잉차오는 "지위의 높고 낮음, 세력의 크고 작음과 상관없이 몰수한 재산은 일률적으로 배상하고 점거한 주택도 돌려줘야 한다. 당의 국내외 이미지와 명성에 영향을 주기 때문이다. 이 같은 조치는 정협이 새로운 국면을 여는 열쇠가 된다."고 단호하게 말했다. 1987년 10월까지 정책실현을 요구한 전국 정협위원 530명 가운데 문제가 해결된 사람이 522명이었다. 각지의 정협위원 4천여 명 가운데 절대다수의 문제가 해결되었다. 덩잉차오가 정책 실현에 힘쓴 덕분에 정협 사업의 새 국면을 열었다. 이로써 각지에 정협 기관이 속속 생겨났고 각급 정협위원 수는 40여 만 명으로 늘면서 전국적으로 통일전선 업무를 추진하고 민주건설을 촉진하는 거대한 정치세력이 형성되었다.

덩잉차오는 정협 업무를 주관하면서 민주건설을 강화하고 교제의 폭을 넓히는 데 더욱 주의를 기울였다. 국가가 중대한 정책을 내놓을 때면 바로 정협위원들에게 통보해 불필요한 의혹이 생기는 것을 방지했다. 또한 충분히 의견을 교환함으로써 정치적 견해가 일치하도록 힘썼고 각계의 비판에 겸손히 귀 기울였으며, 민주적으로 감독하고 또 감시 받으며 민주당파의 업무를 훌륭하게 수행했다.

1984년 5월 12일, 덩잉차오 주재로 전국 정협 6기 2차 회의가 열렸다. 덩잉차오는 정치협상, 민주적 감독, 협력, 광범위한 교제, 자아교육이 공

—

1984년, 홍콩·마카오동포 실무팀 회의에서 홍콩, 마카오 기자들과 인터뷰하는 덩잉차오

산당 통일전선의 우수한 전통이자 업무 방식이라고 상세히 설명했다. 덩잉차오는 정협 실무팀 토론, 홍콩마카오 실무팀, 타이완민주자치동맹, 타이완동포친목회, 타이완 국적 위원팀, 무당파인사팀, 세 개의 문화예술계팀에 여러 차례 참석해 정협 위원들의 의견을 진지하게 새겨들었다. 덩잉차오는 첫 해에 추가로 선출된 중국 국적의 외국인 정협위원 10명과 최근 해외 및 타이완 출신으로 대륙에 정착한 위원 6명을 특별히 초청해 좌담회를 갖고 의견을 청취했다. 덩잉차오는 의원들의 의견을 듣고 "우리는 업무를 개혁해야 한다. 개혁하지 않으면 앞으로 나갈 수 없다. 그런데 개혁을 하자니 일이 많고 복잡하다. 항목별로 처리하기 쉽도록 각 위원들이 자신의 의견을 써서 제안팀에 제출하기 바란다."고 전했다. 또한 "정협은 제안, 자문, 비평할 권리가 있다. 위원들의 제안은 앞으로 3개월마다 문의해 처리됐는지 여부를 확인한다. 관료주의식 안건 처

리는 용인하지 않는다."고 말했다.

덩잉차오는 제도적 차원에서 정협 업무를 개선하고 혁신하는 데 집중했다. 일 년에 한 번 열리는 전국 정협위원회 회의와 몇 차례에 걸쳐 개최되는 정협 상무위원회를 공들여 준비하고 직접 회의를 주재하는가 하면 실무팀 세미나에도 참석했다. 또한 주석업무회의를 마련해 부주석 20여 명, 비서장, 부비서장 등과 정기적으로 함께 업무를 처리하는 한편 정협의 집단영도체제를 수립하자고 제안했다.

뿐만 아니라 "정협 기관 업무는 활발하게 추진되어야 한다. 동지들 간 연계를 강화해야 한다. 정협 기관 각 부처 동지들의 참여를 이끌어내야 한다. 교제의 폭을 넓히고 위원들과 긴밀한 관계를 맺어야 한다. 회의 때까지 기다려야 만날 수 있는 사이가 되어서는 안 된다. 주석과 부주석, 비서장과 부비서장, 상무위원회와 위원 간의 관계가 긴밀해야 한다. 자주 만나서 우의를 다져야 한다."고 의견을 피력했다. 덩잉차오의 제안에 따라 비서장과 부비서장은 정협 부주석 20여 명과, 정협 기관 간부들은 각각 정협 상무위원회와 위원들에게 연락을 취했다. 이로써 정협 위원들 간의 관계가 보다 긴밀해졌고 정협 업무도 활발하게 추진되었다.

덩잉차오는 정협 기관 업무 수립을 중시했다. 공산당원들이 겸손한 자세로 먼저 당외 인사들에게 다가가며 정협의 특성에 유의하라고 주문했다. 지방 정협 구축을 추진하는 일에도 각별히 신경을 썼다. 덩잉차오의 관심과 추진력 덕분에 전국 각 성, 시, 자치구, 2천여 개에 달하는 현에 정협 기관이 완비됐고 각급 정협위원 수도 41만6천여 명으로 증가했다.

1988년, 덩잉차오는 전국 정협 주석 자리를 내려놓고 영예롭게 물러나며 말했다.

"젊은 동지들에게 우리 업무를 맡겨야 정협 조직에 계속해서 활력을 불어넣고 통일전선과 정협업무를 발전시키는 데 도움이 됩니다. 물론 우

1988년 3월, 전국 정협 7기 1차 회의에서
전국 정협 신임 주석으로 선출된 리셴녠과 이야기를 나누는 덩잉차오

리 신체 건강에도 도움이 되고요."

6기 전국 정협 상무위원회 제17차 회의가 막을 내린 뒤 사람들은 뜨거운 박수로 덩잉차오를 환송했다. 공훈을 세운 사람의 득의양양함도, 일선에서 물러난 사람의 헛헛함도 덩잉차오에게서는 찾아볼 수 없었다. 먼저 들어가서 쉬라는 사람들의 권유에도 덩잉차오는 회의장 입구에 서서 상무위원 한 사람 한 사람과 악수를 하며 작별인사를 나눴다. 덩잉차오는 품위 있게 진실한 축복과 간절한 바람을 마지막 악수에 담아 젊은 동지들에게 전했다. 이게 바로 덩잉차오의 됨됨이었고 공산당원의 도량이자 충성심 가득한 전사의 고백이었던 것이다.

덩잉차오가 말했다.

"우리는 나이가 많이 들었지만 우리의 사상까지 나이가 들어서는 안 됩니다. 삼국시대 조조는 자신의 시에서 '노쇠한 천리마가 비록 마구간에 누워있어도 마음만은 천리 밖을 질주하고 있네. 원대한 포부를 가진 영웅은 늙어서도 그 뜻이 꺾이지 않네[老驥伏櫪 志在千里 烈士暮年 壯心不已]'라고 말했지요. 송나라 대문호 소동파도 '젊은 시절 가버리면 다시 오지 않는다던 이 누구인가. 문 앞에 흐르는 물 여전히 서쪽으로 흐르는데[誰道人生無再少 門前流水尙能西]'라고 시에 적었습니다. 옛사람조차 마구간에 누운 늙은 말과 문 앞에 흐르는 물에서도 청춘의 뜻을 불러일으키는데 중국 부흥을 소임으로 하는 오랜 동지 여러분들도 혁명에 동참하던 그 패기로 중국의 사회주의 현대화 건설을 위해 젖 먹던 힘까지 쏟아야 하지 않겠습니까!"

덩잉차오는 정협 주석으로 재직하는 동안 정협이 새로운 국면을 여는 데 지대한 공헌을 했다. 특유의 겸손함은 지도 업무에서 물러나는 마지막 순간에 더욱 빛을 발했다.

1984년 6월 10일, 타이산을 유람하는 덩잉차오

산둥 방문

1984년 6월, 전국 정협 6기 2차 회의를 마치고 덩잉차오는 산둥성 타이안泰安, 취푸曲阜 등지를 방문해 오랫동안 동경해 온 타이산을 오르기도 하고 지방 정협의 업무상황을 시찰하기도 했다.

중국 동부의 지난濟南, 창칭長清, 타이안 사이에 위치한 타이산은 중국 오악五岳 중 으뜸으로 꼽히는 '동양문물의 보고'로서 오래전부터 사람들이 선망하는 명승지로 자리매김했다.

6월 10일, 덩잉차오는 설레는 마음으로 타이산 등반을 준비했다. 초여름이면 타이산에 짙은 녹음이 드리우고 화초가 만발했다. 덩잉차오는 서쪽 길에서 차를 타고 산에 올랐다. 가는 길에 풍경 명소가 하나 둘 눈에 들어왔다. 덩잉차오는 타이산 직원들의 안내에 따라 케이블카를 타고 중톈먼中天門에서 난톈먼南天門으로 곧장 올라갔다.

케이블카에서 내리니 타이산 관광객이 유난히 많았다. 덩잉차오는 태연하게 무리 속으로 걸어갔지만 얼마 못 가 사람들이 그녀를 알아보고 말았다. 뜻밖의 낭보가 빠른 속도로 관광객 사이에 퍼지며 덩잉차오에게 사람들의 시선이 쏠렸다. 사람들은 덩잉차오를 향해 미소 지으며 공손하

—

1984년 6월 10일, 타이산에 오르던 중 경치를 감상하는 덩잉차오

게 산길 양 옆으로 비켜서 길을 내주었다. 덩잉차오도 그들의 마음을 헤아려 먼저 나서며 인사를 건넸다.

이윽고 덩잉차오는 난톈먼에 도착했다. '웨이랴오쉬안未了軒' 앞에서 관광객과 친밀하게 대화를 주고받은 뒤 간결하지만 열정적인 연설을 했다.

"오늘 오악독존이라고 불리는 타이산, 그 중에서도 난톈먼에서 우리가 만난 건 참 귀한 일입니다. 즐거웠던 이 순간이 우리에게 영원히 좋은 추억으로 남을 것입니다. 동지 여러분, 중국을 부흥시키려면 타이산에 오르는 것보다 10배는 더 큰 의지를 갖고 용기를 내야 합니다! 우리는 포기하지 않고 계속 올라가야 합니다. 올라가 4개 현대화를 이뤄내야 합니다. 우리 손으로 직접 새로운 중국, 새로운 사회주의 중국을 만듭시다!"

덩잉차오의 즉흥 연설에 관광객은 뜨거운 박수로 화답했다. 몇몇 관광객의 요청에 덩잉차오는 선뜻 그 자리에 함께한 사람들과 기념사진을 찍었다.

6월 11일 오전, 덩잉차오는 개혁 이후 농촌상황을 살피기 위해 타이안 현縣 변두리에 위치한 싼리좡춘三里庄村을 방문했다. 촌 지부 서기는 농촌 개혁과 건설상황을 덩잉차오에게 보고했다.

"싼리좡춘은 현재 농업뿐만 아니라 공업, 상업, 서비스업도 일어나고 있습니다. 저압 스위치 공장, 용수철 공장, 도료 공장과 인프라 건설팀이 생겼고 백화점과 음식점이 문을 열었습니다. 마을 주민의 1인당 소득은 1,100 위안입니다. 마을에는 기와집이 줄지어 들어섰고 집마다 꽃과 나무가 무성한 정원이 딸려 있습니다."

보고를 듣고 덩잉차오는 기뻐하며 말했다.

"정말 잘해 주고 있군요. 성과도 있고요. 그렇다고 자만해서는 안 됩니다. 타이산보다 더 큰 성과를 낼 수 있도록 더욱더 노력해야 합니다!"

싼리좡춘에서 덩잉차오는 농가 몇 곳을 방문해 가정형편과 소득현황을 자세히 묻고 4개 현대화를 위해 좀 더 힘써달라고 독려했다.

덩잉차오는 타이안에서 농촌전문 농가 대표들을 만나 따뜻하게 말을 건넸다.

"여러분은 중국 역사에서 어느 누구도 해 보지 못한 일을 하고 있습니다. 공산당 지도로 35년을 지내오며 좋은 시절도, 어려운 시기도 있었을 겁니다. 공산당 역시 잘못 하기도 하고 시련을 겪기도 했습니다. 하지만 우리는 지난날의 경험을 통해 교훈을 얻었고 과거의 잘못을 분명하게 깨달았습니다. 같은 실수를 되풀이해서는 안 됩니다. 우리는 이제 그런 잘못을 저지를 수가 없어요. 그러니 안심하십시오. 중앙의 부민富民정책은 변하지 않을 겁니다. 여러분이 확고한 믿음을 가지고 사회주의 노선을 걷는다면 인간에 의한 인간의 착취는 일어나지 않을 것입니다. 오늘 여러분을 모신 이유는 중앙의 새로운 정책을 어떻게 실행하고 있는지, 어떤 성과를 거뒀고 어떤 경험을 쌓았으며 앞으로 어떻게 해나갈 계획인지 살펴보기 위함입니다. 제가 할 말은 다 했습니다. 이제 여러분 얘

1984년 6월 13일, 덩잉차오가 산둥성 취푸현에서 쓴 글자 '고위금용古爲今用'

기를 들을 차례입니다. 제게 하실 말씀이 있으면 뭐든 하십시오. 우리는 한가족 아닙니까."

전문농가 대표들은 덩잉차오의 말을 다 듣고 나서 무거운 짐을 벗어 버린 듯 덩잉차오에게 각자의 상황을 보고했다. 덩잉차오는 보고를 듣고 굉장히 흡족해 말했다.

"여러분의 상황을 전해 들으니 우리 당이 제대로 된 정책을 펼치고 있다는 생각이 드는군요. 여러분은 당의 정책을 수행하며 본인의 삶을 개선하고 생각을 변화시켰습니다. 여러분 중에는 삶이 넉넉해진 후 다 같이 넉넉해지도록 선도하는 사람도 있고 자신의 소득 일부를 공동체 복지를 위해 선뜻 내놓는 분도 있습니다. 이런 생각은 진보적인 동시에 사회주의 농민의 사상에도 부합합니다……. 우리 정책은 변하지 않을 것입니다. 여러분도 흔들림 없이 꿋꿋하게 해 나가시기 바랍니다……. 여러분의 사상도, 사업도 모두 발전해야 합니다. 타이산 기슭 밑에서 살고 있는 여러분, 앞으로 타이산보다 더 높은 성과를 거두시기 바랍니다. 타이산보다 높아진 후에도 멈추지 말고 오르시기 바랍니다."

덩잉차오의 간절한 바람이 연설을 들은 간부와 전문농가 대표들의 마음에 고스란히 전달되었다. 대표들은 변함없이 농촌 개혁 사업을 계속 추진해 나가겠다고 다짐했다.

6월 13일, 덩잉차오는 공자 사당을 참관했다. 규문각奎文閣 안에서 덩잉차오는 명나라 비문을 유심히 살펴보았다. 그리고 십삼비정十三碑亭, 선사수식회先師手植檜(공자가 심은 회나무), 행단杏壇도 둘러보았다. 대성전에 들어가서는 건물 안의 채색화가 유난히도 선명해 보였는지 보수시점을 묻기도 했다. 1970년 저우언라이가 12만 6천 위안이 들어간 보수작업을 직접 승인했다는 얘기를 듣고 덩잉차오는 알았다는 듯이 고개를 끄덕였다.

덩잉차오는 공부孔府에서 현縣 정협 책임자를 만나 정협 업무 보고를 들었다. 보고 내용을 경청하던 덩잉차오는 새 시대를 맞아 인민 정협 업무의 새로운 국면을 열어 나가기 위해 함께 애써달라고 권면했다. 또한 "정협 업무를 수행하다 어려움이 있거나 무슨 일이 생기면 편지하라"고 당부했다.

덩잉차오는 산둥에서 불과 며칠, 짧은 시간을 보냈지만 소박하고 친근하게 인민을 위해 최선을 다하는 모습은 현지 주민의 가슴 속에 오래도록 남았다.

—

마추이관을 만나 이야기를 나누는 덩잉차오

고향의 정

1984년 6월 15일, 덩잉차오는 부푼 가슴을 안고 자신의 두 번째 고향인 톈진을 다시 찾았다.

톈진에 도착해 덩잉차오가 가장 먼저 만난 사람은 위아이펑俞靄峰 부부였다. 1950년대 중반 한참 갱년기로 고생하던 덩잉차오는 산부인과 전문의 린차오즈林巧稚와 위아이펑의 정성어린 보살핌 덕분에 건강이 호전된 이유로 두 사람에게 느끼는 고마움은 남달랐다.

6월 20일, 톈진의 애국교육자 고故 마첸리의 딸 마추이관을 만났다. 마추이관은 덩잉차오가 다런여학교에서 가르쳤던 학생이다. 마첸리는 저우언라이와 덩잉차오의 은사이자 5·4운동을 함께 한 전우이기도 했다. 마추이관은 '덩 선생님'의 영향을 받아 평생 소학교에서 학생을 가르쳤다. 마첸리 탄신 100주년을 맞아 마추이관은 아버지를 기리기 위해 《마첸리연보》 출간을 준비하며 덩잉차오에게 기념사를 써 달라고 요청했다. 덩잉차오는 흔쾌히 제안을 받아들여 책 이름도 써주고 〈스승이자 벗이던 마첸리 선생을 추모하며〉라는 감동적인 기념사를 남겼다.

6월 25일, 덩잉차오는 톈진시 부녀연합회 동지를 호텔로 초대해 좌담회를 가졌다. 톈진시 역대 부녀연합회 주임이 모두 참석했고 톈진시위원회 천웨이다陳偉達 서기와 장짜이왕張再旺 서기도 자리를 함께했다. 덩잉

위아이펑 부부를 만난 덩잉차오

차오는 "시위원회 서기 두 분이 오신 것은 톈진시 위원회가 여성 사업을 중요하게 생각하고 있다는 방증"이라며 흡족해했다. 덩잉차오는 톈진시 부녀연합회 루펀옌盧奮燕 주임의 보고내용도 들었다. 좌담회 이후 덩잉차오는 톈진시 부녀연합회에 직접 쓴 서예작품을 선물했다.

"기개, 패기, 지혜, 혁신이 있다면 국면은 일신하리. 1984년 6월 25일 톈진시 부녀연합회 좌담회 참석 후 기쁜 마음으로 톈진시 부녀연합회 동지들을 치하하며 선물함. 1984년 7월 1일, 덩잉차오."

6월 27일, 덩잉차오는 호텔에서 톈진시 정협 상무위원회 위원들을 만났다. 덩잉차오가 말했다.

"오늘 전국 정협에 대한 톈진시 정협 동지들의 의견을 듣고자 합니다. 당 정비 작업에 어떤 의견을 갖고 계신지도 알고 싶습니다. 그리고 모두가 관심을 갖는 정책 실현 방안에 대해서도요. 10년 동란으로 억울한 일도 당하고 피해도 보셨지요. 여러분이 고이 간직했던 소중한 물건들을 당시 홍위병이 일거에 휩쓸어갔고요. 이제 그 일부를 돌려주려 합니다. 아직 남아있는 것도 있고 찾지 못한 것도 있습니다. 몰수한 물건은 현재

1984년 6월, 톈진부녀연합회 간부와 다정하게 이야기를 나누는 덩잉차오

정리 중인데 해당 물건의 주인을 찾아 확인 작업을 거쳐 돌려주고 있다고 하더군요. 또 하나는 주택 문제인데요. 제가 이번에 톈진에 와서 들었던 가장 기쁜 소식은 톈진시 위원회에서 주택 문제 해결을 위해 칼을 빼들었다는 겁니다. 개인주택 면적이 100만 제곱미터로 확정됐다고 전해 들었습니다. 리루이환李瑞環 시장이 제게 그러더군요. 2년 안에 개인 주택 문제를 말끔히 해결하겠다고요. 그러니 이제 다들 안심하셔도 될 것 같습니다."

6월 30일, 덩잉차오는 펑전彭眞 전국인민대표대회 상무위원회 위원장과 함께 톈진시 당원간부 창당 63주년 경축보고회에 참석했다. 덩잉차오는 해방 이후 두 번째로 톈진을 방문했는데 완전히 새로운 모습으로 바뀐 것 같다고 소감을 전했다. 그리고 격앙된 목소리로 말했다.

"저에게 톈진은 제2의 고향입니다. 톈진에 있는 40여 만 명의 공산당원과 800만 명의 시민 여러분, 앞으로도 톈진에서 좋은 소식이 계속 전해지기를 간절히 기대합니다!"

7월 2일, 덩잉차오는 문화대혁명 당시 몰수한 물자를 정리하는 건물

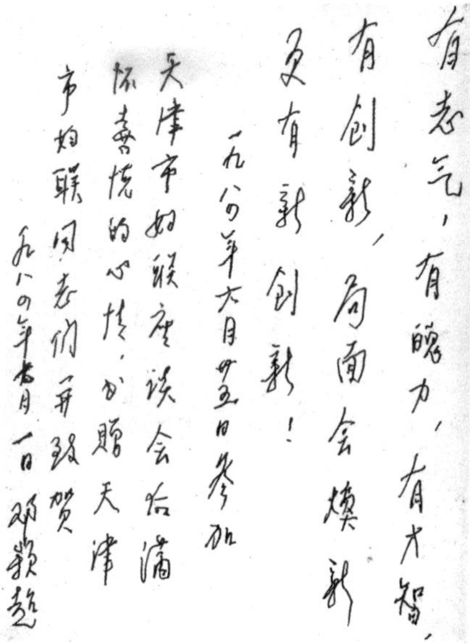

텐진부녀연합회를 위해 덩잉차오가 쓴 기념 글

을 찾았다. 로비에는 수많은 자기, 서화, 옷, 옥기玉器가 쌓여있었다. 분주히 오가며 본인 물건을 찾아가는 사람들만 눈에 띄었다. 텐진시 직원은 "상태가 괜찮은 물건 5만8천여 점 가운데 3만여 점은 본인에게 돌려주고 2만여 점이 창고에 남아 있다. 몰수하던 당시 상황이 어수선했던 탓에 주인을 찾지 못한 물건도 있고, 본인 물건을 찾지 못한 주인도 있다. 시정부는 인력 90여 명을 모아 업무를 맡겼고 정협은 자문팀을 구성해 몰수물자 정리를 도왔다. 국경절까지 정리 작업을 마무리 하기 위해 총력을 기울인다."고 보고했다.

덩잉차오는 보고를 듣고 상황을 지켜보며 이렇게 말했다.

"오늘 참관은 '사인방'의 죄상을 눈으로 본 것이나 다름없습니다. 그들이 진 빚을 지금 당과 정부가 인민에게 갚고 있는 것이지요. 여러분이 해줄 일이 참 많습니다. 더 애써주시고 유종의 미를 거둘 수 있도록 맡은 바 소임을 다해 주시길 바랍니다."

톈진 방문 일정에는 덩잉차오가 오래도록 간절하게 바라던 일이 있었다. 덩잉차오를 어머니같이 생각해 솜옷을 만들어 보내주었던 톈진의 노동자 '자녀' 73명을 만나는 것이었다.

덩잉차오는 자식처럼 생각하던 73명을 늘 그리워하고 보고 싶어 했다. 눈 깜짝할 사이 8년이란 세월이 지난 지금, 마침내 그들을 만나게 된 것이다.

7월 4일, 노동자들이 한자리에 모였다. 덩잉차오는 느린 걸음으로 다가가 악수하며 말했다.

"8년 전 여러분이 저를 위해 한 땀 한 땀 솜옷을 만들어줬지요. 오늘 저는 한 사람 한 사람 손을 맞잡고 감사 인사를 전하겠습니다!"

노동자들은 어머니처럼 존경하고 사랑하는 덩잉차오를 만나 악수하며 뜨거운 감격의 눈물을 흘렸다. 그 모습에 덩잉차오가 황급히 말했다.

"오늘 우리가 만난 건 기뻐할 일인데 울면 안 되지!"

덩잉차오는 '자녀'들에게 둘러싸여 회의실로 들어갔다.

1984년, 톈진시 '문화대혁명' 당시 몰수한 물품 정리 현장을 시찰하는 덩잉차오

1984년, 여학교 교우들과 단체사진 촬영하는 덩잉차오

"우리가 직접 만난 적은 없지만 마음은 서로 통하지요. 늘 여러분을 그리워했습니다. 날 위해 만들어 준 솜옷을 소중하게 여겼어요. 항상 생각했습니다. 톈진에 가면 꼭 여러분을 만나 고맙다는 인사를 전하겠다고요. 오늘 마침내 이렇게 만났네요. 서로 마음을 나누고 한 사람 한 사람씩 악수를 건네려고 했던 건 여러분이 내게 만들어 준 솜옷 덕분에 따뜻한 위로와 감동을 받았기 때문입니다. 나는 이 솜옷을 입고 두 해 겨울을 났습니다. 이 솜옷을 입고 회의에 참석했고, 손님을 만났고, 외빈을 접대했지요. 기회만 생기면 이 솜옷의 내력에 대해 이야기했습니다. 이렇게 많은 자녀를 뒀다는 사실이 그렇게 자랑스러울 수가 없습니다."

그 순간 덩잉차오와 청년들의 마음이 하나로 이어져 감동의 물결을 이뤘다.

덩잉차오는 '자녀'들의 요청에 붓을 들어 글을 남겼다.

"중국식 사회주의 건설의 주된 역군으로 성장하기를!"

1984년, 톈훙 의류공장(톈진시 훙차오구 제2의류공장) 노동자 73명과 만난 덩잉차오

7월 9일, 톈진시 정협 청사를 방문한 덩잉차오는 직원에게 당을 위해 많은 건의와 제안을 바란다고 전했다.

"이번 숙당작업은 1957년 정풍운동 때와 같은 우를 범하지 않을 것입니다. 그때는 당에 의견을 제시하면 억울하게 죄명을 씌웠는데 이는 정말 말도 안 되는 것이었습니다. 당은 건국 이후 35년간 이 같은 잘못을 저지른 것으로도 모자라 대약진 운동, 그리고 이보다 더한 '문화대혁명'으로 수많은 동지들과 당내 인사들을 다치게 했습니다. 우리는 역사를 통해 교훈을 얻었습니다. 부디 여러분은 정협 업무에 임할 때 거리낌 없이 자신의 의견을 피력해 주길 바랍니다. 서로 허심탄회하게 진실을 얘기합시다."

7월 10일, 덩잉차오는 아쉬움을 뒤로 한 채 톈진을 떠났다. 덩잉차오의 톈진 방문은 톈진시 부녀연합회와 정협의 업무가 심도 있게 추진되고, 그녀가 진한 고향의 정을 다시 한 번 느낄 수 있는 계기가 되었다.

1984년 12월, 덩잉차오가 선전을 시찰하며 선전 시내를 조감하는 모습

특구를 시찰하다

덩잉차오는 개혁개방과 사회주의 현대화 건설 사업에 대단한 관심을 가졌다. 여든이 다 된 고령의 나이에도 전국 각지를 수차례 다니며 시찰하고 참관했다. 시찰 및 참관 시에는 행차를 간소하게 다녔고, 기회 있을 때마다 현장 실무진과 접촉하며 지방의 정협 업무를 정성껏 지도했다. 1984년 11월 21일~12월 16일, 푸젠성 샤먼, 선전, 주하이珠海 경제특구를 시찰했다.

11월 21일, 샤먼 경제특구를 참관하러 간 덩잉차오는 기쁨에 차 말했다.

"나는 시야를 넓히고 지식을 얻기 위해 샤먼에 온 학생입니다. 아름답고 전도유망한 당의 12기 3중전회 정신을 열심히 실천한다면 샤먼 경제특구 건설과 타이완 사업은 틀림없이 더 성공적으로 진행될 것입니다."

덩잉차오는 푸젠성, 샤먼시와 푸저우福州 군사 구역 책임자가 동행하는 가운데 차를 몰고 둥두항東渡港 컨테이너 부두를 참관했다. 덩잉차오는 청년 근로자들에게 말했다.

1984년 11월, 샤먼 신항新港을 참관한 덩잉차오

"청년의 앞날은 열려있습니다. 이 항구는 세계를 연결하고 있어요. 청년들은 각국 국민과의 협력 증진에 많이 기여해야 합니다."

항구 책임자의 보고를 듣고 덩잉차오가 말했다.

"생산건설은 수량보다는 품질과 능률을 더 중시해야 합니다."

덩잉차오는 아이들의 성장에도 많은 관심을 기울였다. 11월 26일 오후, 샤먼 화교유아원 어린이와 교사를 방문했다. 아이들은 활짝 핀 꽃과 같이 웃는 얼굴로 '할머니'라고 정답게 부르며 앞 다퉈 덩잉차오의 손을 잡았다. 덩잉차오는 아이들이 주는 꽃을 기쁘게 받으며 말했다.

"너희는 조국의 꽃이란다. 우리나라는 점점 더 아름다워지고 너희도 우리나라와 함께 갈수록 아름다워져서 '3호三好' 어린이[1]가 될 거야!"

덩잉차오는 위위안毓園으로 갔다. 샤먼 주민들은 유명한 산부인과 전문의 린차오즈林巧稚를 기념하기 위해 위위안을 건립했다. 1901년 구랑위鼓浪嶼에서 태어난 린차오즈는 평생 산부인과 진료에 헌신했고, 덩잉차오와 우정이 깊었다. 덩잉차오는 흰 대리석으로 만든 린차오즈 동상을 뚫어지게 바라보다 가슴이 벅차 말했다.

"진짜 닮았네. 린차오즈는 의술이 뛰어났고 여성과 어린이 건강을 위해 평생을 바쳤어요. 평생 결혼도 하지 않고 말이죠. 당에 애정도 깊었고, 저와는 오랜 친구였어요."

덩잉차오는 동상에 화환을 바쳤다. 리본에는 이렇게 쓰여 있었다.

"위대한 애국지사, 유명한 산부인과 전문의 린차오즈 교수여, 천추에 길이 빛나라. 덩잉차오 바침."

덩잉차오는 린차오즈를 기리기 위해 위위안에 남양삼나무 두 그루를 심었다.

---

1. 세 가지가 훌륭한, 즉 성품이 좋고 공부를 잘하고 몸이 건강한

11월 30일 오전, 덩잉차오는 샤먼시 지메이진集美鎮에 가 애국인사로 유명한 화교 지도자 천자겅陳嘉庚 선생의 정협 기관지를 참배하고 화환을 바쳤다. 리본에는 다음과 같은 애도 문구가 쓰여 있었다.

"위대한 애국지사, 화교 지도자이자 귀감이 되신 천자겅 선생이여, 천추에 길이 빛나시기를. 덩잉차오 바침."

그 다음 구이라이탕歸來堂과 천자겅 고택을 참관했다. 구이라이탕은 신중국 수립 후 저우 총리의 제의로 천자겅을 위해 지어진 곳이다. 참관을 마친 덩잉차오는 이렇게 말했다.

"중국은 천자겅이 나온 것만으로도 충분히 자랑스럽다. 천 선생은 조국을 사랑하고 세계를 품은, 진정한 화교의 본보기였다."

원래 바오안현寶安縣이라는 빈곤하고 작은 지역이었던 선전은 당의 11기 3중전회 이후 덩샤오핑의 지원 하에 최초로 경제특구가 생기면서 큰 변화를 맞았다. 경제특구 구축에 대해 당내에서 여러 의견이 나오자, 덩샤오핑은 덩잉차오에게 기회가 되면 선전에 가서 좀 살펴보라고 조언했다.

12월 6일, 덩잉차오는 선전에 도착했다. 황폐한 모래사장과 어촌의 옛 모습은 간데없고, 무성한 푸른 나무와 널찍한 찻길 양쪽에 우뚝 솟은 고층 빌딩들이 눈에 들어왔다. 어촌에 들어서자 꽃과 나무로 무성한 숲 속에 작은 별장식 주택들이 보였다. 어촌 당 지부 서기 우바이썬吳柏森은 일찌감치 문 앞에 서서 덩잉차오가 오기를 기다리고 있었다. 덩잉차오는 차에서 내리자마자 우바이썬에게 광둥어로 말했다.

"덩샤오핑 동지가 어촌에 가서 좀 보라고 했었는데, 오늘 진짜로 왔네요."

1984년 12월 6일, 선전 어촌을 참관 중 당지부 서기 우바이썬(가운데)의 집을 방문한 덩잉차오

덩잉차오는 여러 해 전 광둥에서 근무했다. 업무상 광둥어를 배운 지 60년이 지났건만 아직도 잊지 않았던 것이다.

덩잉차오는 복층으로 지어진 우바이썬의 별장식 집으로 들어갔다. 우바이썬은 어촌에 대해 상세히 소개했다. 현황은 다음과 같다. 총 39가구 151명 중 노동인구가 80명이고 양어장은 170묘, 홍콩 쪽에도 105묘가 있다. 13기 3중전회 전까지 근로자 1인당 월 소득은 30위안이고 1960년대와 '문화대혁명' 때 20명이 홍콩으로 건너갔다. 현재 근로자 1인당 월 소득은 500위안, 1976년 1인 평균 연 소득 530위안, 1983년 1인 평균 연 소득 3,056위안, 가구당 평균 연 소득은 13,000위안이다. 어촌은 어업뿐 아니라 플라스틱 공장, 보석가공 공장, 가구 공장과 쇠못 공장도 있고

1984년 12월, 선전 시찰 중 유자우孺子牛(루쉰이 〈자조(自嘲)〉라는 시에서 '아이들을 위해서는 기꺼이 머리 숙여 소가 되리라[俯首甘爲孺子牛]'라고 읊은 것에서 '인민을 위해 봉사하는 정신'을 비유하는 말) 동상 앞에서 촬영한 덩잉차오

호텔, 차량 업체, 선박 업체도 운영했으며 17층짜리 산업용 건물이 한창 건축 중이다. 39가구의 주민이 별장식 주택 35동에 사니 평균 네 명이 한 동, 1인당 거주 면적이 40제곱미터다. 우바이썬은 전국 각지, 심지어 신장, 티베트처럼 먼 곳에서도 참관단이 오고 미국, 일본, 영국 등은 물론 유엔에서도 참관하러 온다고 덧붙였다.

우바이썬의 설명을 듣고 기쁨에 찬 덩잉차오는 연신 고개를 끄덕이며 아주 잘했다고 칭찬했다.

그날 오후에는 선전 시위원회와 시정부 청사에 가서 선전의 정신을 상징하는 '개황우開荒牛[2]' 동상 앞에서 기념사진을 찍었다. 시장은 덩잉차

2. 황무지를 일구는 소라는 뜻으로 개혁개방을 상징, 유자우의 별칭

오에게 선전특구의 발전 여정을 소개했다. 설명을 들은 덩잉차오는 선전 경제특구의 성과를 긍정적으로 평가하며 겸손하고 신중한 자세로 인민의 더 많은 단합과 더 많은 외자유치 및 기술도입을 통해 특구를 더 잘 꾸려나가길 바란다고 전했다.

더 많은 사람들을 단합하고 더 많은 외국자본을 유치하며 기술을 도입해서 특구를 더 잘 꾸려나가길 바란다고 전했다.

덩잉차오는 선전 공업전람관을 참관했다. 전자, 기계, 방직, 경공업, 화학공업, 건축자재 등 많은 제품들을 구경했다. 또 컬러텔레비전을 생산하는 합자기업인 화리전자유한공사華利電子有限公司도 견학했다. 생산라인에서 근무하는 어린 여직원에게 생활과 일에 대한 형편을 다정하게 물었다.

12월 15일, 덩잉차오는 주하이에 갔다. 또 다른 경제특구 주하이는 마카오와 인접해 있다. 원래 어업으로 살아가는 자그마한 항구였던 주하이는 선전에 뒤이어 개방돼 이제 막 기지개를 펴는 중이었다. 덩잉차오는 주하이 시위원회, 시정부, 시 인민대표대회, 시 정치협상회의와 기율검사위원회 지도급 간부들을 만난 자리에서 이렇게 격려했다.

"오늘 주하이에 와 보니 정돈되고 깔끔한 모습과 산해 지형을 활용한 독특한 건축이 인상적입니다. 시위원회 서기 팡바오方苞 동지에게 공업, 농업의 발전 현황을 들었습니다. 이런 속도라면 중앙에서 제시한 네 배 성장의 임무를 조기에 완수할 수 있을 것 같습니다. 12기 3중전회는 도시 경제가 더욱 개혁, 개방되어야 하고 연해 경제특구 건설은 시범, 창구 역할을 해야 한다는 결의를 발표했습니다. 중앙 방침에 따라 실사구시적으로 발전해 나가길 바랍니다. 주하이는 앞으로 남해의 보배로 변모해 큰 빛을 발할 것입니다."

덩잉차오는 주하이시 지도급 간부 30여 명이 모두 남성인 것을 보고 참다못해 말했다.

"다섯 조직(당 위원회, 인민대표대회, 정부, 정협, 기율검사위원회)에 어쩜 여성이 한 명도 없네요. 다음에 올 때는 변화가 있기를 바랍니다."

1985년 12월, 덩잉차오는 또 한 번 주하이에 갔다. 그리고 지도급 간부 중에 여성이 있냐고 다시 묻자, 시 위원회 팡바오 서기가 재빨리 설명했다.

"이미 여성 한 명을 배치했는데 지금 중앙 당교에서 교육 중이라서 이 자리에 오지 못했습니다. 안심하십시오. 내년에 다시 주하이에 오시면 꼭 보실 수 있을 겁니다."

덩잉차오는 한숨을 지며 말했다.

"여기뿐만 아니라 전국이 다 똑같아요. 여성 기용이 참 어렵습니다. 특별히 여성 간부를 배려해 실력도 없는 사람을 데려다 머릿수만 채우라는 건 아니고요."

덩잉차오는 실무와 거리가 있는 높은 자리에 있었고 여성 사업을 맡고 있지 않았지만 여전히 초급 여성 간부에게 많은 관심을 쏟았고 그들이 더 빨리, 더 많이 성장하기를 바라며 큰 기대를 걸었다.

덩잉차오의 이번 시찰로 경제특구는 안정적, 지속적으로 발전해 나갈 수 있는 추진력을 얻었다.

아이들 가운데 있는 덩잉차오

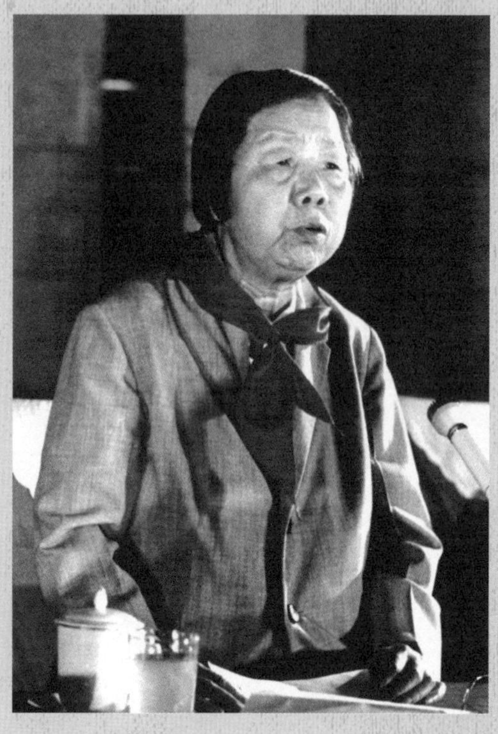

1983년, 중국소년선봉대 여름수련회 집회에서 연설하는 덩잉차오

전 중국의 어린이에게 관심을 쏟다

어린이는 조국의 미래이자 희망이다. 덩잉차오는 일평생 어린이의 건강한 성장에 관심을 기울였다.

1981년 5월 20일, 수도首都 아동업무 종사자 6·1 어린이날 경축 보고회에서 덩잉차오는 어린이에 대한 절절한 마음을 전했다. 1982년, 덩잉차오는 다시 수도 아동업무 좌담회에서 연설을 통해 당과 사회 전체가 어린이의 건강한 성장에 관심을 갖고 주목해 주기를 호소하며, 아동업무 종사자가 열심히 공부해 끊임없이 업무 수준을 높이고 업무뿐 아니라 홍보 역할을 동시에 감당하길 원한다고 전했다. 또한 학교, 가정, 사회가 각자의 책임을 다 하고 어린이 사업에 적극 협조할 것을 당부했다. 1984년 7월 25일, 중공중앙 대표로 소년선봉대 대원 및 지도자 대표회의에서 인사말을 맡아 이렇게 어린이들을 격려했다.

"여러분은 미래의 역사적 사명을 감당해야 합니다. 중화민족의 훌륭한 전통과 당의 훌륭한 전통을 계승하고 선양해야 합니다. 뜻을 세워 개혁과 창조에 앞장서며 개척 정신을 지닌 혁명 사업의 후계자가 되어야 합니다."

1983년, 여름수련회에서 아이들과 함께 한 덩잉차오

1989년 6월 1일은 국제 어린이날 40주년이었다. 5월 31일, 덩잉차오는 전국 소년선봉대 대원에게 편지 한 통을 썼다. 편지에는 미래 세대에 대한 노장 혁명가의 절실한 바람이 담겨 있었다.

"나는 언제나 전 중국 어린이에게 관심을 두고 있습니다. 여러분이 당과 인민의 친절한 보살핌 속에서 사회주의·공산주의 사업의 후계자로 건강하게 성장하길 바랍니다. 오늘의 소년선봉대 대원은 세기의 과도기에 있는 세대로서 중화민족에 의한 중국 특색의 사회주의 현대화 국가 건설의 희망은 여러분에게 달려 있습니다. 이 기회를 계기로 우리 사회 전체가 다음 세대의 성장, 특히 그들의 생각과 품성의 건강한 성장에 더욱 관심을 기울였으면 하는 바람을 다시 전합니다. 자연의 법칙은 거스를 길이 없기에 앞으로 수십 년이 지나 사업의 지속 및 이상의 실현 여부는 모두 지금 붉은 삼각건을 메고 있는 이 세대의 어린이에게 달려 있기 때문입니다. 따라서 붉은 삼각건 사업을 위해 호소하고 싶습니다. 사회주의 사업의 앞날에 정말 관심이 있다면 그 관심으로 붉은 삼각건 사업을 지원하며 이해해 주기를 바랍니다."

1990년 6·1 어린이날 전날 덩잉차오는 〈21세기의 새로운 주인이 되는 법을 공부하자〉라는 제목으로 전국의 어린이에게 의미심장한 편지를 써서 이렇게 강조했다.

"90년대에 들어 처음 맞는 6·1 어린이날이 다가왔습니다. 즐거운 하루 보내시기 바랍니다. 90년대에 들어섰다는 것이 어떤 의미를 갖는지 생각해 본 적이 있나요? 우리나라와 우리의 위대한 사업이 새로운 세기, 새로운 시대로 신속하게 나아가야 한다는 의미를 갖고 있습니다. 선대의

1987년, 전국 각 민족 어린이 여름수련회 행사에 참가해 티베트족 어린이 허정타오賀征桃에게 생일 축하를 전하는 덩잉차오

유업을 계승하고 발전시켜야 합니다. 여러분 세대는 마침 세기의 전환기에 서 있습니다. 여러분의 아름다운 젊음으로 공화국의 현재와 미래를 연결시켜 21세기의 주인이 되어야 합니다. 책임이 크고 갈 길이 멉니다."

그리고 다정한 말로 마무리했다.

"어린이 여러분, 중국의 미래는 여러분의 것입니다. 당과 국민은 여러분을 키우며 여러분에게 희망을 걸고 있습니다. 혁명 사업의 후계자가 되어 늘 공산주의 사업을 위해 싸울 준비를 하길 바랍니다."

1990년 10월 13일은 중국 소년선봉대 창단 41주년 기념일이었다. 10월 12일 오전에 덩잉차오는 시화팅에서 '전국 우수 소년선봉대원 10명'으로 뽑힌 대원 아홉 명을 다정하게 맞이했다. 영웅 소년 라이닝賴寧[1]의 부모님과 선생님의 손을 꽉 잡으며 말했다.

"감사합니다. 국가를 위해 라이닝처럼 훌륭한 아이, 그렇게 대단한 소년 영웅을 키우고 가르쳐 주셔서 감사합니다. 오늘 라이닝이 올 수 없어 참으로 애석하고 슬픕니다. 비록 세상을 떠났지만 라이닝의 업적은 대대손손 전해지며 영원히 불멸할 것입니다."

덩잉차오는 라이닝처럼 훌륭한 어린이를 잃은 것은 국가의 큰 손실이라며 마음 아파했다. 그래서 〈라이닝을 배우자〉는 글을 써서 《인민일보》에 게재했다. 덩잉차오는 가슴 가득 품은 희망을 글에 담았다.

"라이닝은 신세대 어린이의 대표다. 라이닝은 우리의 청소년 세대에 희망이 있고 우리 사업의 미래에 희망이 있음을 증명해 주었다."

---

1. 1988년 3월 13일 돌연 발생한 산불로부터 마을을 구하기 위해 자발적으로 산불진화팀에 들어가 사나운 불길과 4~5시간 동안 싸우다가 15세의 나이로 사망했다. 1988년 5월 '영웅 소년'이라는 호칭을 받았다

시화팅 해당나무 앞에서 덩잉차오

구술 〈시화팅 해당화를 생각하며〉

1988년 4월, 중난하이 시화팅에 해당화가 흐드러지게 필 무렵, 덩잉차오는 그 꽃을 보고 세 차례 구술을 남겼는데, 직원들이 그것을 기록하고 정리해 〈시화팅 해당화를 생각하며〉라는 글로 남겼다. 덩잉차오는 곁에 있던 직원들에게 당부했다.

"언젠가 나도 가면 해당화를 좋아했던 주인이 다 가는 것이니, 발표하고 싶다면 언라이에 대한 추억과 회상이 담긴 내 유작이라 생각하고 발표하세요. 아니면 태워 버리고."

덩잉차오는 이미 84세의 연로한 노인임에도 아름다웠던 지난날에 대한 진심 어린 마음을 이와 같이 풀어냄으로써 사람들에게 다시 한 번 저우언라이와 덩잉차오가 품었던 원대한 혁명 이상과 굳은 신념을 되새겨 주었다.

전문은 다음과 같다.

> 봄이 오고 꽃들이 앞 다투어 피니, 시화팅의 해당화도 활짝 피었습니다. 봄꽃의 주인이 간 지도 어언 12년, 우리를 떠난 그 사람은 다시는 돌아오지 않네요.
>
> 당신은 해당화를 좋아하지 않았던가요? 해방 초기 이렇게 해당화가 활짝 핀 정원을 보자마자 해당화에 푹 빠졌고 이 정원이 마음에 들

해당화가 활짝 핀 중난하이 시화팅

어서, 해당화가 활짝 핀 이 정원에 와서 살기로 결정했잖아요. 당신은 고작 26년을 살았고 나는 당신보다 더 오래, 38년이나 살고 있어요.

해당화는 지금도 예쁘고 산뜻하게 피어 사람들의 사랑을 듬뿍 받고 있답니다. 과실이 새콤달콤 맛있고 흰 꽃에선 붉은 해당이, 붉은 꽃에서는 노란 해당이 가지마다 주렁주렁 달려 그야말로 꽃과 과일로 이뤄진 산 같아요. 가을이 지나 해당이 무르익으면 모두들 따서 먹어요. 잼을 만들어 먹으면 맛이 그만이지요. 당신이 있을 때 해당화가 피면 낮에 바쁘게 일하다 잠깐 짬을 내 산책하며 꽃구경을 했고, 밤에 일하다 피곤하면 때때로 산책을 하다 담이 둘러진 오솔길 해당나무 앞에 서서, 보고 또 보며 꽃의 아름다움과 향기에 잠깐의 휴식을 취한 후 다시 일하곤 했지요. 당신은 산책할 때 나와 함께 가기도 하고, 가까운 직원들과 함께 가기도 했어요. 당신이 꽃구경하던 뒷모습이 바로 어제인 듯 눈에 선해요. 둘이 어깨를 나란히 하고 함께 좋아하던 해당화를 바라보던 것이 어제가 아니라 12년 전의 일인데. 벌써 12년이 흘렀어요. 참 짧은 시간이지만 난 그 시간

한가롭게 거니는 중

이 가끔 아주 길게 느껴져요.

해당화가 피면 우리에게 많은 기쁨을 주지만 꽃이 떨어질 때는 또 얼마나 고요한지, 꽃잎이 땅에 한가득 떨어집니다. 꽃이 떨어진 모습이 꽃이 핀 모습보다 더 예쁘다고 하는 이도 있고요. 공자진龔自珍은 〈기해년의 잡다한 시〔己亥雜詩〕〉에서 이렇게 말했어요.

"떨어지는 꽃 매정한 것 아니니, 봄 흙으로 화한 후 다시 꽃 지키네〔落紅不是無情物 化作春泥更護花〕."

당신은 해당화를 좋아했고 나도 해당화를 좋아했어요. 당신이 제네바 회담에 갔을 때 우리 집에 마침 해당화가 활짝 피었지요. 그 해 핀 아름다운 꽃 당신이 볼 수 없어, 내가 특별히 가지 하나 잘라 책

1938년, 우한에서 저우언라이와 덩잉차오

1950년, 시화팅에서 저우언라이와 덩잉차오

갈피에 넣어두었다가 편지로 제네바에 보냈죠. 바쁜 업무 틈틈이 잠깐 잠깐 해당화를 보며 쉼을 얻는 것도 하나의 행복이 될 거라 생각했어요.

당신은 없지만 해당화가 필 때마다 꽃을 좋아하는 이들이 놀러오곤 한답니다. 나무 앞에서 꽃을 보며 당신을 추억하고 그리워해요. 당신이 아직 우리 곁에 있는 것처럼 말이죠. 당신은 이 정원과 해당화 또한 우리를 떠나 다시는 돌아올 수 없어요. 당신은 어디로 갔나요? 봄날의 따스한 바람 타고 추운 겨울의 눈을 밟고 당신은 조국의 산과 평원에 스며들어 황허와 양쯔 강에 날아든 거겠죠. 황허와 양쯔 강에 실려 가없이 넓은 바다로 향해간 거겠죠. 당신은 나라와 인민을 위해서 봉사했을 뿐 아니라, 전 인류의 발전과 세계 평화를 위해 늘 인민과 함께 싸웠어요.

당신이 세상을 떠날 때 알았어요. 당과 국가, 인민에 대한 염려와 걱정을 마음에 묻고 갔다는 것을. 하지만 인민의 힘과 각성으로 우리 당의 우수한 중견 지도자들이 곧 '사인방'을 일격에 분쇄할 줄은 몰랐을 거예요. 사인방이 분쇄된 후 오늘날 조국은 개혁개방의 꽃을 피우고, 그 꽃이 점점 더 훌륭하고 강건하게 자라나 풍성한 결실을 맺고 있어요. 덕분에 우리나라는 왕성하게 번영하고, 우리 인민에게 행복을 안겨주고 있지요.

기억나요? 우리가 주고받은 편지가 유라시아 대륙을 날고 바다를 건너 유명한 도시 파리부터 발해渤海 해안의 톈진으로 왔던 옛날 일을 떠올려 봅니다. 편지를 전해 준 집배원이 어찌나 고맙던지. 한번은 당신이 보낸 엽서를 느닷없이 받았지요. 카를 리프크네히트Karl Liebknecht와 로자 룩셈부르크Rosa Luxemburg가 그려진 엽서였어요. 엽서엔 혁명을 위한 용맹한 맹세가 쓰여 있었어요.

"우리 두 사람도 이 두 사람처럼 훗날 함께 단두대의 이슬로 사라지길 바라오."

그때 우리는 무산계급 선봉대 대열에 합류했죠. 선서를 할 때 혁명을 위해 죽길 원하며, 뜨거운 피를 뿌리며 머리를 던져도 조금도 아깝지 않을 거라 결심했어요. 우리 편지는 연애편지일 수도 있지만,

또 그렇지 않을 수도 있어요. 편지로 혁명을 얘기하고 서로 용기를 북돋았으니까요. 우리 사랑은 늘 혁명과 얽혀 있었고, 때문에 생사를 넘나드는 위험과 고통에 맞서 동고동락하며 혁명을 했어요. 때로는 함께 싸웠고 때로는 다른 곳에 떨어져 있으면서도 두려움과 사심이 없었어요. 늘 굳건하면서도 태연하고 침착하게 싸웠어요. 우리의 사랑은 수십 년이 지나도 조금도 사그라지지 않았고요. 건설적으로 발전하는 혁명의 앞날은 무한히 밝고 아름답습니다. 1백여 년 동안, 특히 중국공산당 창당 이후 무수한 영웅과 애국 혁명 지사가 조국을 구하고 새로운 중국을 세우기 위해 적의 칼과 총탄에 희생됐어요. 그들의 유골은 조국 청산 곳곳에 묻혔고, 그들의 선혈은 조국의 대지와 산, 강을 빨갛게 물들였어요. 낫과 도끼가 그려진 공산당 홍기紅旗에, 우리 국기 오성홍기에 그들의 피로 물든 흔적이 남아 있어요. 무수한 전사들이 고꾸라졌고, 우리 남은 자들은 그들이 완수하지 못한 사업을 계승하기 위해 양 어깨에 아주 무거운 임무를 지고 있습니다. 언라이 동지, 한 외국 손님이 물었죠. 그렇게 왕성하게 일할 수 있는 힘의 원천이 어디에 있냐고. 당신은 이렇게 말했어요.

"혁명을 위해 죽어간 열사들과 가까이 벗하던 전우들만 생각하면 힘이 넘쳐 더 열심히 일하고, 전심전력으로 인민을 위해 봉사하게 됩니다. 끝없이 분발하라는 격려도 얻습니다. 명마는 비록 늙어 마구간에 엎드려 있어도 생각은 천리로 달린다는 말이 있지요. 열사가 비록 몸은 늙어도 웅대한 뜻은 여전한 법이니 내 생에 남은 힘과 열의를 다해 인민을 위해 조금이라도 더 열심히 일할 겁니다."

당신과 나는 처음에 서로 알지도 못하고 이름도 몰랐어요. 1919년 5·4 애국운동은 반제국주의, 반봉건주의, 반매국노를 내걸며 국가를 멸망의 위기에서 구해 생존을 도모하자고 했지요. 학생을 중심으로 공·농·상을 아우르며 전국, 전 계층에서 가장 폭넓게 진행된 이 위대한 애국운동은 베르사유조약 체결에 반대했어요. 이 운동의 열기 속에서 우리는 만났고 미미하나마 서로에게 호감을 가졌어요. 운동 중 우리처럼 진보적 학생들이 '각오사'를 조직했고요. 그

1955년, 바다링八達嶺에서 덩잉차오와 저우언라이

1961년 4월 6일, 베이징 시자오西郊공항에서 덩잉차오와 저우언라이

때 우리에겐 만날 일이 많았죠. 하지만 그때 우리는 둘 다 리더 역할을 해야 했어요. '각오사' 회원은 운동 중에 연애를 하지 않기로 약속했으니, 결혼은 말할 것도 없었죠. 당시 당신이 독신주의자라는 말을 듣고 순진한 생각에 우리 친구들이 당신 소망을 이루도록 도와줄 수 있다고 생각했어요. 그런 입장에서 당신을 대했답니다. 더구나 그때는 결혼에 대한 생각도 비관적이고 부정적이었어요. 그 시대 여성은 결혼하면 자기 인생 끝난 것이니까요. 학교 다닐 때 길에서 결혼하는 꽃가마를 보면 저 여자는 끝났구나 생각했고, 결혼을 고민해 본 적이 없었어요. 이러니 우리 사이는 아주 자연스러웠고 다른 목적이 없었어요. 그저 우리의 투쟁을 위해 애국심을 선양하고 새로운 사조와 진보를 추구했었죠. 그냥 그렇게, 개인적 사심이나 목적이 전혀 없이 교제를 시작했어요. 우리가 쌓은 우정은 굉장히 순수했지요. 우리가 유라시아의 두 대륙에 떨어져 있는 동안 편지를 주고받으며 서로에 대한 이해와 감정이 커지고, 혁명에 대한 이상을 함께 꿈꾸며 공산주의를 위해 싸우게 될 것이라고는 생각해 보지 못했어요. 3년이 지난 후 당신은 내게 전보다 훨씬 부지런히 편지를 보냈지만 편지에 담긴 뜻을 전혀 마음에 두지 않았어요. 우정에서 사랑으로 관계를 키워보자는 이야기를 당신이 분명히 꺼냈을 때에야 비로서 진지하게 고민했죠. 고민 끝에 우리는 약속했어요. 하지만 약속 뒤에 주고받은 편지는 여전히 혁명 활동과 서로 배울 것들, 혁명의 도리와 앞으로의 사업이 주요 내용이었지, '사랑해'와 같은 문구는 찾아볼 수 없었죠. 당신은 당에 입당하고 나는 공산주의청년단에 들어가면서 우리는 당의 기밀을 지키며 서로 연락을 하지 않았어요. 사상적으로 국내외 신사조의 영향을 받아 서로 같은 길을 간 덕에, 우리 감정엔 개인 간의 사랑을 넘어 혁명과 이상을 위해 함께 싸우는 동지애가 있었고, 이런 감정은 우리가 서로 사랑할 수 있는 가장 든든한 기반이었죠. 그리고 우리는 늘 혁명의 이익, 국가의 이익, 당의 이익을 최우선순위에 놓고 개인 일과 사익은 그 아래에 놓았어요. 우리는 혁명의 역정에서 결연하고 굽힘이 없었어요. 어떤 어려움과 장애를 만나도 용감하게 전진하며 싸웠고, 개인의 득실이나 유혈 희생, 부부의 이별도 따지지 않았어요.

우리는 그 같은 3년을 지낸 후 서로의 사랑을 확인했고 당신이 귀국할 때까지 다시 3년간 검증 기간을 겪었습니다. 그 후 마침내 당의 동의를 얻은 나는 톈진에서 광저우로 가 1925년 8월 결혼했지요. 당시 우리는 민주와 혁신, 혁명을 원했고 구 사회의 모든 봉건적인 속박, 악습을 철저히 없애고자 했어요. 당시 우리는 혼인신고를 할 지역이 없었고 결혼의 증인이나 중매인도 필요 없었으며 격식을 차리거나 사치를 부리지도 않았어요. 그냥 단출하게 예식도 없이 같이 살았죠. 혁명의 꽃이 피어나며 우리 사랑의 꽃도 피었어요.

당신의 조카뻘 되는 사람이 연애 스토리를 얘기해 달라고 했을 때 당신은 내가 혁명에 꾸준한 것을 보았다 했지요. 나도 당신에게서 그런 점을 보았어요. 그래서 우리는 서로의 외모나 성격 차이를 따지지 않고 공산주의 이상을 위해 싸웠고, 그것이 사랑을 오래 유지하는 가장 확실하고 든든한 반석이었죠. 우리는 우연히 만났고, 한눈에 반하거나 연애지상주의에 빠진 사람들이 아니었어요. 은연중에 관계가 발전했고 서로 떨어져 있는 동안엔 서신으로 서로를 이해하게 되었어도, 이런 과정을 거쳐 서로에게 뜻을 품고 고민한 후에 결혼했어요. 또 수십 년간 전투를 겪으며 전우이자 배우자로서 늘 사랑하고 함께 사는 부부가 되었죠. 서로의 사랑을 인민, 동지, 친구, 청년과 어린이 세대에 녹였고요. 그래서 우리의 사랑은 사랑을 위해서 사랑하는 그런 단순한 개념이 아니었어요. 깊고 영원한 사랑이었죠. 우리는 서로 거리를 느껴본 적이 없어요. 우리는 혁명사업과 같은 이상을 토대로 사랑했고, 그 후에는 서로 같은 취미가 많다는 것을 알게 됐어요. 둘이 잘 맞추며 활기차게 지낼 수 있었던 것도 그 덕분이고요.

옛날을 회상할 때마다 생각이 꼬리에 꼬리를 물면서 청년 시절과 함께 전투하던 때로 돌아가는 듯해서 마음이 뛰고 오랫동안 가라앉질 않아요. 난 이제 늙었지만 마음은 건강하고 뜻은 더 굳답니다. 생명이 끊어지지 않는 한 전투를 끝내지 않으며 인민을 위해 일할 거예요.

진실하고 깊은 사랑을 보여 주는 덩잉차오와 저우언라이

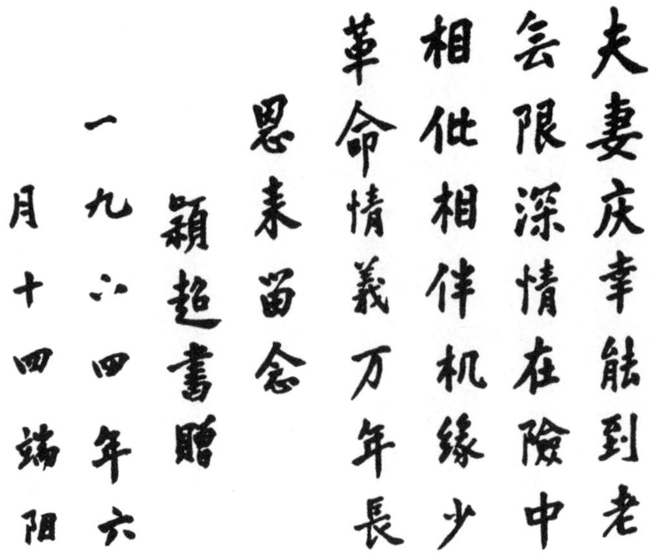

夫妻庆幸能到老
会限深情在险中
相仳相伴机缘少
革命情義万年長
恩来留念
颖超書贈
一九六四年六
月十四端阳

—

덩잉차오가 저우언라이에게 써준 시 〈함께 늙어가는 부부의 행복〉 자필 원고
"부부는 경사로움과 요행 속에 늙음에 이르렀고, 회한의 깊은 정 가운데 험난속에 있다. 서로 만나고 헤어짐에 함께 했던 시간은 적지만 혁명의 정과 뜻은 만년토록 장구하리다."

동지, 전우, 나의 반려자여, 이런 말을 들으면 저 세상에서 미소를 머금겠지요. 내가 쓴 이것은 시도 아니고 산문도 아니며, 그냥 전우이자 반려자를 기리며 생각나는 대로 쓴 글이랍니다.

덩잉차오

1988년 4월

1954년 제네바 회담 때 덩잉차오가 '단풍잎에 그리움을 담아'라고 써서
베이징에서 저우언라이에게 보낸 단풍과 해당화

덩잉차오가 정을 듬뿍 담아 구술한 이 글에서 덩잉차오와 저우언라이가 어떻게 정을 나누고 정조를 지켰는지를 엿볼 수 있다.

업무를 보는 덩잉차오

마지막 당부

1991년 7월 27일, 덩잉차오는 여러 질환에 걸려 42년 동안 살았던 중난하이 시화팅을 떠나 치료를 위해 베이징의원에 입원했다. 덩잉차오는 당과 인민의 사업에 태산보다 더 큰 관심을 보여 준 반면, 자신과 사후 일에는 어떤 욕심도 내보이지 않아 철저한 유물주의자답게 넓은 포부를 보여 주었다.

오랫동안 여러 질환을 앓은 덩잉차오는 1978년 7월 1일, 이미 당 중앙에 정중하게 편지 한 통을 썼다. 덩잉차오의 유언이라 할 수 있는 편지의 전문은 다음과 같다.

> 중공중앙 여러분께
>
> 나는 1924년 톈진에서 창립한 공청단의 1기 단원입니다. 1925년 3월 톈진시 당 위원회의 결정에 따라 당적을 옮겨 중국공산당 정식 당원이 되었습니다.
>
> 사람은 언젠가 죽습니다. 내 사후 처리에 대해 다음 요구를 승인해 주기를 당 중앙에 간절히 요청합니다.

1. 시신은 해부한 후 화장해 주십시오.

2. 유골은 보관하지 말고 뿌려주십시오. 1956년 화장 실행이 결정된 후 나와 저우언라이 동지가 약속한 일입니다.

3. 영결 행사를 하지 말아 주십시오.

4. 추모식을 열지 말아 주십시오.

5. 나의 사망 소식을 알리며 이 요구를 발표해 주십시오. 공산당원은 인민을 위해 한량없이 봉사해야 하며, 하는 일과 직무도 모두 당과 인민을 위해 정하는 것이라고 생각하기 때문입니다.

1982년 6월 17일, 당시 중공중앙 정치국 위원, 중앙 기율검사위원회 제2서기를 맡고 있던 덩잉차오는 최초의 유언을 다시 옮겨 썼고, 부패에 반대하고 청렴을 제창하는 정세에 맞춰 새로운 내용 두 가지를 추가한 후 당 중앙에 다시 전달했다. 그것이 두 번째 유언이며 새로 추가된 내용은 다음과 같다.

1. 내가 살던 집은 원래 저우언라이와 함께 살던 곳이지만 전 인민의 소유이므로 마땅히 공공기관에 넘겨 사용하도록 해야 합니다. 절대 고택이나 기념관 등 사업을 하지 마십시오. 그건 나와 저우언라이 동지가 살아있을 때부터 반대한 일입니다.

2. 당 조직 및 관련 조직의 책임자와 동지들에게 부탁합니다. 저우언라이 동지의 친·인척, 조카들은 저우언라이 동지와의 관계나 저우언라이 동지에 대한 감정 때문이 아니라 조직의 원칙과 기율에 따라 배려해 주십시오. 저우언라이 동지가 살아있을 때 항상 지켰던 일입니다. 나도 단호하게 지지했습니다. 당의 기풍을 바로잡기 위해 매우 필요한 일입니다. 나는 친척이 없고 먼 조카가 딱 하나 있는데, 본분을 잘 지키는 아이라 나와의 관계를 빌미로 어떤 특혜나 배려도 요구한 적이 없습니다. 이 두 가지 사항을 발표해 주십시오.

中共中央：

我是1924年在天津成立共青团的第一批团员。1925年3月天津市党委决定我转党，成为中共正式党员。

人总是要死的。对于我死后的处理，恳切要求党中央批准我以下的要求：

1. 遗体解剖后火化，
2. 骨灰不保留撒掉，这是在1956年决定实行火葬后，我和周恩来同志约定的。
3. 不搞遗体告别，
4. 不开追悼会
5. 公布我的这些要求，作为我已逝世的消息。(以上是1978，7.1写的，此次重抄有增加)

因为我认为共产党员为人民服务是无限的，所作的工作和职务也都是党和人民决定的

以下两点：

1. 我所住的房舍，原同周恩来共住的，应交公使用，万勿搞什么故居和纪念等，这是我和周恩来同志生前就反对的。
2. 对周恩来同志的亲属、侄儿女辈，要求党组织和有关单位的领导和同志们，勿因周恩来同志的关系，或对周恩来同志的感情，而不按照组织原则和组织纪律给予照顾安排。这是周恩来同志生前一贯执行的。我也是坚决支持的。此点对端正党风，是非常必要的。我无任何亲戚，唯一的一个远房侄子，他很本分，从来没有因为我的关系提出任何要求和照顾。以上两点，请一律予以公布。

邓颖超 1982.6.17.重写。

1982년 6월 17일, 덩잉차오가 쓴 유언

1977년 5월 20일, 시화팅에서 조카 저우빙더(周秉德, 왼쪽에서 두 번째) 등 여섯 남매와 함께 한 덩잉차오

1982년 7월 어느 날, 덩잉차오는 조카들을 중난하이로 불러 자신의 사후 처리에 관한 일을 편지에 써서 당 중앙에 전달했다고 전했다. 또 이런 말도 덧붙였다.

"내가 중병에 걸리거나 죽음이 임박하면 절대 응급처치를 하지 말거라. 그때는 응급처치를 해봐야 아무 소용이 없어. 며칠 생명을 연장하느라 의사와 환자만 괴로울 뿐이지. 신문에서 미국에 안락사 병원이 있다는 기사를 보았어. 해야 할 일을 다 하고 조용히 고통 없이 죽을 수 있는 것이야말로 진정한 인도주의라고 생각한다."

이 유언 외에 덩잉차오는 사후의 구체적인 사항도 전부 관계자들에게 맡겼다. 심지어 1949년 저우언라이와 함께 시화팅에 들어가면서 사용하던 가구, 물품을 어디로 돌려보내야 하는지까지도 일일이 당부했다. 조문 행사를 하는 것에 반대하면서 곁의 직원들에게 중앙에 전달해 달라고 부탁했다.

"나는 사후에 조직과 동지를 번거롭게 하는 것도 싫고, 명성을 얻는 것도 싫습니다."

이러한 일이 제대로 처리되게끔 곁의 직원에게 정중하게 당부했다.

> 아래의 동지들에게 몇 가지 일을 맡깁니다. 양더중楊德中, 리치李琦, 자오웨이趙煒, 장쭤량張佐良, 가오전푸, 저우빙더로 팀을 짜 양더중 동지가 주관하고 자오웨이 동지가 지원하세요. 내 사후 처리를 간단하게 진행하기 위해 중앙에 이미 승인을 요청한 일 외에 아래 몇 가지 일은 팀에서 처리하세요. 첫째, 내가 병에 걸려 위급할 때 절대 응급처치를 하지 마세요. 병환으로 인한 고통을 연장하지 않고 관련 당 조직, 의료 인력과 관련 동지들에게 부담을 주지 않기 위함입니다. 둘째, 다 쓰지 않은 월급은 전부 당의 경비로 사용해 주

—

1970년 5월 20일, 시화팅 직원들과 함께 한 저우언라이와 덩잉차오세요. 셋째, 나와 저우언라이 동지가 함께 살던 집은 원래 국가에서 받은 것이니 공공기관에 넘겨 처리해야 합니다. 저우언라이 동지와 나는 늘 우리의 고택 사업을 하는 것에 반대했습니다. 넷째, 모든 책, 출판물은 중공중앙 판공청에서 언라이에게 준 큰 글자로 된 이론서와 역사서만 원래 기관에 돌려주고, 나머지는 공청단 중앙이 재량껏 독자층이 주로 청소년인 조직에 나눠주세요. 다섯째, 내 서류, 왕래한 서신, 공문서는 중앙 문헌 판공실에 전달해서 정리한 후 재량껏 처리하게 하세요. 나와 저우언라이 동지의 모든 사진도 중앙 문헌 판공실에 넘겨서 보관하거나 재량껏 처리하게 하시고 내 연설, 담화 녹음은 중앙 문헌 판공실 보관소에 전달해 주세요. 여섯째, 분리할 수 있는 유품들은 전부 공공기관이나 관련 조직에 전달해서 사용하게 하세요. 일곱째, 내 사적인 유품, 옷과 잡화는 그동안 곁에서 같이 일했던 직원들, 왕래하며 지낸 친척들에게 기념으로 나눠 주세요. 이상의 일들을 맡아 처리할 동지들에게 감사를 표합니다. 위에 해당하지 않는 유품은 모두 동지들이 대신 처리해 주세요.

비서인 자오웨이에게 어떤 옷을 입혀줄 것인지, 저우언라이의 유골을 담았던 그 골분 상자를 사용해 달라는 등의 일까지 당부했다.

원로 공산당원의 위대한 포부와 고상한 품격이 선명하게 드러나는 대목이다. 이것이 국민의 행복을 위해 평생 싸우고 모든 삶과 지혜를 바친 위대한 여성의 마지막 당부였다.

1983년 6월 4일, 전국 정협 6기 1차 회의에서 전국 정협 주석으로 당선된 덩잉차오

국민의 회상

1992년 7월 11일 6시 55분, 88년의 인생 여정을 걸은 덩잉차오가 베이징의원에서 세상과 작별을 고했다. 새하얀 꽃, 여기저기에서 맴도는 애환, 조기로 게양된 국기가 덩잉차오를 애도하는 사람들의 마음을 대변했다. 역사에 길이 기록될 순간이었다.

덩잉차오가 떠났다. 자녀도 없고 유산도 없었지만 공산당원으로서 가장 값진 것을 남겼다.

중공중앙은 덩잉차오의 생전 요청에 따라 7월 12일자 《인민일보》에 유언을 발표했다. 신문에 덩잉차오 유언 전문이 발표된 후 당, 군과 국민 전체에 큰 반향이 일었다. 일부 외신도 덩잉차오가 사심 없이 애국심 충만한 '유언'을 통해 후대에 값을 따질 수 없는 정신적 보물을 물려주었다고 칭찬했다. 자오푸추趙樸初는 애도시에서 덩잉차오를 이렇게 칭송했다.

"노년에 고요와 평안을 즐겨 시계추처럼 말이 없다 말해야 할 때 한 마디 말로 심장육부를 깊숙이 채우시다."

짱커자臧克家는 '감동의 유언'이라는 짧은 글에 이렇게 썼다.

"당 중앙에 보내신 편지를 읽어 보니, 일곱 가지 유언이 천 마디 만 마디의 말보다 더 감동적이다. 문장은 적지만 높은 인격과 성품을 찾아볼 수 있다. 가장 감동적이고 소박하게, 가장 간략하고 생생하게 자신을 드러내는 모습이다. 이 유언은 사람들이 높은 곳으로 오르도록 격려하는

덩잉차오를 송별하는 당과 국가 지도자들

불후의 걸작이고 모든 사람, 특히 지도자들이 스스로를 비춰보는 거울이며 먼지와 때를 없애 새하얗게 만드는 세제인 동시에 만금을 주고도 살 수 없는, 후대에게 전하는 잠언이다."

웨이웨이魏巍는 〈덩잉차오 누님을 애도하며〉라는 글에서 이렇게 말했다.

"덩잉차오의 임종 유언은 특히나 폐부를 찌를 만큼 감동적이었다. 중국 공산당원 전체에 대한 간곡한 충고에 아무런 느낌도 못 받는 자가 누가 있겠는가? 그렇다. 덩잉차오의 유언을 펼쳐 읽고 아무런 느낌도 못 받는 자가 누가 있겠는가?"

각계 인사들이 시화팅에 와 조문했다. 소박하고 간소한 장례에 사람들은 감탄을 금치 못했다. 한국, 일본, 미얀마, 파키스탄, 캄보디아, 베트남, 이집트, 팔레스타인 등 국가의 지도자와 조직 및 해외에 머무는 화교들과 저명인사들이 저마다 조전弔電을 보내 한 시대를 위대하게 살고 간 여성 덩잉차오를 침통하게 애도했다.

장송곡이 간간이 들리는 중에 조문객은 뜨거운 눈물을 머금고 무거운 걸음으로 덩잉차오의 영정 앞에 깊숙이 허리를 굽혀 절했다. 7월 17일 오전 8시 20분, 장쩌민江澤民, 양상쿤楊尙昆, 리펑李鵬, 완리萬里, 차오스喬石, 야오이린姚依林, 쑹핑宋平, 리루이환李瑞環 등 지도자와 장례 담당 전 직원이 베이징의원에 가서 덩잉차오를 떠나보냈다.

8시 40분 발인이 시작됐다. 의장대 여덟 명이 덩잉차오의 관을 들어 고별실을 나섰다. 장쩌민 총서기가 대열을 통솔하며 덩잉차오가 탄 영구차를 눈으로 배웅했다. 리펑, 원자바오溫家寶, 천무화陳慕華, 훙쉐즈洪學智 등 지도자와 장례 담당 임직원 및 가족 대표가 덩잉차오의 시신 앞을 호송하며 바바오산八寶山 혁명 공동묘지로 향했다. 베이징의원에서 바바오산까지 18킬로미터 길이의 길 양쪽에 무더위를 무릅쓰고 덩잉차오를 전송하는 사람들로 꽉 차 있었다. 톈안먼 광장에는 전국 각지에서 온 수많은 인민이 숙연히 서서 묵도하며 서쪽으로 향하는 영구차를 눈으로 뒤쫓았다. 시단西單, 민족궁民族宮, 공주분公主墳 등 교차로는 더 인산인해였다. 군중 속에 끼여 있던 몇몇 아가씨가 한 목소리로 외쳤다.

"덩잉차오 할머니, 할머니는 영원히 우리 가슴속에 살아계실 거예요!"

9시 15분, 수만 명이 참석한 덩잉차오의 영결식이 바바오산에서 열렸다.

7월 18일 아침 7시 20분, 쑹핑, 원자바오, 천무화, 훙쉐즈, 양더중楊德中, 쑹더민宋德敏, 황치찬黃啓璨, 왕샤오셴王效賢 등 관계자들이 시화팅에 도착해서 톈진으로 가는 덩잉차오의 유골을 호송했다. 이때 시화팅 정원은 빼곡히 배웅하러 온 사람들로 꽉 차 있었다. 그중에는 덩잉차오, 저우언라이의 친척도 있고 시화팅에서 근무했던 직원과 다른 관계자도 있었다. 또한 중앙 경위단警衛團 간부, 전사 수백 명이 손으로 군모를 받쳐 들고 대열을 지어 덩잉차오의 유골이 시화팅을 떠나는 모습을 지켜봤다.

덩잉차오의 유골을 뿌리는 배 '신해문新海門'호

덩잉차오는 이렇게 말한 적이 있다.

"내가 죽거든 내 유골을 톈진 하이허海河에 뿌려주세요."

"나는 유년 시절과 청소년 시절을 다 톈진에서 보냈습니다. 학생생활과 혁명생활이 톈진에서 시작됐고 지나갔습니다. 톈진에서 공청단 창립에 참여했고 중국공산당에 가입했지요. 톈진이라는 곳, 톈진의 각 민족 동포들에게 깊은 정을 갖고 있어요. 내게 톈진은 제2의 고향입니다."

덩잉차오는 여섯 살 때 어머니를 따라 톈진으로 가 15년을 지냈다. 덩잉차오의 혁명 생애는 톈진에서 시작되었고, 저우언라이와의 사랑도 톈진에서 싹이 텄다. 덩잉차오는 가슴 깊이 톈진을 그리워했고, 톈진 주민들은 더더욱 덩잉차오를 그리워했다.

7월 18일 오전 9시경, 검정, 노랑 두 색의 리본을 단 영구차가 톈진으로 들어왔고, 덩잉차오는 제2의 고향으로 돌아왔다.

덩잉차오의 영구차가 지나가는 곳마다 길 양쪽에서 사람들이 엉엉 울었다. 저우웨이로宙緯路 길목에선 톈진각오사기념관 전 직원이 가슴에 흰 꽃을 달고 '덩잉차오는 영원히 우리 가슴속에 살아계십니다'라고 쓰인 현수막을 들고 있었다. 베이마로에는 톈홍 의류공장 근로자 수십 명이 흰 옷을 입고 팔에 상장喪章을 두르고 가슴에 흰 꽃을 단 채 '톈홍의류공장 근로자 73명이 당신을 그리워합니다'라고 쓰인 현수막을 높이 들고 있었다. 손에는 덩잉차오 어머니와 함께 찍은 사진과 덩잉차오 어머니가 그들에게 준 친필 격려사를 떠받들고 있었다. 소녀 시절 덩잉차오의 모교인 허베이구河北區 서젠다오西箭道 소학교의 많은 학생들은 키가 작아 덩잉차오 할머니의 영구차를 볼 수 없자, 선생님에게 진강차오金剛橋 다리목에서 '큰 뜻을 세우자'는 주제로 열리는 대대회大隊會에 데려가 달라고 부탁했다. 난카이중학교는 저우언라이의 모교이고, 덩잉차오가 9년 전 방문해서 교사, 학생들과 얘기를 나누었던 곳이다. 때문에 이 학교 교사와 학생은 덩잉차오에게 각별한 정이 있었다. 아침 일찍부터 난카이중학교 교사와 학생 1천여 명은 시난자오西南角에 가 큰 슬픔을 안고 묵묵히 덩잉차오를 배웅할 시간을 기다렸다.

9시 50분, 영구차가 톈진 대강당에 도착했고, 톈진시 각 조직 책임자들이 대열을 지어 영접했다. 강당 분위기는 매우 엄숙하고 경건했다. 현관홀에는 검은색 바탕에 흰 글씨로 '경애하는 덩잉차오 동지는 우리 마음속에 영원히 살아계십니다', '침통한 마음으로 덩잉차오 동지를 애도합니다'라고 가로로 쓴 표어가 걸려 있었고 가운데에는 덩잉차오의 영정사진이, 양쪽에는 톈진시 각 부처가 준비한 화환과 각계 인민들이 보낸 꽃바구니가 놓여 있었다.

중국공산당 톈진시 위원회 탄사오원譚紹文 서기가 추모식을 진행했고, 이어서 사람들이 앞으로 나와 덩잉차오에게 작별을 고했다. 큰 소리를 내며 우는 사람도 많았다.

11시 40분, 중앙 지도자들과 톈진시 지도자, 장례 담당 직원, 곁에서 일했던 직원, 친척들이 덩잉차오 영정과 유골상자를 호송하며 '신해문'호에 올랐다. 11시 50분, 배가 출항했다. 사람들은 누가 시키지도 않았는데 하이허 양 기슭의 어선과 높은 건물에 '침통한 마음으로 덩잉차오를 애도합니다', '덩잉차오 어머니, 해군 전사는 영원히 당신을 추억하겠습니다'는 만장挽幛[1]을 걸었다.

12시 15분, '신해문'호는 기적을 길게 울렸고, 하이허 양 기슭의 선박들도 슬픔의 기적을 울렸다. 장송곡이 울리는 가운데 지도자 동지들은 눈물을 머금고 톈진시의 시화市花 월계화의 꽃잎을 강에 뿌렸고, 덩잉차오가 살아 있을 때 곁에서 일했던 직원 자오웨이와 가오전푸가 하이허에 유골을 뿌렸다. 덩잉차오가 가는 길을 배웅하는 사람들이 소리 내며 슬피 우는 눈물이 꽃잎과 함께 세차게 흐르는 하이허로 들어갔다.

덩잉차오의 인생은 눈부시게 찬란하며 끝없이 투쟁한 일생이다. 중국 혁명 역사 시기 시기마다 덩잉차오는 늘 투쟁의 선두에 서서 중국 인민의 혁명과 사회주의 건설 사업을 위해 탁월하게 공헌했다. 70여 년이라는 긴 혁명 생애에서 공산주의에 굳은 신념을 가졌고 당, 인민, 무산계급 혁명과 사회주의 건설 사업에 무한히 충성했다. 전반적인 정세를 살피고 원칙을 견지하면서 당의 기율을 모범적으로 지켰다. 겸손하고 신중했으며 인민과 친밀하게 지냈다. 당과 인민의 이익을 위해 사심 없이 한평생을 바쳤다. 고통과 어려움을 참고 견디며 검소하고 소박하게 살았고, 청렴결백하게 오직 공익을 위해 힘쓰며 항상 인민의 공복公僕이라는 본분을 지켰다. 국내외에서 숭고한 명망을 떨친 덩잉차오는 당 전체와 전국 각 민족, 인민의 존경과 추대를 받은 앞 세대의 무산계급 혁명가였다.

덩잉차오는 떠났다. 인민들은 영원히 그녀를 추억할 것이다.

---

1. 애도하는 글을 붙인 휘장

—

노년의 덩잉차오

후기

덩잉차오 동지 탄생 110주년을 기념해 덩잉차오의 사상, 태도와 훌륭한 성품을 배우고 널리 알리기 위해, 중앙문헌연구실 제2편집연구부의 프로젝트 승인을 받아 저우언라이·덩잉차오 연구센터에서 이 책을 기획하고 집필했다. 덩잉차오 비서였던 자오웨이 전 전국 정협 부비서장, 덩잉차오 경호실장이었던 가오전푸 전 중앙 경위국 부국장이 고문을 맡았고, 저우언라이·덩잉차오 기념관의 장웨훙姜玥鴻 편집장을 특별 초빙했으며, 전 중앙문헌연구실 실무室務 위원이자 저우언라이·덩잉차오 연구센터 부주임 리아이화李愛華가 책의 기획과 지도에 참여했다. 중앙문헌연구실 조사연구원이자 저우언라이·덩잉차오 연구센터 사무실 주임 리칭핑李淸平이 책의 사진 편집을 담당했다.

본 책은 관련 기록, 해당 연도의 신문과 잡지, 직접 경험자들의 회상 등 방대하고 귀중한 자료를 활용해 풍부한 내용을 담았으며, 덩잉차오의 찬란한 일생을 전반적으로 그렸다. 본문에 사진 자료 317편을 엄선해 싣고 설명을 달아 가독성을 높였다.

본 책을 편집하는 과정에 중앙문헌연구실 제2편집연구부의 볜옌쥔邊彦軍 주임, 페이훙환費虹環, 저우언라이·덩잉차오 기념관의 캉진펑康金鳳 관장, 마슈화馬秀華, 리친李勤 등에게 많은 지원과 도움을 받았다. 이 자리를 빌려 감사를 전한다.

본문에 적절하지 않은 부분이 있으면 지적하고 바로잡아 주길 바란다.

2013년 12월

편집자

역자 후기

덩잉차오는 중국공산화혁명 성공에 기여한 여성 혁명가다. 덩잉차오는 한국과도 인연이 있다. 1919년 5·4운동 당시 신극新劇 〈안중근 전〉에서 덩잉차오는 안중근 역을, 저우언라이는 연출을 맡은 것이다. 덩잉차오는 15세, 저우언라이는 21세였다. 후에 이 인연으로 둘은 부부가 된다.

덩잉차오는 일곱 살에 아버지를 잃고 중국사회당이 설립한 소학교에서 교육을 받았다. 어머니는 같은 학교의 교사였다. 어려서부터 받은 사회주의 교육은 중국의 전통적 여성관에 대한 비판의식을 키워주었다. 청소년기에 이미 정치사회조직에 가담한다. 거의 1천 년간 중국 여성에게 가해진 전족에 대한 저항의식은 그를 전족 폐지 운동으로 이끈다. 뒤이어 평생의 반려자 저우언라이와 함께 5·4운동, 국공합작, 항일전쟁, 국공내전, 문화대혁명, 개혁·개방에 이르기까지 중국 공산당이 주도했던 변혁의 중심에 서서 투쟁한다.

생을 마감하는 순간까지 혁명과 사회주의 사업에 열정을 불태웠던 그는 질병이 찾아올 때에도 하루를 더 투쟁하기 위해 하루를 더 살아야 한다는 생각으로 병마와 싸웠다. 이러한 열정은 인민을 위한 특히 억압

받는 여성을 위한 사랑에 기초했다. 덩잉차오는 무엇보다 여성해방운동의 선구자였다. 여성해방의 기치 아래 수많은 여성을 혁명의 대열에 동참시켰고 이는 큰 힘을 발휘해 혁명의 성공에 기여했다. 덩잉차오는 이를 발판으로 사회 각 분야에서 여성이 설 환경을 마련하기 위해 백방으로 노력하는 한편, 여성 스스로 자각심을 갖도록 부단히 애썼다. 전족은 폐지되었고 구 봉건사회와는 비교할 수 없을 정도로 여성의 사회진출을 열어놓았다.

덩잉차오는 한중수교에도 영향을 끼쳤다. 덩샤오핑의 집권에 도움을 주었기 때문이다. 한중수교의 첫걸음이 가능했던 원인에 대해 냉전의 종식을 거론하기도 하지만 무엇보다 덩샤오핑의 개혁개방정책을 논하지 않을 수 없다.

마오쩌둥에 의해 수립된 인민의 나라는 역설적이게도 마오에 의한 문화대혁명으로 위기에 봉착한다. 문화대혁명은 마오의 사상과 숭배를 제외한 모든 지식과 문화를 철저히 거부하고 숙청했다. 이로 인해 국가를 이끌어 갈 수많은 지식인과 인재가 죽거나 고초를 겪고 유배를 갔다. 이

어두웠던 문화대혁명기에 마오 이후의 새 시대를 열어갈 덩샤오핑을 보호하고 개혁개방의 토대를 세운 인물이 바로 덩잉차오와 저우언라이이다. 저우언라이는 덩샤오핑의 실각 때마다 그를 보호했고 덩잉차오는 저우언라이 사후에도 덩샤오핑의 재기를 도왔다. 억측일지 모르지만 덩잉차오와 저우언라이가 한중수교의 밑거름을 놓았다고 할 수도 있겠다. 사족을 붙이자면 덩잉차오는 한중수교의 물꼬를 연 바로 이 덩샤오핑과 성씨도 태어난 해도 같다. 마침내 덩샤오핑이 건재하던 1992년 8월 24일, 한중수교가 이루어졌다. 덩잉차오는 한중수교를 눈앞에 둔 1992년 7월 11일, 눈을 감았다.

권력욕에 불타는 마오가 수많은 혁명동지를 숙청하는 상황에서도 저우언라이와 덩잉차오가 살아남을 수 있었던 것은 이들이 권력과 재물에 대한 욕심에서 자유로웠기 때문이다. 청렴결백하게 나라와 인민을 위해 봉사한 이들을 인민은 물론 함께 일하는 당원뿐만 아니라 마오도 인정했던 것이다. 간난의 시기였던 문화혁명기에 살아남은 덩잉차오와 저우언라이로 말미암아 오늘과 같이 세계와 교류하는 새로운 중국이 부상할 수 있었다.

공산당과 덩잉차오 및 저우언라이에 대한 찬양일색 편집, 북한 김일성과 캄보디아 양민 학살 가해자 폴 포트 순방 내용 등이 거북스러울 수 있다. 이 책이 중국 공산당 관영출판사에서 나온 것임을 감안해야겠다.

이 책은 화전畵傳이다. 혁명가, 정치가, 여성해방운동가에서 저우언라이의 아내이자 동지로서의 모습까지 덩잉차오의 다양한 활동상과 가족, 동지의 모습이 담겨 있다. 덩잉차오의 친필 글씨, 신문과 잡지 기고문, 지인 및 저우언라이에게 보낸 서신, 덩잉차오 비서 자오웨이 등의 구술 자료, 덩잉차오 개인 사진 등 저우언라이·덩잉차오 기념관 자료를 바탕으로 덩잉차오 생애를 엮었다. 독자 여러분은 이 책을 통해 처음 공개되는 여러 사진과 그 뒤에 숨겨진 이야기를 통해 마지막 순간까지 꼿꼿하고 굳건하게 조국을 위해 살다간 작은 거인, 덩잉차오를 새롭게 만날 것이다.

사드 배치로 친미, 친중 논란이 일던 요즘 문학과지성사 서남 동양학술 총서 간행사가 새삼 다시 떠오른다.

"중국과의 유구한 관계 속에서 모화파慕華派는 넘쳐나도 중국을 아는 이는 적었고, 일본과의 특수한 관계 속에서 친일파가 양산되어도 일본을 아는 이 또한 적다. 친러파 또는 친소파, 지금도 들끓는 친미파 역시 마찬가지다. 그런데 그 역의 진리도 성립한다. 항중파·항일파·반소파·반미파 역시 반대하는 대상에 대한 옳은 인식 위에 서 있지 않은 경우가 적지 않았던 것이다."

이 책이 중국에 한걸음 더 다가가는 계기가 되길 바란다.

2017년 5월
한수희

주요 참고도서

- 중국공산당 톈진시위원회 당사자료징집위원회(中共天津市委黨史資料征集委員會), 톈진시부녀연합회(天津市婦女聯合會). 덩잉차오와 톈진 초기 여성운동(鄧穎超與天津早期婦女運動) [M]. 베이징(北京): 중국부녀출판사(中國婦女出版社), 1987.
- 톈진 5 · 4운동 편집팀(五四運動在天津編輯組). 톈진의 5 · 4운동(五四運動在天津) [M]. 톈진(天津): 톈진인민출판사(天津人民出版社), 1979.
- 잡지 《각오(覺悟)》, 1920년 1월호.
- 즈리제일여자사범학교 교우회 회보(直隸第壹女子師範學校校友會會報).
- 중국공산당 톈진시위원회 당사자료징집위원회, 톈진시부녀연합회. 톈진여성사(天津女星社) [M]. 베이징: 중공당사자료출판사(中共黨史資料出版社), 1985.
- 중공중앙남방국(中共中央南方局), 남방국 당사자료편집팀(南方局黨史資料編輯小組). 남방국 당사자료(南方局黨史資料) [M]. 충칭(重慶): 충칭출판사(重慶出版社), 1990.
- 남방국 당사자료징집팀(南方局黨史資料征集小組). 남방국 당사자료대사기(南方局黨史資料大事記) [M]. 충칭: 충칭출판사, 1986.
- 중화전국부녀연합회(中華全國婦女聯合會) 여성운동역사연구실(婦女運動曆史研究室). 중국 여성운동 역사 자료(中國婦女運動曆史資料): 1937–1945 [M]. 베이징: 중국부녀출판사, 1991.
- 덩잉차오. 기념과 추억(紀念與回憶) [M]. 베이징: 인민일보출판사(人民日報出版社), 1987.
- 중공중앙문헌연구실(中共中央文獻研究室). 덩잉차오 문집(鄧穎超文集) [M]. 베이징: 중앙문헌출판사(中央文獻出版社), 1994.
- 중공중앙문헌연구실. 덩잉차오 서신 선집(鄧穎超書信選集) [M]. 베이징: 중앙문헌출판사, 2000.
- 중공중앙문헌연구실. 저우언라이 · 덩잉차오 통신 선집(周恩來鄧穎超通信選集) [M]. 베이징: 중앙문헌출판사, 1998.
- 중화전국부녀연합회. 차이창 · 덩잉차오 · 캉커칭 여성해방문제 문선(蔡暢 鄧穎超 康克清婦女解放問題文選): 1938–1987 [M]. 베이징: 인민출판사(人民出版社), 1988.
- 중화전국부녀연합회 아동사업부(兒童工作部). 차이창 · 덩잉차오 · 캉커칭 아동, 소년과 아동, 소년 사업을 논함(蔡暢 鄧穎超 康克淸論兒童少年與兒童少年工作) [M]. 청두成都: 쓰촨소년아동출판사(四川少年兒童出版社), 1990.
- 덩잉차오. 어떻게 만성과 싸울 것인가(怎樣對慢性病作鬥爭) [M]. 베이징: 인민위생출판사(人民衛生出版社), 1965.

- 진루이잉(金瑞英). 덩잉차오 · 한 시대의 위대한 여성(鄧穎超——壹代偉大的女性) [M]. 타이위안(太原): 산시인민출판사(山西人民出版社), 1989.
- 왕웨쭝王月宗 외. 덩잉차오의 찬란한 일생(鄧穎超光輝的一生) [M]. 정저우(鄭州): 허난인민출판사(河南人民出版社), 1992.
- 진펑(金鳳). 덩잉차오전(鄧穎超傳) [M]. 베이징: 인민출판사, 1995.
- 후싱펀(胡杏芬). 리즈판 부인(李知凡太太) [M]. 베이징: 중국부녀출판사, 1992.
- 전국부녀연합회(全國婦女聯合會). 덩잉차오를 회상하며(懷念鄧穎超大姐) [M]. 베이징: 중국부녀출판사, 1993.
- 덩잉차오 회고 편집팀(憶鄧大姐編輯組). 덩잉차오를 그리며(懷鄧大姐) [M]. 베이징: 중앙문헌출판사, 1994.
- 중공중앙문헌연구실 제2편집연구부(第二編研部). 우리의 덩잉차오(我們的鄧大姐) [M]. 충칭: 충칭출판사, 2004.
- 자오웨이(趙煒), 렁펑(冷風). 시화팅의 나날(西花廳歲月) [M]. 베이징: 중앙문헌출판사, 2004.
- 중화전국부녀연합회 편집. 덩잉차오 혁명 활동 70년 대사기(鄧穎超革命活動七十年大事記) [M]. 베이징: 중국부녀출판사, 1990.
- 전국부녀연합회 판공청(全國婦聯辦公廳). 중화전국부녀연합회 40년(中華全國婦女聯合會四十年): 1949–1989 [M]. 베이징: 중국부녀출판사, 1991.
- 중공중앙당사연구실(中共中央黨史研究室). 중국공산당의 70년(中國共産黨的七十年) [M]. 후성胡繩 편집. 베이징: 중공당사출판사(中共黨史出版社), 1991.
- 중국공산당 톈진시위원회 당사연구실(中共天津市委黨史研究室). 중국공산당 톈시역사 대사기(中國共産黨天津曆史大事記): 1919–2000 [M]. 베이징: 중공당사출판사, 2001.
- 전국부녀연합회 여성운동사연구실(全國婦聯婦運史研究室). 중국여성운동사: 신민주주의 혁명 시기(中國婦女運動史：新民主主義革命時期), 1986.
- 여성운동의 선구자 · 차이창(婦女運動的先驅——蔡暢) [M]. 베이징: 중국부녀출판사, 1984.
- 뤄충(羅琼). 뤄충문집(羅瓊文集) [M]. 베이징: 중국부녀출판사, 2000
- 주린(朱霖). 대사부인회의록(大使夫人回憶錄) [M]. 베이징: 세계지식출판사, 1991.
- 옌안대 50주년 기념 준비위원회(紀念延安女大五十周年籌委會) 편집. 옌안여대(延安女大), 1989.

국립중앙도서관 출판예정도서목록(CIP)

(대륙의 큰언니) 등영초 / 편찬: 저우언라이·덩잉차오 연구센터, 저우언라이 사상·생애 연구회 ; 역자: 한수희. — 서울 : 선, 2017
p. ; cm

기타표제: 鄧穎超書傳
원표제: 邓颖超画传
원저자명: 周恩来邓颖超研究中心, 周恩来思想生平研究会
중국어 원작을 한국어로 번역
ISBN 978-89-6312-565-7 03900 : ₩25000

정치인[政治人]
중국 정치[中國政治]

340.99-KDC6
320.092-DDC23 CIP2017012349

대륙의 큰언니
등영초

편찬 저우언라이 · 덩잉차오 연구센터, 저우언라이 사상 · 생애 연구회 | **역자** 한수희
발행인 김윤태 | **발행처** 도서출판 선 | **편집·교정** 김창현 | **북디자인** 디자인이즈
등록번호 제15-201 | **등록일자** 1995년 3월 27일 | **초판** 1쇄 발행 2017년 6월 24일
주소 서울시 종로구 삼일대로 30길 21 종로오피스텔 1218호 | **전화** 02-762-3335 | **전송** 02-762-3371

값 25,000원
ISBN 978-89-6312-565-7 03900